소통하는 지도자는 흥하고
불통하는 지도자는 망한다

명나라
역대 황제 평전

강정만 지음

명나라 역대 황제 평전

지은이 강정만
펴낸이 최병식
펴낸날 2021년 12월 15일 (3쇄)
펴낸곳 주류성출판사
서울특별시 서초구 강남대로 435 (서초동 1305-5)
TEL | 02-3481-1024 (대표전화) • FAX | 02-3482-0656
www.juluesung.co.kr | juluesung@daum.net

값 20,000원

ISBN 978-89-6246-315-6   03910

소통하는 지도자는 흥하고
불통하는 지도자는 망한다

명나라
역대 황제 평전

강정만 지음

주류성

　　오늘날 민주 국가의 통치자는 선거를 통해 권력을 쟁취한다. 선거는 민의의 반영이며, 국민이 통치자에게 권력을 위임하는 수단이다. 통치자는 민의에 따라 국정을 운영해야 하는 책무를 지닌다. 권력은 결코 사적인 이익을 추구하기 위한 수단이 될 수 없으며, 반드시 공익을 실현하고 국가의 번영을 위한 도구로 활용되어야 한다. 하지만 적지 않은 통치자들은 본분을 망각하고 개인의 욕망을 추구하기 위해 권력을 남용하다가 국민적 저항에 부딪쳐 국가를 혼란에 빠트리기도 한다. 이는 국민의 직접 선거를 통해 뽑힌 통치자일지라도 자신이 봉건 시대의 황제처럼 선민의식과 무소불위의 권력을 행사할 수 있는 특권을 가지고 있다는 착각에서 기인한다. 통치자의 권력에 대한 인식이 오늘날에도 국민의 삶에 아주 중요한 영향을 끼친다.

　　짐이 곧 국가이며, 만백성은 모두 나의 자식이라는 의식이 정당화되었던 봉건 시대에는, 통치자의 자질과 능력이 백성의 삶에 절대적인 영향을 미쳤다. 성군을 만나면 백성은 풍요로운 삶을 누릴 수 있었고, 이와 반면에 폭군을 만나면 고통의 질곡에서 벗어 날 수 없었다. 불행하게도 이는 봉건 시대에 한 시대를 살아간 사람들의 운명이며 시운이었다. 백성은 결코 임금을 선택할 수 없었다.

　　고대 중국의 봉건 왕조에서 '천명'에 따라 천하의 백성을 다스리는 '천자'의 존재는 국가 권력의 요체였다. 제국의 흥망성쇠는 그의 손에 달려 있었다고 해도 과언이 아니었다. 천자는 백성의 행복과 국가의 안녕에 대한 무한 책임이 있었다. '제왕의 도'는 모든 백성이 풍요를 누리고 이웃나라와 화친을 이룸으로써 사해만방의 평화를 구가하는 일을 본질로 삼고 있지, 무소불위의 권력으로 백성의 상상을 초월하는 사치와 향락을 누리는 것이 아니다.

명나라는 홍무(洪武) 원년(1368) 명태조(明太祖) 주원장(朱元璋)이 건국한 이래, 숭정(崇禎) 17년(1644) 숭정제(崇禎帝) 주유검(朱由檢)의 자살로 패망할 때까지, 276년 동안 지속된 한족 정권 최후의 봉건 제국이다. 16명의 황제가 통치한 명나라는 제국이 흥망성쇠하는 전형적인 표본이었다. '치국의 도'를 진정으로 이해하고 실천한 황제가 통치했을 때는 번영했지만, 무능하고 사치와 향락을 일삼은 황제가 통치했을 때는 어김없이 외우내란이 끊이질 않았다. 제국의 운명은 결정적으로 황제의 인격과 경륜 그리고 통치 역량에 좌지우지되었다.

본서는 역사 자료에 근거하여 황제 16명을 중심으로 명나라 역사를 기술했다. 그들이 어떻게 황제로 등극하였고, 그들의 통치 시대에 어떤 역사적 사건들이 일어났는지를 살펴봄으로써 역사의 교훈을 얻고자 한다. 역사가 과거에만 머물러있으면 박물관의 먼지 쌓인 골동품에 불과하다. 역사는 현재 진행형이며 미래에 대한 예측이다. 역사에서 교훈을 얻음으로써 현재를 바로잡고 미래를 열어간다.

또 명나라 황제들의 공적과 과오를 평가함으로써 오늘날 지도자가 어떠한 덕목과 리더십을 갖추어야 하는지 이해할 수 있다. 대체적으로 성공한 황제들은 애민 사상을 실천하고 자기 관리에 철저하여 사치와 향락을 멀리했으며 동시에 귀를 열고 신하의 간언을 기꺼이 받아들이는 도량이 있었다. 이와 반면에 역사에 오점을 남긴 어리석은 황제들은 하나같이 무능하고 주색잡기에 빠져 살았을 뿐만 아니라 신하들과 '소통'을 거부했다.

황제를 중심으로 기술한 명나라 역사의 특징을 몇 가지로 나누어 분석하면 이렇다. 첫째, 유가의 전통 사상을 국가의 통치 이념으로 삼았다. 황제는 유가에서 주장하는 '제왕의 도'를 실천해야 했으며, 신하는 황제를 보좌하여 치국평천하의 이상을 실현해야 했다. 둘째, 황권은 적장자 계승을 원칙으로 삼았다. 하지만 16명의 황제 가운데 유일하게 무종(武宗) 주후조(朱厚照)만이 황제와 황후 사이에서 태어난 적장자 신분으로서 황위를 계승했을 뿐, 다른 황제들은 그렇지 않았다. 이는 황제와 신하들 간의 지루한 이념 논쟁과 갈등 요소가 되었으며 당파 싸움의 빌미를 제공했다. 셋째, 황권(皇權)과 신권(臣權)의 충돌이다. 대체적으로 황제들은 무소불위의 권력으로 신민을 통치하고자 했다. 유가의 대의명분에 충실한 신하들은 황제가 '성군의 도'를 실천해야 한다고 강력하게 주장했다. 그들의 주장을 받아들인 황제도 있었지만, 신권이 황권을 능멸한다고 분노한 황제는 피비린내 나는 살육과 옥사를 끊임없이 벌였다.

넷째, 명 중엽부터 도교의 황당무계한 미신이 성행했다. 황제들은 단약과 최음제를 상복하여 수명을 단축하고, 혹세무민하는 도사들이 득세했다. 다섯째, 환관들의 국정 농단이 극을 다했다. 천계(天啓) 연간(1621~1627) 희종(熹宗) 때, 실질적인 황제는 환관 위충현(魏忠賢)이었을 정도로 환관의 전횡이 심각했다. 사실상 명나라가 붕괴한 결정적인 이유는 외침이 아니라, 황제의 무능과 일탈, 도교의 성행 그리고 환관의 국정 농단이었다. 여섯째, 해금(海禁) 정책이다. 영락제(永樂帝) 때 환관 정화(鄭和)가 어명을 받들어 거대한 선단을 이끌고 지금의 아프리카 소말리아까지 진출하여 통상을 확대한 적이 있었으나, 영락제 이후에는 해상 무역을 통제하는 정책을 폈다. 이는 결과적으로 동남 해안 일대에서 왜구의 반란을 초래하였고 명나라가 해상으로 진출하지 못한 대륙 국가의 한계를 보여주었다.

명나라 역사는 우리 한민족에게도 아주 중요한 의미를 지니고 있다. 명나라와 조선(朝鮮)은 '이란성 쌍둥이'였다. 사실은 '조선'이라는 국호도 명 태조의 윤허를 받아 결정되었다. 이념적인 면에서는 양국이 유가 사상을 국시(國是)로 삼았으므로 통치 철학과 세계관이 일치했다. 이는 양국의 정치인과 지식인들이 강한 유대감을 느끼게 했다. 명나라가 조선에게 '조공 무역'의 형태로 시혜를 베풀고, 임진왜란 때 대군을 파병하여 조선을 구원한 까닭이 이런 사상적 결속에서 비롯되었다. 조선의 유림들도 명나라가 망한 후 연도를 표기할 때, 청나라 연호를 쓰지 않고 명나라 마지막 황제의 연호인 '숭정(崇禎)'을 사용함으로써 명나라에 대한 의리를 지켰다. 이는 그들이 명나라를 맹목적으로 숭상한 게 아니라 이념적 동지애를 강하게 느꼈으며, '오랑캐'가 세운 청나라를 마음속으로 도저히 받아들일 수 없었기 때문이다.

본서는 『명사(明史)』 등 명나라와 관련한 사료 분석을 통해 기술했다. 독자가 쉽게 읽을 수 있도록 한문 인용문을 생략했다. 끝으로 출판계의 어려운 현실에도 불구하고, 본서의 출판을 흔쾌히 허락해주신 주류성출판사 최병식 사장님, 이준 이사님 그리고 편집자 여러 분에게 진심으로 감사드린다.

2017. 5

강 정 만 (姜正萬)

제 **1** 장

개국황제 명태조(明太祖) 주원장(朱元璋)

개국황제 명태조明太祖 주원장朱元璋

1. 떠돌이 승려 중팔(重八): 험난한 세월을 견뎌내다

인류 역사상 가장 광대한 영토를 다스렸던 원(元)나라는 건국(1271)한 지 98년 만인 지정(至正) 28년(1368) 순제(順帝) 때 망했다. 칭기즈칸이 몽골 제국을 건국한 시점(1206)부터 계산하면, 원나라는 163년 동안 유지되었다. 또 원나라가 주원장(朱元璋·1328~1398)이 세운 명(明)나라에 패하여 중원을 포기하고 몽골의 초원 지대로 밀려난 이후인 북원(北元) 시기(1368~1402)까지 포함하면, 거의 200년 동안 존속된 제국이다. 국가는 까닭 없이 망하는 것이 아니다. 통치자는 향락에 빠지고 무능하며 관리는 부패하고 백성은 견딜 수 없는 핍박을 당할 때, 국가는 자연스럽게 쇠퇴의 길을 걷다가 끝내는 망한다. 원나라 말기의 사정도 예외는 아니었다. 당시 유행한 가사, 『취태평소령(醉太平小令)』에서 이렇게 읊조렸다.

"위풍당당한 대원 제국은 탐관오리가 권력을 장악했구나. 황하가 범람하고 화폐를 대량으로 찍어내어 재앙의 근원이 되었고 천만 홍건군의 반란이 일어났다네. 관청의 법규는 넘치고 형법은 잔혹하니 백성의 원성이 하늘을 찌르네. 사람이 사람을 잡아먹고 돈으로 돈을 사는 세상인데, 언제 이런 일이 있었을까? 도적은 관리 노릇을 하며 관리는 도적 노릇을 하고 현명한 사람과 우매한 사람이 뒤섞여 구분이 안 되는구나. 아! 참으로 슬프고 가련하구나."

정치가 부패하고 백성이 도탄에 빠져 민심이 이반하면, 이판사판의 심정으로 딴 마음을 먹는 영웅호걸들이 나오기 마련이다. 반란을 일으켜 실패하면 멸문의 화를 당하지만, 성공하면 천하를 얻어 황제가 된다. 그들은 민심을 얻기 위해 보통 '종교'라는 최면술을 통해 대중에게 접근한다. 백성이 절망감에 빠졌을 때, 종교의 기복 신앙은 그들의 유일한 희망이요, 확실한 안식처가 된다.

당시 마니교(摩尼敎), 미륵교(彌勒敎), 백련교(白蓮敎) 등의 비밀 종교단체들이 은밀히 세력을 확장하며 민심을 선동하기 시작했다. 이를테면 명왕(明王)이 곧 세상에 출현하여 백성을 다스릴 것이며, 미륵불이 강림하여 중생을 구제할 것이며, 어지러운 세상은 사라지고 광명이 비칠 것이라는 구원의 이야기 등이다.

주원장은 원나라 말기 천하 대란의 조짐이 나타나기 시작한 천력(天歷) 원년(1328)에 호주(濠州) 종리(鐘離: 지금의 안휘성 봉양현 · 鳳陽縣)의 빈천한 농부의 아들로 태어났다. 원래 이름은 주씨 집안 형제 가운데 서열이 여덟 번째라고 하여 중팔(重八)이라 불렀다. 부친 주세진(朱世珍)과 모친 진씨(陳氏)는 소작을 부치며 가난하게 살았다. 원나라의 한족(漢族) 농민들에 대한 가혹한 탄압과 가렴주구는 소작농 주세진의 가족을 기아로 내몰았다. 주세진은 고향에서 더 이상 버틸 재간이 없자 가족을 이끌고 이곳저곳을 떠돌며 남의 전답을 부치면서 겨우 입에 풀칠이나 할 정도로 궁핍한 생활을 했다. 유랑민의 처지나 다를 바 없는 비참한 환경 속에서, 중팔은 어린 나이에 지주의 농장으로 팔려가 목동 노릇을 했다.

오랜 세월 동안 중원의 지배자였던 한족은 원나라 때 인간 이하의 취급을 받았다. 원나라는 각 민족을 4등급으로 나누어 차별 정책을 폈다. 지배 계급인 몽골족은 1등급, 색목인은 2등급, 북방의 한인(漢人)은 3등급, 남방의 한인(漢人: 남인·南人이라고도 부름)은 4등급이었다. 몽골족의 통치 아래에서는 한인과 남인이 천민 계급이었다. 남인과 한인의 처지는 비참했다. 이를테면 몽골족이 무고한 남인을 살해했을 때 벌금으로 당나귀 한 마리 값을 치르면 처벌을 면할 수 있었다. 쉽게 말해서 사람 목숨 값이 당나귀한 마리 값에 불과했다는 얘기이다.

북방의 한인은 남인보다 처지가 조금 나았다고는 하지만, 원나라가 중원을 통일하면서 워낙 많은 한인들을 살해하여 남아있는 한인들이 많지 않았다. 남인과 한인은 이름조차 짓지 못하여 생년월일을 이름으로 삼기도 했으며, 무기로 전용될 수 있는 어떤 철기도 소유할 수 없었다. 이뿐만이 아니라 원나라 말기에 이르러서는 한인에게 부과된 과도한 조세와 부역은 자연 재해와 겹쳐서 수많은 사람들을 기아와 죽음으로 몰아넣었다.

지정(至正) 3년(1343) 호주에 심한 가뭄이 들었다. 다음 해 봄에는 설상가상으로 메뚜기떼가 들판을 휩쓸고 돌림병이 창궐하여 굶어죽거나 병들어 죽은 자들의 시체가 거리를 가득 메웠다. 중팔의 부모와 큰형도 달포 사이에 연이어 사망했다. 가까스로 살아남은 중팔과 둘째형은 시신을 매장할 땅은 말할 것도 없고 관조차 마련할 수 없었다. 시체 썩는 냄새가 온

마을에 진동하자, 마을 지주 유계조(劉繼祖)가 그들의 처지를 딱하게 여기고 자기 땅에 장례를 치르도록 허락하여 겨우 백골이 거리에 나뒹구는 참상은 피할 수 있었다.

부모의 비참한 죽음을 목도하고 피눈물을 흘린 중팔은 세상을 원망하는 분노의 마음으로 들끓었다. 하지만 유계조가 베푼 호의는 평생 잊지 않았다. 훗날 그가 개국 황제로 등극하고 난 뒤 유계조를 의혜후(義惠侯)로, 그의 아내를 후부인(侯夫人)으로 책봉하여 세상 사람들을 놀라게 했다. 향촌의 지주에 불과한 사람을 왕 바로 아래 품계인 후(侯)로 책봉했기 때문이다. 이때부터 유씨 집안은 명나라 천하에서 대대손손 부귀영화를 누렸음은 더 말할 나위가 없다. 절망에 빠진 사람에게 선의로 베푼 사소한 선행이 훗날 어떤 복을 가져다줄지 모르는 게 세상의 이치이다.

중팔은 생계를 도모할 방법이 없자 불교에 귀의하여 승려가 되면 최소한 굶어죽지는 않겠다는 생각으로 고향 봉양현에 있는 황각사(皇覺寺)로 들어가 머리를 깎고 중이 되었다. 그곳에서 온갖 궂은일을 마다하지 않고 하루하루를 버텼으나, 호주 일대를 휩쓴 대기근은 사찰이라고 해서 비켜가지 않았다. 황각사에 양식이 바닥나자 주지승 고빈법사(高彬法師)가 승려들에게 절을 떠나 탁발하며 각자도생하게 했다.

중팔은 황각사에 몸을 의탁한 지 겨우 50여일 만에 탁발승 노릇을 하며 방방곡곡을 떠돌아야 했다. 운이 좋으면 죽은 자의 극락왕생을 위하여 염불을 하며 밥을 며칠 얻어먹기도 하고, 운이 나쁘면 며칠이고 아무 것도 먹지 못하고 허기진 배를 움켜쥐고 길바닥에 쓰러져 자기도 했다. 사실 말이 탁발승이지 거지나 다름없었다.

중팔이 3년 동안 회서(淮西)와 예남(豫南) 일대를 정처 없이 유랑하다가 지정 8년(1348)에 다시 황각사로 돌아왔다. 그의 일생 가운데 이 기간의 유랑생활은 아주 중요한 의미를 지닌다. 그는 여러 성읍을 떠돌아다니면서 각

지방의 산천과 지리를 숙지했으며 아울러 다양한 부류의 사람들과의 교류를 통해 사람의 속성을 이해하고 우정을 쌓기도 했다. 또 고난의 환경 속에서 심신을 강인하게 하고 생존의 방법을 터득하기도 했다. 훗날 그가 인생 말년에 창업 공신들에게 그토록 잔혹한 형벌을 내리고 사람 목숨을 파리처럼 하찮게 여기고 툭하면 살육을 자행한 것도, 이 고난의 시기에 형성된 잔인한 성격의 또 다른 표현이 아닌가 한다.

중팔이 떠돌이 생활을 할 때, 원나라는 이미 쇠망의 길로 접어들고 있었다. 전국 각지에서 일어난 크고 작은 농민 봉기가 걷잡을 수 없이 확산되어 천하가 대란의 소용돌이에 휩싸였다. 당시 "명왕(明王)이 세상에 출현하여 중생을 널리 구원한다."는 소문이 전국에 퍼졌다. 북송(北宋) 때부터 성행한 백련교(白蓮敎)가 원나라 말기에 아미타불과 미륵불이 나타나 도탄에 빠진 백성들을 구원할 것이라는 예언을 퍼뜨려 대중을 사로잡았다. 백련교도들은 전국에 결사체를 조직하여 원나라를 타도하는 기치를 내걸고 농민 반란을 주도했다. 중팔도 이런 소문을 듣고 크게 동요했다.

2. 곽자흥(郭子興)의 홍건적(紅巾賊)에 가담하다

지정 11년(1351) 5월 백련교를 신봉하던 유복통(劉福通)은 송조(宋朝)를 계승한다는 명분을 세우고 한산동(韓山童)을 옹립하여 영주(潁州: 지금의 안휘성 부양·阜陽)에서 반란을 일으켰다. 그들은 머리에 붉은 두건을 둘렀으므로 원나라 조정에서는 그들을 홍건적(紅巾賊)이라고 불렀다. 그 뒤 한산동이 명왕(明王)으로 추대되어 유복통과 함께 홍건적의 실질적인 수령이 되었다. 같은 해 8월에는 이이(李二), 나무꾼 노릇을 했던 팽대(彭大), 조균용(趙均用) 등이 유복통의 홍건적에 호응하여 안휘성 소현(蕭縣)에서 반란을 일으켰다.

그들은 사통팔달의 전략적 요충지 서주(徐州)를 일거에 점령하여 원나라 조정을 경악하게 했다. 그 반란군의 숫자가 10만여 명을 헤아릴 정도로 위세를 떨쳤다.

포목장수 출신 서수휘(徐壽輝 · 1320~1360)는 기주(蘄州: 지금의 호북성 기춘 · 蘄春)에서 군사를 일으켜 기수(蘄水)와 희수(浠水)를 점령하고 난 뒤, 지정 11년(1351) 10월에 황제를 참칭하고 국호를 천완(天完)이라 했다. 이들보다 앞서 지정 8년(1348)에는 소금장수 출신 방국진(方國珍 · 1319~1374)이 해상에서 반란을 일으켜 절강성 온주(溫州)를 공략했다. 원나라 천하는 바야흐로 병란의 소용돌이에 빠지기 시작했다.

지정 12년(1352) 정월에는 안휘성 정원현(定遠縣)의 토호 곽자흥(郭子興 · 1302~1355)이 손덕애(孫德崖)와 연합하여 호주(濠州)에서 반란을 일으키자 수만 명의 농민들이 호응했다. 곽자흥은 자신이 백련회(白蓮會)의 수령이 되었음을 선포하고 호주성을 점령했다. 첫 전투를 승리로 이끈 곽자흥은 원수(元帥)로 자칭하고 호주 일대를 지배했다.

천하 대란의 와중에 중팔의 고향 호주에서 곽자흥이 실질적인 지배자가 되자, 중팔은 흥분을 억제할 수 없었다. 사실 그는 겉으로만 가사를 걸치고 목탁을 두드리며 불제자 행세를 했을 뿐이지 현실에 대한 관심은 누구보다도 강렬했다. 난세에 주인을 잘 만나 능력을 발휘하면 거지 팔자를 일시에 고칠 수 있다고 생각했다. 신분이 비천한 사람은 난세를 만나야 그나마 천재일우의 기회를 엿볼 수 있는 게 세상의 이치였다.

때마침 어렸을 적에 그와 함께 목동 노릇을 했던 죽마고우 탕화(湯和)가 비밀리에 서찰을 보냈다. 곽자흥이 이끄는 홍건군에 종군하라는 내용이었다. 중팔은 조금도 주저하지 않고 호주성으로 달려가 곽자흥을 배알하고 부하로 받아달라고 간청했다. 곽자흥은 기골이 장대하고 외모가 특이하게 생긴 중팔에게 흥미를 느꼈다. 찢어진 눈꼬리, 부리부리한 눈, 주먹

같은 들창코, 기다란 주걱턱에 비대칭 모양인 얼굴은 영락없는 추남이었으나, 보기에 따라서는 비범한 기운이 흐르는 인상이었다. 곽자흥으로서는 장졸 한 명이 아쉬운 판국에 그를 거부할 이유가 없었다. 마침내 중팔이 곽자흥 수하에 들어갔다. 이는 그의 운명을 송두리째 바꾸었으며 급기야는 천하 통일의 야망을 실현하고 황제로 등극하는 결정적인 계기가 되었다. 이때 중팔의 나이는 혈기왕성한 25세였다.

중팔은 홍건군에 가담한 뒤 관군과의 싸움에서 혁혁한 공을 세웠을 뿐만 아니라, 머리가 비상하고 행동이 민첩하여 여러 차례 곽자흥의 주목을 받았다. 천하 패권 장악의 야심을 품었던 곽자흥은 싸움을 잘하고 능력이 뛰어난 참모가 절실하게 필요했다. 중팔을 즉시 친위대의 구부장(九夫長)으로 임명했다. 구부장의 지위가 친위대 병사 9명의 우두머리에 불과했지만, 이때부터 중팔은 곽자흥의 심복이 될 수 있는 절호의 기회를 얻었다. 전투에 임해서는 언제나 장졸보다 먼저 돌진하였고 전리품을 획득하면 모두 곽자흥에게 바쳤다. 전공은 모두 곽자흥 원수의 탁월한 지도력과 장졸들의 덕분에 얻은 것이라고 말하며 항상 겸손하게 행동했다. 군영의 일도 언제나 공명정대하게 처리했다.

중팔의 이러한 행동은 홍건군 내부에서 그의 명성을 자자하게 했다. 하지만 자신의 명성이 곽자흥을 능가하면 그것은 곧 파멸이라는 점을 그는 잘 알고 있었다. 곽자흥에게는 더욱 몸을 낮추고 근신했다. 이른바 "조직의 2인자는 튀면 죽는다."는 권력의 비열한 속성을 체득하고 있었다. 곽자흥은 이런 그를 심복으로 생각하고 중요한 일을 결정할 때면 언제나 그와 상의할 정도로 총애했다. 부하가 자기보다 능력이 뛰어나면 언제 하극상을 벌일지 모르므로, '잘난 부하'는 요주의 인물이다. 하지만 그가 상관에게 철저하게 복종하고 비위를 잘 맞추면, 상관은 그에 대한 일말의 불안감을 거두고 그를 더욱 신뢰하는 법이다.

곽자흥에게는 양녀가 있었다. 그녀는 곽자흥의 절친한 친구 마공(馬公)의 딸이었다. 마공 사후에 친구의 어린 딸을 양녀로 삼아 친딸처럼 예뻐하며 키웠다. 예나 지금이나 정략결혼은 권력자 간의 안전을 담보하는 가장 확실한 동맹이다. 곽자흥은 중팔의 변함없는 충성을 원했고, 중팔은 그를 통해 입지를 굳혀야 했으므로, 수양딸 마씨는 중팔의 아내가 되었다. 이때 중팔은 곽자흥 부대에서 '주공자(朱公子)'라는 칭호를 얻었으며, 이름도 주원장(朱元璋)으로 고쳤다.

당시 곽자흥은 호주성에 주둔하고 있던 홍건군을 완전히 장악하지 못했다. 손덕애를 중심으로 한 또 다른 일파가 있었다. 그들은 곽자흥 파벌과 사사건건 대립했다. 지정 12년(1352) 가을 원나라 승상 탈탈(脫脫)이 기병을 거느리고 와서 홍건군의 주장(主將) 이이(李二)가 지키고 있던 서주성을 함락시켰다. 서주성의 백성들이 모조리 도륙을 당하고 이이도 포로로 잡혀 참살을 당했다. 이때 팽대와 조균용이 지휘하는 홍건군이 서주성에서 가까스로 탈출하여 호주성으로 들어왔다.

곽자흥은 지모가 뛰어난 팽대를 우대한 반면에 산적 출신 조균용을 무시했다. 손덕애는 조균용을 부추겨서 곽자흥을 제거하려고 했다. 하루는 손덕애가 조균용에게 이렇게 말했다.

"곽자흥은 팽 장군만을 우대할 뿐, 조 장군을 무시하고 있소."

얼마 후 손덕애의 사주를 받은 조균용은 곽자흥이 혼자 군영에서 나온 틈을 타서 그를 포박했다. 불시에 일격을 당한 곽자흥은 손덕애 진영으로 끌려가 감옥에 갇혔다. 그때 주원장은 회북(淮北) 지역에 있었다. 장인의 목숨이 위태롭다는 소식을 듣고 황급히 호주로 달려갔다. 곽자흥의 두 아들을 대동하고 팽대에게 도움을 요청했다. 팽대가 말했다.

"내가 살아있는 한, 어느 놈도 감히 너희들의 아버지를 해칠 수 없다."

팽대는 즉시 병사들을 소집하여 주원장과 함께 감옥을 습격했다. 곽자흥은 두 사람 덕분에 가까스로 목숨을 구할 수 있었다. 이처럼 호주에서는 장수들 사이에 반목이 심각했기 때문에, 그들이 호주 밖으로 세력을 넓힐 수 없었다. 장수들끼리 권력 다툼을 벌이는 것을 본 주원장은 사병을 거느리지 못하면 언젠가는 자신에게도 위험이 닥칠 수 있다고 생각했다. 그는 곽자흥에게 간청 끝에 고향 종리로 돌아와 병사를 모집할 수 있었다. 겉으로는 장인을 위해 병사를 증원하겠다고 말하여 그의 의심을 피하고 허락을 받은 것이다.

3. 세력 확장을 도모하다

지정 13년(1353) 6월 주원장은 고향으로 돌아와 병사를 모집했다. 그가 홍건군의 두목이 되어 돌아왔다는 소식이 순식간에 퍼졌다. 목동 노릇을 하면서 어울렸던 서달(徐達), 주덕흥(朱德興), 곽영(郭英) 등의 죽마고우들이 그의 수하로 들어왔다. 이렇게 고향에서 그의 뜻에 감복하여 생사고락을 맹세한 병사들이 700여 명이나 되었다. 주원장은 병사들을 이끌고 다시 호주성으로 돌아와 곽자흥에게 복종했다. 사위의 변함없는 충성심에 감탄한 곽자흥은 크게 기뻐하여 그를 진무(鎭撫)로 승진시켰다. 주원장이 자기 힘으로 수하의 병사들을 얻었다고 하여 병권을 장악하지 않고 거리낌 없이 장인에게 넘겨준 것은, 그가 대의를 위하여 소탐대실의 과오를 범하지 않는 지혜를 가지고 있는 비범한 인물이라는 점을 증명한다.

곽자흥의 고향은 호주 동남쪽에 있는 정원(定遠)이다. 정원은 호주에서 그리 멀지 않은 곳이다. 정원의 장가보(張家堡)에는 원나라에 반기를 들고 일어난 민병 3,000여 명이 주둔하고 있었다. 그들은 아직 홍건군에 귀부하지 않은 세력이었다. 곽자흥은 그들을 자기 수하로 끌어들이고 싶었다. 그들이 대부분 고향 사람들인데다가 잘 설득하면 싸우지 않고도 적지 않은 병사를 손쉽게 얻을 수 있었다. 하지만 어떻게 그들을 포섭해야 하는지 마땅한 생각이 떠오르지 않았다. 주원장이 직접 정원에 가겠다고 간청했다. 사위의 용기와 지략이라면 일을 성사시킬 수 있다고 판단한 곽자흥은 흔쾌히 승낙했다.

주원장이 직접 출정을 원했던 까닭은 호주성 안의 홍건군 수령들이 성문 밖으로 나가 싸울 생각은 하지 않고 파벌 싸움에만 몰두하여 염증을 느꼈고 동시에 자신이 직접 병사들을 통솔하여 이른바 '홀로서기'를 시도했기 때문이다.

기골이 장대하고 무술 실력이 뛰어난 비취(費聚)도 따라나섰다. 그는 주원장이 호주성에서 사귄 호걸이었다. 훗날 그는 주원장 수하에서 많은 전공을 세워 평량후(平凉侯)에 오른 개국공신이 된다. 주원장과 비취는 보졸 9명을 데리고 길을 재촉했다. 그들이 보공하(寶公河)에 이르렀을 때, 강 건너편에 주둔하고 있는 민병들이 일사분란하게 움직이고 무기가 모두 맞은편을 향해 조준된 모습을 보았다. 보졸들이 두려워하여 달아나려고 하자 주원장이 말했다.

"저들이 기병으로 우리를 추격하면, 우리가 어디로 도망갈 수 있겠느냐?"

주원장의 위세에 눌린 보졸들은 아무 말도 하지 못했다. 주원장은 군영으로 다가가 3일 안에 귀순을 권유하고 비취를 머물게 한 뒤 돌아왔다.

얼마 후 민병의 수령이 곽자흥의 부대에 귀의할 의사가 없다고 비취가 주원장에게 보고했다. 주원장은 다시 300여 명의 병사들을 거느리고 가서 계책을 세워 그들의 수령을 사로잡고 민병 3,000여 명의 항복을 받아냈다. 이때 활비산(豁鼻山)에 주둔하고 있던 민병 800여 명도 주원장의 부대로 편입되었다. 이렇게 병력 증강에 성공한 주원장은 밤을 틈타 정원 횡윤산(橫潤山)에 주둔하고 있는 원나라 군영을 공격했다. 원나라 장수 무대형(繆大亨)이 투항하여 마침내 정원성이 주원장의 수중에 들어왔다. 주원장은 항복한 병사들 가운데 한족 출신 병사 2만여 명을 뽑아 자신의 부대에 편입시켰다.

정원이 주원장의 수중에 들어온 것은 큰 의의가 있었다. 자신의 부하들을 직접 지휘하여 승리했으며 아울러 정원을 근거지로 세력을 넓힐 수 있는 기회를 잡았다. 정원이 함락되자 그곳의 토호 풍국용(馮國用)과 풍국승(馮國勝) 형제가 농민군을 거느리고 투항하러 왔다. 주원장은 풍씨 형제가 사대부임을 알고 그들에게 천하를 취할 계책을 물었다. 풍국용의 대답은 이러했다.

"금릉(金陵: 지금의 남경)의 지세는 옛사람이 말한 용이 서리고 호랑이가 웅크리고 있는 천하의 명당이오. 가히 제왕의 도읍이 될 만한 곳이지요. 당신이 먼저 금릉을 취하여 근거지로 삼은 연후에 사방으로 나가 정벌하고 인의를 제창하며 민심을 수습하고 금은보화와 여색을 가까이 하지 않는다면, 천하는 어렵지 않게 평정될 것이오."

주원장은 크게 기뻐하여 풍씨 형제를 군영에 머물게 하고 참예기무(參預機務)로 삼았다. 이때부터 천하를 평정하여 황제가 되겠다는 원대한 야망을 품었다. 그가 정원을 평정하고 안휘성 저주(滁州)로 진군하는 도중에 또 아주 중요한 인물을 만난다. 정원 사람 이선장(李善長·1314~1390)이다. 지주 출신으로 법가를 연구했으며 지략이 뛰어난 인물이었다. 나이가 자신보다 14세나 아래인 주원장이라는 호걸이 호주에서 일어나 정원을 평정했다는 얘기를 들은 이선장은 그가 어떤 인물인 지 무척 궁금했다. 그래서 직접 찾아가서 면담을 요청했다.

옛날에 중국의 사대부들은 자신의 힘으로 국가를 세우고 '치국평천하'의 원대한 이상을 실현시킬 수 없었다. 왜냐하면 사대부들은 대체적으로 문약하고 이상론자이며 피비린내 나는 전장에서 용감하게 싸울 용기가 없었기 때문이다. 설령 거지출신이라도 도량이 넓고 담력이 강하며 무력이 센 자가 나타나면 그를 통해 자신의 이상을 간접적으로 실현하고자 했던 지식인 집단이 바로 사대부들이었다. 이선장도 주원장을 만나 자신이 장자방(張子房)의 역할을 할 수 있을 지 궁금했을 것이다. 두 사람은 만나자마자 의기가 통했다. 주원장이 먼저 예를 갖추고 물었다.

"지금 천하가 전란에 휩싸였는데 언제나 안정을 찾을 수 있겠습니까?"

"진(秦)나라 말기에 천하 대란이 일어났을 때, 한고조(漢高祖) 유방(劉邦)은 평민 신분으로 군사를 일으켰소. 그는 도량이 넓고 사람을 잘 알아보고 적재적소에 썼으며 함부로 죽이지 않았던 까닭에 군사를 일으킨 지 5년 만에 제왕의 대업을 이룩했소. 지금 원나라는 이미 기강이 무너지고 사분오열되었소. 당신은 호주 사람이라 들었소. 호주는 유방의 고향 패현(沛縣)에서 그리 멀리 떨어져있지 않소. 당신이 고향 선배나 다름없는 유방의 장점을 배운다면 천하는 반드시 평정될 것이오."

주원장은 어려서 가랑이가 찢어질 정도로 가난했기 때문에 서적을 탐독할 기회를 놓쳤다. 그렇지만 결코 무식쟁이가 아니었다. 유랑 생활을 하면서 틈틈이 문자를 읽혔고 치세의 도를 어느 정도 이해하고 있었다. 적어도 지식인들에게 예의를 갖추고 그들의 가르침을 겸허하게 받아들일 자세를 갖추고 있었다. 그는 이선장의 계책을 듣고 크게 기뻐하여 그를 군영에 머물게 하고 각종 문서와 서적을 관장하는 서기(書記)의 직책을 맡겼다.

훗날 이선장은 주원장의 책사로서 그를 개국 황제로 옹립하는 데 결정적인 공을 세웠다. 홍무(洪武) 3년(1370)에 중서성 좌승상으로 승진했으며 연이어 한국공(韓國公)의 작위를 수여받아, 한때 신하로서 누릴 수 있는 최고의 부귀영화를 얻었다. 하지만 홍무 23년(1390)에 주원장은 이선장이 좌승상 호유용(胡惟庸) 사건과 연루되었다는 것을 구실로 이선장과 그의 일족 70여 명을 전부 살해하는 만행을 저질렀다. '개국공신 중의 최고의 공신'이라는 영예를 얻었던 이선장도 팔순을 바라보는 나이에 주원장의 잔인무도한 만행의 희생자가 되었다. 사실 두 사람의 관계는 대권을 쟁취하기 위하여 자신에게 도움을 줄 수 있는 인재라면 자신을 낮추고 감언이설로 그를 수하로 끌어들여 그의 지혜를 마음껏 활용하여 야망을 달성하고 나면, 미련 없이 인재를 버리는 군주의 비열한 행위의 표본이 되었다.

주원장은 이선장의 책략에 힘입어 저주성을 점령했다. 한편 호주성에서는 홍건군 수령들 간의 반목이 여전히 끊이질 않았다. 지정 13년(1353) 겨울 팽대는 노회왕(魯淮王)을, 조균용은 영의왕(永義王)을 참칭하고 세력 싸움을 벌였다. 얼마 후 팽대가 병으로 사망한 후에는 조균용의 위세가 곽자흥을 능가했다. 조균용은 곽자흥을 협박하여 우이(盱眙)와 사천(泗州)을 공격하게 하고 기회를 보아 그를 제거하려고 했다. 장인이 곤경에 처해있다는 소식을 들은 주원장은 사자를 보내 조균용에게 경고했다.

"대왕께서 서주성에서 참패를 당하여 달아났을 때, 곽공이 성문을 열어 당신을 포용한 것은 그의 덕행이 지극히 두터웠기 때문이오. 그런데도 대왕께서는 은혜를 갚기는커녕 오히려 소인배의 말을 듣고 그를 해치려하고 있소. 자기에게 도움이 되는 측근을 제거하고 천하 호걸들의 마음을 얻지 못하는 행위는, 내가 생각하건대 대왕께서 취해서는 안 되오. 곽공이 거느리고 있는 군사가 많은데도 그를 죽이면 어찌 후회할 일이 없겠소?"

이때 주원장은 이미 저주성을 취했기 때문에 그의 세력도 만만치 않았다. 조균용에게 '대왕'이라는 존칭을 붙여주어 그의 체면을 살려주었지만 "만약 내 장인을 죽이면 내가 당장 너를 징벌하겠다."는 강한 경고였다. 주원장의 수하에 적지 않은 군사들이 충원되었다는 얘기를 들은 조균용은 긴장하지 않을 수 없었다. 주원장은 또 조균용의 측근들에게 뇌물을 보내 장인을 돕게 했다.

마침내 곽자흥은 병사 1만 여명을 거느리고 호주성을 떠나 사위가 있는 저주성으로 입성할 수 있었다. 곽자흥 군사의 합류는 그만큼 주원장의 세력이 커졌다는 것을 의미했다. 당시 곽자흥의 실력은 주원장에게 미치지 못했다. 주원장이 마음만 먹으면 얼마든지 곽자흥을 제거할 수 있었을 것이다. 그는 예전에 곽자흥 수하에서 발바닥에 땀이 나도록 뛰어다닌 보졸이 아니라, 이제 천하의 패권을 장악하려는 야망을 가진 장수였다. 하지만 그는 권력을 쥔 자의 일반적인 속성과는 다른 행보를 보여주었다. 곽자흥이 입성하자마자 그에게 3만 대군의 병권을 즉시 넘겨주었다. 자기는 영원히 곽자흥의 충실한 부하임을 행동으로 보여주었다. 곽자흥은 이런 사위가 얼마나 고맙고 사랑스러웠겠는가? 더구나 병사들의 군기가 엄정하고 사기충천의 모습을 보니 기쁨에 겨워 춤이라도 덩실덩실 추고 싶은 심정이었을 것이다.

당시 강절행성(江浙行省: 지금의 강소성과 절강성) 일대에서 반원(反元)의 기치를 걸고 기병한 장사성(張士誠·1321~1367)이라는 호걸이 있었다. 젊었을 적에 백구장(白駒場: 지금의 강소성 염성시 대풍시)의 염장(鹽場)에서 배로 소금을 운반하는 일로 생계를 도모했다. 관부와 토호의 착취를 견디다 못해 지정 13년 (1353) 정월에 그를 따르는 염전 노동자 17명과 함께 반란을 일으켰다.

장사성이 평소에 신의가 있고 염전에서 노예처럼 일하는 노동자들과 함께 뼈 빠지게 중노동에 시달리면서도 자신의 이익보다는 그들의 권익을 위해 힘썼기 때문에 쉽사리 호응을 얻을 수 있었다. 그들은 오랫동안 염전을 장악하여 노동자들의 고혈을 빨아먹었던 탐관오리 구의(邱義)의 저택을 습격하여 몽둥이로 때려죽였다. 또 토호들에게 달려가 그들을 살해하고 창고에 산더미처럼 쌓인 양식과 재물을 빼앗아 노동자들에게 나누어주었다. 고향 사람들은 장사성의 수하로 분분히 몰려들어 그를 수령으로 추대했다.

장사성의 무리는 장강 유역의 태주(泰州), 흥화(興化) 등을 연이어 공략한 뒤 덕승호(德勝湖: 지금의 강소성 흥화시 부근) 부근에 집결했는데 그 반란군의 숫자가 1만여 명이나 되었다. 그들을 방치했다간 더 큰 화를 입을 수 있다고 우려한 원나라 조정은 장사성을 만호(萬戶)로 임명하여서 회유하려고 했다. 장사성은 관직이 너무 낮다고 여기고 거부했다. 오히려 지정 14년 (1354) 정월에 고우성(高郵城)에서 성왕(誠王)이라 자칭하고 국호를 대주(大周), 연호를 천우(天佑)로 정하고 군주 행세를 했다. 그는 반란을 일으킨 지 1년여 만에 어설프게나마 나라를 세웠다. 같은 해 6월에는 양주(揚州)를 점령했다. 양주성이 반란군의 수중에 넘어갔다는 소식이 원나라 조정을 뒤흔들었다. 자고로 양주는 남북 대운하를 연결하는 내륙의 거대한 항구였다. 이곳이 막히면 원나라의 대동맥이 끊기는 것과 마찬가지였다. 지정제(至正

帝)가 우승상 탈탈(脫脫)에게 토벌 명령을 내렸다.

> "짐은 승상과 함께 천하를 다스리는 사람이오. 천하에 많은 변고가 생
> 기면, 짐은 그 환난을 슬퍼하고 승상은 그 노고를 감당하는 법이오, 그대
> 가 반드시 반란의 무리를 토벌하러 가야하오."

지정제가 얼마나 다급했으면 탈탈과 더불어 천하를 다스린다고 말했을
까? 탈탈을 최대한 치켜세워서 그에게 반란 진압의 책임을 맡겼다. 탈탈
은 전국 각지의 병사들을 총동원했다. 서역의 색목인들도 토벌군에 합류
했다. 같은 해 겨울에 탈탈이 거느린 대군이 고우에서 장사성의 군대를
격퇴하고 저주성에서 멀지 않은 육합성(六合城)을 포위했다.

북방에서 질풍노도처럼 밀려온 원군에 주원장도 당황하지 않을 수 없
었다. 육합성이 함락되면 저주성도 재앙을 면치 못할 것이라 두려워했다.
그는 심복 경재성(耿再成)과 함께 와양루(瓦梁壘: 강소성 육합현 서쪽에 있는 고와양성·
古瓦梁城)에서 진지를 구축하고 육합성을 도왔다. 그가 육합성의 노약자들
을 호위하고 저주성으로 돌아오자, 탈탈은 즉시 추격해와 저주성을 공격
했다. 주원장은 병사들을 매복시키고 난 뒤 유인 작전으로 탈탈의 군사를
격퇴했다. 하지만 맹호처럼 날랜 원나라 기병의 재침을 우려하여 포로로
잡은 병사들과 노획한 말들을 탈탈의 군영으로 돌려보내주고 아울러 지
역의 원로를 사자로 보내 술과 고기로 원나라 장수들을 위로하게 했다.

> "내가 저주성을 지키는 까닭은 다른 도적떼를 막기 위해서일 뿐이오.
> 당신들은 어째서 큰 도적은 내버려두고 선량한 백성만을 살육하오?"

탈탈은 원나라 지배층 중에서는 보기 드물게 한학(漢學)에 정통한 정치

가이자 군사 전략가였다. 중서성 우승상의 직책을 맡았을 때, 과거제를 부활하여 한족 출신 사대부들을 적극적으로 포용할 정도로 국정을 다스리는 안목이 있었다. 주원장은 탈탈에게 철군을 요구했다. 과연 탈탈은 그의 뜻대로 철군했다. 강자를 만났을 때 정공법보다는 상대의 심리를 꿰뚫음으로써 위기를 모면하는 지혜를 발휘한 것이다.

당시 주원장이 거느린 장졸들은 출신 성분이 복잡했다. 농민, 유랑민, 광대, 사대부, 원나라 포로 등 여러 계층의 사람들이 섞여있었기 때문에 군기가 문란했다. 투항한 원나라 병사들은 성을 빼앗으면 부녀자들을 강간하는 악습을 그대로 가지고 있었다. 대업을 이루기 위해서는 먼저 군대의 기강을 바로잡는 것이 무엇보다도 중요했다. 지정 16년(1355) 화주(和州)를 점령한 후, 주원장은 장수들이 남의 집 부녀자들을 강탈하여 군영에 데리고 있는 모습을 보고 말했다.

"저주를 차지한 이래 여러 장수들이 부녀자들을 강탈했소. 군대에 군율이 없다면 어떻게 백성의 삶을 안정시킬 수 있단 말이오?"

그는 즉시 명령을 내려 부녀자들을 전부 가족의 품으로 돌려보냈다. 백성들이 크게 기뻐하며 주원장의 덕행을 칭송했다. 그는 또 군령을 엄격하게 집행하여 어기는 자가 있으면 가차 없이 목을 베었다. 유능한 장수라도 군령을 어기면 절대 용서하지 않았다.

당시 군량미가 부족하여 각 부대에 금주령을 내린 적이 있었다. 주원장 부대의 선봉에 서서 많은 전과를 올려 그의 신임이 두터웠던 우익통군 원수 호대해(胡大海)의 큰아들이 금주령을 어기고 술을 마신 일이 발각되었다. 주원장이 그를 처단하려고 하자, 한 측근이 말했다.

명나라 역대 황제 평전

"호대해 장군은 지금 전선에서 싸우고 있습니다. 이런 때에 그의 아들
을 죽이는 일은 옳지 않습니다."

호대해는 문맹이었으나 원나라 장수 양완자(楊完者)의 10만 대군을 궤멸
시켜 만천하에 용맹을 떨친 맹장이 아닌가? 그는 평소에 이런 말을 즐겨
했다.

"나는 무인이오. 경전의 지식은 전혀 없고, 겨우 세 가지 일만을 알고
있을 뿐이오. 첫째 사람을 함부로 죽이지 않고, 둘째 부녀자를 강탈하지
않으며, 셋째 백성의 가옥을 불태우지 않소."

적과의 싸움에서는 언제나 임전무퇴였으며 백성을 대할 때는 자애로웠
고 또 지식인들을 좋아하여 그들에게 가르침을 청하는 일을 부끄럽게 여
기지 않았다. 호대해가 군사를 이끌고 나타나면 성읍의 관리와 백성들이
다투어 투항하는 진풍경이 벌어지기도 했다. 주원장의 측근은 백성들 사
이에서 신망이 높은 호대해가 주원장이 자기 아들을 죽였다는 사실을 알
면 병변을 일으키지 않을까 두려워하여 그렇게 충고했다. 일리가 없는 말
이 아니었지만, 주원장의 생각은 달랐다.

"차라리 호대해에게 반란을 일으키게 하고 말지, 내가 한 번 내린 군령
은 절대로 바꾸지 않겠소."

그는 말을 마치자마자 칼을 빼어 호대해의 아들을 죽였다. 아들이 처형
되었다는 소식을 들은 호대해는 비통에 빠졌지만 주원장을 원망하지 않
고 죽을 때까지 충성을 다했다. 군령이 혈육보다 더 중요함을 깨달았기

때문이다. 이런 일이 있고 난 후 주원장의 군대는 군기가 더욱 엄정해졌고 한 번 내린 군령은 반드시 지켜졌다.

지정 16년(1355) 주원장이 일거에 화주를 함락시켰다. 곽자흥은 그를 총병관에 임명하고 화주를 지키게 했다. 이 시기에 떠돌이 중에 불과했던 주원장의 비범한 능력을 알아보고 군웅의 한 명으로 성장할 수 있도록 결정적인 도움을 준 곽자흥이 병으로 세상을 떠났다.

만약 곽자흥의 인재를 알아보고 키우는 혜안이 없었다면, 주원장은 천하를 평정하지 못했을지도 모른다. 곽자흥도 병사를 일으킬 때 언젠가는 한고조 유방처럼 개국 황제의 위업을 꿈꾸었을 것이다. 하지만 그는 황제가 될 만한 재목이 아니었다. 성품이 강직하고 용감했으나 쉽게 화를 내고 의심이 많아 남을 잘 포용하지 못하는 결점이 있었다. 때때로 주원장을 모함하는 말에 현혹되어 사위를 견제하기도 했다.

주원장은 언제나 충성과 신의로써 곽자흥을 보필했으며 그를 대신하여 군대의 일들을 처리할 때는 신중하고 공정하여 그의 의심을 피했다. 주원장의 부인 마씨도 수하 장졸들이 진상하는 물품이 있으면 곽자흥의 처에게 바치고 공경을 표했다. 부창부수의 전형을 보여 주었다. 훗날 주원장이 명나라를 건국한 후인 홍무(洪武) 3년(1370)에 곽자흥을 저양왕(滁陽王)으로 추서하고 이렇게 말했다.

"자고로 영웅호걸은 하늘과 땅 그리고 사람과 신령에게 큰 공을 세운 자이다. 저양왕이 살아생전에는 그 복록을 얻지 못했지만, 사후에는 반드시 제사에 올린 제물을 향유해야 한다. 이는 이른바 육신은 죽었지만 영혼은 사라지지 않고 그 이름을 세상에 영원히 전한다는 것이다."

황제 주원장이 장인 곽자흥이 베풀어 준 은혜에 대한 보답이자 최고의 찬사였다. 곽자흥이 사망하기 얼마 전에 홍건군 내부에서도 변화가 있었다. 명왕(明王)을 자처했던 한산동(韓山童)이 원군에게 잡혀 피살되자, 유복통(劉福通)이 한산동의 아들 한림아(韓林兒)를 박현(毫縣: 지금의 안휘성 박주 · 毫州)에서 소명왕(小明王)으로 옹립하고 국호를 송(宋), 연호를 용봉(龍鳳)으로 정했다. 원나라에게 망한 한족(漢族) 왕조인 조광윤(趙匡胤)의 송조(宋朝)를 계승한다는 명분으로 한족의 반원(反元) 감정을 자극하려는 의도가 있었으므로 국호를 송(宋)으로 정했다.

곽자흥이 병사하자 소명왕은 그의 아들 곽천서(郭天敍)를 도원수로, 주원장을 좌부원수로 임명했다. 소명왕에게 관직을 받은 주원장이 푸념했다.

"대장부가 어찌 다른 사람의 통제를 받을까?"

그는 마음속으로 한림아를 인정하지 않았다. 하지만 한림아의 송나라가 위세를 떨쳤기 때문에, 그도 겉으로는 한림아의 신하로서 군대를 통솔했다. 지정 16년(1356) 원군이 강남의 중심, 집경(集慶: 지금의 남경)을 공격할 때 곽천서가 잡혀 살해당했다. 이때 주원장은 대원수로 승진하고 곽자흥의 군대를 전부 거느리게 되었다.

주원장의 군대가 화주에서 주둔한 지 몇 개월이 지나자 군량미 공급에 차질이 생겼다. 아무리 용감한 병사들이라도 군량미가 부족하면 사기가 떨어져 싸울 의욕이 생기지 않는 법이다. 주원장은 화주의 맞은편에 위치한 장강(長江) 남안의 태평(太平)과 무호(蕪湖)를 공략하기로 결심했다. 이 두 지방은 어미지향(魚米之鄕)이다. 이곳을 차지하면 군량미 문제는 쉽게 해결할 수 있었다. 하지만 주원장에게는 수군과 선박이 없었다. 선박은 장강 일대의 전투에서 필수불가결한 요소였다.

때마침 안휘(安徽) 지방 소호(巢湖)에 주둔하고 있던 홍건군의 수군이 주원장에게 귀부 의사를 밝혔다. 주원장에게 뜻밖에도 천우신조가 따른 것이다. 1,000여 척의 배를 거느린 소호의 수군이 원군의 봉쇄를 뚫고 화주에 도착했다. 주원장은 병사와 군마를 배에 태우고 장강을 건너 우저산(牛渚山)에 진을 치고 휘하 장수 상우춘(常遇春 · 1330~1369)을 선봉에 서게 했다.

상우춘은 빈농 출신으로 힘이 장사이며 무술에 능한 사나이었다. 그도 원나라 말기에 평생 소처럼 죽도록 일하다가 죽는 농노의 삶을 거부하고 자신이 의탁할 영웅호걸들을 찾아다녔다. 비천한 사람이 주인을 잘 만나 견마지로(犬馬之勞)의 공을 아끼지 않고 충성을 다하여 운이 좋으면 장상(將相)의 부귀영화도 누릴 수 있는 기회는 세상이 어지러울 때 가능하다. 그는 정원 지방에서 일어난 유취(劉聚)의 수하로 들어갔다.

그런데 유취는 호걸이 아니라 도적떼의 우두머리에 불과했다. 아무런 이념도 없이 오직 남의 재산을 강탈하고 무고한 사람을 해치는 그런 무뢰한이었다. 상우춘은 하루빨리 유취의 수하에서 벗어나 새로운 활로를 찾고 싶었다.

지정 15년(1355) 4월 상우춘이 유취를 따라 화주에서 노략질을 할 때, 주원장의 군사가 화주성을 공략하러 왔다는 얘기를 들었다. 평소에 주원장이 영웅호걸이라는 소문을 익히 들은 터라 주저하지 않고 그에게 달려가 부하가 되기를 바랐다. 두 사람이 처음 만났을 때, 주원장의 태도는 냉담했다.

"네가 굶주리니 밥이나 얻어먹을 요량으로 내 수하에 들어오겠다는 생각이냐?"

"제가 유치의 수하에서 남의 재물을 약탈할 때 결코 의식주 걱정은 하지 않았습니다. 다만 유치는 약탈과 도적질만을 일삼을 뿐이지 큰 뜻을 품지 않은 도적떼의 두목에 불과합니다. 장군님께서는 현명하고 지혜로운 분이라고 들었습니다. 그래서 장군님에게 귀부하고자 합니다. 앞으로 장군님을 위해서 사력을 다 바치고 싶습니다."

"그렇다면 네가 나를 따라 장강을 건너가 싸울 수 있겠느냐?"

"장군님께서 어디든지 지시만 내리시면 반드시 따르겠습니다. 장강을 건널 때 제가 선봉에 서겠습니다."

상우춘의 결연한 의지를 확인한 주원장은 그를 흔쾌히 받아들였다. 자신을 위해 목숨을 바칠 각오가 서있는 장수를 마다할 이유가 없었다. 정말로 상우춘이 쓸 만한 장수인지 확인하기 위하여 그를 선봉에 서게 했다. 상우춘의 말은 허언이 아니었다. 그의 저돌적인 공격은 우저산을 주원장의 수중으로 들어가게 했다. 많은 군량미를 확보한 장졸들은 하루빨리 화주성으로 돌아가 전리품을 만끽하고 싶었다.

하지만 주원장은 그렇게 결정하지 않았다. 내친김에 장강 하류의 태평(太平: 지금의 안휘성 안산시·鞍山市 당도현·當涂縣)을 공략하고 싶었다. 태평은 병가(兵家)가 반드시 쟁취해야 하는 전략적 요충지였다. 그는 즉시 퇴로를 차단하고 태평으로 진격하게 했다. 태평성도 주원장의 수중에 들어왔다. 성에 입성하자마자 노략질을 엄금하고 백성의 재물을 보호했다. 민폐를 끼치는 병사가 있으면 즉시 참수형으로 다스렸다. 주민들은 너나 할 것 없이 주원장을 칭송했다. "민심을 얻어야 천하를 쟁취할 수 있다."는 가장 기본적인 공식을 철저하게 지킨 것이다. 그는 그곳에 태평흥국익원수부(太平興國翼元帥府)를 설치하고 난 뒤, 스스로 원수(元帥)의 지위에 오르고 이선장을 수부도사(帥府都事)로 임명했다. 태평을 근거지로 세력 확장을 본격적으로 시도한 것이다.

4. 군웅할거를 종식시키고 명나라를 건국하다

한족 중심의 중국 역사의 관점에서 볼 때, 옛날에 남경(南京)은 남방의 정치, 경제, 문화의 수도였다. 거대한 장강 하류의 도도한 물줄기가 도시를 관통하고 비옥한 일망무제의 대평원이 펼쳐져 있으며 아울러 도심 한복판에 자금산(紫金山)이 우뚝 솟아 있어서 강남 각 지역에서 생산한 물자가 이곳에 집결하고 외침을 막는 천혜의 요새였던 까닭에, 중국 역사상 무려 10개 국가가 이곳을 수도로 정해 이른바 '십조도회(十朝都會)'라는 영예를 얻었다. 원나라 말기에는 이곳을 집경로(集慶路)라고 불렀다.

주원장이 원대한 야망을 실현하기 위해서는 전략적으로 대단히 중요한 이 집경성을 반드시 접수해야 했다. 지정 16년(1356) 3월 먼저 원군의 장강 봉쇄를 뚫고 진조선(陳兆先)이 거느린 민병을 강녕진(江寧鎭)에서 격파하였다. 이 싸움에서 진조선이 생포되고 그 휘하의 민병 3만6천여 명이 항복하는 큰 전과를 올렸다. 항복한 병사들은 주원장이 자신들을 어떻게 처리할지 몰라 공포에 떨었다.

그들의 마음을 알아차린 주원장은 항복한 병사들 가운데 신체가 건장하고 용감한 병사 500여 명을 뽑아 자기 군영으로 데리고 가서 호위병으로 삼았다. 이윽고 밤이 되자 그는 그들에게 자신의 주위를 둘러싸게 하고 자신은 갑옷을 벗고 호위대장 풍국용(馮國用) 한 사람만을 대동한 채 잠을 청했다. 아무리 강심장이라 해도 자칫하다간 목숨을 잃을 수 있는 그런 대담한 행동은 쉽게 할 수 없었는데도 말이다. 다음 날 아침 그들은 주원장이 자신들에게 목숨을 내맡길 정도로 신임하고 있다는 것을 깨닫고 감동했다. 자기 목숨을 담보로 낯선 사람들에게 진심을 보여줌으로써 한 순간에 그들의 마음을 사로잡는 처세술을 주원장은 알고 있었다. 불안한 군심을 진정시킨 주원장은 즉시 집경성 공격을 명령했다.

당시 집경성은 강남행대어사대부(江南行台御史大夫) 복수(福壽)가 지키고 있었다. 주원장의 대군이 성을 겹겹이 포위하고 고립무원의 처지에 빠진 복수에게 투항을 요구했지만, 복수는 성문을 굳게 잠그고 결사항전의 의지를 밝혔다. 하지만 승패는 이미 결정된 것이나 다름이 없었다. 연전연승으로 사기가 오를 대로 오른 주원장의 대군을 원나라의 문신(文臣)이 소수의 병력으로 막기에는 중과부적이었다. 성곽이 파괴되어 병사들이 물밀듯 몰려오자 관리들은 도망가기에 급급했다. 하지만 복수는 봉황대(鳳凰台) 아래에서 홀로 최후의 일전을 준비했다. 한 측근이 그에게 탈출을 권유하자 그가 질책했다.

"나는 국가의 중신이오. 성을 지키면 살 수 있고 성이 함락되면 마땅히 죽어야 하는데 어찌 달아날 수 있단 말이오?"

복수는 끝내 장렬한 죽음을 택했다. 그는 몽골에게 멸망당한 서하(西夏)의 당항족(黨項族) 출신이었다. 소수민족 출신으로서 신분 차별을 극복하고 원나라 조정에서 높은 지위에 올랐기 때문에 원나라에 대한 충성심이 있었던 것 같다. 만약 그가 한족 출신이었다면 원나라를 위해 헌신하지 않았을 것이다. 원나라 조정은 그를 위국공(衛國公)으로 추서하여 그의 충정을 기렸다. 원나라가 망해가는 상황에서도 이런 충신이 있었다. 주원장은 입성 후에 그 지방의 관리와 유지들을 모두 불러 모으고 그들에게 말했다.

"지금 원나라는 정치가 부패하고 문란하여 각지에서 반란이 일어났소. 나는 백성을 위해 반란을 진압하려고 이곳에 왔을 뿐이오. 여러 분들이 예전처럼 편하게 살 수 있도록 해주겠소. 어진 선비가 있으면 예의를 갖추고 그를 등용하겠으며, 옛날의 제도 가운데 불편한 것이 있으면 그것을 폐지하겠소. 관리들은 백성을 학대하거나 그들의 재산을 강탈해서는 절대 안 되오."

백성들은 주원장의 선무 활동에 크게 기뻐하고 그의 덕행을 칭송했다. 그는 집경로를 응천부(應天府)로 고치고 자신의 세력의 중심지로 삼았다. '응천(應天)'이란 하늘의 뜻에 부응한다는 말이다. 아마 그는 이때부터 본격적으로 천자의 꿈을 꾸었을 것이다.

이보다 앞서 지정 15년(1355)에 주원장이 장강 도하를 시도할 때, 방어 진지에서 완강하게 저항하여 주원장의 강남 진출을 좌절시킨 한족 출신의 원나라 장수 강무재(康茂才)라는 인물이 있었다. 주원장은 심복 장수 상우춘을 보내 장강의 방어선을 뚫게 했다. 강무재는 상우춘의 위계에 걸려들어 대패하고 천영주(天寧洲)로 달아나서 다시 그곳에서 진지를 구축했다. 얼마 후 천영주도 주원장의 군사에 점령당하자, 그는 또 패잔병을 이끌고 집경성으로 도망갔다. 원나라 조정은 그를 회남행성(淮南行省) 참지정사(參知政事)로 임명하고 복수와 함께 집경성 사수를 명령했다.

하지만 집경성은 주원장이 공격한 지 열흘도 못되어 함락되고 말았다. 앞서 얘기한대로 복수는 장렬하게 전사했으나, 강무재는 주원장에게 투항하고 이렇게 말했다.

"예전에 우리가 싸운 것은 각자 자신의 주군을 위해서였소. 지금 내가 싸움에 번번이 진 것은 하늘의 뜻이오. 당신이 나를 용서하여 죽이지 않으면, 나는 반드시 견마지로의 공을 아끼지 않겠소."

주원장은 호탕하게 웃으며 그를 석방하고 예전처럼 그를 따르는 병사들을 지휘하게 했다. 패배한 적장이라도 죽이기 아까운 인물이라고 판단하면 즉시 중용하는 실리를 선택한 것이다. 그 후 강무재는 강음(江陰), 지주(池州), 종양(樅陽) 등의 지역을 차지하는 데 큰 공적을 세워 주원장의 기대에 부응했다.

지정 18년(1358) 주원장은 강무재를 도수영전사(都水營田使)로 임명하여 수리, 둔전 등 식량 증산에 관계된 일을 맡게 했다. 또 일부 병사들을 뽑아 황무지를 개간하여 식량을 증산하게 했다. 그들에게 생산 임무를 맡겨 초과 생산하는 자에게는 상을, 임무를 완수하지 못한 자에게는 벌을 내렸다. 이렇게 몇 년 동안 식량 증산에 힘쓴 결과, 창고에 식량이 가득하여 군량미 부족의 어려움을 겪지 않았고 그가 다스리는 농민들의 부담을 경감시킬 수 있었다. 지정 19년(1359) 주원장은 절동(浙東) 지역을 공략하기 전에 여러 장수들에게 충고했다.

"성은 무력으로 점령하는 것이고, 반란은 인의로 평정하는 법이오. 내가 집경성에 들어갔을 때 백성에게 조금도 해를 입히지 않았던 까닭에 일거에 집경을 안정시킬 수 있었소. 여러 장수들이 성을 점령하고 난 뒤 사람을 함부로 죽이지 않았다는 소식을, 내가 들을 때마다 너무 기쁜 나머지 어찌할 바를 모를 정도였소. 무용이 뛰어난 장수는 사람을 함부로 죽이지 않소. 그런 장수는 국가에 이익이 될 뿐만 아니라, 그의 자손도 대대로 복을 누릴 것이오."

천하를 얻으려면 먼저 민심을 얻어야 하는 점을 분명히 알고 있었으므로 휘하 장수들에게 함부로 살상하지 말라고 충고한 것이다. 얼마 후 그는 무주(婺州), 제기(諸暨), 구주(衢州) 등의 절동 지역을 평정했다. 이 지역은 그에게 비옥한 토지를 안겨주었을 뿐만 아니라 인구가 조밀하여 전략적, 경제적으로도 대단히 중요했다.

당시 절동 지역에서 존경을 한 몸에 받고 있던 유기(劉基 · 1311~1375), 섭침(葉琛), 장일(章溢) 등의 선비들이 산중에 숨어 나오지 않았다. 그들은 이전에 원나라 관리의 신분으로서 홍건적과 싸운 적이 있었거나, 천하대세의 추이를 관망하고 있었다. 사실 대란에 빠진 천하를 안정시키고 새로운 제국을 창업하려면 싸움을 잘하는 장수들은 필요조건일 뿐 필요충분조건은 아니다. 문무를 겸비한 책략가야말로 진정한 필요충분조건이다.

주원장은 수하에 용감한 장수는 많았으나 한고조 유방을 도와 한나라를 건국하는 데 결정적인 공을 세운 장량(張良) 같은 책사가 절실히 필요했다. 위대한 책사의 심모원려는 천하의 판세를 결정하기 때문이다. 주원장은 이 점을 꿰뚫고 있었다.

'장량, 제갈량 같은 인물들을 내 수하에 둘 수만 있다면, 이미 천하의
절반을 얻은 게 아니겠는가?'

주원장은 서둘러 사람을 보내 후한 예를 갖추고 세 사람을 초청했다. 그들은 평소에 천하 대란을 종식시키고 새 왕조를 세울 수 있는 영웅이 나타나기를 간절히 바랐으며 아울러 주원장이 바로 그런 영웅이라는 소문을 들었기 때문에 주저하지 않고 응천부로 갔다. 이때 무주에서 은거하고 있던 송렴(宋濂 · 1310~1381)도 그들과 동행했다.

주원장은 그들을 '사선생(四先生)'이라 칭하면서 극진히 모시고 가르침을 받았다. '황제수업'이 시작되었다. 원나라 고급 관리 출신으로서 병법가이

자 대문호였던 유기는 국가의 흥망성쇠, 치세의 도, 성군의 조건, 애민사상 등을 우언의 형식을 통하여 논한 『욱리자(郁離子)』를 저술했다. 그는 인덕으로 천하를 다스려야 한다고 주장했다.

"대덕(大德)은 소덕(小德)을 이기며, 소덕은 무덕(無德)을 이기는 법이오. 또 대덕은 큰 힘을 이기며, 소덕은 큰 힘과 대적할 수 있소. 힘은 적(敵)을 생기게 하고, 덕(德)은 힘을 생기게 하오. 힘이 덕에서 생기면 세상에서 겨룰 만한 적수가 없소. 그래서 힘으로 이기는 것은 일시적인 승리이며, 덕을 오래 베풀수록 더욱 오래 승리하는 것이오. 무릇 힘이란, 나만이 가지고 있는 힘이 아니라 모든 사람들이 각자 그들의 역량을 발휘하는 힘이오. 오로지 대덕만이 모든 사람들의 힘을 얻을 수 있소. 이런 까닭에 덕은 무궁하며 힘은 곤경에 빠질 수 있는 것이오."

유기는 이 책을 통하여 원말의 혼란기에 명나라 건국의 이념적 정당성을 부여하고 동시에 새 지도자가 갖추어야 할 덕목을 조목조목 설파했다. 훗날 황제가 된 주원장은 명나라의 개국 원훈(元勳)이 된 유기를 이렇게 평가했다.

"유기의 학문은 하늘과 사람을 꿰뚫었으며 자질은 문무를 겸비하였다. 그의 기질은 굳세고 올바르며 재능은 크고 넓었다. 정사를 의논할 때는 천고의 세월을 종횡무진하고, 어떤 지역에서 소요가 일어났을 때는 그곳을 완벽하게 장악하였다. 비분강개한 모습을 나에게 보일 때면 먼저 원대한 책략을 진술하였다. 나라를 다스림에는 법도가 있었고 군사를 부림에는 순서가 있었다. 경(卿)은 거리낌 없이 진언할 수 있었으며, 짐(朕)은 그가 진언한 내용을 살펴 활용할 수 있었으므로 오늘에 이를 수 있었다.

유기의 독창적인 진언은 모두 효과가 있었던 것이다."

유기가 주원장을 위해 올린 진언과 계책이 들어맞을 때마다, 주원장은 그를 '나의 장자방(張子房)'이라 칭찬하며 기뻐했다고 한다. 명나라 개국 문신들 가운데 '으뜸'이라는 찬사를 받았던 송렴도 주원장의 스승 역할을 마다하지 않았다. 명나라 개국 후에 주원장이 송렴에게 제왕으로서 주로 어떤 책을 읽어야 하는 지 물었다. 송렴은 『대학연의(大學衍義)』를 추천했다. 황제는 즉시 이 책의 내용을 적은 종이를 궁궐의 벽에 붙이게 하고 대신들을 소집하여 송렴의 강론을 듣게 했다. 유기가 주원장에게 주로 병법과 책략을 가르쳤다면, 송렴은 유가 경전의 가르침을 전수했다.

이처럼 천하의 인재들을 두루 모은 주원장은 곽자흥의 홍건군에 투신한지 7년 만에 응천부를 중심으로 한 지역의 패자가 되었다. 그는 이때부터 계급에 반대하는 구호를 제창하지 않고 민족 투쟁의 기치를 내걸었다. 그가 무주를 점령하고 난 뒤 관아의 대문에 이런 구호가 쓰인 깃발을 내걸었다.

"산하는 모두 중화의 땅으로 둘러싸이고 해와 달은 위대한 송나라의
하늘을 다시 열리게 하네."

몽골 귀족의 수탈과 잔혹한 통치에 불만은 품은 한족 지주들은 주원장이야말로 한족의 정통성을 수호할 수 있는 영웅으로 생각하고 그의 동조 세력이 되었다. 하지만 주원장에게는 아직 넘어야 할 산이 많았다. 당시 그에게 가장 큰 위협이 되었던 인물은 진우량(陳友諒·1320~1363)이었다. 그는 원래 기주(蘄州)에서 반란을 일으키고 황제를 참칭한 서수휘(徐壽輝·1320~1360)의 부하였다. 안경(安慶), 용흥(龍興), 서주(瑞州) 등을 점령하여 세력을

키우고 난 뒤, 서수휘를 협박하여 한왕(漢王)이라고 자칭했다. 지정 20년 (1360) 주원장의 영역인 태평(太平: 지금의 안휘성 당도·當涂)을 점령했다. 태평을 차지한 진우량은 득의양양했다. 이제 서수휘를 제거하면 황제로 등극할 수 있는 날이 멀지 않았다고 생각했다.

진우량의 군사가 채석기(采石磯: 지금의 안휘성 마안산시·馬鞍山市)에 주둔하고 있을 때, 그는 서수휘에게 군대의 일을 보고한다는 명목으로 부하 장졸들을 서수휘 진영으로 보냈다. 진우량의 사주를 받은 그들은 기회를 틈타 서수휘에게 철퇴를 가하여 살해했다. 진우량은 채석기의 오통묘(五通廟)를 임시 궁전으로 삼고 황제로 즉위했다. 국호를 한(漢), 연호를 대의(大義)로 정했다. 즉위식이 거행되는 날 갑자기 비바람이 몰아치자, 신하들은 모래 언덕에서 창졸간에 새 황제에게 하례를 치렀다고 한다.

진우량의 한나라는 강서(江西), 호광(湖廣) 등의 지역을 기반으로 세력을 형성했다. 진우량도 천하의 진정한 주인이 되기 위해서는 주원장과 건곤 일척의 혈투를 벌여야 했다. 북진하여 주원장 세력의 심장부인 남경을 공략하고자 했다. 주원장은 진우량과 고우(高郵)에서 대주(大周)를 건국한 장사성이 연합하여 자신을 공격하지 않을까 크게 두려워했다. 주원장은 북쪽에서는 장사성과 대치하고 남쪽에서는 진우량과 대립하고 있었기 때문이다. 유기는 이미 주군의 이런 우려를 간파하고 있었다. 그가 내놓은 계책은 이러했다.

"장사성은 자기 이익만을 지키는 데 급급한 인물이므로 크게 걱정할 필요는 없습니다. 진우량은 자기 주인을 협박하고 부하들을 위협하여 아무런 명분도 없이 자신을 한왕(漢王)이라 참칭하고 있습니다. 그는 장강 상류에 기반을 두고 있으면서 우리를 호시탐탐 노리고 있으므로 먼저 그를 공격하는 것이 옳습니다. 진우량이 죽으면 틀림없이 장사성은 고립될 것입니다. 그 틈을 타서 그를 공격하면 쉽게 평정할 수 있을 것입니다. 먼저 진우량과 장사성을 정벌하고 난 뒤, 북쪽의 중원으로 진출하면 제왕의 대업은 반드시 이루어질 것입니다."

주원장이 군사 문제에서는 유기에게 절대적으로 의지했기 때문에, 유기의 계책은 주원장 진영의 전략에 즉시 반영되었다. 그런데 공교롭게도 주원장 휘하의 장수 강무재가 진우량의 오랜 지기였다. 두 사람의 친분관계를 활용하기로 결정했다. 강무재는 진우량에게 서신을 보내 만나기를 청했다. 강무재가 자신에게 귀부하기를 바란 진우량은 즉시 수군을 이끌고 장강을 따라 강동교(江東橋)에 이르러 강무재를 찾았으나 아무런 반응이 없었다. 위계에 속아 포위망에 걸려들고 만 것이다. 진우량의 수군은 황급히 뱃머리를 돌려 돌파를 시도했다.

양 진영은 용만(龍灣)에서 수전을 벌였다. 진우량의 함대가 썰물에 좌초되는 바람에 전선 수백 척이 깨지는 참패를 당했다. 진우량은 가까스로 탈출하여 조기군(皀旗軍)을 보내 응전하게 했지만 조기군도 풍국승(馮國勝)의 군사에게 궤멸되었다. 진우량은 요충지 태평(太平)을 포기하고 강주(江州)로 달아났다. 주원장은 승리의 여세를 몰아 안경(安慶) 공략에 성공했다. 이 싸움에서 진우량의 부하 장수 우광(于光), 구보상(歐甫祥) 등이 무기를 버리고 투항하는 전과를 올렸다.

지정 21년(1361) 주원장에게 절치부심의 원한을 품은 진우량은 대군을 파견하여 다시 안경성을 함락시켰다. 전세가 일시에 진우량 진영으로 기울었을 때, 주원장이 친히 군사를 거느리고 다시 안경성을 공격하여 수복한 뒤, 곧장 강주로 진격하여 진우량과 일진일퇴의 공방전을 벌였다. 결국 강주성 전투는 주원장의 승리로 끝났다. 진우량은 밤을 틈타 처자식을 대동하고 무창(武昌)으로 달아났다. 이때 진우량의 부하 장수 오굉(吳

宏)은 요주(饒州)를, 왕부(王溥)는 건창(建昌)을, 호정서(胡廷瑞)는 용흥(龍興)을 지키고 있었다. 그들은 전세가 주원장에게 기운 것을 보고 모두 성문을 열고 투항했다.

주원장과 진우량이 강남에서 혈전을 벌이고 있을 때 강북의 형세도 크게 변했다. 송나라의 유복통이 보낸 북벌군은 원군에게 패배했다. 원군이 산동(山東), 하남(河南) 등을 공략하자, 소명왕은 안풍(安豊: 지금의 안휘성 수현·壽縣)으로 퇴각했다. 뜻밖에도 장사성이 지정 23년(1363) 2월에 대장 여진(呂珍)에게 안풍을 공격하게 했다. 안풍이 함락될 위기에 처하자, 유복통은 주원장에게 구원병을 요청했다. 주원장은 형식상이나마 소명왕의 신하였으므로 유복통이 그에게 구원병을 요청한 것이다.

주원장의 부하 장수들은 모두 유복통과 소명왕을 돕는 것을 반대했다. 그들의 생각으로는 만약 대군을 보내 두 사람을 돕는다면, 진우량이 그 틈을 타서 공격해 올 것이 뻔했기 때문이다. 언젠가는 소명왕도 제거해야 할 대상이었으므로 지금 그를 구출해야 할 이유가 없다고 판단했다.

하지만 주원장의 생각은 달랐다. 안풍은 남경의 보호벽이므로 안풍을 구하는 것이 남경을 지키는 길이라고 판단했다. 또 소명왕을 대우하는 문제에서도 그가 홍건군과 농민들에게 일정한 영향력이 있다는 사실을 잘 알고 있었기 때문에, 그를 잘 대접함으로써 자신의 영향력을 키우고자 했다. 주원장은 친히 군사를 거느리고 안풍으로 가서 두 사람을 도와주기로 결심했다.

하지만 주원장이 안풍에 도착하기 전에 안풍성이 함락되고 유복통은 전사했다. 여진은 주원장의 대군이 몰려오고 있다는 보고를 받고 성 주위에 도랑을 파고 목책을 설치하여 방어를 굳건히 했지만 주원장의 적수가 되지 못했다. 안풍을 다시 차지한 주원장은 소명왕을 저주(滁州)로 모셔와 궁궐을 짓고 황제로 떠받들며 극진히 섬겼다. 궁궐의 내시와 신하들은 모두 자기 사람으로 채웠다. 겉보기에는 소명왕을 존경하고 대우한 것 같지만 사실상 그를 연금한 것이나 다름없었다.

한편 주원장보다 더 넓은 영토를 다스렸던 진우량은 자신의 세력이 날로 약화되자 모든 역량을 쏟아 최후의 일전을 준비했다. 사실 수군에 있어서는 주원장이 크게 열세였다. 진우량의 주력 부대가 수군이었고 그 규모가 주원장 수군의 열배나 되었다. 진우량은 수전에서 승부를 걸고 싶었다. 서둘러 전함 수백 척을 건조했다. 전함은 모두 삼층 높이의 누선이었다. 마구간이 있고 위아래 층에서 말하는 소리가 들리지 않을 정도로 그 규모가 거대했다.

지정 23년(1363) 여름 진우량은 60만 대군을 동원하여 주원장의 당질(堂姪) 주문정(朱文正)이 지키고 있는 홍도(洪都: 지금의 강서성 남창·南昌)을 공격했다. 주문정은 성문을 굳게 잠그고 3개월 동안 버티며 구원병이 오기를 기다렸다. 주원장은 서둘러 출병을 준비했다. 주원장이 친히 대군을 이끌고 홍도로 진군하고 있다는 첩보를 받은 진우량은 포위를 풀고 파양호(鄱陽湖: 지금의 강서성 북부)로 이동했다. 파양호는 '중국 제일의 담수호'라는 별칭이 있을 만큼 바다처럼 넓은 호수이다. 거대 선단을 거느리고 있고 수전에 능한 병사들이 많은 진우량에게는 이곳이 승리를 위한 최적의 장소였다.

마침내 양군은 파양호의 섬, 강랑산(康郎山)에서 조우했다. 진우량은 수백 척의 거함을 10척 씩 쇠사슬로 연결시켜 놓았는데 그 길이가 몇 십리나 되었다. 그는 선단을 마치 성곽처럼 거대한 진영으로 구축하고 공격했다. 주원장의 함선은 작았기 때문에 위에서 아래로 날아오는 화살을 피할 수 없었다. 진우량 휘하의 맹장, 장정변(張定變)은 주원장이 타고 있는 함선으로 돌진했다. 주원장의 함선이 수심이 낮은 곳에서 좌초하여 움직이지 못했다. 그의 목숨이 경각에 달렸을 때, 유통해(俞通海)가 달려와 그를 극적으로 구했다.

3일 동안 계속된 전투에서 주원장의 수군은 큰 타격을 입었다. 장졸들의 사기가 크게 떨어졌다. 주원장이 친히 앞장서서 싸움을 독려했지만 병사들은 두려워하며 감히 앞으로 나가지 못했다. 뒤로 물러서는 병사 10여 명을 현장에서 참수했다. 마침 그때 바람이 진우량 진영 방향으로 불었다. 주원장은 진우량의 거함들이 쇠사슬로 묶여있기 때문에 기동성이 떨어진 것을 간파하고 바람의 방향을 이용하여 화공을 폈다. 주원장은 죽기를 각오한 병사들에게 화약과 갈대를 가득 실은 7척의 배를 바람의 방향에 따라 적의 함선으로 돌진하게 했다. 진우량의 거함들은 순식간에 화염에 휩싸였다. 작은 함선들이 벌떼처럼 달려들어 쇠사슬에 묶인 거대 선단을 무참히 유린했다. 공황에 빠진 진우량은 파양호의 또 다른 섬, 대고산(大孤山)으로 후퇴를 시도했으나 주원장이 이미 퇴로를 차단하여 독안에 든 쥐 신세였다. 진우량의 부하 장수, 우금오장군(右金吾將軍)이 말했다.

　　“포위망을 뚫고 후퇴하기는 어려운 상황인 바에는, 차라리 모든 전함
　　을 불태우고 상륙하여 파양호 남안(南岸)에서 다시 진영을 정비하고 기회
　　를 도모하는 게 좋겠습니다.”

파부침선(破釜沈船)의 결사항전으로 재기를 도모하자는 주장이었다. 하지만 좌금오장군(左金吾將軍)이 반대했다.

　　“그건 적에게 약한 모습을 보이는 것이오. 적들은 보병과 기병으로 아
　　군을 추격할 것이오. 일진일퇴의 공방에 우리는 기반을 상실하고 결국은
　　대세도 놓칠 것이오.”

진우량은 망설임 끝에 우금오장군의 건의를 받아들였다. 좌금오장군은

자기 의견이 무시되자 군영을 이탈하여 주원장에게 투항했다. 우금오장군도 이미 대세가 기울었음을 감지하고 투항했다. 자신이 가장 신뢰했던 두 장수의 배신은 진우량을 졸지에 고립무원의 처지에 빠지게 했다. 이미 승패는 결정되었으므로 더 이상의 싸움은 무의미했다. 주원장은 진우량에게 서찰을 보냈다.

"나는 당신과 각자 한 지역을 안정시키면서 천명을 기다리자는 약속을 하고 싶었소. 하지만 당신은 판세를 잘못 읽고 나를 해치려 했소. 나는 적은 병력으로 당신이 다스리는 용흥현 등의 11개 현을 취했는데도, 당신은 아직도 잘못을 뉘우치지 않고 다시 도발을 감행했소. 당신은 홍도(洪都)에서 곤경에 처했고 또 강랑(康郞)에서 다시 참패를 당하여 당신과 피를 나눈 장수들이 화염의 바다에서 죽게 만들었소. 요행히 당신이 목숨을 건진다고 하더라도 황제의 호칭을 버리고 천하의 진정한 주인이 나날 때까지 가만히 앉아서 기다려야 할 것이오. 만약 내 말을 듣지 않으면 멸문의 화를 당할 것이오. 그때 가서 후회한들 이미 늦을 것이오."

진우량은 분노했다.

"땡중 노릇이나 하던 놈이 좀 세력을 얻었다고 하여 황제인 짐을 겁박하다니!"

진우량은 차라리 부러지고 말지 결코 휘어지지 않는 강인한 성격을 지닌 인물이었다. 야망과 지략도 주원장에 결코 뒤지지 않는 영웅이었다. 그는 정면 돌파를 시도했다. 양군은 숙송현(宿松縣)의 경강구(涇江口)에서 최후의 일전을 벌였다. 진우량은 친히 수군을 지휘하다가 머리를 관통한 화살에 즉사했다. 그의 수군은 붕괴하기 시작했다.

진우량의 큰아들이자 태자인 진선아(陳善兒)가 생포되는 와중에서, 태위(太尉) 장정변(張定邊)이 밤을 틈타 진우량의 사체를 수습하고 그의 둘째아들 진리(陳理)를 데리고 무창(武昌)으로 달아났다. 장정변을 중심으로 한 진우량의 잔존 세력은 무창에서 진리를 황제로 추대하고 연호를 덕수(德壽)로 바꾸었다. 하지만 권토중래를 도모하기에는 너무 늦었다.

파양호 전투의 승리는 주원장이 중원의 동남 지방을 실질적으로 지배하는 패자가 되게 했다. 소명왕이 그에게 내린 오국공(吳國公)의 칭호에 만족하지 않고, 지정 24년(1364) 설날 아침에 문무백관에 의해 오왕(吳王)으로 추대되었다. 마침내 한 국가의 왕이 된 것이다. 유기의 도움을 받아 관직을 정비하고 난 뒤, 이선장을 우상국(右相國)에, 서달을 좌상국(左相國)에, 상우춘과 유통해를 평장정사(平章政事)에 임명하고 이렇게 당부했다.

"건국 초기에는 먼저 국가의 기강을 바로잡아야 하오. 원나라 황제가 무능하고 약하여 황실의 권세가 무너지더니 급기야는 도처에 반란이 일어나는 사태가 벌어졌소. 지금 우리는 원나라를 귀감으로 삼아야 할 것이오."

송나라의 소명왕은 이미 꼭두각시에 불과했지만, 오왕이 된 주원장은 처음에는 그를 능멸하지 않았다. 그는 여전히 송나라의 연호인 용봉(龍鳳)을 사용했으며 소명왕의 칙서를 '황제의 성지(聖旨)'로 높이고 자신의 칙서는 '오왕의 영지(令旨)'로 낮추면서 때를 기다렸다.

지정 24년(1364) 3월 주원장은 요영충(廖永忠)이 지휘하는 서오군(西吳軍)을 무창으로 보내 무창성을 포위하게 했다. 진리는 성문을 열고 항복했다. 이로써 진우량이 세운 한나라는 건국한 지 4년 만에 멸망하고 호광(湖廣)

지방이 전부 주원장의 수중으로 들어왔다. 그 후 군사회의를 열 때, 여러 장수들이 주원장에게 파양호 전투에서 승리할 수 있었던 이유를 물었다.

"자고로 수전(水戰)에서는 반드시 천시(天時)와 지리(地利)를 얻어야 승리한다고 했습니다. 이를테면 주유(周瑜)는 적벽(赤壁)에서 바람과 물을 이용하여 조조(曹操)를 물리쳤지요. 그런데 파양호 전투는 당시의 상황과 상반됩니다. 진우량이 먼저 장강 상류를 장악하고 아군을 기다린 것은, 그가 땅의 이로운 점을 충분히 얻은 것이죠. 게다가 우리 군사는 홍도(洪都)를 구원하러 황급히 달려왔기 때문에 피로에 지쳐있었습니다. 이와 반면에 저들은 여유가 있었습니다. 뜻밖에도 우리가 승리했습니다. 그 까닭이 무엇입니까?"

"천시와 지리는 물론 중요하오. 하지만 천시는 지리만 못하고 지리는 인화만 못한 법이오. 진우량은 지리를 얻었고 또 수많은 병사들을 거느리고 있었지만, 사람마다 딴 마음을 품었으며 윗사람과 아랫사람이 서로 의심했소. 더구나 해마다 군사를 일으켰기 때문에 힘을 비축하지 못했소. 언제나 잠시 동쪽에서 싸우다가 또 서쪽에서 싸우는 등, 원칙 없이 싸우다가 고생만 하고 전공은 없었소. 그래서 군심이 이탈한 것이오. 무릇 용병술에서 때에 맞게 움직이는 것이 대단히 중요하오. 한 번 움직이면 위세를 떨치고 위세를 떨치면 승리하는 것이오. 나는 때에 맞게 군사를 움직여서 사기가 떨어진 적을 제압했으며, 장졸들이 한 마음으로 용감하게 싸웠기 때문에 우리가 승리한 것이오."

정적을 회유하고 흩어진 민심을 모아서 천하를 안정시키는 데 인화만큼 중요한 일이 없다고 생각한 주원장은 남경으로 끌려온 진리를 죽이지

명나라 역대 황제 평전

않고 오히려 귀덕후(歸德侯)로 책봉하여 진우량의 잔존 세력을 회유했다. 몇 년 후 주원장은 그를 고려(高麗)로 보내 정착하게 했다. 혹시라도 진우량의 잔당이 반란을 일으키지 않을까 두려워했기 때문이다. 훗날 황제로 등극한 주원장은 "진우량이 망하고 난 뒤 천하는 어렵지 않게 평정되었다."고 말한 것으로 보아, 진우량의 세력이 그에게 가장 위협적이었음을 알 수 있다.

주원장이 오왕으로 자립한 지 2년 후인 지정 26년(1366)에 요영충을 저주(滁州)로 보내 소명왕을 남경으로 모셔오게 했다. 소명왕 일행이 과주(瓜州)에서 강을 건널 때 배가 침몰하여 익사하고 말았다. 배 밑바닥에 미리 구멍을 뚫어놓아 그를 익사시킨 것이다. 소명왕이 더 이상 이용가치가 없다고 판단한 주원장의 음모였다. 주원장은 지정 27년(1367)부터 송나라의 연호 용봉을 더 이상 사용하지 않고 오(吳) 원년을 선포했다.

한편 소금장수 출신 장사성은 지정 13년(1353)에 고우(高郵)에서 성왕(誠王)이라 자칭하고 국호를 대주(大周), 연호를 천우(天佑)로 정하고 군주 행세를 했다. 지정 16년(1356)에는 평강(平江: 지금의 강소성 소주 · 蘇州), 호주(湖州), 송강(松江), 상주(常州) 등의 지역을 연이어 점령하여 지금의 강소성 북부 지역을 다스렸다. 평강을 융평부(隆平府)로 개칭하고 대주의 수도를 고우에서 융평부로 옮겼다. 융평부는 지정 17년(1357)에 지명을 개칭한 지 1년 만에 다시 평강으로 바뀌었다. 당시 장사성은 원나라와 주원장을 동시에 대적해야 하는 어려움이 있었다. 동생 장사덕(張士德)의 건의를 받아들여 원나라의 지원을 받기 위해 거짓으로 항복했다. 원나라 조정은 그를 태위(太尉)로 책봉하고 지명을 평강으로 복원했다.

장사성이 강소성 일대에서 세력을 확장할 때, 주원장도 평강에서 가까운 남경에서 웅거하고 있었다. 두 사람간의 세력 충돌이 우려되는 상황이었다. 더구나 주원장으로서는 자칫하다간 남쪽의 진우량과 북쪽의 장사성이 연합하여 협공하면 판세가 불리하게 돌아갈 수 있었다. 어떻게 해서든 장사성과 우호 관계를 맺어야 했다. 문서를 관장하는 양헌(楊憲)을 장사성에게 보내 서찰로 자신의 뜻을 전했다.

> "옛날에 외은(隗囂)이 천수(天水: 지금의 감숙성 천수)에서 영웅을 칭한 적이 있었지요. 오늘날 족하께서도 고소(姑蘇: 지금의 강소성 소주)에서 왕을 칭하여 형세가 동등하니, 저는 족하를 위해 대단히 기쁘게 생각합니다. 이웃 나라와 선린 우호를 쌓고 각자 관할 지역을 잘 지키는 일은 옛사람들이 숭상한 미덕입니다. 이는 또한 제가 마음속으로 무척 앙모하는 일이기도 합니다. 앞으로 우리가 서로 사신을 파견하여 참언에 미혹되어 변경에서 분쟁이 일어나지 않기를 삼가 바랍니다."

쉽게 말해서 당신의 세력을 인정하겠으니 서로 싸우지 말고 잘 지내자는 얘기였다. 장사성은 양헌을 억류하고 답신을 보내지 않았다. 오히려 수군을 주원장의 영역인 진강(鎭江)으로 보내 공격하게 했으나 대패했다.

장사성의 본심을 읽은 주원장은 서달과 탕화에게 상주를 공격하게 했다. 장사성의 군사가 또 대패하자, 장사성은 비로소 주원장에게 서찰을 보내 화의를 청했다. 해마다 양식 20만 석, 황금 500냥, 백금 300근을 주겠다고 했다. 주원장이 양헌을 석방하고 해마다 양식 50만 석을 주면 화의에 응하겠다고 했다. 하지만 장사성은 받아들이지 않았다.

지정 23년(1363) 9월 장사성은 다시 자신을 오왕(吳王)이라 자칭했다. 그런데 중국 역사에서 주원장의 오(吳)와 구분하기 위하여 일반적으로 장사성의 오(吳)를 동오(東吳)라고 부른다. 주원장에게 참패를 당한 장사성은 평강에서 형세를 관망하며 군사를 움직이지 않았다.

지정 26년(1366) 5월 주원장은 장사성을 토벌하는 격문을 돌리고 난 뒤,

친히 대군을 이끌고 평강성으로 진격하여 포위했다. 주원장은 평강성 둘레에 3층 목탑을 쌓게 했다. 평강성이 평지에 조성되어 지형을 활용한 방어가 어려웠기 때문에, 장사성은 높은 목탑에서 궁노(弓弩)와 화승총으로 공격하는 주원장의 군사에 속수무책으로 당할 수밖에 없었다. 성안의 백성들이 공포에 휩싸여 우왕좌왕하고 있는데도, 장사성은 은으로 만든 의자에 앉아 술을 마시며 장졸들을 다그쳤다. 주원장은 무고한 백성의 피해를 줄이기 위해 가급적이면 장사성의 항복을 받아내어 싸움을 끝내고 싶었다. 장사성에게 서찰을 보내 투항을 권유했다.

> "옛날에 호걸들은 하늘을 두려워하고 백성을 따르는 일을 현명함으로 삼고 자신의 몸을 보전하고 가족을 지키는 일을 지혜로 삼았다. 한(漢)나라 때 두융(竇融)이나, 송(宋)나라 때 전숙(錢俶)이 바로 그런 인물이었다. 스스로 자신을 망쳐서 천하의 웃음거리가 되는 일이 없도록, 너는 심사숙고해야 한다."

식량이 바닥나 쥐를 잡아먹고 풀을 뜯어먹으며 깨진 기왓장으로 공격하는 절망적인 상황까지 몰리면서도, 장사성은 주원장의 투항 권유를 끝까지 거부했다. 성을 포위한 지 1년이 넘는 시간이 지난 지정 27년(1367) 9월에, 마침내 서달의 군사가 성벽을 깨고 평강성을 점령했다. 장사성이 포위되었을 때 부인 유씨(劉氏)에게 다급하게 말했다.

> "내가 패하여 죽으면 너희들은 어떻게 하겠는가?"

> "주군께서는 걱정 마세요. 소첩은 주군의 은혜를 저버리지 않겠습니다."

유씨는 제운루(齊雲樓) 아래에 땔감을 쌓았다. 마침내 성이 파괴되어 적군이 들이닥치자, 그녀는 장사성의 소첩들을 제운루로 몰아넣은 뒤 양자 장진보(張辰保)에게 땔감에 불을 지르게 했다. 소첩들은 모두 불에 타죽고, 유씨도 목을 매어 자살했다. 포로로 잡힌 장사성은 응천부로 압송되었다. 장사성도 한 시대를 풍미한 호걸인지라, 주원장은 그를 죽이지 않고 부하로 삼고 싶었다. 하지만 장사성은 음식을 거부하고 단식 끝에 목을 매어 자살했다. 47세의 나이에 비참한 최후를 맞이하고 동오(東吳)도 멸망했다. 훗날 『명사』에서는 장사성을 이렇게 평가했다.

"장사성의 사람됨은 겉보기에는 행동이 신중하고 말수가 적어서 도량이 있는 것 같았지만, 실제로는 원대한 포부가 없는 인물이었다."

승리자가 쓰는 역사는 언제나 패배자에게 부정적인 평가를 내리기 마련이다. 진우량과 장사성을 토벌한 주원장의 다음 상대는 경원(慶元)을 중심으로 절강성의 연해 지역에 세력을 떨치고 있던 방국진(方國珍·1319~1374)이었다. 방국진은 지정 8년(1348), 원나라 말기에 가장 먼저 반란을 일으킨 인물이었다. 그는 절강성 연해의 섬들을 장악하고 난 뒤 바다를 오가는 관선이나 상선을 습격하고 해상 교역로를 차단했다. 위기의식을 느낀 원나라 조정은 행성참정(行省參政) 타아지반(朵兒只班)을 보내 그를 토벌하게 했지만 오히려 방국진에게 포로로 잡히는 수모를 당했다. 원나라 조정은 그에게 정해위(定海尉)의 관직을 제수하여 회유했다. 하지만 그는 절강성의 심장부인 온주(溫州)를 공격하여 더욱 위세를 떨쳤다.

원나라 조정은 행성좌승(行省左丞) 패라첩목아(孛羅帖木兒)을 보내 방국진의 세력을 진압하게 했으나 또 참패를 당했다. 방국진이 태주(台州)를 함락시키고 북상하여 강소성 태창(太倉)을 점령했다. 당황한 원나라 조정은 그에게 해도조운만호(海道漕運萬戶)라는 직책을 주고 다시 회유했다. 원래 방국진은 난세를 평정하여 새로운 제업을 열고자 하는 웅지를 품은 영웅이 아니었으므로 원나라의 관직을 받아들였다. 당시 원나라는 절강, 강소 연해 지역에 대한 실질적 지배권을 상실했기 때문에, 방국진을 포섭하여 해상 교통로의 안정을 확보하고 아울러 그 지역의 반란 세력을 토벌하는 전략을 세웠다. 그래서 방국진을 다시 행성참정(行省參政)의 고위직에 임명했다. 방국진은 경원(慶元: 지금의 절강성 경원현)을 근거지로 삼고 장사성과 일곱 차례 싸움을 벌여 모두 승리할 정도로 지역의 패자로 군림했다.

지정 18년(1358) 주원장이 무주(婺州: 지금의 절강성 금화·金華)를 취하고 난 뒤, 주박(主簿) 채원강(蔡元剛)을 경원으로 보내 자신과 연합하여 대란을 종식시키자는 뜻을 전했다. 만약 거부하면 언제든 토벌하겠다는 협박도 은근히 했다. 방국진은 부하들에게 이렇게 말했다.

"주원장이 다스리는 강좌(江左: 지금의 강소성. 절강성 동부 지역)의 군령이 엄하다고 들었소. 내가 그의 적수가 되지 못할까 걱정이오. 더구나 서쪽으로는 장사성과, 남쪽으로는 진우정(陳友定)과 대립하고 있는 형국에서는 주원장과 마찰을 피해야 한다고 생각하오. 잠시 그에게 복종하고 성원하는 척하면서 형세의 변화를 관망하는 편이 좋을 것 같소."

부하들은 그의 말이 일리가 있다고 생각했다. 방국진은 주원장에게 사자를 보내 황금 50근과 백금 100근 그리고 비단 100필을 바치고 순종의 뜻을 밝혔다. 주원장은 답례로 진무(鎭撫) 손양호(孫養浩)를 경원으로 보냈다. 방국진도 온주, 태주, 경원 3개 현을 바치겠다고 청원하고 아울러 둘째아들 방관작(方關作)을 인질로 보냈다. 방국진이 자신에게 순종하는 행동에 감동한 주원장은 인질을 받지 않았을 뿐만 아니라 오히려 방관작에게 후한 예물을 주고 돌려보냈다. 주원장은 또 박사(博士) 하욱(夏煜)을 보내 방국진을 복건성평장사(福建省平章事)로 임명하고 그에게 민(閩) 지방의 통치를 맡기고자 했다.

그런데 뜻밖에도 방국진은 늙고 병들었다는 핑계로 관직을 사양하고 평장사의 인장(印章)과 주원장의 명령서만 받았다. 그는 겉으로 복종하는 척했을 뿐, 딴 마음을 품고 있었다. 방국진의 오락가락하는 처신에 의심을 품은 주원장은 그에게 서찰을 보내 경고했다.

"나는 네가 지금 수행해야 할 과업을 이해하고 있다고 생각하여 너에게 한 지방을 다스리라고 명령을 내렸다. 하지만 너는 음흉한 속셈을 품고서 나의 허실을 정탐하고자 아들을 보냈고, 또 관직을 거절할 생각으로 늙고 병들었다는 핑계를 대었다. 무릇 지혜로운 자는 패배를 공적으로 바꿀 수 있고, 현명한 자는 재난 때문에 오히려 복을 얻는 법이다. 너는 심사숙고하여 처신하기 바란다."

당시 방국진은 원나라에 빌붙어 조운(漕運)을 독점하고 막대한 이익을 챙겼으며 관작이 강절행성(江浙行省) 좌승상(左丞相) 구국공(衢國公)에 까지 올랐으므로 주원장의 호의를 거절했다. 주원장은 또 서찰을 보내 거듭 경고했다.

"복록은 지극한 정성에 기반을 두고 있고, 재앙은 수시로 바뀌는 말과 행동에서 나오는 법이다. 동한(東漢) 때 외효(隗囂)와 공손술(公孫述)이 어떻게 처신하였기에, 외효는 복록을 누렸고 공손술은 멸족을 당했는지 너는 잘 살펴보아 귀감으로 삼아야 한다. 내가 대군을 일으켜서 너를 토벌하면 더 이상 빈말로 구제해주지 않을 것이다."

내 말을 듣지 않으면 토벌하겠다는 명백한 협박이었다. 방국진은 술수가 통하지 않자 또 거짓으로 두려워하는 척하며 사죄하고 아울러 황금과 보석으로 장식한 안장을 얹은 말을 바쳤다. 하지만 그의 본심을 간파한 주원장은 받지 않았다.

지정 27년(1367) 10월 주원장은 정남장군(征南將軍) 탕화에게 방국진 토벌을 명령했다. 탕화가 대군을 이끌고 파죽지세로 경원을 공략하자, 방국진은 연해의 섬으로 달아났다. 고립무원의 처지에 빠진 방국진은 결국 아들을 보내 항복을 구걸하는 표문을 올렸다. 그 내용이 어찌나 비굴하고 간절했던 지, 주원장은 방국진을 불쌍히 여기고 답신을 보냈다.

"너는 내 훈계를 듣지 않고 바다로 달아났으므로 은혜를 저버린 죄가
참으로 크다. 지금 너는 고립무원의 처지에 빠져있으면서 또 간절하고
애처로운 마음을 글로 표현했다. 나는 너의 이러한 정성을 정성으로 여
기고 네가 이전에 저지른 과오를 과오로 생각하지 않겠다. 이제 너는 스
스로 의심을 품지 말아야 할 것이다."

주원장의 넓은 도량에 감읍한 방국진이 입조하여 주원장을 배알했다. 주원장은 그를 광서행성좌승(廣西行省左丞)에 제수했다. 실제로는 방국진이 녹봉만 받았을 뿐 부임지에 가지 않고 남경에서 거주하다가 명나라가 개국한 후인 홍무 7년(1374)에 병으로 사망했다. 주원장과 자웅을 겨루었던 호걸들은 대부분 비참한 최후를 맞이했으나, 방국진은 형세를 잘 살피고 주원장에게 귀부했기 때문에 편안한 여생을 보냈다. 훗날 주원장은 그를 이렇게 평가했다.

"방국진은 원래 물고기와 소금을 파는 장사꾼이었다. 구차하게 살면서

형세에 따라 복종하거나 사리에 위배되는 행동을 반복하였으니, 그 품은
뜻이 구멍에 머리만 내밀고 엿보는 쥐와 같았다."

방국진의 수서양단(首鼠兩端)의 행동을 혹평한 것이다. 어쨌든 주원장은
방국진의 귀부로 인하여 백성이 많고 산물이 풍부한 오월(吳越) 지방을 모
두 차지하게 되었다. 주원장의 다음 목표는 지금의 복건성과 광동성에 해
당하는 강서행성(江西行省)과 호광행성(湖廣行省) 등 남부 지방이었다. 당시
강서행성은 원나라의 충신 진우정(陳友定), 호광행성은 하진(何眞)이 통치하
고 있었다.

강서행성 복주(福州) 출신 진우정은 낫 놓고 기역 자도 모르는 무식쟁이
다. 도적떼가 사방에서 창궐할 때 원나라 관군에 들어가 많은 전공을 세
웠다. 원나라 조정은 그를 평장(平章)으로 임명하고 강서행성 8개 군을 통
치하게 했다. 지정 25년(1365) 그는 주원장 수하의 맹장, 호심(胡深)과 일전
을 벌여 호심을 사로잡아 참수하여서 주원장 군사의 간담을 서늘게 했다.
주원장은 방국진의 세력을 평정한 후 호정미(胡廷美), 탕화(湯和), 이문충(李
文忠) 등의 장수를 보내 여러 방면에서 진우정을 공략하게 했다. 이문충이
건녕(建寧)을 취하고 진우정의 본진이 주둔하고 있는 연평(延平)으로 사자를
보내 투항을 권유했다. 진우정과 그의 부하들은 주연을 베푼 자리에서 사
자를 죽이고 그의 피를 술좌석에 뿌리고 난 뒤 함께 술을 마셨다. 진우정
은 부하들 앞에서 이렇게 말했다.

"우리는 모두 원나라 조정의 두터운 은혜를 입었소. 만약 죽음으로써
적에게 대항하지 않는 자가 있다면 책형(磔刑)으로 다스릴 것이며, 그의
처자식도 죽음을 면치 못할 것이오."

주원장에게 절대로 굴복하지 않겠다는 의지의 표현이었다. 하지만 사방에서 몰려오는 주원장의 대군을 막기에는 중과부적이었다. 성벽이 무너지고 적들이 벌 떼처럼 달려오자 그는 부하들에게 이렇게 말했다.

"대세는 이미 결정되었소. 나는 죽음으로써 원조(元朝)에 보답하겠으니 여러분은 계속 분발하기 바라오."

그는 관아에 들어가 의관을 정제하고 북쪽을 향해 두 번 절을 하고 난 뒤 독약을 삼키고 자살을 시도했다. 연평성을 점령한 주원장의 병사들이 다투어 진우정의 행방을 찾다가 쓰러져있는 그를 발견했다. 마침 비가 내리고 천둥이 치자 그가 깨어났다. 그 후 남경으로 끌려간 그는 주원장의 책망에 이렇게 말했다.

"국가가 망했는데 죽이려면 당장 죽이시오. 더 이상 무슨 말이 필요하겠소?"

진우정은 자신을 알아 준 원나라를 끝까지 배신하지 않고 아들과 함께 형장의 이슬로 사라졌다.

호광행성 동완(東莞) 출신 하진은 문무를 겸비한 인물이다. 호광행성의 여러 지역에서 농민 반란이 일어나자 관직을 버리고 고향으로 돌아가 무장 조직을 결성했다. 왕성(王成), 진중옥(陳仲玉) 등이 이끈 반란군들을 연이어 토벌한 공로로 광동도원수(廣東都元帥)를 제수 받았으며 혜주(惠州)를 근거지로 광동 지방을 다스리고 있었다.

홍무 원년(1368) 마침내 명나라를 건국한 명태조 주원장은 요영충(廖永忠)을 정남장군(征南將軍)으로 임명하고 광동을 정벌하게 했다. 명나라 군사가 조주(潮州)에 이르자, 대세가 이미 기울었다고 판단한 하진은 항복했다. 그후 그는 명나라에서 여러 고위 관직을 역임했다. 사람됨이 충직하고 학문에 조예가 깊어 조정에서 명성이 자자했다. 명태조는 그의 충직한 성품과 깊은 학식을 높이 평가하여 그를 동완백(東莞伯)에 책봉했다. 홍무 21년(1388) 하진이 67세의 나이로 세상을 떠나자, 명태조는 친히 제문을 지어 애도하고 조정의 문무백관들에게 3일 동안 소복을 입고 장례를 치르게 했다.

명태조는 이렇게 남부 지방을 평정함과 동시에 북방으로 진출하여 원나라 세력을 정벌하기로 결심했다. 그가 여러 장수들에게 말했다.

"지금 북방의 정세를 살펴보면 산동(山東)에서는 왕선(王宣)이 원나라에 반기를 들었다, 굴복했다 하며 오락가락하고 있고, 하남(河南)에서는 확곽첩목아(擴廓帖木兒)가 세력을 떨치며 제멋대로 날뛰고 있소. 또 관중(關中)과 농주(隴州)에서는 이사제(李思齊)와 장사도(張思道)가 사납게 날뛰며 서로를 의심하며 시기하고 있소. 그래서 원나라는 망조가 들었고 중원의 백성은 도탄에 빠졌구려. 이제 과인이 북벌을 단행하여 백성을 재난에서 구하고자 하는데 어떻게 하면 저들과 싸워 승리할 수 있겠소?"

평장정사(平章政事) 상우춘이 아뢰었다.

"전투 경험이 풍부하고 온갖 고난을 극복한 우리 군사는 오랫동안 향락에 젖어 전투력이 약화된 원나라 군사를 무찌르고 직접 대도(大都)로 진격해야 한다고 생각하옵니다."

원나라는 이미 이빨 빠진 호랑이 신세로 전락했으므로 당장 원나라의 심장부인 대도로 진격하여 함락시키자는 주장이었다. 하지만 명태조는 신중하게 생각했다.

"원나라는 건국한 지 100년이나 되었소. 지금 원나라가 아무리 약하다고 해도 대도의 수비는 견고할 것이오. 만약 우리 군사가 대도를 향해 깊숙이 침공했다가 군량이 끊겼을 때, 원나라의 구원병이 각지에서 몰려와 우리를 공격한다면 아주 위험한 상황에 빠질 것이오. 우리 군사가 대도를 직접 공략하는 것은 좋은 방법이 아니오. 먼저 산동을 빼앗아 대도의 병풍을 거두고 다시 하남과 하북을 공략하여 대도의 바깥 울타리를 부수며 동관(潼關)을 점령하여 대도의 문지방을 틀어쥐어야 하는 전략이 과인의 생각이오."

명태조는 대도를 직접 함락시키려면 큰 위험이 따르므로 먼저 전략적 요충지들을 차례로 점령하고 난 뒤에 대도를 고립시켜 함락시키고자 했다. 부하 장수들은 모두 그의 탁월한 계책에 탄복했다. 명태조의 계책에 따라 서달과 상우춘이 이끄는 북벌군이 산동을 공격하여 제남(濟南)을 취했다.

홍무 원년(1368) 7월 명군이 대도의 턱밑인 직고(直沽)에 이르러 대도성 공략을 도모하고 있을 때, 원나라 순제(順帝)는 회왕(淮王) 첩목아불화(帖木兒不花)에게 나랏일을 맡기고, 자신은 비빈들과 태자를 데리고 상도(上都: 지금의 내몽고 자치구 다륜현·多倫縣)로 몽진을 하겠다고 선포했다. 이때 지추밀원사(知樞密院事) 합랄장(哈剌章)이 천자의 몽진을 반대하자 순제가 말했다.

"야속(也速) 장군은 패배하였고 확곽첩목아 장군도 저 멀리 태원(太原)에 있으니, 어찌 구원병이 오기를 기다릴 수 있겠는가?"

환관 조백안불화(趙伯顏不花)도 무릎을 꿇고 통곡하며 몽진을 완강히 반대 했다.

"천하는 세조 쿠빌라이대왕의 천하이옵니다. 폐하께서는 마땅히 죽기 를 각오하고 지켜야 하는데도, 어찌하여 대도를 버리시려고 하옵니까? 신들은 군민과 금위군을 거느리고 밤을 틈타 성 밖으로 나가 결사 항전 하겠사오니, 폐하께서는 대도성을 지켜주시옵소서."

대원 제국은 1271년에 칭기즈칸의 손자, 쿠빌라이에 의해서 건국되었 으므로 조백안불화가 '천하'는 쿠빌라이대왕의 '천하'라고 말한 것이다. 다 시 말해서 대원 제국의 천하는 순제, 당신 것이 아니라 쿠빌라이대왕 것 이므로 당신은 천하를 보존해야 할 의무가 있을 뿐이지, 자기 멋대로 처 분해서는 안 된다는 충고였다. 순제가 탄식했다.

"오늘 어찌 송나라 휘종(徽宗), 흠종(欽宗) 황제처럼 적의 포로로 끌려가 는 수모를 다시 당할 수 있단 말인가?"

순제는 이전부터 원나라의 국운이 기울고 있음을 알고 있었기 때문에 비밀리에 원나라 황실의 도피처를 물색하고 있었다. 당시 고려 출신 기황 후(奇皇后)가 순제의 총애를 독차지하여 황실을 좌지우지하고 있었다. 그녀 의 건의인지는 모르겠으나, 한 때 순제가 제주도에 궁궐을 짓고 거주하려 고 했던 일화가 있다.

지정 28년(1368) 7월 28일 저녁에 순제의 몽진 행렬은 대도성 건덕문(建德 門)을 열고 황급히 상도로 떠났다. 명나라 군사는 8월 2일에 대도를 점령 함으로써 마침내 몽골족이 100여 년 동안 다스린 원나라가 역사의 무대에서 사라지고 중원이 다시 한족의 세상이 되었다.

홍무 4년(1317) 명태조는 사천(四川) 지방의 하(夏)나라를 공격했다. 하나라는 애꾸눈 명옥진(明玉珍 · 1331~1366)이 세웠다. 그는 원래 서수휘 휘하의 장수였다. 지정 20년(1360) 진우량이 서수휘를 죽이고 황제로 자립하자, 진우량에게 반발한 명옥진은 지정 22년(1362)에 책사 유정(劉楨)의 보좌를 받고 황제로 등극했다. 국호를 대하(大夏), 연호를 대통(大統)으로 정하고 중경(重慶)을 도성으로 삼았다.

하나라는 고대 주(周)나라의 제도를 모방하여 육경(六卿)을 설치하고 촉(蜀)지방을 팔도(八道)로 나누어 다스렸다. 평소에 학문을 숭상하고 선비들을 가까이 한 명옥진은 국자감을 설치하고 과거제를 부활하여 인재를 기르고 등용하는 데 힘썼으며 조세를 합리적으로 징수했으므로, 어느 정도 국가의 기틀이 잡히고 백성들의 삶이 편안했다.

지정 23년(1363) 명옥진이 만승(萬勝)에게 흥원(興元: 지금의 섬서성 한중시 · 漢中市)을 점령하게 했으며, 참정(參政) 강엄(江儼)을 주원장 진영으로 보내 화친을 바랐다. 주원장은 서찰을 보내 이렇게 말했다.

"족하(足下)께서는 서촉(西蜀)에, 나는 강좌(江左)에 웅거하고 있습니다. 대체적으로 우리 두 사람의 형세가 한(漢)나라 말기의 손권(孫權)과 유비(劉備)와 비슷합니다. 근래에 와서 원나라 장수, 확곽첩목아(擴廓帖木兒)가 사나운 철기병을 거느리고 중원에서 호랑이처럼 웅크리고 앉아 있습니다. 그런데 그가 품은 뜻이 결코 조조(曹操)보다 못하다고 할 수 없습니다. 만약 그의 수하에 조조의 책사였던 순유(荀攸)와 순욱(荀彧), 그리고 용맹한 장수였던 장료(張遼)와 장합(張郃) 같은 호걸들이 있다면, 우리 두 사람이 어찌 발을 뻗고 걱정 없이 잠을 잘 수 있겠습니까? 나와 족하는 순망치한의 관계입니다. 손권과 유방이 서로 싸우다가 망한 일을 귀감으로 삼기바랍니다."

서촉은 지금의 사천성 지방이고 강좌는 강소성, 절강성 동부 지방이다. 두 지방 사이에 중원이 있으며 중원은 확곽첩목아가 실질적으로 지배하고 있었다. 당시의 형세가 마치 위(魏), 촉(蜀), 오(吳)의 삼국 시대와 비슷했기 때문에, 주원장은 명옥진과 연합하여 원나라에 대항하는 전략을 세웠다. 명옥진도 동의하여 양측은 수시로 사신을 보내 결속을 다졌다.

하지만 지정 26년(1366) 여름에 명옥진이 병으로 죽자 상황이 달라졌다. 명옥진은 임종 전에 태자 명승(明升)에게 절대 중원으로 진출하지 말라는 유언을 남겼다. 그는 땅이 기름지고 백성이 많으며 산세가 험하여 외침을 막기에 유리한 촉 지방만을 다스리는 것으로 만족한 황제였다. 명옥진의 죽음은 주원장에게는 촉 지방을 평정할 수 있는 절호의 기회였다. 황위를 계승한 명승은 10세에 불과한 어린아이였기 때문이다.

홍무 2년(1369) 명태조는 가급적이면 군사를 동원하지 않고 하나라를 취하고자 사신을 보내 투항을 권유했으나 명승이 거절했다. 홍무 4년(1371) 명태조는 탕화, 요영충, 부우덕 등의 장수를 보내 하나라를 정벌하게 했다. 명나라의 대군이 중경에 이르자 명승은 마침내 투항했다. 이로써 하나라는 건국한 지 7년 만에 망했다.

명태조는 진우량을 토벌할 때 그의 아들 진리(陳理)를 죽이지 않고 남경에 거주하게 했다. 또 항복한 명승도 우대했다. 하지만 두 사람은 한 때 황제를 칭했지 않은가? 명태조는 그들을 따르는 세력이 반란을 일으킬까 두려워했다. 뜻밖에도 그는 두 사람을 고려(高麗)로 보내 거주하게 했다. 중원에서 멀리 떨어진 고려로 보내 후환을 없애고자했다. 두 사람은 홍무 5년(1372) 5월에 개경(開京)에 당도하여 공민왕(恭愍王)을 알현했다. 진리는 고려에서 진왕(陳王)이라 칭했지만 아주 가난하게 살았다. 훗날 조선 태종 이

명나라 역대 황제 평전

방원이 그에게 전답을 하사하여 궁핍한 생활을 면하도록 했다는 기록이
있다.

명승은 고려 총랑(總郎) 윤희왕(尹熙王)의 딸을 아내로 삼고 네 아들을 낳
았다. 그 후 명씨(明氏)가 대대손손 이어졌다. 오늘날 우리나라의 명씨(明氏)
의 시조가 바로 명승이다. 2010년 3월에 우리나라의 명씨 후손들이 중경
을 방문하여 하나라 황제 명옥진에게 제사를 지낸 적이 있었다. 당시 제
사를 참관한 중국인들은 명씨 후손들의 조상 숭배와 제사 의식에 감탄을
금치 못했다고 한다.

이제 운남(雲南)과 요동(遼東) 지방만 남았다. 당시 운남은 세조 쿠빌라이
의 아들이자 운남왕이었던 홀가적(忽哥赤)의 후손, 양왕(梁王) 파잡랄와이밀
(把匝剌瓦爾密)이 다스리고 있었다. 순제가 대도를 포기하고 상도로 쫓겨 간
이후에도, 그는 신하로서 북원(北元) 황제에게 변함없는 충성을 다했다. 명
태조가 운남의 산세가 험하여 군사를 일으키기가 어려웠으므로 여러 차
례 사신을 보내 투항을 권유했지만, 양왕은 끝내 거절했다.

홍무 14년(1381) 명태조는 부우덕(傅友德)을 정남장군(征南將軍)에 임명하고
운남을 정벌하게 했다. 부우덕은 30만 대군을 이끌고 연전연승을 거두며
운남의 수도, 곤명성(昆明城)을 함락시켰다. 양왕은 도망가다가 보녕주(普寧
州) 홀납채(忽納砦)에서 처자식들을 호수에 빠트려죽이고 자신은 측근들과
함께 오두막에서 자살했다.

요동 지방은 칭기즈칸 수하 사걸(四傑) 가운데 한 명이었던 화려(華黎)의
후손, 납하출(納哈出)이 다스리고 있었다. 명태조가 지정 15년(1355)에 태평
(太平)을 취했을 때, 태평의 만호(萬戶)였던 납하출을 포로로 잡은 적이 있었
다. 명태조는 그가 명신(名臣)의 후예임을 알고 죽이지 않고 귀순을 종용했
다. 납하출은 원나라 황제에 대한 의리를 저버릴 수 없다고 말하며 투항
을 거부했다. 포로로 잡힌 자가 투항을 거부하는 것은 곧 죽음을 의미했

으나, 그의 충정에 탄복한 명태조는 오히려 그에게 후한 상을 내리고 북방의 대도(大都)로 돌아가게 했다.

그 후 중원의 원나라가 망하자, 납하출은 북원 정권에서 승상(丞相), 태위(太尉) 등의 직책을 역임하여 병권을 장악했다. 그런데 얼마 후 원나라 요양행성평장(遼陽行省平章) 유익(劉益)이 명군에 항복하여 요동 지방 대부분이 명나라로 넘어가게 되었다. 납하출은 금산(金山)에서 20만 대군을 집결시키고 명나라와 대치했다. 명태조가 다시 여러 차례 사신을 보내 투항을 권유했지만 거절당했다. 홍무 20년(1387) 풍승(馮勝)에게 금산을 정벌하게 하면서 동시에 투항한 원나라 장수를 보내 거듭 회유했다. 대세를 돌이킬 수 없었던 납하추는 마침내 항복했다. 명태조는 친히 그를 해서후(海西侯)에 책봉하고 우대했다.

이로써 명태조 주원장은 지정 12년(1352) 혈기왕성한 25세의 나이에 곽자흥의 수하로 들어간 지 35년 만인 홍무 20년(1387)에 중국을 완전히 통일했다. 주원장이 영웅호걸들을 물리치고 중국 천하를 통일한 까닭은 여러 가지가 있다. 그는 용감하고 지략이 뛰어났으며 물러설 때와 나갈 때를 알았다. 또 인재를 알아보고 적재적소에 활용하는 수완을 발휘하고 사대부들을 존중하여 그들의 조언과 협력을 이끌어냈다. 비록 적장이라도 충직하고 용맹하면 포용하는 도량을 가지고 있었다. 따라서 주원장은 유방의 덕행과 조조의 계략을 겸비한 인물이라 평가할 수 있다.

5. 명태조(明太祖)와 마황후(馬皇后)

명태조의 조강지처 마씨(馬氏 · 1332~1382)는 어린 나이에 부모를 잃고 부친 마공(馬公)의 절친한 친구, 곽자흥의 양녀로 자랐다. 머리가 총명하며 성품이 온화하고 침착하여 양부모의 사랑을 독차지했다. 곽자흥은 그녀가 친딸은 아니었지만 눈에 넣어도 아프지 않을 정도로 그녀를 애지중지했다. 마씨는 이런 양부모의 사랑 덕택에 여자로서 지녀야할 부덕을 쌓고 글을 깨우칠 수 있었다.

지정 12년(1352) 곽자흥이 호주(濠州)에서 원수(元帥)를 자칭하고 홍건군의 수령이 되어 세력 확장을 도모하고 있을 때, 떠돌이 승려 주원장이 그의 명성을 흠모하여 수하로 들어왔다. 주원장이 처음에는 한낱 병졸에 불과했지만 싸움을 잘하고 충성심이 강했으며 지략도 풍부했으므로 얼마 지나지 않아 곽자흥의 핵심 측근이 되었다. 곽자흥은 그를 사위로 삼기로 결정했다. 자기가 정성을 다해 키운 양녀를 그에게 시집보내서 그를 자기 사람으로 확실하게 만들고 싶었다.

마씨와 주원장의 결합은 주원장에게 더 넓은 세상으로 비상할 수 있는 날개를 달아주었다. 마씨는 남편을 진심으로 존경하고 따랐으며 주원장도 그런 아내를 좋아했다. 그런데 단순히 부창부수하는 부녀자가 아니었다. 남편이 위험한 상황에 처했을 때는 적극적으로 남편을 구했다.

곽자흥은 성격이 거칠고 의심을 잘하는 단점이 있었다. 사위 주원장도 그의 신임을 받고 있었지만 의심의 대상에서 벗어날 수 없었다. 하루는 주원장이 모함을 받고 구금을 당한 일이 있었다. 그가 군권을 찬탈할까 두려워한 곽자흥은 그에게 음식물을 주지 말라고 명령했다. 굶겨죽일 생각이었다.

남편이 감옥에 갇혔다는 소식을 들은 마씨는 갓 구워낸 빵을 가슴에 품고 들어가 남편에게 먹였다. 뜨거운 빵을 여러 차례 가슴에 품었던 까닭에 나중에는 가슴 부위가 벌겋게 화상을 입었을 정도였다. 또 양모 장부인(張夫人)과 곽자흥의 첩 장씨(張氏)에게 뇌물을 주고 곽자흥을 설득하게 했다. 아내의 이런 노력 덕분에 주원장은 가까스로 장인의 의심을 피하고 살아남을 수 있었다.

주원장이 병사를 이끌고 전장을 누빌 때, 마씨는 언제나 병사들을 위하는 일이라면 어떤 일도 마다하지 않았다. 지정 20년(1360) 진우량이 대군을 이끌고 와서 강녕성(江寧城: 지금의 남경시 중남부) 외곽을 공격했다. 성안의 병사들은 전세가 진우량에게 유리하게 돌아가는 것을 보고 크게 동요했다. 도망자가 속출할 조짐이 보이자, 마씨는 즉시 창고에 보관해놓은 재물을 전부 방출하여 병사들에게 나누어주고 군심을 진정시켰다. 아내의 신속한 대처 덕분에 주원장이 진우량의 대군을 무찌를 수 있었다.

홍무 원년(1368) 정월 주원장이 응천부(應天府: 지금의 남경)에서 황제로 등극할 때 마씨도 황후로 책봉되었다.

마황후는 친아들 5명을 두었다. 방탕한 기질이 있었던 막내아들 주숙(朱橚)이 그녀에게는 근심거리였다. 그가 주정왕(周定王)에 책봉되어 개봉(開封)으로 떠날 때, 강귀비(江貴妃)를 그와 함께 가도록 했다. 마황후는 자신이 입고 있던 낡은 베옷과 나무 몽둥이를 강귀비에 건네주며 이렇게 당부했다.

"주정왕이 잘못을 저지르면 이 옷을 입고 몽둥이로 꾸짖으시오. 그래
도 말을 듣지 않으면 즉시 조정에 보고하시오."

막내아들의 일탈이 걱정되어 특별히 강귀비에게 단속을 부탁한 것이다. 훗날 주정왕이 과오를 범해 운남(雲南)으로 쫓겨난 적이 있었지만, 인생 말년에 과오를 반성하고 의학 연구에 몰두하여 『보생여록(保生餘錄)』, 『구황본초(救荒本草)』 등의 서적을 저술했다. 모친의 엄격한 교육이 없었다면 편안한 여생을 보내지 못했을 것이다.

명태조와 마황후는 자식 교육에 심혈을 기울었다. 하남성 겹현(郟縣)에서 은거하고 있는 이희안(李希顔)이라는 선비가 인품이 훌륭하고 학식이 뛰어나다는 소문을 들었다. 명태조는 친히 그를 응천부로 초대하여 아들의 교

육을 맡겼다. 이희안은 10명이나 되는 어린 황자들을 아주 엄격하게 가르쳤다. 말을 듣지 않으면 붓대로 머리를 때리기 일쑤였다. 하루는 명태조가 아들의 머리에 난 상처를 어루만지며 분을 삭이지 못하자 마황후가 말했다.

"어찌 성인의 도(道)로 내 자식을 가르칠 수 있다고 생각하십니까? 맞을 만한 짓을 했기 때문에 맞은 것인데 오히려 화를 내시다니요?"

명태조가 껄껄 웃으며 마황후에게 미안한 표정을 지었다. 이 일로 이희안은 춘방우찬선(春坊右贊善)을 제수 받았다.

명태조는 대신들이 마황후를 칭송할 때면 언제나 아내를 당태종 이세민의 부인, 장손황후와 마찬가지로 어질고 후덕한 황후라고 칭찬하고 자랑했다. 장손황후는 당태종이 태평성대를 여는 데 결정적인 내조를 한 중국 역사에서 가장 모범이 되는 황후였다. 이 얘기를 들은 마황후가 명태조에게 말했다.

"소첩이 듣기로는 부부는 서로 보살피기가 쉽고, 임금과 신하는 서로 보살피기가 어렵다고 합니다. 폐하께서는 소첩과 함께 어려운 시절을 겪은 일을 잊지 않고 계십니다. 여러 신하들과 함께 고난의 세월을 보내신 일도 잊지 마시기 바랍니다. 소첩이 어찌 감히 장손황후와 비교가 되겠습니까?"

명태조는 성격이 강직하고 냉혹했다. 황제로 등극하기 전에는 민심을 얻기 위하여 가능한 한 살인을 피했지만, 황제의 옥좌에 오르고 난 뒤에는 형벌을 남용하고 기분에 따라 사람을 죽였다. 관리들이 잘못을 저질렀을 때는 대부분 사형으로 다스렸다. 그가 진노했을 때는 황제가 어떤 잔혹한 일을 벌일지 모르는 대신들이 공포에 떨었다. 죄를 짓지 않은 사람도 누명을 쓰고 형장의 이슬로 사라질 수 있었다. 그럴 때면 마황후는 남편의 노기가 가라앉을 때까지 기다린 뒤, 그에게 사건의 전말을 차분하게 설명하여 무고하게 죽는 사람이 없도록 했다.

참군(參軍) 곽경상(郭景祥)이 화주(和州)를 지키고 있을 때였다. 어떤 사람이 곽경상의 아들이 창으로 자기 아버지를 찔러 죽이려고 했다고 밀고했다. 명태조는 사건의 진상을 파악하지도 않고 곽경상의 아들을 참살하려고 했다. 마황후가 말했다.

> "곽경상은 외아들을 두고 있습니다. 밀고한 사람의 말이 사실이 아닐
> 수 있는데도, 곽경상의 아들을 죽이면 곽씨 집안의 후손이 끊길까 두렵
> 습니다."

사건의 진상을 파악해본 결과 아니나 다를까, 곽경상이 누명을 쓴 일이 드러났다.

이문충(李文忠)이 엄주(嚴州)를 지키고 있을 때, 양헌(楊憲)이란 자가 그가 범법 행위를 했다고 밀고했다. 명태조가 이문충을 소환하려고 하자 마황후가 말했다.

> "엄주는 적과 대치하고 있는 변방입니다. 변방의 장수를 함부로 바꾸
> 는 일은 적절치 못합니다. 게다가 이문충은 예전부터 어질고 충직한 관
> 리로 정평이 나 있는데 어찌 양헌의 말을 쉽게 믿으려고 하십니까?"

명태조는 또 자신이 경솔했음을 깨닫고 이문충을 소환하지 않았다. 명

나라 초기의 대학자이자 태자 주표(朱標)의 스승이었던 송렴(宋濂)도 누명을 쓰고 죽을 뻔했다. 그는 장손 송신(宋愼)이 호유용(胡惟庸) 사건에 연루되어 응천부로 끌려가 사형 선고를 받고 죽을 날만 기다렸다. 태자의 스승이 억울하게 죽게 되었다는 소식을 들은 마황후가 명태조에게 간곡하게 간했다.

"평범한 백성도 자식을 위해 스승을 초빙할 때는 시종일관 예의를 지키며 극진하게 모십니다. 하물며 천자의 신분으로 태자의 스승을 초빙할 때는 더 말할 나위가 없겠지요. 게다가 송렴은 고향에 은거하고 있었기 때문에 이번 사건에 대해서는 아무 것도 모르고 있었을 것입니다."

하지만 이번에는 명태조가 아내의 말을 듣지 않았다. 잠시 후 마황후가 명태조의 수라상을 직접 들고 왔다. 뜻밖에도 술과 고기가 올라오지 않았다. 명태조가 까닭을 묻자 그녀는 이렇게 대답했다.

"소첩이 얼마 안 있으면 죽을 송 선생을 위해 재계(齋戒)하고자 주육을 올리지 않았습니다."

재계란 죽은 사람을 제사지내기 위하여 육식 따위의 음식을 삼가고 몸과 마음을 깨끗이 하는 것이다. "당신이 송렴을 죽인다면 나는 그를 위해 재계하겠다."는 의미였다. 아울러 "그는 당신 아들의 스승이었으므로 당신도 당분간 술과 고기를 먹어서는 안 된다."는 간적접인 경고를 한 셈이었다. 명태조는 송렴에 대해 측은한 생각이 들어 젓가락을 던지고 나가버렸다. 다음 날 송렴은 사면되었고 무주(茂州)로 유배되었다. 마황후의 적극적인 구명 덕분에 가까스로 목숨을 지킨 것이다.

오흥(吳興)에 사는 부농 심수(沈秀)라는 자가 사재를 털어 도성 성곽의 삼분의 일을 축조했다. 성곽을 축조하면서 고생한 병사들에게 음식을 내어 그들의 노고를 위로했다. 이 소식을 들은 명태조가 진노했다.

"필부 따위가 감히 천자의 군대를 위로하다니. 그놈은 세상을 어지럽힌 천민이다. 당장 참살해야 마땅하다."

마황후가 말했다.

"소첩이 듣기로는 형법이란 불법을 저지른 자를 죽이는 것이지, 불길한 사람을 죽이는 것이 아니라고 합니다. 한 나라의 재부에 견줄만한 부를 쌓은 백성은 불길한 사람입니다. 불길한 사람은 하늘이 그에게 재앙을 내릴 터인데, 폐하께서는 무엇 때문에 그를 죽이려고 하십니까?"

명태조는 심수를 죽이지 않고 운남(雲南)으로 보내 변방의 군인이 되게 했다.

하루는 명태조가 궁녀들에게 진노하여 그들의 죄를 다스리려고 했다. 이때 마황후도 진노한 척하고 그들을 궁정(宮正)에게 보내 죄를 묻게 했다. 궁정은 궁녀들의 죄를 다스리는 관직이다. 명태조가 그 까닭을 묻자 그녀는 이렇게 대답했다.

"제왕은 자기 기분에 따라 형벌을 가하거나 상을 내리는 것이 아니라고 들었습니다. 폐하께서 진노하였을 때 판단이 한쪽으로 편중될까 두려웠습니다. 그래서 그들을 궁정에게 보내면 형벌의 공평함을 꾀할 수 있다고 생각했습니다. 폐하께서는 유관 부서에서 죄를 논하게 해야 합니다."

하루는 마황후가 남편에게 물었다.

"지금 천하의 백성들은 모두 편안하게 살고 있습니까?"

"그건 당신이 나서서 물어 볼 말이 아니오."

아녀자가 무슨 국정을 간섭하느냐는 핀잔이었다. 그녀가 말했다.

"폐하께서는 천하의 아버지이고, 소첩은 부끄럽게도 천하의 어머니가
되었습니다. 소첩이 자식의 안부를 묻는 것이 어찌 안 된다고 하십니까?

명태조는 아무 대답도 하지 못했다. 흉년이 들 때면 마황후는 언제나
궁녀들과 함께 푸성귀 반찬을 먹으며 하늘에 기도했다. 하루는 명태조가
아내의 그런 모습을 딱하게 여기고 조정에서 백성들을 구제하고 있는 상
황을 알려주었다. 그녀가 말했다.

"재난이 닥쳤을 때 황급히 구제하는 것보다 미리 양식을 충분히 비축
해 두는 것이 더 낫겠지요."

하루는 대신들이 조회를 마치고 식사를 하고 있었다. 마황후는 환관에
게 그들이 먹는 음식물을 가져오게 하였다. 그것을 먹어보니 맛이 형편없
었다. 그녀가 남편에게 말했다.

"남의 임금이 된 자는 근검절약해야 하지만, 어질고 유능한 신하들은 후하게 대우해야 합니다."

명태조는 즉시 궁궐의 음식을 담당하는 관리, 광록관(光祿官)에게 신하들의 음식을 개선하게 했다.

장수들이 원나라 수도 대도(大都)를 점령하고 난 뒤 많은 금은보화를 노획하여 응천부로 가지고 왔다. 마황후가 그것을 보고 말했다.

"원나라는 이런 보물들을 가지고 있었지만 지키지 못했습니다. 폐하께서는 특별히 생각하시는 보물이 있겠지요."

"황후는 어질고 유능한 인재만이 진정한 보물이라는 생각하는 것을, 짐은 잘 알고 있소."

마황후가 감격하여 공손히 절을 하고 말했다.

"참으로 폐하께서 말씀하신 대로입니다. 소첩과 폐하는 빈천한 신분을 극복하고 오늘에 이르렀습니다. 교만과 방종은 사치에서 나오고 위태로움과 망함은 사소하고 하찮은 일에서 기인함을, 소첩은 항상 걱정하고 있습니다. 원하옵건대 현자를 얻어 그와 함께 천하를 다스리소서."

그녀는 또 이렇게 말했다.

"법을 자주 개정하면 반드시 폐단이 생깁니다. 법에 폐단이 생기면 간사함이 일어납니다. 백성은 혼란을 여러 차례 겪으면 반드시 곤궁해집니다. 백성이 곤궁하면 반드시 반란이 일어납니다."

명태조가 그녀의 말을 듣고 감탄했다.

"황후의 말씀은 참으로 지당하오."

마황후는 이런 방식으로 명태조에게 수시로 간했으며 정치적 조언을 아끼지 않았다. 그렇다고 해서 그녀가 정치적 영향력을 꾀하지는 않았다. 명태조가 처가 식구들에게 관직을 내리려고 했을 때, 그녀는 이렇게 말했다.

"작위와 녹봉을 사사롭게 소첩의 친족에게 하사하는 일은 불법입니다."

그녀는 남편의 후의를 단호히 거절했다. 다만 그녀의 부모가 세상을 일찍 떠난 얘기를 할 때면 번번이 통곡했으므로, 명태조는 그녀의 아버지 마공을 서왕(徐王)에, 어머니 정온(鄭媼)을 서왕부인(徐王夫人)에 추존하고 그들의 무덤을 왕릉으로 단장했다.

홍무 15년(1382) 마황후가 병석에 누웠다. 신하들이 황후의 쾌유를 위해 하늘에 기도하고 신의(神醫)를 찾아야 한다고 주청했다. 그녀는 남편에게 이렇게 말했다.

"죽고 사는 것은 운명인데 하늘에 기도한다고 해서 무슨 이로움이 있겠습니까? 게다가 의원이 무슨 수로 사람의 목숨을 살리겠습니까? 만약 약을 복용해도 효과가 없다면 소첩 때문에 의원들이 벌을 받는 일이 어찌 없다고 할 수 있겠습니까?"

마황후는 생의 마지막 순간까지도 자기 때문에 피해를 보는 사람이 없
기를 바랐다. 명태조가 눈물을 흘리며 아내에게 마지막으로 하고 싶은 말
이 무엇이냐고 묻자 그녀는 이렇게 유언했다.

"폐하께서는 널리 현자를 구하여 간언을 받아들이고, 나라를 처음 세
웠을 때의 마음이 끝까지 변치 않기를 바랍니다. 그리고 황실의 자손이
모두 현명하고 신하와 백성이 각기 자신에게 걸맞은 지위를 얻기를 바랄
뿐입니다."

마황후가 51세의 나이로 세상을 떠나자, 명태조는 통곡하며 황후의 죽
음을 슬퍼했다. 마황후 사후에 그녀를 존경하고 추모하는 뜻에서 황후의
자리를 비워두고 후임 황후를 책봉하지 않았다. 자신이 황제로 등극하고
천하를 다스리는 데 많은 조언과 협력을 아끼지 않은 조강지처에 대한 최
고의 예우였던 것이다.

6. 살인 본능의 폭발: 공신 대학살 사건

명태조는 아무런 배경도 없이 오로지 자신의 능력만으로 미천한 신분
을 극복하고 개국 황제가 된 영웅이다. 그는 황제가 된 이후에도 검소하
고 절약했으며 음주가무를 멀리했다. 어렸을 적에 지독하게 가난했고 고
생했던 기억이 그에게 사치를 멀리하게 했다. 그는 과장을 배격하고 실질
을 중시했다. 신하들이 글을 올릴 때도 간단명료한 내용을 요구했다.

한 번은 형부주사(刑部主事) 여태소(茹太素)가 상소문을 올렸다. 명태조는 신하에게 상소문을 읽게 했다. 그런데 6,370자를 읽었는데도 모두 형식적인 내용일 뿐 구체적인 건의를 들을 수 없었다. 진노한 명태조는 여태소에게 태형(笞刑)을 내렸다. 다음 날 계속 상소문을 읽게 했다. 16,500자를 읽고 난 뒤에야 비로소 본론에 해당하는 다섯 가지의 건의를 들을 수 있었다. 명태조는 그 가운데 네 가지는 옳다고 생각하고 즉시 시행하도록 했다. 그리고 이런 정도의 건의는 500자면 충분하다고 생각하여 신하들에게 앞으로는 간단명료한 글을 쓰게 했다.

명태조는 근검절약을 몸소 실천했고 자신에게 엄격했으므로 신하들에게는 상대적으로 더욱 높은 도덕적 가치를 요구했다. 관리가 법을 어기면 상상을 초월할 정도로 잔인하게 죽였다. 실제로 그는 몇 만 명의 관리들을 죽여 중국 역사상 보기 드문 공포 정치를 폈다. 당시 시행한 형법으로는 목을 자르는 참수형과 가족을 몰살하는 것 이외에도, 내장을 뽑거나, 피부를 벗기거나, 무릎을 파거나, 돌로 눌러 죽이는 등 말로 표현하기 어려운 잔혹한 짓들을 했다. 그는 관아 앞에 사람 모양의 허수아비를 만들어놓게 했다. 만약 뇌물을 받아먹은 관리가 있으면 그를 죽이고 난 뒤, 껍질을 벗겨 허수아비에 씌워놓고 관리들에게 경고했다.

이러한 온갖 잔혹한 형벌들은 조정을 공포 분위기로 휩싸이게 했다. 아침에 신하들이 등청하여 명태조를 배알할 때, 그가 옥대를 배꼽 아래로 누르고 있으면 사람을 대량으로 죽이겠다는 신호였으므로 문무백관들이 모두 얼굴이 하얗게 질려 공포에 떨었다. 만약 옥대가 배꼽 위에 있으면 오늘은 사람을 죽이지 않겠다는 뜻이었다. 관리들은 매일 아침 집을 나설 때면 가족과 영원히 결별하는 마음으로 후사를 당부했다. 저녁에 무사히 돌아오면 하루를 더 산 것으로 여기고 가족이 모두 기뻐했다.

홍무 18년(1385) 호부시랑 곽환(郭桓)이 절강 지방의 한 부호와 결탁하여 법을 어기고 백성을 착취한 일이 발각되었다. 명태조는 이 사건을 일벌백계의 기회로 삼고자 사건의 진상을 낱낱이 밝히게 했다. 육부의 좌우시랑 이하부터 지방 관리에 이르기까지 형장의 이슬로 사라진 자가 수만 명이나 되었다. 이밖에도 이 사건에 간접적으로 연루되어 패가망신한 관리나 호족은 그 수를 이루 다 헤아릴 수 없을 정도로 많았다.

　홍무 초기에 명나라의 행정 제도는 대체적으로 원나라의 제도를 답습했다. 명태조는 중앙 정부의 최고 기구로 중서성을 설치했다. 중서성은 국가의 정사를 총괄하고 중서성의 승상은 백관을 통솔하며 정무에 대하여 전결의 권력을 가지고 있었다. 그런데 승상의 권력이 지나치게 커지면 황제와 마찰을 빚을 소지가 있었다. 중서성의 초대 좌승상은 이선장, 우승상은 서달이었다. 이선장은 매사에 신중했고, 서달은 병사를 거느리고 출정하는 일이 잦았으므로, 두 사람은 명태조와 대립하는 일이 거의 없었다.

　홍무 6년(1373) 정원(定遠) 사람 호유용(胡惟庸)이 중서성 승상으로 승진했다. 그 뒤 4년 동안 승상은 그 한 사람뿐이었다. 그는 지방의 말단 관리에서 승상까지 출세한 입지전적인 인물이었다. 황제의 총애를 등에 업고 조정에서 사당을 결성하고 회인(淮人) 관료 집단의 수장이 되어 자기 파벌과 다른 무리를 배척했다. 국정을 장악하여 중대한 일도 황제에게 보고하지 않고 멋대로 처리했으며, 자기에게 불리한 상소가 있으면 숨기고 조작했다. 조정 안팎에서 권세를 좇는 자들이 일시에 그의 저택으로 몰렸다. 그의 저택에는 금은보화가 넘치고 명마와 진귀한 물건들이 산처럼 쌓여 있었다.

　홍무 13년(1380) 명태조는 권력이 비대해진 호유용의 세력을 제거함과 동시에 간당을 진압한다는 명목으로 공후, 대신, 대지주 등을 닥치는 대로 죽였다. 이른바 '호유용안(胡惟庸案)'의 대옥사를 일으켰다. 황권에 위협이 될 만한 세력을 깡그리 없앤 것이다. 명태조는 이 기회에 중서성과 승상의 직책을 폐지하고 직접 정무를 관장했다.

홍무 23년(1390) 명태조는 10년 전의 사건이었던 호유용 사건을 다시 끄집어내어 또 3만여 명을 죽였다. 이때 명태조에게 '공신 중의 최고의 공신'이라는 칭찬을 받았던 이선장도 연루되었다. 이선장의 아들이 명태조의 사위였음에도, 명태조는 이선장과 그의 일족 70여 명을 모조리 살해했다.

홍무 26년(1393) 명태조는 대장군 남옥(藍玉)에게 모반죄를 씌워 죽였다. 원래 남옥은 몽골을 여러 차례 정벌하여 혁혁한 전공을 세운 용감하고 유능한 장수였다. 명태조는 그의 공적을 인정하여 양국공(涼國公)에 봉했다. 남옥은 여러 해 동안 군사를 거느렸기 때문에 그의 휘하에는 용감하고 날랜 장수들이 많았다. 명태조는 그의 세력이 커지는 것에 위기를 느꼈다. 그래서 구실을 만들어 남옥을 잡아 목을 베고 삼족을 멸했으며, 평소에 그와 절친한 관계를 유지했던 장수들을 모두 역적으로 몰아 멸족했다. 이때 죽은 사람이 1만5천여 명이나 되었는데 명나라의 용감하고 유능한 장수들이 대부분 살해되었다. 이른바 '남옥안(藍玉案)'이다.

호유용안과 남옥안을 중국 역사에서는 '호남지옥(胡藍之獄)'이라 칭한다. 명태조는 개국 공신들을 사약을 내려 죽이거나, 때려죽이거나, 목을 베어 죽였다. 그의 죽마고우이자 그를 위해 목숨을 아끼지 않고 충성했던 서달도 예외는 아니었다. 하루는 서달의 등에 등창이 났다. 이 병에는 거위 요리를 먹어서는 안 된다는 처방이 있었다. 그런데 명태조는 그의 병세가 심할 때 거위 요리를 특별히 하사했다. 말하자면 빨리 죽으라는 얘기였다. 서달은 통곡을 하고 며칠 후에 명태조의 뜻대로 죽었다.

명태조는 여러 해 동안 온갖 혐의를 씌워 공신들을 주살했기 때문에 나중에는 살아남은 공신이 거의 없을 정도였다. 태자 주표는 천성이 착하고 어질었다. 명태조가 공신들을 죽일 때면 눈물로 호소하며 부친의 잔인한 행동을 막았다. 이 때문에 황제와 태자는 자주 다투었다. 명태조가 태자의 스승 송렴을 죽이려고 했을 때, 태자는 눈물을 흘리며 스승을 살려달라고 호소했다. 화가 난 명태조가 말했다.

"네가 황제가 된 후에 그를 용서하라!"

태자는 비정한 부친의 말을 듣고 두려움에 떨다가 연못에 투신하여 죽으려고 했으나 측근들의 만류로 죽지 못했다. 또 한 번은 태자가 명태조에게 간했다.

"폐하께서는 사람을 너무 많이 죽여서 화기(和氣)를 손상시켰을까 두렵사옵니다."

제발 건강을 생각해서라도 더 이상 사람을 죽이지 말라는 아들의 간곡한 충고였다. 명태조는 아무 말도 하지 않았다. 다음 날 그는 가시가 촘촘히 박힌 나무막대기를 땅에 일부러 던져놓고 태자에게 줍게 했다. 태자가 줍지 못하고 꾸물거리자 그는 이렇게 말했다.

"나무막대기에 가시가 많아 감히 줍지 못하는구나. 내가 가시를 전부 제거하고 난 뒤 막대기를 너에게 주면 어찌 좋지 않겠느냐?"

태자가 대꾸했다.

"위로는 어진 임금이 있어야 만이, 아래로는 선량한 백성이 있는 법입니다."

정말로 주표는 치세의 도를 제대로 공부한 태자였다. 부친의 잔인한 행동을 간접적으로나마 지적할 수 있는 용기가 있었다. 명태조는 태자의 그런 성품을 좋아했는지도 모른다. 하지만 천하를 다스리는 황제라면 강인한 의지, 냉철한 결단력, 무지비한 행동, 산천초목도 떨게 하는 공포와 위엄 등을 가지고 있어야 한다고 생각했다. 그렇지 않으면 언제라도 황실을 능멸하고 주씨의 종묘사직을 짓밟을 난신적자가 나타날 수 있다고 보았다. 그래서 태자의 훗날을 위해 수많은 공신들을 죽였다. 하지만 태자가 현실과 동떨어진 얘기를 하자, 그는 화가 나서 태자를 향해 의자를 집어 던졌다. 심신이 유약했던 태자는 부친의 난폭한 행동에 놀라 황급히 내실로 달아났다. 이때부터 그는 우울증을 앓다가 홍무 25년(1392) 37세를 일기로 죽었다.

명태조는 자신이 예전에 중노릇을 한 일을 감추고 싶어 했다. 중의 특징은 '광두(光頭)'이므로 빛날 광(光) 자나 대머리 독(禿) 자 같은 글자를 아주 싫어했다. 중을 뜻하는 승(僧) 자도 마찬가지였다. 심지어는 이 글자와 발음이 비슷한 생(生) 자도 좋아하지 않았다. 또 그가 홍건적(紅巾賊) 출신이었기 때문에 적(賊) 자와 발음이 비슷한 칙(則) 자도 싫어했다.

명태조는 이러한 자괴지심 때문에 문자옥(文字獄)을 많이 일으켰다. 이를테면 항주(杭州)의 유생 서일기(徐一夔)가 올린 하표(賀表)에 '광천지하(光天之下), 천생성인(天生聖人), 위세작칙(爲世作則)'이라는 글귀가 있었다. 이것은 "빛나는 하늘 아래 하늘이 성인을 낳아 세상을 다스리는 법칙으로 삼았다."는 뜻으로 명태조를 성인으로 치켜세운 극찬의 글이었다. 뜻밖에도 명태조는 대노했다.

"이 썩은 유생 놈이 짐을 능멸하려들다니. 생(生) 자는 승(僧) 자와 발음이 비슷하니 짐이 중노릇을 했다고 비난했고, 광(光) 자는 독(禿) 자와 의미가 통하므로 대머리라고 비난했고, 칙(則) 자는 적(賊) 자와 발음이 비슷하니 도적 노릇을 했다고 비난한 것이다. 당장 그놈을 참수해라!"

정말로 말도 안 되는 억지 주장에 불과했지만 황제의 생각이 그러한지라, 누가 감히 그의 잘못된 생각을 지적할 수 있었겠는가? 당시 유생들이 지방 장관들을 대신하여 황제에게 경하의 글을 쓸 때, 무심코 이런 글자를 썼다면 목숨이 날아갔다.

태자가 병으로 죽자 명태조는 크게 상심했다. 그는 태자의 둘째아들, 나이 15세의 주윤문(朱允炆)을 태손으로 세웠다. 그에게는 아들이 무려 26명이나 있었지만 죽은 태자를 불쌍하게 여기고 적장자 계승의 원칙에 따라 장손을 자신의 후계자로 삼았다.

명태조는 자신의 사후에 아들들이 어린 태손과 황위 쟁탈을 벌이지 않을까 걱정했다. 그래서 특별히 『영감록(永鑑錄)』과 『황명조훈(皇明祖訓)』을 편찬하여 자손들이 종법(宗法) 제도를 지키게 했다.

홍무 31년(1398) 5월 명태조는 마침내 병으로 쓰러졌다. 죽음을 직감한 그는 태손에게 황위를 계승하게 하고 여러 아들들에게는 각자 번국을 지키고 도성으로 국상을 치르러 오지 못하게 했다. 미연에 변란을 막기 위한 조치였다. 그는 재위 31년 만에 71세를 일기로 파란만장한 삶을 마감했다.

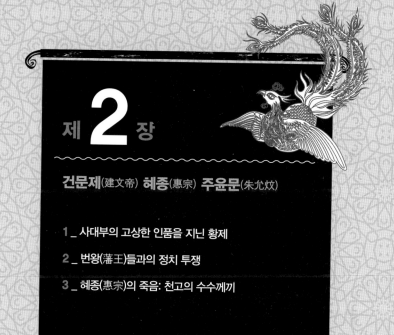

제 **2** 장

건문제(建文帝) 혜종(惠宗) 주윤문(朱允炆)

건문제建文帝 혜종惠宗 주윤문朱允炆

1. 사대부의 고상한 인품을 지닌 황제

명태조는 한 평생 정실부인 마황후(馬皇后)와 비빈 21명을 거느렸다 비빈들 가운데 고려에서 공녀로 온 공비(碩妃)와 한비(韓妃)가 있었다. 훗날 2대 황제이자 자신의 조카인 주윤문(朱允炆 · 1377~?)을 몰아내고 황권을 찬탈한 3대 황제 영락제(永樂帝) 주체(周棣)가 바로 공비의 소생이라고 오늘날 많은 학자들이 주장하고 있다. 또 한비는 요왕(遼王) 주식(朱植)과 함산공주(含山公主)의 생모이다. 이런 역사적 사실을 고려하면, 원말명초의 격변기에서 기황후(奇皇后)를 대표로 하는 고려 출신 여자들이 황실과 밀접한 관계를 맺고 있었음을 짐작할 수 있다.

명태조의 슬하에는 황자(皇子) 26명, 황녀(皇女) 16명이 있었다. 황위 계승권을 가진 황자들 가운데, 명태조와 마황후의 사이에서 태어난 의문태자(懿文太子) 주표(朱標 · 1355~1392)가 명태조의 적장자로서 황위 계승의 영순위였으므로 명나라가 건국한 해인 홍무 원년(1368)에 태자로 책봉되었다. 명태조는 주표가 자신의 뒤를 이어 명나라의 강산을 굳건히 지키는 황제가 되기를 바라는 마음으로 저명한 학자들을 초청하여 태자 교육을 맡겼다.

주표는 효심이 깊고 박학다식하며 형제간의 우애를 중시했다. 명태조의 총애를 한 몸에 받고 미래의 제왕으로서 갖추어야 할 통치력과 덕목을 차근차근 쌓았다. 하지만 주표는 홍무 25년(1392)에 부친의 기대를 저버리고 병으로 세상을 떴다. 오랫동안 제왕의 수업을 받은 태자의 죽음은 명태조에게 큰 충격을 주었다.

명태조는 생전에 황위는 반드시 적장자가 계승해야 한다는 원칙을 세웠다. 그가 이런 원칙을 세운 까닭은 자신의 사후에 번왕들이 황위를 찬탈하기 위하여 반란을 일으키지 않을까 크게 두려워했기 때문이다. 주표에게는 여섯 아들이 있었다. 장남 주웅영(朱雄英)이 요절했으므로 둘째아들 주윤문이 자연스럽게 태손(太孫)이 되었다. 장남을 잃은 명태조는 주윤문을 자신의 대를 이을 후계자로 생각하고 애지중지했다.

홍무 31년(1398) 명태조는 임종을 앞두고 자신의 사위이자 영국공주(寧國公主)의 남편, 매은(梅殷)을 은밀히 불러서 주윤문을 황제로 추대하라는 밀명을 내리고 71세의 나이에 붕어했다. 이에 따라 주윤문은 같은 해 6월 30일에 응천부(應天府: 지금의 남경)의 궁궐에서 문무백관의 하례를 받고 2대 황제로 등극했다. 다음 해부터 연호를 건문(建文)으로 정했다.

주윤문은 황제로 등극하기 전에 제왕의 수업을 충분히 받았고 한창나이인 22세였다. 황제로서 명나라의 천하를 통치하는 데 부족함이 없다. 더구나 그는 명태조의 적손이었던 까닭에 명분을 중시하는 조정 대신들과 유가 사대부들의 적극적인 지원을 받았다. 이처럼 명태조 사후에 황위 계승은 적법하고 순조롭게 진행되었다.

조정 대신들의 축복 속에 황제로 등극한 혜종은 성격이 온화하고 인자

했다. 또 유가의 경전과 제자백가에 심취하여 학문적 소양이 대단히 뛰어났다. 황제로 등극한 이후에도 당대의 석학 황자징(黃子澄), 제태(齊泰), 방효유(方孝孺) 등을 중용하고, 그들의 보좌를 통해 국정을 이끌었다. 혜종의 스승이기도 했던 이 세 사람은 유가 사상과 치국의 도를 끊임없이 설파하여서 젊은 황제가 어진 정치를 펴고 혁신을 추구할 수 있게 했다. 바야흐로 명나라는 혜종에 이르러 유가의 이상적인 통치 이념에 따라 각종 법령과 제도가 정비되기 시작했다.

혜종은 조부 명태조의 강인하고 용맹무쌍한 성격을 조금도 닮지 않은 약점이 있었다. 그는 학문에 조예가 깊고 고상한 인품을 지닌 전형적인 유가 사대부와 같은 황제였다. 그를 보좌한 조정 중신들도 이론에만 뛰어났을 뿐, 천하를 다스리는 지략과 실천 능력이 부족한 이론가였을 따름이었다. 혜종이 집권 4년 만에 자신의 숙부이자 연왕(燕王) 주체(朱棣)에게 황권을 찬탈당하고 생사조차 불명한 비운의 황제로 전락한 까닭은, 문(文)은 출중했으나 무(武)는 무지했기 때문이다.

2. 번왕(藩王)들과의 정치 투쟁

중국 역사상 어떤 왕조도 천 년을 넘기지 못했지만, 역대 개국 황제라면 누구나 자기가 세운 국가가 대대손손 영원하기를 바랐을 것이다. 명태조도 예외는 아니었다. 모든 권력과 군권을 완전히 장악하여 개국 황제로 등극한 이후, 명나라의 천하가 천추만대에 이르기를 간절히 바랐다. 송(宋)나라와 원(元)나라가 지방에서 반란이 일어났을 때, 황실이 고립되고 종실이 약화되어 군사를 동원할 수 없었기 때문이 망했다고 생각했다. 그는 각 지방에 자신의 아들들을 번왕에 책봉하고 병권을 장악하게 하여 주씨

(朱氏) 천하를 이룩함으로써 주씨가 아닌 어떤 성씨도 감히 역성혁명을 꿈꾸지 못하게 했다.

번왕들은 영지에 왕부(王府)를 설치하고 신하들을 거느리며 병권을 행사했다. 다만 민정은 직접 간여하지 않고 지방 관리들이 다스리게 했다. 명태조가 책봉한 번왕은 대체적으로 두 부류가 있었다.

첫째는 변경 지방을 다스리는 번왕이다. 북경(北京)의 연왕(燕王), 서안(西安)의 진왕(秦王), 태원(太原)의 진왕(晋王), 대동(大同)의 대왕(代王) 등이다. 이들은 주로 북방으로 쫓겨 간 몽골족의 재침을 방어하는 임무를 맡고 있었다. 둘째는 내지를 다스리는 번왕이다. 개봉(開封)의 주왕(周王), 무창(武昌)의 초왕(楚王), 장사(長沙)의 담왕(潭王), 청주(靑州)의 제왕(齊王) 등이다. 이들은 중원 백성들의 민란을 진압하는 임무를 맡았다. 이렇게 명태조는 아들들에게 전국의 전략적 요충지를 분봉하고 지키게 함으로써 응천부 황궁을 중심으로 명나라 천하의 안정을 도모했다.

하지만 명태조가 예상하지 못한 일이 있었다. 군대를 보유한 번왕들이 외침을 막고 내란을 진압하여 황제를 보위할 것이라는 그의 바람과는 다르게 황위 찬탈의 가능성에 대비하지 못했다. 홍무 25년(1392) 명태조가 주윤문을 태자로 책봉했을 때, 가장 큰 불만을 느낀 번왕은 연왕 주체였다.

연왕은 부친의 명을 받들어 북방에서 몽골의 세력을 몰아내는 데 혁혁한 공을 세운 호걸이었다. 장형(長兄) 주표가 병사했을 때, 부친이 자신을 태자로 책봉해 줄 것을 은근히 기대했다. 왜냐하면 여러 번왕들 가운데 자기가 가장 많은 전공을 세웠고 조카 주윤문의 나이가 어렸기 때문이다. 하지만 명태조가 적장자 계승의 원칙에 따라 주윤문을 태자로 책봉하자, 연왕의 속마음은 뒤틀렸다. 그렇지만 불만을 간직했을 뿐 감히 토로할 수 없었다. 그가 아무리 영웅적 기질을 타고난 야심가였어도 부친의 뜻에 반하는 행동을 할 만큼 담력이 세지 못했다.

명태조의 뜻대로 주윤문이 황제로 등극한 이후, 연왕의 야심은 다시 꿈틀거리기 시작했다. 그의 야망을 가장 먼저 눈치 챈 사람은 황자징, 제태, 방효유 등 충직한 중신들이었다. 그들은 각 지방의 번왕들이 언젠가는 반란을 일으키지 않을까 우려했다. 특히 문무를 겸비하고 많은 군사를 거느린 연왕을 가장 두려워했다. 그를 죽이지 않으면 갓 집권한 혜종의 앞날을 보장할 수 없었다. 연왕을 제거하려면 먼저 그와 가까운 번왕들의 세력을 꺾어야 했다.

　　혜종이 즉위하자마자 그들은 번왕 제거 작전에 돌입했다. 1년도 채 안되는 기간에 주왕 주숙(朱橚), 대왕 주계(朱桂), 상왕(湘王) 주백(朱柏), 제왕 주부(朱榑), 민왕(岷王) 주편(朱楩) 등 친왕 다섯 명에게 갖가지 죄목을 붙여 번왕의 작위를 박탈하고 폐서인했다. 이들 가운데 주백은 모반의 누명을 썼다. 황제의 사자가 자신을 체포하러 온다는 소식을 듣고 측근들에게 말했다.

　　　"고황제(高皇帝) 시절에 죄를 지은 대신들은 치욕을 당하는 것을 원치
　　　않았기 때문에 자살한 일을 나는 많이 보았소. 내가 고황제의 아들로서
　　　어찌 구차하게 활로를 찾다가 옥리(獄吏)에게 잡혀 능욕을 당할 수 있겠
　　　소?"

　　주백은 왕부의 대문을 잠그고 스스로 불에 타서 죽었다. 나머지 친왕 네 명도 유폐를 당하거나 변방으로 쫓겨 갔다. 그들은 개국 황제의 아들로서 부귀영화를 누리다가 혜종의 등극 이후에는 모두 정치적 희생양이 되었다. 이렇게 연왕의 울타리를 걷어낸 후, 혜종과 중신들은 연왕을 제거하는 계략을 짰다. 연왕은 자기와 가까운 번왕들이 차례로 제거되자 극도로 분노했다. 하지만 세 아들이 응천부에서 인질로 머물고 있었기 때문에 섣불

리 거병할 수 없었다. 그는 측근들을 소집하여 혜종을 축출하고 황권을 찬탈하는 음모를 꾸몄다. 중국 역사상 유명한 '정난지역(靖難之役)'의 서막을 연 것이다.

3. 혜종(惠宗)의 죽음: 천고의 수수께끼

연왕 주체가 대군을 이끌고 응천부의 황궁을 점령했을 때 제일 먼저 혜종의 행방을 추적했다. 황급히 황제를 찾아 자기 군영 아래 두고 회유하여서 반정(反正)의 정당성을 확보해야 했다. 만약 혜종이 황궁을 탈출하여 연왕의 반란군을 진압하라는 어명을 내린다면, 연왕이 오랫동안 꿈꾸었던 황위 찬탈은 물거품이 되고 대역죄로 몰려 본인과 가족은 말할 것도 없고, 그를 추종하는 연왕부의 인사들도 모조리 멸족을 당할 수밖에 없는 절박한 상황이었다.

연왕은 병사들을 풀어 황궁을 샅샅이 뒤지게 했지만 혜종의 행방은 오리무중이었다. 아직 혜종을 찾지 못했다는 얘기를 들은 연왕은 신경이 극도로 민감해졌다. 혜종을 섬겼던 내시들이 모조리 끌려와 잔혹한 문초를 당했다. 한 내시가 황제가 불길에 뛰어들어 자살했다고 아뢰고 난 뒤, 불에 새카맣게 탄 시신 한 구를 가지고 와서 황제의 시신이라고 다시 아뢰었다. 연왕은 시신 앞에서 통곡을 하면서 '간신'들을 징벌하기 위해 병사를 일으켰을 뿐 결코 황제를 시해할 생각이 없었다고 말했다.

연왕은 비통한 척 연기를 했다. 혜종을 황제의 장례법에 맞게 장엄한 장례를 치르게 했다. 그가 황제로 등극한 이후에는 철저하게 '혜종 지우기'를 했다. 혜종이 4년 동안 통치하면서 남긴 많은 공문서들을 불에 태워버렸고 심지어 연호 '건문'도 폐지했다. 이런 이유로 정사(正史)에서는 혜종에 대한 사료가 극히 적다.

혜종이 불길에 뛰어들어 자살했다고 한 얘기도 사실이 아닐 가능성이 높다. 어쨌든 혜종이 죽어야 만이 연왕이 황위 계승의 정당성을 확보하고 지방 번왕들을 복종시킬 수 있었기 때문에 그런 얘기를 꾸민 것이 아닌가 한다. 오늘날 혜종의 생사에 대해 여러 이야깃거리가 있다. 어떤 이는 그가 귀주(貴州)로 달아나 스님이 되었다고 주장한다. 또 혜종이 복건성 천주(泉州)로 달아나 해외에서 유랑 생활을 했는데, 영락제 시대에 어명에 따라 정화(鄭和)가 거대한 선단을 이끌고 동남아시아, 인도, 아라비아반도, 아프리카까지 원정을 떠난 것도 이 혜종의 행방을 찾기 위해서였다고 주장하는 사람도 있다.

지금까지도 혜종의 행적은 천고의 수수께끼로 남아있다. 영락제 이후 명나라 말기인 만력(萬曆) 23년(1595)에 이르러 연호 '건문'이 다시 사용되었다. 또 청(淸)나라 건륭제(乾隆帝) 건륭 원년(1736)에 이르러서야 비로소 주윤문이 공민혜제(恭湣惠帝)로 복권되었다. 혜종은 350여 년 동안 역사의 뒤안길에서 묻혀있었던 것이다.

제 **3** 장

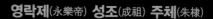

영락제(永樂帝) 성조(成祖) 주체(朱棣)

제3장

영락제永樂帝 성조成祖 주체朱棣

1. 문무를 겸비한 야심가: 연왕(燕王) 주체(朱棣)

주체(1360~1424)는 원나라 말기인 지정 20년(1360)에 지금의 남경, 응천부에서 명태조의 넷째아들로 태어났다. 『명사』의 기록에 의하면 그의 생모가 명태조의 정실부인 효자고황후(孝慈高皇后), 즉 마황후라고 하지만, 이는 사실이 아닐 가능성이 크다. 명나라 말기에 하교원(何喬遠)의 『민서(閩書)』, 담천(談遷)의 『국권(國榷)』, 이청(李淸)의 『삼원필기(三垣筆記)』 등의 저서에는 주체의 생모가 고려의 공녀 출신 공비(碩妃)라고 밝혔다.

또 근현대의 저명한 학자 부사년(傅斯年), 오함(吳晗) 등도 공비가 생모일 가능성이 아주 높다고 주장했다. 공비가 누구이며, 고려 출신 여부에 대한 정확한 역사 자료가 없기 때문에, 이런 주장들이 정론은 아니다. 하지만 주체가 조선 태종 이방원(李芳遠·1367~1422)과 절친했고, 정난지역(靖難之役)을 일으킬 때 이방원의 도움을 받은 역사적 사실에 근거하면, 그가 조선과 아주 밀접한 관계를 가지고 있었음은 분명하다.

주체는 어렸을 적에 형제들과 함께 엄격한 교육을 받았다. 명태조는 송렴(宋濂), 이희안(李希顔) 등 당대의 저명한 학자들을 초청하여 아들들에게 유가 성현의 사상을 담은 사서오경과 예법을 가르치게 했다. 그는 아들의 스승들에게 이런 말을 했다.

"순금은 명장(名匠)이 정련해야 만이 만들어지는 것이며, 미옥(美玉)도 뛰어난 옥장(玉匠)이 있어야 만이 명기(名器)가 될 수 있소. 지금 어린 자제 들이 있는데도 유명한 스승을 구하지 않는다면, 이는 어찌 자제 사랑이 황금과 미옥 사랑만 못하지 않다고 할 수 있겠는가?"

때로는 명태조가 친히 아들들을 훈육하기도 했다. 홍무 원년(1368) 12월 어느 날, 그가 퇴청하여 곁에서 시중을 들고 있는 아들들과 함께 궁궐로 돌아가는 길에 넓은 공터에 이르렀을 때, 이렇게 말했다.

"이곳은 정자나 누대를 지어 놓고 즐기는 장소로 만들 수 없는 장소가 아니다. 하지만 지금 내가 내사(內使)에게 이곳에 채소를 심으라고 한 까 닭은, 백성의 재물에 손상을 입히고 백성의 힘을 과도하게 사용하는 것 을 차마 볼 수 없기 때문이다. 옛날에 상(商)나라 주왕(紂王)은 호화로운 궁전을 짓고 백성을 돌보지 않았기 때문에, 천하가 그를 원망하였다. 결 국 그는 몸을 망치고 나라를 빼앗겼다. 한(漢)나라 문제(文帝)는 노대(露臺) 를 짓고 싶었으나 백금(百金)의 비용이 아까워 짓지 않았기 때문에, 백성 이 평안하고 나라가 부유했다. 무릇 사치와 검소는 다르며 치세와 난세 는 현격하게 차이가 나는 법이다. 너희들은 내 말을 잘 기억하여 항상 경 계로 삼아야 한다."

행여 자식들이 학습을 게을리 하고 법도에 어긋난 행동을 했을 때는 아주 엄격하게 다루기도 했다. 명태조는 학문에 정진하는 일만 강조한 것은 아니었다. 군주로서 천하를 다스리려면 강인한 체력도 필요하다고 생각했다. 자식들에게 삼베로 만든 신을 신고 병졸처럼 행군을 하게 했다. 행군 거리의 7할은 말을 타게 하고, 3할은 걷게 했다. 이러한 문무를 겸비한 교육은 어린 황자들을 힘들게 했으나 군주의 자질을 기르는 데에는 더없이 좋았다.

주체가 황자들 가운데 발군의 능력을 발휘하여 부친의 주목을 받았다. 홍무 3년(1370) 11세 때 연왕(燕王)으로 책봉되었다. 연왕으로 책봉된 후에도 계속 황궁에 머물며 교육을 받았다. 홍무 9년(1376)에는 부친의 뜻에 따라 형제들과 함께 조상의 고향이자 부친이 목동 노릇을 했던 호주(濠州)의 종리(鐘離)로 갔다. 그는 이곳에서 3년을 머물면서 백성들의 삶이 얼마나 힘든 지 몸소 체험했다. 당시 그는 "민간의 사소한 일이라도 자세히 규명하여 모르는 게 없었다." 다른 형제들에 비해 매사에 적극적이고 유명 인사와 사귀는 일을 좋아했다. 영웅호걸의 풍모를 갖추고 있었던 것이다.

홍무 13년(1380) 주체는 21세 때 북평(北平: 지금의 북경)으로 가서 북평 일대를 직접 통치했다. 그가 황궁을 떠나 연경으로 간 것은 중요한 의미를 지닌다. 부친의 간섭을 벗어나 스스로 능력을 발휘하여 자기 세력을 키울 수 있는 기회를 가지게 되었다.

명나라 건국 초기에 원순제(元順帝)가 대도(大都)를 버리고 북방의 상도(上都)로 달아났다고 하여 원나라의 역사가 완전히 끝난 것은 아니었다. 중원에서 밀려난 원나라의 잔존 세력은 몽골의 고원 지대에서 34년 동안 제국을 유지하며 명나라와 각축을 벌였다.

중국 역사에서 이 제국을 북원(北元 · 1368~1402)이라 칭한다. 북원은 몽골 고원, 운남, 요동 지방 등 광대한 지역을 지배하고 있었다. 북원의 기마병은 수시로 명나라의 변경 지방을 침입하여 조정을 위협했다. 명태조는 북원을 멸망시키지 않고서는 자신의 천하가 온전할 수 없다고 생각했다. 홍무 3년(1370)부터 홍무 29년(1396)까지 무려 8차례나 북벌을 단행했다. 원나라의 잔존 세력이 얼마나 막강했으면, 명태조가 24년 동안 수십만 대군을 동원하여 북방 원정을 단행했겠는가?

연왕 주체는 부친을 보좌하면서 많은 전공을 세웠다. 특히 홍무 23년(1390) 7차 북벌 때에는 직접 군사를 이끌고 몽골의 이도(迆都)로 진격하여 북원의 장수 내아불화(乃兒不花)의 항복을 받아내고 몽골인 수만 명과 가축 수십만 두를 포획하는 전과를 올렸다. 또 홍무 29년(1396)에는 대녕위(大寧衛), 올량합독성(兀良哈禿城) 등지에 주둔하고 있는 북원군을 섬멸하고 개선하기도 했다. 이로써 연왕은 명실상부한 북방의 실력자로 등장했다.

연왕은 부친의 뜻에 따라 명나라 최고의 명장 서달(徐達)의 장녀 서씨(徐氏)를 아내로 맞이했다. 훗날 서씨가 영락제의 정실부인 인효황후(仁孝皇后)가 된다. 서씨는 어렸을 적부터 정숙하고 글 읽기를 좋아하여 '여자 제생(諸生)'이라는 별칭이 있었다. 제생이란 시험에 합격하여 관부에서 공부하는 유생(儒生)을 뜻한다. 명태조는 그녀가 현숙하다는 얘기를 듣고 중산왕(中山王) 서달을 궁궐로 초치하여 이렇게 말했다.

> "짐과 경은 포의지교(布衣之交)이오. 자고로 임금과 신하가 서로 뜻이 맞
> 으면 대체로 혼인관계를 맺었소. 경에게 영애가 있다고 들었는데 짐의
> 아들 주체의 배필로 삼고자 하오."

서달은 즉시 머리를 조아리며 사례를 표했다. 명태조가 수많은 난관을 극복하고 명나라를 건국할 때 군사 분야에서 서달보다 더 큰 공을 세운 장수는 없었다. 그렇지만 명태조는 용맹한 장수이자 탁월한 전략가인 서

달이 이심을 품지 않을까 걱정했다. 이런 이유로 사돈 관계를 맺어서 동맹을 확고히 한 것이다.

2. 정난지역(靖難之役): 조카를 죽이고 황위를 찬탈하다

연왕의 장형(長兄) 주표(朱標)가 태자로 책봉되어 미래의 황제로 인정받고 있을 때, 연왕이 아무리 야심가라고 할지라도 태자 책봉에 어떤 불만도 토로할 수 없었을 것이다. 명태조가 서열과 명분을 중시하고 유가 사상이 명나라의 이념을 지배했으므로, 장자 계승의 원칙은 너무도 당연했다. 더구나 연왕은 넷째 아들이었으니 황위 계승은 현실적으로 요원했다.

그런데 주표가 사망한 이후에 명태조의 둘째아들 진왕(秦王) 주상(朱樉)과 셋째아들 진왕(晉王) 주강(朱棡)이 연이어 병으로 사망했다. 주체는 흥분을 감출 수 없었다. 황위 계승권을 가진 형 세 명이 모두 죽었으므로, 당연하게도 부친이 넷째아들인 자신을 태자로 책봉할 것이라고 확신했다. 그는 번왕들 가운데 가장 많은 전공을 세우고 아울러 강력한 군대를 보유하고 있었다. 부친 사후에 대명 천하를 굳건히 수호할 적임자는 바로 자신이라고 생각했다.

하지만 명태조는 넷째아들의 간절한 소망을 저버렸다. 장자 계승의 원칙에 따라 장자가 죽으면 마땅히 장손이 황위를 계승해야 한다고 생각했다. 그래서 장손, 주윤문을 태자로 책봉했다. 연왕의 기대는 일순간에 실망감으로 변하고 말았다. 하지만 어찌하겠는가. 지존인 부친의 뜻을 감히 거역할 수는 없는 노릇이었다. 홍무 31년(1398) 명태조가 붕어하자 마침내 그의 뜻대로 주윤문이 2대 황제로 등극했다. 바야흐로 건문제(建文帝), 혜종(惠宗)의 시대가 시작되었다.

명태조의 고명대신들은 젊은 황제의 통치 기반을 강화하기 위해서는 번왕들의 세력을 무력화시켜야 한다고 주장했다. 특히 북방의 연왕을 가장 위협적인 인물로 간주했다. 그들은 1년도 채 안 되는 기간에 주왕 주숙(周橚), 대왕 주계(周桂), 상왕(湘王) 주백(朱柏), 제왕 주부(周榑), 민왕(岷王) 주편(朱楩) 등 친왕 다섯 명에게 갖가지 죄목을 붙여 번왕의 작위를 박탈하고 폐서인했다.

이제 연왕과의 충돌은 불가피했다. 연왕을 죽이지 못하면 모두 멸문의 화를 당할 수밖에 없는 절박한 상황이 시시각각 다가오고 있었다. 연왕도 마찬가지였다. 건문 원년(1399) 7월 연왕이 선수를 쳤다. '간신' 황자징(黃子澄), 제태(齊泰) 등을 주살하고 명조의 위난을 평정한다는 명분으로 군사를 일으켰다. 『황명조훈』에 나오는 명태조의 칙유를 '정난(靖難)'의 근거로 삼았다.

"조정에 정직한 신하가 없고 궁궐에 간사하고 반역하는 무리가 있으면, 반드시 군사를 일으켜 토벌함으로써 군주의 측근들을 제거해야 한다."

사실 황자징, 제태 등은 간신이 아니라 혜종을 충심으로 보필하는 충신이었다. 다만 황위 찬탈을 위해 병사를 일으킨 연왕의 입장에서는 그들을 '간신'으로 매도해야 만이 정난의 정당성을 확보할 수 있었다.

북방의 거용관(居庸關), 회래(悔來), 밀운(密雲), 계주(薊州), 준화(遵化), 영평(永平) 등을 연왕의 군대가 파죽지세로 공략했다. 혜종은 장흥후(長興侯) 경병문(耿炳文)에게 13만 대군을 이끌고 가서 연왕을 토벌하게 했다. 당시 경병문은 나이가 고희에 가까운 장수였다. 원래 명나라에는 불세출의 명장들이 많았으나, 대부분 병들어 죽거나 명태조에게 살해당했기 때문에 어쩔 수없이 늙은 장수에게 토벌을 명했다.

양군은 호타하(滹沱河: 산서성과 하북성을 가로질러 흐르는 강) 북쪽 언덕에서 조우하여 싸웠다. 경병문의 군사가 대패했다. 혜종은 다시 이경륭(李景隆)을 보내 싸우게 했다. 이경륭은 50만 대군을 거느리고 하간(河間: 지금의 하북성 창주·滄州)에서 주둔하며 일전을 준비하고 있었다. 그런데 그는 용병에는 문외한이었다. 연왕은 이경륭이 수장(首將)이라는 얘기를 듣고 웃으며 말했다.

"병법에는 다섯 가지 패인이 있는데 이경륭이 이것을 모두 범하고 말았소. 장수의 명령이 제대로 시행되지 않고 군기가 문란하며 윗사람과 아랫사람이 다른 마음을 품고 있고, 죽고 사는 일에 딴 뜻을 품고 있는 것이 첫 번째 패인이오. 지금 북방은 일찍 추워졌는데도 남방의 병졸들은 겨울옷을 입지 않고서 눈서리를 맞고 다니기 때문에, 수족이 얼어터지고 동상이 심한 자는 손가락이 잘리는 지경에 이르렀소. 또 병사들은 군량이 부족하고 병마는 마른 짚이 부족한 것이 두 번째 패인이오. 지형의 험난함과 평탄함을 헤아리지 않고 깊숙이 들어와 이로움을 추구한 것이 세 번째 패인이오. 장수가 탐욕스러워 군대가 제대로 통솔되지 않고 지혜와 믿음이 부족하고 분기가 충만하여 괴팍하게 행동하고 어진 마음과 용맹을 모두 갖추지 않았고 위엄 있는 명령이 행해지지 않아서 전군이 혼란에 빠진 것이 네 번째 패인이오. 부하들이 오합지졸이고 호령에 절도가 없으며 아첨하는 자를 좋아하고 소인배에게 전적으로 일을 맡긴 것이 다섯 번째 패인이오. 이경륭은 이 다섯 가지 패인을 모두 갖추었으므로 반드시 패배할 것이오."

연왕은 이경륭을 연왕부의 심장인 북평으로 유인하여 공격하기로 결정했다. 이경륭은 하간에서 때를 기다리며 움직이지 않았다. 마침 요동군이 연왕의 영지, 영평부(永平府)을 공격하자 연왕이 장수들에게 이렇게 말했다.

"내가 북평에 있으면 이경륭은 감히 공격하지 못할 것이오. 지금 내가 군사를 거느리고 영평을 구하러 가면, 그는 반드시 북평성을 공격할 것이오. 내가 회군하여 반격할 때, 앞에는 견고한 성이 있고 뒤에는 대군이 있으므로 이경륭은 반드시 패배할 것이오."

연왕은 친히 주력군을 거느리고 연평으로 출정하여 북평성을 고의로 비워둠으로써 이경륭이 덫에 걸리기를 바랐다. 하지만 장수들은 북평성의 수비군이 너무 적기 때문에 자칫하면 유인 작전이 실패할 수 있다고 걱정했다. 연왕이 말했다.

"성안의 병사들로 성 밖에서 싸우기에는 병력이 부족하지만 성을 지키기에는 여유가 있소. 내가 이번에 출정하는 것은 단지 영평 만을 구하기 위해서가 아니라, 이경륭을 유인하여 사로잡기 위함이오. 이는 어찌 일거양득이 아니겠소?"

연왕이 출정하기 전에 세자 주고치(朱高熾)에게 북평성을 지키게 하고 이렇게 말했다.

"이경륭이 공격하면 수성을 굳건히 하고 절대 성 밖으로 나가 싸우면 안 된다."

연왕은 또 이경륭을 유인할 목적으로 북평의 관문 노구교(蘆溝橋)를 지키고 있는 수비병을 철수시켰다. 건문 원년(1399) 10월 북평성이 비어있다는 첩보를 받은 이경륭은 마침내 대군을 이끌고 북평성으로 진격했다. 이경륭의 병사들은 성 아래에서 여러 차례 공성 작전을 폈으나 주고치의 군건한 방어를 뚫지 못했다.

한편 연왕은 영평의 요동군을 격퇴하고 또 내친김에 대녕(大寧: 지금의 내몽고 영성·寧城 서쪽)을 공략하고 난 뒤, 8만 대군을 이끌고 북평으로 회군했다. 졸지에 협공을 당한 이경륭의 남군은 급격히 붕괴하였고 이경륭은 응천부로 달아났다. 건문 2년(1400) 4월 이경륭은 또 60만 대군을 이끌고 북상하여 백구하(白溝河: 지금의 하북성 웅현·雄縣)에서 연왕과 일대 격전을 벌였다. 이 싸움에서 이경륭의 남군 수십만 명이 죽고 시체가 백 여리에 이를 정도로 참패를 당했다. 이경륭이 패잔병을 수습하여 응천부로 돌아오자, 분노한 조정 대신들은 그를 혜종 앞으로 끌고 가 울면서 아뢰었다.

"경륭이 출정하여 사태를 관망하면서 두 마음을 품었사옵니다. 경륭을 죽이지 않고서 어찌 조종(祖宗)에게 떳떳할 수 있고 장졸들의 사기를 진작시킬 수 있겠사옵니까?"

뜻밖에도 혜종은 경륭의 죄를 묻지 않았다. 경륭이 이심을 품었는지는 알 수 없으나, 훗날 연왕이 응천부를 공략할 때 황궁의 금천문(金川門)을 열고 연왕에게 항복하여 혜종을 망하게 한 장본인이 되었다. 혜종의 유약한 성격이 결국은 자신에게 화를 불러왔다. 이경륭은 연왕이 황제로 등극한 이후에도 출세의 가도를 달리다가 노년에 탄핵을 당하고 죽었다.

연왕이 군사를 일으킨 지 3년여의 세월이 흘렀는데도 아직 황궁으로 진격하지 못했다. 북방의 여러 전략적 요충지를 점령했지만, 남군의 병사가 워낙 많았고 남방의 각 지역에 포진하고 있었으므로 쉽게 장강을 건너 응천부로 진격할 수 없었다. 연왕의 군사도 병력 손실이 적지 않았으며 오랜 싸움에 지쳐있었다.

'쿠데타'는 시간을 끌면 끌수록 실패하기 마련이다. 연왕도 이 점을 간파하고 있었다. 장강을 건너 최후의 일전을 결심했다. 마침 응천부 황궁의 한 환관이 그에게 비밀리에 서찰을 보냈다. 황궁의 방어가 허술한 틈을 타서 공격하라는 내용이었다. 혜종은 즉위 이후에 환관들의 정치 개입을 엄격하게 금지하고 단속했기 때문에 그들의 불만을 샀다. 연왕은 그들의 마음을 간파하고 자기편으로 은밀하게 끌어들였다. 이미 황궁 안에는 연왕의 첩자들이 깔려 있었다.

환관의 밀고를 통해 황궁의 내부 사정을 알게 된 연왕은 건문 3년(1401) 12월에 대규모로 군사를 일으켜 남방 정벌을 단행했다. 다음해 5월에 회수(淮水)를 건너 양주(揚州), 통주(通州: 지금의 강소성 남통 · 南通) 등을 공략하고 난 뒤, 장강을 건너 황궁으로 진격할 만반의 준비를 갖추었다. 연왕의 군사가 장강 북안에 이르렀다는 첩보를 받은 혜종과 조정 대신들은 경악했다. 장강 방어선이 무너지는 날에는 황궁도 함락될 위험이 있었다.

궁지에 몰린 혜종은 명나라를 남북조로 나누어 분할 통치하자고 연왕에게 제의했으나 일언지하에 거부당했다. 연왕으로서는 조금만 더 밀어붙이면 천하의 대권을 장악할 수 있었다. 건문 4년(1402) 6월초 연왕의 군대가 장강을 건너 황궁을 겹겹이 포위했다. 당시 연왕의 동생 곡왕(谷王) 주혜(朱橞)와 이경륭이 황성의 금천문을 지키고 있었다. 연왕의 대군이 밀려오자 전의를 상실하여 금천문을 열고 투항했다. 성안의 백성들도 모두 연왕에게 복종했다. 연왕은 황급히 혜종의 행방을 추격했다. 한 내시가 불에 새카맣게 탄 시신 한 구를 가지고 와서 황제의 시신이라고 아뢰었다. 연왕은 후한 장례를 치르게 했다. 이때부터 혜종은 역사의 뒤안길로 사라졌지만, 지금까지도 그가 과연 불에 타 죽었는지는 여전히 의문이다.

연왕은 황궁을 접수한 뒤 며칠 후인 건문 4년(1402) 7월에 황제로 즉위했다. 그는 자기가 혜종의 뒤를 이어 황제가 된 것이 아니라 명태조 주원장의 황위를 계승했다고 생각했다. 그래서 연호 '건문'을 폐지하고 건문 4년을 홍무 35년으로 고쳤다. 연호는 영락(永樂)으로 정했다. 오늘날의 관점에서 볼 때는 연왕이 역사를 날조했다. 숙부가 조카를 죽이고 황위를 찬탈한 악행을 덮기 위해 혜종의 행적을 철저하게 지운 것이다.

연왕에서 영락제가 된 주체는 자신에게 반기를 들었던 혜종 시대의 조정 대신들에게 잔혹한 보복을 가했다. 죽는 순간까지 주체에게 굴복하지 않았던 제태(齊泰)는 일족과 함께 주살을 당했다. 황자징(黃子澄)도 주체의 친국에 끝까지 저항하다가 사지가 찢기는 형벌을 받고 죽었다. 주체에게 가장 잔혹한 보복을 당한 인사는 방효유(方孝孺·1357~1402)였다.

당시 방효유는 조정 중신이자 대학자로서 신망이 아주 높았다. 그를 존경하고 따르는 유생들이 전국 각지에 있었다. 주체가 북평에서 출정할 때 책사 요광효(姚廣孝)가 그에게 이런 부탁을 했다.

"응천부의 황궁이 함락되는 날, 방효유는 절대 투항하지 않을 것이옵니다. 그렇다고 해서 그를 죽여서는 안 되옵니다. 만약 그를 죽이면 천하의 유생들은 씨가 마를 것이옵니다."

방효유의 대쪽 같은 성품과 심오한 학문을 따르는 유생들이 아주 많이 있다는 사실을, 요광효가 잘 알고 있었으므로 주체에게 그를 죽이지 말라고 특별히 부탁한 것이다. 주체도 방효유의 명성을 익히 들었던 터라 고개를 끄덕이며 승낙했다.

주체가 응천부에서 황제 등극을 앞두고 감옥에 갇힌 방효유를 소환하여 조서의 초안을 쓰게 했다. 명나라 제일의 문장가인 방효유가 초안을 써주면 천하의 인심을 쉽게 얻을 수 있다고 생각하여 부탁했다. 소복을 입고 대전에 당도한 방효유는 주체의 면전에서 대성통곡했다. 주체가 용탑에서 내려와 위로했다.

> "선생은 스스로 고통스러워하지 마오. 나는 주공(周公)이 주(周)나라 성
> 왕(成王)을 보필한 일을 본받고자 할 따름이오."

주공은 주나라 건국 초기에 7년 동안의 섭정을 통하여 각종 문물제도를 정비하여 주나라를 반석 위에 올려놓고 난 뒤, 나이 어린 조카 성왕에게 권력을 넘겨 준 위대한 정치가이다. 그는 고대 중국의 정치, 사상, 문화 등 다방면에서 선구자 역할을 했다. 이른바 '만세사표(萬歲師表)'라는 극찬을 받은 공자도 후학도로서 한 평생 주공의 사상을 따르고 우러러보았다. 오늘날까지도 그는 성인 가운데 으뜸이라는 '원성(元聖)'으로 추존되고 있다. 주공이 사심 없이 성왕을 보필한 것처럼, 주체도 혜종을 도와서 위기에 빠진 명나라를 구할 목적으로 군사를 일으킨 것이지 황위를 찬탈할 의도는 없었다는 얘기를 방효유에게 한 것이다. 하지만 방효유는 주체의 감언이설을 믿지 않았다. 두 사람의 대화 내용은 이랬다.

> "성왕(혜종 주윤문을 지칭)께서는 지금 어디에 계시오?"

> "스스로 불길에 뛰어들어 자살했소."

> "그렇다면 왜 성왕의 아들을 옹립하지 않소?"

"국가는 성년이 된 군주에게 의지하는 법이오."

"그렇다면 왜 성왕의 동생을 옹립하지 않소?"

"황위 계승 문제는 짐의 집안일이오."

방효유가 원칙을 따지며 끝까지 물고 늘어졌다. 주체는 황위 계승 문제는 집안일이니, 당신 따위가 간섭할 일이 아니라고 짜증을 냈다. 주체는 방효유에게 붓과 종이를 주게 하고 다시 이렇게 말했다.

"조서를 써서 천하에 두루 알리는 것은 선생께서 초안을 쓰지 않으면 할 수 없는 일이오."

방효유는 붓을 땅에 던지고 통곡하며 욕설을 퍼부었다.

"죽으면 죽었지, 너를 위해 절대로 초안을 쓸 수 없구나."

주체가 방효유의 구족을 몰살시키겠다고 협박해도, 방효유는 흔들림이 없었다. 오히려 '십족(十族)'을 몰살시켜도 내 뜻을 꺾을 수 없다고 조롱했다. 마침내 주체의 분노가 폭발했다. 방효유의 눈앞에서 그의 구족이 몰살당했으며, 그는 저자거리에서 신체가 갈기갈기 찢기는 형벌을 당해 죽었다. 주체는 구족을 모조리 살해하고도 분노가 가라앉지 않았다. 또 방효유의 친구와 제자들을 모두 '일족(一族)'으로 간주하고 모조리 죽였다. 이때 무고하게 살해된 사람이 873명에 달하고, 변방으로 유배당하거나 군인으로 끌려가 죽은 사람은 부지기수였다. 중국 역사상 '십족'이 몰살당한 경우는 방효유가 유일했다.

혜종의 통치 기간에 국방의 최고 책임자였던 병부상서 철현(鐵鉉)의 죽음도 참혹했다. 그는 병란의 와중에 주체의 군사를 크게 물리친 적이 있었다. 주체 앞에 끌려온 그는 등을 지고 무릎을 꿇지 않고 서서 주체에게 욕설을 퍼부었다. 죽어도 반란군의 수괴를 인정할 수 없다는 말이었다. 결국 주체의 하명을 받은 옥리들은 철현의 육신을 토막 내어 기름이 펄펄 끓는 솥에 던져버렸다.

주체가 황위를 찬탈하는 과정에서 저지른 잔악무도한 악행을 중국 역사에서는 '과만초(瓜蔓抄)'라고 칭한다. 오이 덩굴이 뻗어 주변의 물건들을 감듯이, '간신'과 '역적'으로 누명을 씌운 인사를 살해할 때 그와 관련된 사람들도 모조리 죽이는 잔혹한 형벌을 뜻한다. 사실 주체에게 희생을 당했던 대다수의 인사들은 황실의 법통과 유가의 이념에 따라 건문제 혜종을 진심으로 섬겼던 충신들이었다. 그들은 명말청초에 이르러야 비로소 복권되어 명예를 회복할 수 있었다. 이는 명말청초의 황제들이 그들의 "충신은 두 임금을 섬기지 않는다."는 충정을 역사의 귀감으로 삼아서 자신의 권력 기반을 강화하려는 의도였다.

3. 영락제(永樂帝)의 치적

영락제가 자신은 적법한 절차에 따라 황실의 법통을 계승하여 명나라의 2대 황제로 등극했다고 생각했지만, 사실 무력으로 황위를 찬탈한 파렴치한이었다. 그처럼 많은 사람들을 죽여 반대 세력을 일소했음에도 불구하고, 그에게는 숙부가 조카를 몰아내고 황위를 찬탈했다는 비난의 꼬리표가 떨어지지 않았다. 그도 종친의 불만과 민심을 의식하지 않을 수 없었으므로 명태조가 만든 번왕 제도를 복원했다. 이에 따라 건문제 때 폐지된 주(周), 제(齊), 대(代), 민(岷) 지방에 다시 번왕을 책봉했다. 하지만 얼마 후 영락제는 번왕들이 자기가 그랬던 것처럼 반란을 일으켜 황권에 도전하지 않을까 우려했다.

영락제는 온갖 죄명을 날조하여 대왕(代王), 민왕(岷王), 요왕(遼王) 등 번왕들의 호위군을 해산시켜 그들의 힘을 무력화했고 제왕(齊王)을 서인으로 강등시켰다. 당시 번왕들 가운데 영왕(寧王) 주권(朱權)이 많은 병사를 거느리고 북방의 영성(寧城) 지역을 다스렸다. 명태조의 17번째 아들이었던 그는 영락제가 군사를 일으킬 때, 영락제의 편에 가담하여 공을 세운 공신이다. 영락제는 영왕을 계속 북방에 두면 반란이 일어날 위험이 있다고 우려했다. 영락 2년(1404)에 그를 남방의 남창(南昌)으로 보내 다시 영왕으로 책봉했다.

영왕은 영락제가 의심이 많고 잔인한 황제임을 누구보다 잘 알고 있었다. '백색 공포'가 만연한 영락제 시대에 목숨을 부지하기 위해서는 황권에 도전할 야망이 전혀 없음을 보여주어야 했다. 그는 영왕부(寧王府) 안에서 매일 거문고를 타며 음풍농월을 즐겼다. 그가 거문고 곡집『신기필보(神奇秘譜)』와 잡극(雜劇) 곡보『태화정음보(太和正音譜)』를 저술하여 전통 음악에 큰 영향을 끼친 것은, 아이러니하게도 이처럼 영락제의 의심증을 피하기 위한 방편에서 비롯되었다. 그는 명철보신으로 천수를 누리고 죽었다.

영락제는 자신에게 위협이 될 만한 번왕들을 제거하고 난 뒤, 절대 권력을 행사하며 중앙 집권 체제를 완성했다. 영락 원년(1403) 도성을 응천부(남경)에서 북평으로 천도하기로 결정했다. 또 북평을 순천부(順天府)로 개칭하고 순천부에 북경성(北京城)을 건설하기 시작했다. 이때부터 북경이 남경과 더불어 명나라의 수도가 되었다. 영락 18년(1420) 황궁이 완공된 후 다음해에 천도했다. 그가 도성을 북경으로 천도한 것은 중요한 의미를 지닌다. 명태조 주원장은 중국의 동남부 지역을 근거로 황제가 되었기 때문에 남경을 도성으로 정했다. 이는 북방의 몽골족에 대한 지배력을 강하게 행사할 수 없는 약점이었다.

영락제는 자신의 권력 기반이 북경을 중심으로 한 북방 지역이었고 아울러 북방의 소수 민족들을 통제하기 위해서는 제국의 도성이 북방에 있어야 한다고 생각했다. 그의 이러한 판단과 결정은 명나라 이후 한족의 세력이 북방으로 확장되는 결정적인 요인으로 작용했다.

영락제는 남방의 풍부한 산물을 북방으로 운송하고 남북의 교역을 확대하기 위하여 남방의 항주에서 북방의 북경을 연결하는 경항대운하(京杭大運河)를 완공했다. 이 운하는 수(隋)나라 양제(煬帝 · 569~618)때부터 본격적으로 건설되었는데, 영락제 때 전 구간이 개통되었다. 이 운하의 경제적 파급 효과는 실로 엄청났다. 남북의 수많은 토산품들이 북경으로 모이고 다시 실핏줄처럼 이어진 작은 운하를 따라 전국 각지에 퍼졌다. 운하 주변의 도시들이 번창하고 백성들의 삶이 윤택해졌다.

영락제는 남방의 백성들을 북방으로 이주시켜 황무지를 개간하게 하여 양곡 생산량을 크게 늘렸다. 이에 따라 영락 초기에 전국에서 거두어들인 세미(歲米)가 3천만 석을 초과했으며 둔전(屯田) 수입도 2천3백만 석에 달했다. 또 영락 3년(1405)부터 6년(1408)에 이르는 기간에 조야의 학자 2,169명을 동원하여 중국 고대 최대의 백과사전『영락대전(永樂大典)』을 완성했다. 이것은 22,937권, 목록 60권, 글자 수가 대략 3억7천만자로 구성되어 있다. 명나라 이전 시기의 역사, 지리, 문학, 예술, 철학, 종교 등을 모두 망라한 불후의 대작이다.

외교 분야에서는 조선과 아주 밀접한 관계를 유지하였다. 이성계가 조선 태조 원년(1392)에 고려를 멸망시키고 신생 왕조를 건국할 때 명태조에게 사신을 보내 국명을 '조선(朝鮮)'과 '화녕(和寧)' 가운데 어느 것으로 정해야 할지 물어보았다. 명태조가 조선으로 정하라는 칙서를 보냄으로써 국명이 조선으로 정해졌다. 이는 이성계가 조선을 건국할 때, 명나라를 상국으로 인정하고 자신은 스스로 속국의 왕이 되기를 바랐다. 중원을 평정한 명태조를 상대로 자웅을 겨루기에는 힘이 너무 부쳤기 때문이다.

조선이 건국된 다음 해인 홍무 26년(1393)에, 이방원이 사절단을 이끌고 명나라의 수도 응천부를 방문하여 명태조를 배알한 적이 있었다. 당시 이방원은 응천부로 출행하는 길에 북평에서 연왕 주체를 만났다. 두 사람은 성격이 호탕하고 영웅적 기상이 있는 공통점이 있었다. 만나자마자 서로의 흉금을 털어놓는 지기가 되었다. 주체의 나이가 이방원보다 일곱 살 더 많았으므로, 아마 주체가 형님 노릇을 했을 것이다. 또 두 사람은 부친을 도와 새 왕조를 세운 공통점이 있었다. 따라서 절대 권력을 쟁취하기 위한 모종의 밀약이 있었는지도 모른다.

이런 역사적 추측이 가능한 까닭은 이방원이 태조 7년(1398) '제일차 왕자의 난'과 태조 9년(1400) '제2차 왕자의 난'의 성공을 통하여, 태조 10년(1401)에 마침내 국왕으로 등극하였고, 주체는 건문 원년(1399)에 '정난지역'을 일으켜 건문 4년(1402)에 황제로 등극하였기 때문이다. 두 사람이 거의 비슷한 시기에 재위에 오른 것은 우연의 일치라기보다는 상호 교감을 통해 각자의 국가에서 권력 찬탈을 통해 임금으로 등극하고자 하는 야망을 실현시킨 게 아닌가 한다. 주체는 즉위 직후에 첨도어사 유사길(俞士吉)를 조선에 보내 자신이 황제로 등극하였음을 알렸다. 이방원은 사절단을 파견하여 조선의 새로운 옥새와 자신을 왕으로 책봉하는 칙령을 내려달라고 간청했다.

주체는 기쁜 마음으로 이방원을 조선 국왕으로 승인했다. 이는 두 사람 사이에 친교와 우정이 있었기 때문에 가능했을 것이다. 조선이 태종 이방원 이후에 200여 년 동안 명나라와 선린 우호 관계를 유지하며 외침을 받지 않고 번영기를 구가할 수 있었던 이면에는 두 사람의 이런 특수 관계가 있었다.

영락제의 치적 가운데 가장 돋보이는 사건은 영락 3년(1405)에 환관 정화(鄭和 · 1371~1433)에게 병사 27,800명과 '보선(寶船)' 62척을 거느리고 원양 항로와 조공 무역을 개척하게 한 일이다. 정화는 운남성 곤양(昆陽)에서 회교를 신봉하는 가정에서 태어났다. 그의 부친은 배를 타고 이슬람의 하지 순례를 다녀왔을 정도로 열렬한 회교도였다. 정화는 어렸을 적부터 부친을 통해 세상의 기이한 풍습과 이국의 문물에 대하여 많은 얘기를 듣고 자랐다.

홍무 15년(1382) 명태조가 목영(沐英)을 운남에 보내 평정했을 때, 나이 12세에 불과한 정화가 포로로 잡혔다. 그 후 정화는 온갖 우여곡절 끝에 주체의 시동(侍童)이 되었다. 주체가 황위를 찬탈하는 과정에서 그는 견마지로의 공을 아끼지 않아 주체의 총애를 받고 환관의 우두머리가 되었다.

황위 계승의 적법성 논란에 시달렸던 주체는 자신의 위엄과 명나라의 강대함을 만천하에 알리고 해외 각국과 조공 무역을 하기 위하여, 정화에게 대규모의 선단을 이끌고 서쪽 바닷길을 개척하게 했다. 영락 3년(1405) 6월 정화의 거대한 선단은 소주(蘇州)의 유가항(劉家港)을 출발하여 동남 해안을 따라 참파왕국(지금의 베트남 중부 지역), 말라카해협, 자바섬, 수마트라섬, 스리랑카 등지를 방문하고 인도 서안을 지나 귀국했다. 그 후 정화는 영락(永樂), 홍희(洪熙), 선덕(宣德) 세 왕조에 이르는 29년 동안 7차례나 항해를 떠났다. 대항해 길에 30여 개 국가와 교역을 했으며 가장 멀리는 아프리카 동단까지 진출했다.

당시 정화의 선단은 비단, 차, 도자기, 동전, 금은보화 등 명나라에서 생산한 온갖 진귀한 물건들을 가득 싣고 있었다. 각국을 방문할 때마다 그것들을 황제의 하사품으로 주기도 했고 향료, 염료, 후추 등 지역 특산물과 교환하기도 했다. 정화는 원정대의 장군이 아닌 사절단의 사신으로서 진귀한 물건들을 가지고 각국을 방문하여 통상을 원했다. 정화 일행이 아프리카 목골도속(木骨都束: 지금의 소말리아)을 방문했을 때, 명나라의 진귀한 물건들을 받은 국왕이 크게 기뻐하고 그들을 환대했을 뿐만 아니라 그들의 귀국길에 사신을 파견하고, 기린, 얼룩말, 타조 등 희귀한 동물들을 명나라 황실에 보내기도 했다.

영락제가 엄청난 금액을 들여 정화에게 서쪽 바닷길을 개척하게 한 까닭은 행방불명된 혜종을 찾기 위해서였다는 얘기도 있다. 설사 그 얘기가 사실이더라도 주목적은 영락제 시대에 농업 생산량의 증가와 산업의 발전으로 인한 잉여 물자를 외국에 보내서 황실과 귀족들의 사치품을 조달하기 위해서였을 것이다.

영락제가 통치 기반을 강화하고 대외 교역을 확장할 때, 명나라에 가장 위협적인 세력은 북방의 몽골족이었다. 한때 세상에서 가장 넓은 제국을 다스린 몽골족이 명태조에게 패하여 중원을 포기하고 몽골의 초원 지대로 돌아갔지만, 명나라 건국 이후에도 끊임없이 북방의 변경 지방을 위협했다. 영락제는 호전적인 몽골 귀족에 대해 회유와 정벌의 양면 정책을 폈다. 명나라에 순종하는 군주는 왕으로 책봉하고 금은, 면포, 양식 등을 하사하여 회유했지만, 노략질을 일삼는 군주는 토벌했다.

영락 7년(1409) 달단(韃靼)의 군주 본아실리(本雅失里)가 명나라에서 사신으로 온 곽기(郭驥)를 살해한 사건이 발생했다. 분노한 영락제는 기국공(淇國公) 구복(邱福)에게 병사 10만 명을 주고 정벌하게 했으나, 전군이 여구하(臚朐河)에서 전멸 당했다. 영락 8년(1410) 영락제가 친히 50만 대군을 거느리고 알난하(斡難河)에서 달단의 군대를 대파했다. 본아실리는 겨우 기병 7명을 거느리고 와자(瓦刺)로 달아났다. 그 후 달단이 명나라에 항복하고 조공

을 바쳤다. 영락제는 후한 상을 내리고 아울러 본아실리의 부하 아노태(阿
魯台)를 화녕왕(和寧王)으로 책봉했다.

한편 와자의 순녕왕(順寧王) 마합목(馬哈木)이 본아실리를 죽이고 영하(寧
夏), 감숙(甘肅) 등 변경 지방을 침략했다. 영락 12년(1414) 영락제는 다시 친
정을 단행하여 와자의 군대를 격퇴했다. 그 후 명나라는 달단을 지원함으
로써 와자의 세력을 약화시켰다. 이른바 이이제이(以夷制夷) 정책을 폈다.
하지만 몇 년 후 아노태의 달단 세력이 다시 강성해졌다. 그들은 또 수시
로 변경 지방에 출몰하여 약탈을 자행했다. 영락제는 영락 20년(1422)년부
터 22년(1424)까지 또 3차례 북정을 단행하여 아노태를 변경 지방 밖으로
몰아냈다. 영락 8년(1414)부터 무려 5차례나 친정을 단행했다.

만약 영락제가 도성을 북경으로 천도하지 않고 계속 남경에 머물렀다
면 북방의 몽골족을 효과적으로 제압하지 못했을 것이다. 전광석화처럼
빠른 몽골의 기병은 한족들에게는 언제나 공포의 대상이었다. 영락제는
궁중궁궐에서 장수들에게 명령이나 내리는 소극적인 황제가 아니었다.
친정이 필요할 때는 반드시 대군을 거느리고 몽골과 일전을 불사했다.
그의 영웅적 기질과 용단 덕분에 명나라가 개국 초기에 변방의 안정을
이룰 수 있었다.

4. 잔인한 영락제: 삼천궁녀 살해 사건

영락제가 명태조의 뒤를 이어 명나라를 부국강병의 길로 이끌었지만,
부친을 닮았는지 사람을 함부로 죽이는 일이 취미였을 정도로 잔인한 황
제였다. 그의 정실부인 서황후(徐皇后)는 개국 공신 서달(徐達)의 장녀이다.
어렸을 적부터 정숙하고 글 읽기를 좋아하여 '여자 제생(諸生)'이라는 별칭

이 있었다. 남편이 반란을 일으킬 때 여자의 몸으로 갑옷을 걸치고 친히 군사를 지휘하며 북평을 지킨 여걸이기도 했다. 황후가 된 뒤로는 『내훈(內訓)』과 『권선서(勸善書)』를 편찬하여 부녀자의 교육에 힘썼다.

영락제는 천하의 미녀들을 비빈으로 거느리고 있었지만 서황후를 존경하고 사랑했다. 영락 5년(1407) 서황후가 46세의 나이에 병으로 서거했다. 사랑하는 조강지처를 잃은 영락제는 비통에 빠졌다. 서황후 사후에 다시 황후를 책봉하지 않았다. 조강지처에 대한 존경과 애정의 표현이었다.

조선 태종 8년(1408) 명나라의 환관 황엄(黃儼)이라는 자가 명나라 사신의 자격으로 조선에 온 일이 있었다. 태종 이방원에게 양반집 규수를 뽑아 '진헌녀(進獻女)'로 바치라는 영락제의 어명을 전했다. 태종은 자존심이 상했지만 상국 명나라와의 우호를 위하여 황제의 어명을 받들지 않을 수 없었다. 더구나 영락제와 두터운 친분을 쌓았고 또 그가 조선 여자를 좋아한다는 사실을 알고 있었으므로, 태종으로서는 공녀 문제로 명나라와 불필요한 마찰을 피하고 싶었다.

전국에서 선발한 권문세가 출신의 규수 30명이 한양에 당도했다. 황엄은 그들 가운데 미모가 빼어난 처녀 다섯 명을 최종 선발하여 명나라로 데리고 돌아갔다. 그런데 공녀들 중에서 공조전서(工曹典書) 권집중(權執中)의 딸이 가장 아름답고 현숙했다. 영락제는 그녀를 보자마자 미색에 반했다. 권씨는 절세가인이었을 뿐만 아니라 가무에도 능했다. 특히 옥통소를 잘 불어서 영락제의 총애를 독차지했다. 영락제는 그녀를 현비(賢妃)로 책봉하고 난 뒤 어디를 가나 항상 곁에 두었다.

영락 8년(1410) 영락제가 친히 50만 대군을 거느리고 달단을 정벌하러 출정했을 때 권현비도 동행했다. 한시라도 그녀와 헤어지고 싶지 않았던 황제의 마음이었다. 토벌을 마치고 남경으로 개선하는 도중에 임성(臨城: 지금의 산동성 조장·棗莊)에서 권현비가 갑자기 사망했다. 영락제는 비통한 심정을 금할 수 없었다. 서황후 사후에 권현비에게 황후에 버금가는 특전을 베풀고 총애했는데도, 그녀가 불과 20세의 나이에 황제의 곁을 떠난 것이다.

영락제는 임성에 49일 동안 머물면서 권현비의 장례를 후하게 치르고 남경으로 돌아갔다. 황궁으로 돌아 온 뒤에도 권현비를 그리워하는 마음을 달랠 길이 없었다. 권현비의 오빠 광록시경(光祿寺卿) 권영균(權永均)을 특별히 황궁으로 불러 은전을 베풀 때, 눈물을 흘리며 말을 잇지 못했다고 한다.

어느 날 여첩여(呂婕妤)와 권현비가 각자 거느리고 있었던 노비들끼리 싸움을 벌이면서 이상한 소문이 돌았다. 그 소문의 내용은 대략 이러했다. 권현비가 입궐 후에 황제의 총애를 독차지하여 육궁(六宮)을 관장한 것에 질투를 느낀 여첩여가 권현비를 나무랐다.

"자손을 남기신 서황후께서도 돌아가셨다. 네가 육궁의 일을 불과 몇 개월 동안 관장하면서 이렇게 오만방자하게 구는구나."

여첩여도 다름이 아니라 권현비와 함께 조선에서 온 진헌녀 출신으로 호군(護軍) 여귀진(呂貴眞)의 딸이다. 명나라에서 첩여(婕妤)로 책봉을 받았으므로 여첩여라고 부른다. 그녀는 김득(金得), 김량(金良) 등 조선 출신 환관과 음모를 꾸몄다. 은세공 기술자를 통해 비상(砒霜)을 얻어 분말로 만든 뒤 몰래 호두차에 섞어 권현비에게 마시게 하여 독살했다는 소문이었다.

영락제는 소문의 진위도 파악하지 않고 소문에 거론된 자들을 모조리 주살하게 했다. 특히 여첩여는 불에 벌겋게 달군 인두로 육신을 지지는 잔혹한 형벌을 한 달 동안 받다가 죽었다. 주체는 그래도 분노가 가라앉지 않았던지 조선 태종에게 사신을 보내 여첩여의 모친을 죽이게 했다.

이 사건으로 수백 명이 목숨을 잃었다.

사실 이 사건은 완전히 날조된 것이었다. 여첩여가 황엄에 의해 간택되었을 때, 태종이 대신들에게 "입술이 넓고 이마가 좁으니 그게 무슨 인물이냐?"라고 말하며 황엄을 은근히 비아냥거린 적이 있었다. 여첩여의 미모가 권현비에게 크게 미치지 못했다고 해도, 함께 낯설고 물 선 이국땅에 끌려와 동병상련을 느끼지는 못할망정 황제의 총애를 받고 있는 권현비를 해칠 생각은 조금도 없었을 것이다.

조선 출신의 진헌녀 5명이 입궁 후에, 조선 상인의 딸 여씨(呂氏)도 궁녀로 입궁한 일이 있었다. 역사에서는 그녀를 성이 같은 여첩여와 구분하기 위하여 고여(賈呂)라고 부른다. 상인의 딸, 여씨라는 뜻이다. 고여는 자신과 성이 같은 여첩여에게 은근한 정을 느끼고 사랑을 고백했다. 궁녀들 간에 흔히 있었던 동성애였다. 하지만 여첩여는 그녀의 구애를 받아들이지 않고 오히려 냉대했다. 그래서 고여가 그런 음모를 꾸며 여첩여를 죽게 했다는 이야기이다.

영락 18년(1420) 영락제가 황후로 책봉하려던 왕귀비(王貴妃)가 급서한 일이 있었다. 영락제가 말년에 마음에 두고 총애한 여자였다. 총애하는 여자마다 자신보다 먼저 세상을 떠났으니, 황제의 심정은 참으로 괴로웠다. 마침 그때 고여와 궁녀 어씨(魚氏)가 젊은 환관들과 몰래 사통한 일이 발각되었다. 사실 궁녀와 환관이 궁중에서 서로 부부처럼 지내는 일은 오래전부터 은밀히 행해졌다. 어차피 정상적인 성행위를 할 수 없었고 그들의 처지가 불쌍했기 때문에 궁궐에서 묵인한 것이다.

하지만 영락제가 진노했다. 당장 관련자들을 잡아들이라는 어명이 하달되었다. 황제의 잔인함을 누구보다도 잘 알고 있었던 고여와 어씨는 즉시 목을 매고 자살했다. 한 궁녀가 잔혹한 고문을 견디다 못해 고여와 여씨가 황제를 시해하려고 했다는 허위 자백을 했다. 마침내 영락제의 살인 본능이 폭발했다. 형장에 나와 궁녀들을 직접 칼로 찔러 죽였다. 하북성 출신의 한 궁녀가 죽으면서 영락제에게 발악했다.

"너는 늙어서 양기가 쇠했지 않느냐. 궁녀와 환관들이 서로 좋아한 게 무슨 죄가 되느냐?"

궁녀에게 치욕을 당한 영락제는 완전히 이성을 잃었다. 이때 무고한 궁녀 2,800여 명이 능지처참의 형벌을 당했다. 중국 역사상 가장 많은 궁녀들이 한 순간에 희생된 대학살이었다.

영락 22년(1424) 영락제가 북정을 끝내고 북경으로 회군하는 중에 유목천(榆木川: 지금의 내몽고자치구 호륜패이 · 呼倫貝爾)에서 향년 65세를 일기로 병사했을 때에도, 30여 명의 궁녀가 순장되는 참극을 당했다. 이때 조선 출신 여비(麗妃) 한씨도 순장되었다. 상국 명나라를 섬긴 조선의 치욕이었다. 한씨의 오빠가 계유정난 때 수양대군을 도와 공신이 된 한확(韓確)이다.

제 **4** 장

홍희제(洪熙帝) 인종(仁宗) 주고치(朱高熾)

홍희제洪熙帝 인종仁宗 주고치朱高熾

1. 인자하고 후덕한 성품을 지닌 태자

주고치는 홍무 11년(1378)에 연왕 주체의 장남으로 태어났다. 모친은 주체의 정실부인 서씨(徐氏)이다. 주고치는 성격이 과묵하고 온화하며 언행이 바르고 독서를 아주 좋아했다. 홍무 28년(1395)에 연왕의 세자로 책봉되었다. 그의 뛰어난 학행과 백성의 고통을 감싸는 마음은 조부 명태조를 기쁘게 했다. 하루는 명태조가 번왕의 세자들에게 황궁을 지키는 호위병들을 각자 검열하게 했다. 다른 세자들은 모두 검열을 마치고 명태조에게 결과를 아뢰었는데도, 주고치의 모습은 보이지 않았다. 그가 한참 뒤에 나타나자 명태조가 물었다.

"너는 어찌 이렇게 늦게 왔느냐?"

"아침 날씨가 너무 추워서 호위병들이 아침 식사를 하고 난 뒤에야 검열을 했기 때문에 이렇게 늦게 왔사옵니다."

"어린아이가 아랫사람을 불쌍히 여길 줄 알다니, 참으로 기특하구나."

영락 18년(1420) 영락제가 북경에 황궁을 건설하고 난 뒤, 다음 해에 천도하기 전에 먼저 태자 주고치를 북경으로 보냈다. 태자 일행이 북상 도중에 산동성 추현(鄒縣)을 지날 때였다. 백성들이 길가에서 바구니를 들고 들풀과 열매를 채취하는 모습을 본 주고치가 잠시 말을 세우고 그들이 무슨 일을 하고 있는지 물었다. 그들이 대답했다.

"흉년이 들어 이것들을 채취하여 먹습니다."

주고치는 측은한 생각이 들어 말에서 내려 마을의 민가로 들어갔다. 마을 사람들은 모두 누더기 옷을 걸쳐 입고 있었으며 집집마다 양식이 떨어져 굶주리고 있었다. 그는 즉시 태감을 불러 사람들에게 보초(寶鈔: 명나라 때 통용된 지폐)를 나눠주게 하고 마을 노인들을 위로했다. 이때 마침 산동 포정사(布政使)가 태자를 영접하러 왔다. 주고치가 그를 꾸짖었다.

"백성의 궁핍함이 이처럼 심각한데도 목민관이라는 자가 아무런 관심도 없구나."

"재난을 입은 지역은 모두 금년 추세(秋稅)를 면제해달라고 상주하였사옵니다."

"백성들이 모두 굶어죽게 생겼는데 무슨 세금 면제를 운운한단 말이냐? 당장 관부의 곡물을 방출하여 백성들을 구휼해라!"

포정사가 사람마다 곡식 3두(斗)를 나눠주겠다고 아뢰었다. 주고치가 이렇게 말했다.

"먼저 한 사람당 6두씩 나눠주어라! 너는 곳간의 곡물을 임의로 나누어 준 죄는 걱정하지 않아도 된다. 내가 폐하를 알현하면 사정을 아뢸 것이다."

주고치는 한 가지 결점이 있었다. 몸이 너무 비대하여 행동이 굼떴다. 때로는 혼자 걷기조차 불편하여 내시들이 양쪽에서 부축해야 했다. 학문에는 조예가 깊었으나 무예는 그다지 좋아하지 않았다. 평생 전장에서 잔뼈가 굵은 영락제는 이런 유약한 아들이 썩 마음에 들지 않았다. 천하를 다스리려면 유비의 어진 덕뿐만 아니라 조조의 술수, 제갈량의 지략, 관우의 용맹 등도 겸비해야 했다. 그렇지만 주고치가 천성이 어질고 학문을 숭상하며 백성을 진정으로 사랑한 까닭에 그에 대한 칭송이 자자했다. 더구나 그는 영락제의 적장자가 아닌가.

부친에게 나약하게만 보였던 주고치가 그의 신임을 받게 된 일이 있었다. 건문 원년(1399) 7월 연왕 주체가 명운을 걸고 '정난지역'을 일으킬 때, 장남 주고치에게 북평성 수비를 맡기고 출정했다. 혜종이 파견한 이경륭의 50만 토벌군이 북평성을 포위하고 연일 맹공을 퍼부었다. 주고치는 성안에서 1만여 명의 병사로 저항했다. 중과부적의 아주 불리한 상황에서도 북평성을 끝까지 사수했다. 결국 이경륭이 지휘한 50만 대군은 연왕 군사의 협공을 당하고 괴멸되었다. 주체는 이 싸움의 승리를 통해 아들 주고치에 대한 우려를 거두었다. 주고치도 자신이 결코 백면서생이 아니라는 점을 증명했다.

혜종은 자신의 숙부 주체가 반란을 일으켜 황궁을 위협하자, 북평의 주고치에게 비밀리에 서찰을 보내 연왕으로 책봉하겠다고 회유했다. 반간계를 써서 아버지와 아들 사이를 이간질하려고 했다. 주고치는 서찰을 뜯어보지도 않고 즉시 부친에게 보냈다. 황제의 명령을 거부하고 부친과 생사를 같이 하겠다는 결연한 의지를 드러낸 것이다.

2. 감국(監國): 부친을 대신하여 나라를 다스리다

명태조 주원장은 인생의 황혼기에 손자 사랑이 지극했다. 당시 명나라에는 진왕(秦王), 진왕(晉王), 연왕(燕王), 주왕(周王) 등 번왕 네 명이 각자 세자를 두고 있었다. 명태조는 세자들을 직접 훈육하는 일을 큰 즐거움으로 삼았다. 세자들 가운데 연왕의 세자 주고치가 명태조의 총애를 가장 많이 받았다. 그가 홍무 28년(1395)에 연왕의 세자로 책봉된 것도, 부친에 의해서가 아니라 조부 명태조의 어명에 따른 결정이었다.

주체는 황제로 등극한 이후에 아들들 가운데 누구를 자신의 후계자로 정할지 고민했다. 그에게는 아들 네 명이 있었다. 정실부인 인효황후 서씨 사이에서 얻은 아들이 장남 주고치(朱高熾), 차남 주고후(朱高煦), 삼남 주고수(朱高燧)였다. 그런데 부친을 가장 많이 닮은 아들이 주고후였다. 그는 부친처럼 호전적인 성격이었으며 용감하고 지략이 뛰어나 전장에서 많은 전공을 세웠다. 심지어 부친이 전투 중에 위기에 처했을 때 그를 구하는 능력을 발휘하기도 했다. 주체는 차남을 특별히 총애했다. 주체가 연왕(燕王)이었을 때 차남에게 이런 말을 한 적이 있었다.

"더욱 분발해라! 세자는 몸이 부실하여 자주 질병에 걸리는구나."

상황에 따라서 차남 주고후를 자신의 후계자로 삼을 수도 있다는 암시였다. 주고후는 형에게 변고가 생기면 자신이 세자가 될 수 있다는 생각에 기고만장했다. 주체가 황위를 찬탈한 뒤 장자를 후계자로 삼자니 그의 심약한 성격이 마음에 걸렸고, 그렇다고 해서 주고후를 삼자니 적장자 계승의 원칙에 위배되는 문제가 있었기 때문에 태자를 쉽사리 결정하지 못했다.

영락제가 측근들에게 의견을 넌지시 물었다. 대다수의 무관들은 주고후가 전공을 많이 세웠으므로 적임자라고 아뢰었다. 주고후가 장수들 사이에서 위세가 높았고 그들과 친밀한 관계를 유지했기 때문에, 무관들이 이구동성으로 그를 지지하고 나섰다.

하지만 내각수보 해진(解縉)은 적장자 계승의 원칙에 따라 주고치를 태자로 옹립해야 한다고 간했다. 더구나 주고치의 아들이자 영락제의 손자 주첨기(朱瞻基)가 어질고 총명하므로, 황통은 반드시 장자가 계승해야 한다고 주장했다. 한림원시독 황회(黃淮)도 "적장자가 황통을 계승하는 것은 만세의 정법이옵니다."고 간했다. 유가의 대의명분을 중시하는 조정 중신들은 모두 주고치를 지지했다. 영락 2년(1404) 영락제는 주고치를 태자로 책봉했다. 그리고 주고후를 한왕(漢王)에 봉하고 운남의 번국으로 가게 했다. 자기가 후계자가 될 걸로 확신했던 주고후는 이렇게 탄식했다.

"내가 무슨 죄를 지었다고 만 리 밖으로 쫓겨가야한단 말인가."

주고후는 운남으로 가지 않고 영락제에게 남경에서 계속 머무를 수 있게 해달라고 간청했다. 남경을 떠나 소수 민족들이 우글거리는 남방의 운

명나라 역대 황제 평전

남으로 가면 황위 계승의 기회가 영원히 사라진다고 생각했다. 무슨 수를 써서라도 황궁에 남아 있어야 했다. 영락제가 정변을 일으킬 때 둘째아들의 적극적인 보좌 덕분에 황위를 찬탈할 수 있었다. 그의 간청을 들어줄 수밖에 없었다.

그 후 주고후는 영락제의 측근에 있으면서 자신의 세력을 확장하고 태자와 그를 보좌하는 중신들을 음해하는 데 주력했다. 자기가 마치 당태종(唐太宗) 이세민(李世民)처럼 아버지를 도와 천하를 안정시켰으므로, 차기 황권은 당연히 자기가 이어야 한다고 생각했다. 영락 13년(1415) 영락제가 그를 산동 청주(靑州)의 번왕으로 다시 책봉하고 영지로 가게 했다. 주고후가 또 가기를 망설이자, 영락제는 그가 태자의 자리를 노리고 있지 않을까 의심하기 시작했다. 주고후는 영락제의 명령에 아랑곳하지 않고 몰래 사병 3,000여 명을 모집하여 훈련시켰다. 또 황제의 전용 수레와 기물들을 감히 참용했다.

북평으로 순행을 나갔다가 영락 14년(1416) 10월에 남경으로 돌아온 영락제는 주고후가 여러 차례 국법을 어긴 사실을 알게 되었다. 그는 즉시 주고후의 관복을 벗기고 그를 서화문(西華門)에 가두고 난 뒤, 서인(庶人)으로 강등시키려고 했다. 뜻밖에도 태자 주고치가 영락제의 면전에서 주고후를 용서해달라고 간청했다. 주고후가 자신을 여러 차례 음해했음에도 불구하고, 친동생을 불쌍히 여기고 두둔했다. 영락제는 태자의 간청을 가상하게 여겼다. 주고후의 사병 조직을 철폐하고 심복을 주살하는 것으로 사건을 끝내고 둘째아들을 용서했다.

주고치가 영락제를 대신하여 국정을 다스릴 때, 조정 중신들은 주고치를 충심으로 보필했다. 주고치도 틈날 때마다 경전을 가까이 하면서 어떻게 하면 백성을 잘 보살피고 천하의 안정을 도모할 수 있는 지 고민했다. 하지만 주고후는 태자와 중신들에 대한 중상모략을 일삼으며 황위 계승을 노렸다. 사실 주고치는 동생이 자신을 해치려한다는 사실을 직감하고 있었지만 대응하지 않았다. 그를 보좌한 중신들이 주고후의 모함에 의해 옥에 갇힌 후에, 어떤 신하가 주고치에게 물었다.

"전하께서는 누가 참언을 늘어놓고 있는지 알고 계시옵니까?"

주고후가 음모를 꾸미고 있으니 그를 조심하라는 충고였다. 주고치의 대답은 이러했다.

"나는 모르오. 단지 신하된 자의 책임만을 알 뿐이오."

자신은 영락제의 신하로서 그를 대신하여 충실히 국정을 돌볼 뿐이지 어떤 음모나 모략에 대해서는 관심 없다는 의미였다. 그는 매사에 신중하고 수신하는 유가의 고상한 선비와 같았다.

영락 15년(1417) 3월 영락제는 주고후를 악안주(樂安州: 지금의 산동성 혜민·惠民)으로 보내 그 지방을 다스리게 했다. 주고후가 계속 황궁에 있으면 또 무슨 문제를 일으키지 않을까 우려하여 산동 지방으로 보낸 것이다. 하지만 주고후는 여전히 불만을 품고 모반을 획책했다. 주고치가 여러 차례 서찰을 보내 경거망동하지 말라고 타일렀으나 그의 야심을 잠재울 수 없었다.

영락제는 재위 기간 중에 주고치에게 영락 6년(1408)부터 영락 22년(1424)까지 무려 6차례나 '감국(監國)'을 명했다. 감국이란 황제가 도성을 비우고 출행했을 때, 태자가 황제를 대신하여 국정을 다스리는 것을 말한다. 영락 12년(1414) 8월 영락제가 친히 북정을 마치고 북경 근교에 이르렀을 때, 주고치는 신하들을 보내 황제의 어가를 성대히 영접하고 그 동안 황제를 대신하여 처리했던 일들을 소상하게 아뢰게 했다. 그런데 신하들이 황제의 처소에 늦게 도착하고 상주문도 법도에 맞지 않는 표현이 있었다. 봉건 시대에는 도저히 있을 수 없는 일이 벌어졌다.

영락제는 중신들이 태자를 잘못 보필했다고 진노했다. 마침 그와 함께 북정을 마치고 돌아온 주고후가 그의 분노를 더욱 부추겼다. 주고후는 이 틈에 형에게 타격을 가할 생각이었다. 영락제는 황회(黃淮), 양사기(楊士奇) 등 중신들을 옥에 가두고 문초했다. 그 뒤 양사기는 사면을 받았지만, 황회는 북경에서 10년 간 옥살이를 하다가 주고치가 황제로 즉위한 직후에 복권되었다.

영락 21년(1423) 조왕부(趙王府) 소속의 총기(總旗) 왕유(王瑜)가 조왕부에서 꾸민 음모를 영락제에게 고발했다. 상산중호위지휘(常山中護衛指揮) 맹현(孟賢)이 우림위지휘(羽林衛指揮) 팽욱(彭旭) 등과 결탁하여 반란을 일으켜 황상과 태자를 시해하고 난 뒤 조왕 주고수를 새 황제로 추대하겠다는 충격적인 밀고였다.

영락제는 즉시 모반에 연루된 자들을 체포하게 하고, 태자 주고치와 조왕 주고수 및 문무백관들을 소환하여 친국했다. 당시 영락제는 몸이 쇠약해져서 국정을 태자에게 맡기고 관여하지 않았다. 태자는 조정의 대소사를 처리하면서 궁궐의 환관과 시위(侍衛)들을 엄격하게 통제했다. 그들은 황제와 황족 그리고 권신들을 모시면서 언제든지 권력을 남용할 소지가 있었기 때문이다. 환관 황엄(黃儼)이 태자에게 불만을 품고 틈나는 대로 태자를 모함했다. 그는 또 평소에 조왕 주고수와 은밀히 내통했다. 천문과 역법을 관장하는 관리 왕사성(王射成)은 맹현과 친밀한 관계였다. 하루는 그가 맹현에게 이렇게 말했다.

"천문을 자세히 관찰해보니 반드시 군주가 바뀌는 변고가 생길 것이오."

왕사성도 천체 현상의 변화를 빙자하여 반란의 무리를 사주했다. 흥주 후둔위노군(興州後屯衛老軍) 고정(高正), 통주우위진무(通州右衛鎭撫) 진개(陳凱) 등이 역모를 꾸몄다. 영락제에게 독약을 영약으로 속여 진상하고 영락제가 죽으면 자연사로 위장하고 난 뒤, 황궁을 장악하고 가짜 조서를 만들어 태자를 폐위하고 주고수를 황제로 추대하겠다는 음모였다. 고정은 위조한 조서를 환관 양경(楊慶)의 양자에게 건네주었다. 모반이 성공하면 양경에게 영락제의 조서를 반포하라고 했다. 고정은 자신의 생질 왕유에게 모반에 가담하여 부귀영화를 누리자고 유혹했다. 하지만 왕유는 그의 유혹에 넘어가지 않고 오히려 영락제에게 밀고한 것이다. 가짜 조서를 읽어 본 영락제는 진노했다. 즉시 양경의 양자를 잡아들여 주살했다. 영락제는 주고수를 친국했다.

"네가 모반을 꾀했느냐?"

주고수가 아무 대답도 하지 못하고 몸은 사시나무 떨 듯 했다. 그때 태자 주고치가 나서서 아뢰었다.

"주고수는 이 역모에 가담했을 리가 없사옵니다. 아랫사람들이 한 짓이옵니다."

태자의 간곡한 변호에 주고수는 목숨을 건질 수 있었다. 역모에 가담한 자들은 모두 극형에 처해졌다. 이처럼 주고치가 자신에게 위해를 가하려고 한 동생들에게 관용을 베푼 것은 물론 그의 천성이 선량했기 때문이었

명나라 역대 황제 평전

지만, 또 다른 면에서는 어렸을 적부터 조부와 부친이 끊임없이 저지른 살육을 보고 환멸을 느낀 것도 큰 이유였다. 적어도 그는 골육상쟁의 비극은 피하고 싶었던 것이다.

3. 황위 계승과 사망 원인

영락 22년(1424) 영락제가 북정(北征)을 끝내고 북경으로 회군하는 중에 유목천(楡木川)에서 붕어했다. 영국공(英國公) 장보(張輔), 내각수보 양영(楊榮) 등 조정 중신들은 한왕 주고후와 조왕 주고수가 반란을 일으킬까 두려워했다. 두 번왕은 평소에 부친이 주고치를 태자로 책봉하여 후계자로 삼은 것에 불만을 품고 있었다. 그들은 주고치를 여러 차례 음해했지만 친동생들과의 피비린내 나는 싸움을 원치 않았던 주고치가 영락제에게 오히려 그들을 두둔하여서 그들의 죄가 유야무야 처리되었다.

하지만 이제 천하를 호령한 영락제가 붕어했다는 소문이 퍼지면, 그들이 반란을 일으키지 않을 것이라고 장담할 수 없었다. 장보와 양영은 일단 황제의 죽음을 비밀에 부치기로 했다. 그들은 비밀리에 시신을 거대한 관에 안치하고 평소처럼 수라를 진상하고 어명을 받드는 척했다.

권력의 공백기를 메우려면 하루 빨리 태자 주고치를 새 황제로 추대해야 했다. 장보는 양영과 태감 해수(海壽)를 급히 황궁으로 보내 주고치에게 황제의 붕어를 알렸다. 해수는 조선 태조 이성계가 홍무 연간에 명태조에게 바친 조선 출신 환관이었다. 당시 그는 영락제의 그림자나 다름없는 인물이었으며 황궁의 내부 사정을 누구보다 잘 알고 있었으므로 황권의 교체기에 결정적인 역할을 수행했다.

주고치는 태손 주첨기(朱瞻基)를 북경 근교 거용관으로 보내 영락제의 시신을 맞이하게 했다. 다른 한편으로는 건의(蹇義), 양사기(楊士奇), 양영(楊榮) 등 중신들과 함께 황위 계승을 위한 절차를 상의했다. 중신들은 평소에 태자의 황위 계승을 강력하게 지지했다. 영락제의 적장자이며 더구나 성군의 자질을 갖추고 있는 태자야말로 태평성대를 열 수 있는 황제로 보았다. 그들은 서둘러 황궁의 치안을 강화하고 태감의 우두머리 왕귀통(王貴通)을 남경으로 보내 지키게 했다. 남경은 북경과 비견되는 남방의 수도였다. 행여 그곳에서 반란이 일어나지 않을까 우려했기 때문이다.

영락 22년(1424) 9월 주고치는 마침내 황제로 등극했다. 황제로 등극하자마자 전국에 대사령을 반포하고 다음 해부터 연호를 홍희(洪熙)로 정했다. 주고치가 곧 인종(仁宗)이다. 인종은 영락제의 제3차 몽골 원정에 반대하다가 옥에 갇힌 예부상서 하원길(夏元吉)을 석방했다. 더 이상 백성을 고통스럽게 하는 북정을 단행하지 않겠다는 의지의 표현이었다.

한편 인종이 북경에서 황제로 등극했을 때, 주고후의 아들 주첨기(朱瞻坺)는 황궁에 머무르면서 조정의 상황을 염탐했다. 주고후도 심복을 북경으로 몰래 보내 반란의 기회를 엿보고 있었다. 인종은 반란의 기미를 알아차리고 주고후를 황궁으로 불러들였다. 주고후를 문책하지 않고 오히려 봉록을 늘려주고 금은보화를 하사하고 난 뒤, 악안주로 돌아가게 했다. 또 주고후의 장자를 세자로 책봉하고 다른 아들들도 군왕(郡王)으로 책봉했다. 형제간에 살육이 벌어지는 일을 원치 않았던 까닭에 친동생을 대역죄로 죽일 수 있었음에도 불구하고 끝까지 시혜를 베풀었다.

인종은 영락제의 정벌을 통한 대외 확장 정책을 좋아하지 않았다. 영락제는 전장에서 한 평생을 보냈다고 해도 과언이 아닐 정도로 수많은 전쟁을 치른 황제였다. 그가 무력으로 주변국들을 복속시키고 정화의 대선단을 서양에 파견하여 명나라의 위세를 떨쳤지만, 그에 따른 백성들의 고통은 가중될 수밖에 없었다.

인종은 백성들이 가혹한 부역에 시달리는 것을 원치 않았다. 그래서 예정된 정화의 서양 원정도 이 시기에 취소되었다. 그는 여러모로 부친과는 다른 정책을 폈다. 가혹한 형벌을 폐지하고 정벌을 중지하여서 백성들의 삶을 편안하게 했다. 또 영락제에게 억울하게 죽임을 당한 조정 중신들의 누명을 벗겨주고 쫓겨난 사대부들을 다시 조정으로 불러들였다. 혜종 때 영락제에게 끝까지 저항하다가 중국 역사상 전무후무한 십족(十族)이 주살 당한 방효유(方孝孺)의 원한도 인종이 풀어주었다.

인종이 선정을 펼 수 있었던 데에는 어진 신하들의 적극적인 보좌가 있었다. 홍무, 건문, 영락, 홍희, 선덕 등 무려 5개조(朝)에 이르는 기간에, 34년 동안 이부상서를 역임한 건의(蹇義)와 29년 동안 호부상서를 역임한 하원길(夏原吉)은 인종을 도와 국정을 쇄신하고 민생을 안정시키는 데 크게 기여했다.

또 양사기(楊士奇), 양영(楊榮), 양부(楊溥) 등 이른바 '삼양(三楊)'도 조정 중신으로서 인종이 치세의 도를 실현할 수 있도록 견마지로의 공을 아끼지 않았다. 양사기는 인종에게 바른 말을 하기로 유명했다. 이는 인종이 지존으로서 절대 권력을 가지고 있었지만 신하의 충언을 기꺼이 받아들이는 도량이 있었기 때문에 가능했다. 인종은 양사기에게 이런 말을 한 적이 있었다.

"군주는 신하의 직언을 받아들여서 현명해지고, 신하는 군주에게 직언을 할 수 있어서 충성하는 법이오. …… 앞으로 짐에게 무슨 과오가 있으면 언제든지 주저하지 말고 바른 말을 해주시오. 짐이 듣지 않을까 걱정할 필요는 없소."

황제의 이런 열린 마음이 있었으므로 신하들의 언로가 통했다. 인종이 태자로서 부친 영락제를 대신하여 나라를 다스릴 때, 어사 서중성(舒仲成)이 그의 노여움을 산 적이 있었다. 인종은 즉위 직후에 그를 처벌하려고 했다. 양사기가 간했다.

"폐하께서 즉위 후 이전에 황상의 뜻을 거역한 자들을 사면하는 조서를 반포했사옵니다. 지금 서중성의 죄를 물으신다면, 이는 신의를 저버리는 행위이며 신하들이 크게 두려워할 것이옵니다. 폐하께서는 어찌하여 한(漢)나라 때 경제(景帝)가 위관(衛綰)을 우대한 일을 본받으려하지 않사옵니까?"

한경제(漢景帝) 유계(劉啓 · BC188~141)가 태자였을 때, 중랑장(中郎將) 위관이 유계에게 불경죄를 저지른 일이 있었다. 유계는 황제가 된 후 오히려 그의 충직함을 높이 평가하고 승상에 임명했다. 유계가 사적인 감정에 얽매이지 않고 충신을 중용하여 태평성대를 이룬 역사적 사실을, 양사기가 인종에게 환기시킨 것이다. 인종은 즉시 생각을 바꾸었다.

또 대리시(大理寺)의 소경(少卿), 익겸(弋謙)이라는 자가 있었다. 그가 올린 글이 아주 자극적이고 불손했다. 황제의 비위를 맞추기에 급급한 신하들은 이구동성으로 익겸이 명예를 편취하고자 그렇게 오만방자한 글을 상주했다고 비난했다. 인종도 불쾌한 기색이 역력했다. 양사기가 또 간했다.

"익겸은 폐하의 조서에 응하여 자신의 의견을 피력했사옵니다. 만약 그를 처벌하신다면 앞으로 누가 감히 바른 말을 하겠습니까? 이는 어찌 신하들로 하여금 혀를 묶고 말을 못하게 하는 일이 아니겠사옵니까?"

이에 인종은 익겸을 부도어사(副都御使)로 승진시키고 그에게 말했다.

"경은 평소에 청빈하고 정직하며 짐을 위해 열심히 일하고 있음을 잘 알고 있으니 의구심을 품지 마오."

그리고 황제로서 과오가 있었음을 솔직하게 시인하는 조서를 내리기도 했다. 또 아첨을 잘하는 어떤 신하가 지금이 태평성대라는 글을 올렸다. 인종은 신하들에게 그것을 두루 읽어보게 했다. 신하들은 모두 칭송의 글이 옳다고 말하는데 오직 양사기만이 그렇지 않다고 말했다.

"폐하의 은택이 천하를 덮었으나 전란에 쫓겨 유랑하는 백성들이 아직 고향으로 돌아가지 못하고, 전쟁이 남긴 상처도 치유되지 않았으며 백성들은 여전히 배불리 먹지 못하고 있사옵니다. 앞으로도 몇 년간 더 민생을 안정시키고 산업을 일으켜야 비로소 태평성대의 시기가 올 수 있사옵니다."

인종은 양사기의 의견에 전적으로 동의하고 중신들에게 말했다.

"짐이 경들을 지극한 정성으로 대우한 까닭은 경들이 짐의 잘못을 고치고 바르게 보좌하기를 바라는 마음에서였소. 양사기는 짐에게 다섯 차례나 상소문을 올렸는데도, 경들은 모두 일언반구의 간언도 없소. 과연 조정에 아무런 문제가 없어서 천하가 태평하다고 할 수 있겠소?"

중신들은 부끄러워 얼굴을 들지 못하고 인종에게 사과했다. 인종은 당태종처럼 성군이 되고 싶었다. 당태종에게는 위징(魏徵)이라는 꼬장꼬장한 신하가 있었다. 위징이 등장하면 천하의 당태종도 긴장했다. 그는 당태종이 부당한 일을 벌이면 사사건건 물고 늘어졌다. 이런 위징이 있었기에 당태종은 중국 역사에서 성군으로 추앙받고 있다. 인종도 위징 같이 바른 말을 하는 충신을 간절히 원했던 것 같다.

인종은 명나라의 도성이 북경인 것도 마음에 들지 않았다. 영락제가 북방의 몽골을 효과적으로 제압하기 위해 황궁을 남경에서 북경으로 천도했지만, 인종의 시각으로는 남방의 풍부한 물자를 북경으로 운반하여 전쟁 비용으로 충당하는 일이 국력을 소모한다고 보았다. 더구나 인종은 풍광이 아름답고 풍요로운 남경에서 태어나 성장했으므로 춥고 황량한 북경을 좋아하지 않았다. 홍희 원년(1425) 4월 그는 북경에 행재소를 남겨두고 남경으로 천도하기로 결정했다. 천도에 앞서 태자 주첨기를 남경으로 보내 사전 작업을 하게 했다.

같은 해 5월 인종이 재위 10개월도 못되어 향년 48세의 나이에 붕어했다. 그는 평소에 몸이 비대하고 질병에 시달렸다고 한다. 하지만 그가 발병한 지 이틀 만에 갑자기 황궁의 흠안전(欽安殿)에서 급서한 것에 대하여, 『명사』에서 어떤 언급도 없었기 때문에 오늘날까지도 여러 의혹들이 남아 있다.

인종이 여색을 지나치게 밝혀 기력이 쇠하여 급서했다는 얘기가 있다. 당시 황제가 어진 정치를 베풀어 백성들의 호응을 받았으나 여색을 탐한다는 소문이 널리 퍼져 있었다. 선황제의 상례(喪禮) 기간이 아직 끝나지 않고 황후도 정식으로 책봉하지 않은 상황에서, 후궁을 맞아들이는 일은 법도에 크게 어긋난다고 한림시독 이시면(李時勉)이 간했다. 충신을 알아보고 중용했던 인종도 자신의 방사(房事)를 간섭하는 이시면이 얼마나 미웠으면 당장 그를 감옥에 가두었으며, 임종 직전에도 "이시면이 조정에서 짐을 능멸했다."고 분통을 터트릴 정도였다.

또 『명사·나여경전(羅汝敬傳)』의 내용에 의하면 인종의 사망 원인은 '음증(陰症)'을 치료하기 위해 상복한 단약의 부작용이었다고 한다. 그는 성행위를 과도하게 즐기고 최음제를 상복하여 급서한 게 아닌가 한다.

인종의 사망 원인이 무엇이든, 만약 그가 몇 년 더 살았더라면 명나라의 수도는 남경으로 천도되었을 것이다. 이는 당시 동북아시아의 정세에 엄청난 영향을 주었을지도 모른다. 한족이 세운 명나라의 세력이 북방에서 장강 이남으로 후퇴하는 결과를 낳았을 것이다. 오늘날 한족의 입장에서 볼 때 인종의 급서는 참으로 다행스러운 일이지만, 한국인의 관점에서는 애석하기 그지없는 일이다.

어쨌든 인종은 천성이 인자하고 백성을 사랑하며 유가의 이상 정치를 꿈꾸었던 황제였다. 그의 이상은 실현되지 못했지만 사후에 '인선지치(仁宣之治)'의 태평 시대를 여는 초석을 쌓았다.

제5장

선덕제宣德帝 선종宣宗 주첨기朱瞻基

1. 문무를 겸비한 태자

주첨기는 홍무 31년(1398)에 주고치의 장남으로 태어났다. 그가 태어나기 전날 밤에 그의 조부 연왕 주체가 꿈을 꾸었다. 명태조가 꿈속에서 나타나 연왕에게 대규(大圭)를 수여하면서 "자손만대에 물려주어 영원히 번성하게 하라."고 말했다. 주첨기가 태어난 지 한 달이 지난 후, 연왕이 자신을 쏙 빼닮은 아기를 보고 "아기의 얼굴에 영특한 기운이 넘치는 걸보니 내 꿈과 일치하는구나."라고 말하며 크게 기뻐했다. '대규'는 고대에 황제가 손에 쥐던 옥으로 만든 홀(笏)인데 황권의 상징물이다. 훗날 연왕이 '가정지역'을 일으켜 황권을 찬탈하게 된 동기 가운데 하나가 명태조가 대규를 자신에게 물려주고 자손만대에 전하라고 한 이 꿈과 관련이 있다고 한다.

물론 이 꿈 이야기는 영락제의 정통성을 확보하기 위하여 지어낸 얘기일 것이다. 어쨌든 영락제의 손자 사랑은 지극했다. 당대의 저명한 문신, 대학자들을 친히 선발하여 손자의 스승으로 삼았다. 순행이나 친정을 나갈 때는 언제나 손자를 곁에 두고 백성의 고단한 삶을 체험하게 했으며, 전법을 배우고 무예를 익히게 했다. 그가 태자 주고치에게 "내 손자가 훗날 태평성대를 이룰 천자가 될 것이다."고 자주 말한 것으로 보아, 주첨기에 대한 기대가 아주 높았음을 알 수 있다. 훗날 손자가 문무를 겸비한 황제가 되어 태평성세를 열어 줄 것을 강렬하게 바란 것이다.

주첨기는 조부의 강인하고 용감한 성격과 부친의 인자하고 학문을 좋아하는 성격을 모두 닮았던 까닭에 영락제가 더욱 그를 총애했다. 주첨기의 부친 주고치가 영락 9년(1411)에 태자로 책봉되었다. 주첨기도 자연스럽게 태손이 되었다. 당시 영락제에게는 한 가지 근심거리가 있었다. 태자가 성군의 자질을 타고났으나 문약하고 건강하지 못했다. 그래서 둘째아들 주고후를 후계자로 염두에 두기도 했다. 하지만 주고후를 후계자로 삼으면 적장자 계승의 원칙에 위배되어 자신의 사후에 반란이 일어나지 않을까 크게 우려했기 때문에 포기했다.

다행히도 태손 주첨기가 문무를 겸비하고 성격이 강건하여 명나라 천하를 다스릴 황제로서 부족함이 없었다. 태자가 황위를 계승한 뒤 유고가 생긴다고 해도, 황위를 계승할 태손이 있으므로 안심할 수 있었다. 영락제는 언제나 태손을 곁에 두고 제왕의 도를 친히 전수했다.

2. 숙부 주고후(朱高煦)의 반란을 평정하다

홍희 원년(1425) 5월 인종이 재위 10개월도 못되어 향년 48세의 나이에 붕어했다. 당시 남경에 머물고 있었던 태자 주첨기가 부친이 위독하다는 서찰을 받고 황급히 북경으로 떠났다. 한왕 주고후는 조카 주첨기가 황궁으로 오고 있다는 첩보를 입수하고 병사들을 길에 매복시켜 그를 죽이려고 했으나 미수에 그쳤다.

주첨기는 같은 해 7월에 즉위하고 다음 해부터 연호를 선덕(宣德)으로 정했다. 그가 곧 선종(宣宗)이다. 선종도 부친이 그랬던 것처럼 숙부 주고후를 회유했다. 그에게는 다른 번왕들보다 더 많은 은사(恩賜)를 베풀었다. 주고후가 국정에 개입하면 그의 뜻대로 집행했다. 주고후는 조카를 우습게 여기고 더욱 교만했다.

선덕 원년(1426) 8월 주고후가 산동 지방에서 반란을 일으켰다. 영락제가 그랬던 것처럼 어린 황제를 능멸하는 '간신'들을 모조리 죽이고 조정을 바로 세운다는 명분을 내걸었다. 조부 주체의 '정난지역'을 흉내 낸 것이다. 선종은 숙부의 반란군을 진압하기보다는 환관 후태(侯太)를 보내 다시 숙부를 달래고자 했다. 주고후는 주위에 중무장한 병사들을 배치하고 황제처럼 남쪽을 바라보고 앉아서 후태에게 소리쳤다.

"영락 연간에 황제가 참언을 믿고 내 호위군을 없애고 나를 낙안주(樂安州: 지금의 산동성 혜민현·惠民縣)로 귀양 보냈다. 인종도 단지 황금과 비단으로 나를 유혹했지만, 내가 어찌 이곳에서 울적하게 살 수 있겠느냐? 너는 돌아가서 황상에게 아뢰어라! 하원길(夏原吉) 등 간신들을 모조리 포박하여 나에게 보내면, 내가 원하는 바를 황상과 의논하겠다고 해라."

주고후의 위세에 놀란 후태는 머리를 조아리며 아무 말도 하지 못하고 물러났다. 선종이 황궁으로 돌아온 후태에게 주고후가 무슨 말을 했는지 물었다. 후태가 우물쭈물한 태도를 보이며 자세히 말하지 않았다. 선종이 "후태가 이심을 품었구나."라고 말하며 그를 금의위에 넘겨 심문하게 했다. 얼마 후 반란의 전모를 알게 된 선종은 양무후(陽武侯) 설록(薛祿)에게 토벌을 명했다. 그런데 대학사 양영(楊榮)이 선종에게 친정을 간했다. 선종은 양영의 진언이 옳다고 생각했다. 하지만 장보(張輔)가 아뢰었다.

"주고후는 본래 겁이 많은 인물이옵니다. 신에게 병사 2만 명을 주시면 그를 사로잡아 폐하께 바치겠사옵니다."

"경이 도적을 충분히 생포할 수 있을 것이오. 다만 짐이 즉위한 지 얼마 되지 않았기 때문에 두 마음을 품고 있는 소인들이 있을 것이오. 짐이 친히 정벌하지 않으면 반란을 평정할 수 없을 것이오."

주고후는 처음에 설록이 군사를 거느리고 올 것이라는 첩보를 듣고 팔소매를 걷어 올리며 크게 기뻐했다. 설록은 대적하기 쉬운 적장이라고 생각했다. 하지만 얼마 후 황제가 친히 정벌하러 온다는 얘기를 듣고는 두려워하기 시작했다. 선종은 친정에 앞서 주고후에게 서찰을 보냈다.

"지금 천자가 친히 통솔하는 육군(六軍)이 낙안부(樂安府)의 근교에 당도하였도다. 한왕은 즉시 반란의 음모를 꾸민 자들을 짐에게 보내라! 어명을 따르면 짐은 한왕의 과오를 너그러이 용서하고 예전처럼 은혜를 베풀어주겠노라. 어명을 거역하면 한왕은 생포될 것이로다. 어떤 이가 한왕을 진귀한 물건으로 여기고 포박하여 짐에게 바친다면, 그때는 후회에도 소용이 없을 것이로다."

선종은 숙부 주고후와 일전을 원하지 않았다. 가급적이면 주고후의 가신들에게 반란의 책임을 묻고 숙부를 살려주려고 했다. 하지만 주고후는 성문을 굳게 잠그고 저항 의지를 밝혔다. 천자의 군사가 성을 겹겹이 포위하고 사방에서 신기전과 총통으로 맹렬하게 공격했다. 성안은 순식간에 아수라장으로 변했다. 선종은 다시 투항을 권했지만, 주고후는 여전히 말을 듣지 않았다.

성안의 백성들은 주고후를 생포하여 선종에게 바치는 길만이 살길이라고 생각했다. 민심 이반에 경악한 주고후는 몰래 선종의 행영(行營)으로 측근을 보내 투항 의사를 밝혔다. 오늘 밤은 처자식과 영원히 이별하고, 내일 성 밖으로 나가 벌을 달게 받겠다고 했다. 선종은 흔쾌히 윤허하고 군사를 성 남쪽으로 물렸다.

다음 날 아침 주고후가 성을 나가려고 하자, 왕빈(王斌) 등 측근들이 "차라리 한 번 싸워서 죽는 게 낫지, 생포될 수는 없사옵니다."라고 말하며 그를 저지했다. 주고후는 그들의 간청을 들어주는 척하며 한왕부로 돌아가던 길에 몰래 성을 빠져나와 항복했다. 신하들은 법에 따라 주고후를 처벌해야 한다는 상소를 빗발치듯 올렸다. 하지만 선종은 윤허하지 않고 상소문들을 주고후에게 보여주었다. 주고후가 머리를 조아리고 말했다.

"신의 죄는 만 번 죽어도 씻을 수 없사옵니다. 다만 폐하의 하명만을
기다릴 뿐이옵니다."

구차한 목숨을 구걸하기 위해 조카의 처분만 바란 것이다. 선종은 또 관용을 베풀었다. 반란에 연루된 자들을 모조리 생포하고 성안에서 저항한 병사들은 사면했으며, 아울러 설록과 병부상서 장본(張本)에게 낙안주의 백성들을 진무하게 했다.

자고로 반란이 일어난 지역은 지명을 바꾸는 관례가 있었다. 낙안주는 무정주(武定州)로 바뀌었다. 선종은 숙부의 반란을 진압하고 북경으로 돌아갔다. 조부 영락제와는 다르게 반란이 일어난 지역의 백성들을 오히려 어루만지고, 대역죄인 숙부를 살려주었다. 명태조와 영락제가 천하의 패권을 장악하면서 수많은 사람들을 도륙한 참상을 두 번 다시 겪고 싶지 않았으므로, 선종이 이런 파격적인 용서를 한 게 아닌가 한다.

선종은 주고후 부자를 폐서인하고 황궁의 서안문(西安門)에 작은 건물을 지어 그 안에 구금했다. 왕빈 등 반란의 주모자들은 모두 죽이고, 연루된 자들은 변방으로 귀양을 보냈다. 선종은 또 『동정기(東征記)』를 친히 편찬하여 신하들에게 읽게 했다. 반란의 결과가 얼마나 비참한 결과를 초래하는지 귀감으로 삼으라는 의도였다.

하루는 선종이 숙부가 감옥에서 어떻게 지내는 지 궁금했다. 측근들의 만류에도 불구하고 직접 찾아갔다. 천자가 찾아왔는데도 주고후는 나오지 않았다. 선종이 주변을 기웃거리자 주고후가 고의로 발을 내밀어 선종을 넘어뜨렸다. 선종의 분노가 폭발했다. 무게가 300근 나가는 청동항아리로 그를 짓누르게 했다. 뜻밖에도 주고후가 그것을 번쩍 들어올렸다. 힘이 장사였던 것이다. 이번에는 청동항아리 안에 그를 집어넣고 주변에 숯을 산처럼 쌓아놓고 불을 질렀다. 그의 시신은 쇳물에 용해되어 흔적도 남기지 않고 사라졌다. 그의 아들들도 모두 살해당했다.

주고후는 참으로 어리석은 인물이다. 대역죄를 몇 번 저지르고도 혈육의 정 덕분에 살아남았으면 죽을 때까지 자숙해야만 했다. 하지만 그의 어리석음과 허황된 욕심이 결국 그를 패가망신하게 한 것이다.

3. 선종(宣宗)의 치적

　　선종은 백성의 고단한 삶을 이해하고 그들을 위해 어떤 정치를 펴야하는 지 잘 알고 있었던 황제였다. 선덕 3년(1428) 금의지휘(錦衣指揮) 종법보(鍾法保)가 광동성 동완(東莞)에서 나는 진주를 대량으로 채취하면 황실 재정에 큰 도움이 될 거라고 아뢰었다. 뜻밖에도 선종은 그것은 백성을 괴롭혀 이익을 취하는 일이라고 말하고 종법보를 옥에 가두었다. 금의지휘라면 오늘날 '대통령 경호실장'에 해당하는 막중한 직책이다. 예나 지금이나 최고 권력자가 가장 신임하는 자만이 맡을 수 있는 자리이다. 종법보가 백성을 괴롭히고 이권에 개입할 소지가 있다고 판단했기 때문에 최측근마저도 단호히 내쳤다. 선덕 4년(1429) 공부상서 오중(吳中)이 선종에게 아뢰었다.

　　"산서성 원과사(圓果寺)는 국가에서 복을 축원하는 사찰이옵니다. 지금 오래된 탑이 많이 훼손되었사옵니다. 노역을 동원하여 탑을 중수하기를 바라옵니다."

　　"경은 탑을 중수하는 일을 빙자하여 복을 바라고자 하는가? 짐은 백성을 편안하게 하는 일을 복으로 삼고 있소."

　　산서성 대현(代縣)에 소재한 원과사는 수(隋)나라 인수(仁壽) 원년(601)에 축조한 유서 깊은 사찰이다. 특히 인도의 아소카왕이 보낸 부처님 진신사리를 모시고 있는 사리탑이 아주 유명하다. 오중은 원과사를 중수하여 명왕조의 안녕을 바라는 의미에서 선종에게 건의했을 것이다. 하지만 선종은 원과사의 중수보다는 백성들이 노역에 시달리지 않고 편안하게 살 수 있기를 더 바랐다.

선덕 5년(1430) 선종이 황릉을 참배하고 황궁으로 돌아가면서 북경 근교의 창평현(昌平縣)을 지나가는 도중에, 농민들이 밭을 가는 모습을 보았다. 어가에서 내려 농민들에게 농사에 대해서 묻고 친히 쟁기를 세 번 끌고 난 뒤, 시종들을 돌아보며 말했다.

> "짐은 단지 쟁기를 세 번 끌었을 뿐인데도 아주 피곤하구려. 나의 백성
> 들은 농사를 짓느라 일 년 내내 고생을 하고 있는데 더 말할 필요가 있겠
> 소? 그래서 농부보다 더 고생하는 사람은 없다고 사람들이 말하는 것이
> 오."

선종은 농민들에게 돈을 나누어주며 위로했다. 또 친히 「직부사(織婦詞)」를 지어 조정 대신들에게 하사하였고 화공에게 베를 짜는 부녀자들의 모습을 그려 궁중에 걸어놓게 했다. 베를 짜는 부녀자들이 얼마나 고생하는지, 고관대작이나 궁궐에서 호의호식하는 비빈들이 알게 하기 위해서였다. 그는 고대 황제들의 통치에서 역사적 교훈을 얻고자 했다.

> "한무제(漢武帝)는 대역사를 벌이고 공을 세우는 일을 좋아하여 국력을
> 낭비했지만, 인생 말년에 이르러서는 지난날의 과오를 고칠 수 있었다.
> 당현종(唐玄宗)은 처음에 나라를 다스릴 때 정관(貞觀)의 풍속이 있었지만,
> 세월이 흐르자 방탕한 생활에 젖어 급기야 안사(安史)의 난을 초래했다.
> 이는 한무제가 당현종보다 나은 점이라고 할 수 있다."

> "한무제는 문제(文帝)와 경제(景帝)의 나머지를 계승하였고, 수양제(隋煬
> 帝)는 수문제(隋文帝)의 뒤를 이었다. 당현종 때 개원(開元)의 성세는 급기야

안사의 난을 불러왔다. 이러한 역사적 사실들은 어찌 모두 풍요로움에만 의지하고 경계할 줄 몰랐던 것이 아니겠는가? 한무제는 말년에 지난날의 과오를 고칠 수 있었지만, 수양제는 그렇게 하지 않아 나라를 망쳤고 당현종은 결국 파천하는 신세가 되고 말았다. 이러한 일들은 모두 후대의 사람들이 귀감으로 삼기에 충분하다."

선종이 역사를 통해 얻은 결론은 이러했다.

"국가의 융성은 산업을 일으키고 백성을 늘리는 데 근본이 있다. 이와 반면에 국가의 쇠퇴는 대규모 토목 공사와 전쟁을 일으키는 데 원인이 있다."

백성의 고통을 진정으로 이해하는 황제는 먼저 자신이 근검절약하는 생활을 해야 한다. 절대 권력을 가진 황제라고 해서 사치와 향락을 즐긴다면 백성들은 그를 외면할 것이다. 선종은 말로만 애민 사상을 주창한 게 아니었다. 백성들에게 많은 세금을 징수하여 국고를 채우고 제왕의 향락을 충족시키는 것을 반대했다.

"임금이 겸손하고 검소한 생활을 하면, 호구는 날로 늘어나고 재화는 자연히 충족될 것이오."

선종이 즉위했을 때 공부상서 오중이 궁궐에서 임금이 쓸 물건이 부족하므로 백성들에게 재물을 징수해야 한다고 아뢰었다. 선종이 말했다.

"한문제(漢文帝)의 용포와 휘장에는 무늬가 없었소. 그가 검소한 생활을

하고 백성을 사랑한 황제라고 역사는 칭하고 있소. 짐도 몸소 근검절약
을 하면서 백성들을 거느리고 싶소."

선종은 황실의 창고인 내탕(內帑)의 재화를 낭비하지 않았으며 꼭 필요
한 토목공사도 가능한 한 규모를 줄었다. 일례로 부친 인종의 헌릉(獻陵)을
축조할 때, 인종의 유언에 따라 거대하고 호화롭게 짓지 않았다. 공사를
시작한 지 3개월 만에 완성된 헌릉은 규모와 호화로움에서 영락제의 장
릉(長陵)에 크게 미치지 못했지만, 훗날 역대 황제의 능을 축조할 때 표본
이 되었다.

황실의 종친도 예외가 아니었다. 선덕 3년(1428) 영왕(寧王) 주권(朱權)이
남창성(南昌城) 근교 관성(灌城)의 토지를 하사해달라고 요청했다. 주권은
명태조 주원장의 17번째 아들이 아닌가? 선종의 조부 영락제의 동생이므
로 선종에게는 할아버지뻘이 되는 종친의 원로였다. 선종의 대답은 이러
했다.

"경은 친왕으로서 백성에게 거두어들인 조세로 생활하고 있소. 지금
경이 받는 녹봉은 충분하오. 백성들은 한 고을의 토지에 전적으로 의지
하여 먹고 살고 있으므로 그들의 토지를 빼앗아 치부를 하는 것은 안 되
오."

주권은 황제의 숙조부로서 체면 불구하고 선종에게 백배사죄하고 더욱
근신했다. 선종은 선대 때부터 조정 중신이었던 건하(蹇夏: 건의蹇義·하원길夏
原吉)와 삼양(三楊: 양사기楊士奇·양영楊榮·양부楊溥)을 중용하여 민생을 돌보고 정
국의 안정을 도모했다. 이른바 '건하'와 '삼양'은 오랜 정치적 경륜을 발휘
하여 선종이 선정을 베푸는 데 큰 공적을 세웠다.

선종은 선친 인종처럼 어진 신하들을 가까이 하였으며, 언제라도 그들과 의논할 일이 있으면 친히 그들의 집으로 찾아가기도 했다. 선덕 6년 (1431) 7월 어느 날 늦은 밤에, 미복을 입고 시종 몇 명만을 대동한 채 양사기의 저택을 불시에 찾아갔다. 잠결에 깜짝 놀란 양사기가 황제를 영접하며 말했다.

"폐하께서는 종묘사직을 지켜야 할 지극히 중요한 옥체인데도, 어찌하여 이렇게 가벼이 행사하시었사옵니까?"

명나라 천하를 보위해야 할 천자가 삼엄한 호위도 받지 않고 밤늦게 불쑥 찾아온 선종의 안전을 우려해서 한 말이었다.

"짐은 경과 얘기하고 싶어서 찾아온 것일 뿐이오."

황제가 신하에게 하고 싶은 말이 있으면 늦은 밤이라도 황궁으로 불러들이면 그만이다. 하지만 선종은 노신 양사기를 불편하게 하고 싶지 않았기 때문에 몸소 왕림했다. 훗날 명나라 문인 초횡(焦竑)은 『옥당총어(玉堂叢語)』에서 이 임금과 신하 간의 미담을 이렇게 묘사했다.

"선덕 연간에 선종이 어가를 타고 양사기의 저택으로 행차했다. 그때가 이경(二更: 밤 아홉 시부터 열한 시까지의 사이) 무렵이었다. 양사기가 잠결에 깜짝 놀라 황급히 조복을 입고 선종을 영접할 준비를 했다. 시종들이 집 주변을 차단하고 있는 모습만 보이고 은은한 향기가 사방에 퍼지고 있었다. 양사기는 황상께서 어디에 계신지 모르고 단지 북쪽을 향해 절을 하는 수밖에 없었다. 황상께서는 난간에 기대어 달을 보고 있으면서 웃으며 '어이 사기, 짐은 여기에 있다네.'라고 말했다."

황제가 신하의 이름을 부르며 친구와 같은 친근감을 나타낸 것이다. 선종은 탐관오리에 대해서는 엄격하게 처벌했다. 어사 심윤(沈潤)이 뇌물을 받은 사실이 드러나자 선종이 말했다.

"어사는 본래 조정의 눈과 귀이오. 그런데도 심윤이 막대한 뇌물을 받았으니, 이는 조정의 눈과 귀를 가린 것이오."

심윤은 삭탈관직을 당하고 요동(遼東)으로 귀양 갔다. 도찰원좌도어사 유관(劉觀)은 뇌물수뢰죄로 하옥되었다. 공부상서 오중은 국가 소유의 목재와 기와를 태감 양경(楊慶)의 저택을 짓는 데 사적으로 사용한 죄로 하옥되었다.

자연 재해가 발생한 지역에 대해서는 조세를 감면해주고 창고를 열어 구휼했다. 하남 지방의 한 지현(知縣)이 상부의 비준을 받지도 않고 역참에 보관해 둔 양식 1,000석을 풀어 재해를 당한 백성들을 구휼한 적이 있었다. 일부 조정 대신들이 그가 법을 어기고 국가의 양식을 멋대로 사용했다고 비난했다. 선종은 오히려 그를 칭찬했다.

"법률에 따라 복잡한 절차를 거쳐 상신했다면, 그 지역 백성들은 벌써 굶어죽었을 것이오."

당시 백성들은 천재지변이 일어나면 목숨을 부지하기 위하여 고향땅을 떠나 사방을 떠돌기 마련이었다. 유랑민의 증가는 지방 관리들의 큰 고민 거리가 아닐 수 없었다. 유랑민이 반란을 일으키지 않을까 두려워했기 때문이다. 그들은 군사를 동원하여 유랑민들을 잡아오게 했다. 이 소식을 들은 선종이 말했다.

> "기아에 허덕이는 백성들이 유랑하는 것은 부득이한 일이오. 다시 그
> 들을 재해를 입은 지역으로 내몬다면, 이는 참으로 어질지 못한 행위이
> 오."

유랑민이 어느 지역에 정착하여 생업에 종사할 때도, 선종은 지방 관리들이 그들을 고향으로 강제로 돌려보내는 일을 금했다. 이처럼 선종은 민생 안정을 최우선 과제로 삼고 몸소 실천했기 때문에, 이른바 '인선(仁宣)의 치적'을 이룰 수 있었다.

백성들은 인자한 어버이처럼 은혜를 베푸는 황제의 치적을 찬양했다. 일부 신하들은 선종을 명군(明君)이니, 성주(聖主)니 찬양하면서 아부했다. 선종은 그런 아첨꾼을 좋아하지 않았다. 대학사 양부(楊溥)에게 이런 말을 했다.

> "제국의 창업이 어렵고 수성도 쉽지 않다는 사실을, 짐이 언제나 염두
> 에 두고 있기 때문에 밤낮으로 번민하고 있소. 다행히도 백성들이 조금
> 편안해졌지만, 재앙과 난리는 종종 뜻밖의 곳에서 나오는 법이오. 근래
> 에 신하들이 미사여구로 짐에게 아첨하기를 좋아하오. 짐은 그런 소리를
> 듣는 것이 불편하오. 경은 짐을 바르게 보좌하는 데 힘을 써야 하오."

양부가 머리를 조아리고 대답했다.

> "신은 황상의 은혜에 보답할 길이 없사옵니다."

"경이 짐의 과오를 직접 지적하는 것이 짐에 대한 가장 큰 보답이오."

선종은 한가할 때도 '삼양', '건하' 등 조정 중신들과 함께 국사를 의논하고 조정의 폐단을 바로잡는 일을 게을리 하지 않았다. 하지만 이런 선종도 신하의 따가운 질책에 분노한 적이 있었다. 그는 가끔 황궁 밖으로 행차하여 수렵하기를 좋아했다. 어사 진조(陳祚)가 상소를 올려 사악하고 기이한 것들을 멀리하며 한가할 때는 『대학』을 읽어 고금의 치세를 연구하라고 간했다. 선종이 상소를 읽고 대노했다.

"천박한 유생 놈이 감히 짐이 아직도 『대학』을 읽지 않았다고 멸시하다
니. 당장 그 놈을 주살해야겠다."

선종의 곁에 있던 대신이 황급히 나서서 그의 분노를 가라앉혔지만, 진조는 삭탈관직을 당하고 하옥되었으며 그의 가족도 죄인의 멍에를 짊어지었다. 황제가 아무리 너그럽고 현명할지라도 봉건 시대에 역린을 건드리는 일은 결코 용납이 안 되었다.

물론 선종도 결점이 없는 군주는 아니었다. 그에게는 '촉직황제(促織皇帝)'라는 별명이 있었다. 촉직(促織)은 귀뚜라미란 뜻이다. 그는 귀뚜라미를 싸움시켜 도박하는 놀이를 지나치게 좋아한 황제였다. 명나라 사람 여비(呂毖)가 지은 『명조소사(明朝小史)』에 이런 내용이 있다.

"황제가 귀뚜라미를 싸움시켜 도박하는 놀이에 탐닉하여 사신을 강남
지방으로 보내 싸움을 잘하는 귀뚜라미들을 가지고 오게 했다. 그래서
강남 지방의 백성들은 귀뚜라미 채집에 여념이 없었는데 귀뚜라미 한 마
리 값이 십여 냥 나갈 정도로 폭등했다. 당시 소주(蘇州)의 풍교(楓橋)에서

식량 창고를 관리하는 한 관리가 군수의 명령에 따라 귀뚜라미를 찾으러 돌아다니다가, 마침내 아주 좋은 귀뚜라미 한 마리를 발견했다. 그는 자기가 타고 다니는 비싼 준마로 귀뚜라미와 바꾸었다. 그의 아내는 남편이 비싼 준마로 귀뚜라미와 바꾼 것에는 필시 기이한 까닭이 있을 거라고 생각했다. 그녀가 호기심에 몰래 뚜껑을 열고 귀뚜라미를 살펴보자, 갑자기 귀뚜라미가 폴짝 뛰어올라 달아나다가 닭의 부리에 쪼여 먹히고 말았다. 그녀는 남편의 추궁을 두려워하여 스스로 목을 매어 자살했다. 남편이 집으로 돌아와 아내가 죽은 것을 보고 크게 상심했다. 그도 좋은 귀뚜라미를 바치지 못한 것에 따른 처벌을 두려워하여 역시 목을 매어 자살했다."

선종이 '귀뚜라미 싸움'에 탐닉한 나머지, 황궁은 귀뚜라미 열풍이 불었다. 황제뿐만 아니라 신하들도 싸움을 잘하는 귀뚜라미를 얻기 위해 강남 각지에 사람을 파견했다. 지방 관리들은 그것을 구하는 일이 자신의 출세와 관계가 있었기 때문에 백성들을 들들 볶았다. 황제가 취미 활동을 하는 것을 나무랄 순 없다. 하지만 정도가 지나치면 백성들을 죽게 할 수 있다.

선종은 선덕 10년(1435) 38세의 나이에 병사했다. 그가 임종할 때 태자 주기진(朱祁鎭)이 황위를 계승했다. 주기진의 나이가 9세에 불과했으므로 선종의 모후이자 주기진의 조모였던 장태후(張太后)가 정통(正統) 7년(1442)까지 섭정했다.

4. 호황후(胡皇后) 폐위 사건

명나라는 선종이 재위할 때 가장 번영했다. 그의 부친 인종과 더불어 이른바 '인선(仁宣)의 치(治)'를 이룬 기간이 명나라 역사의 황금기였다. 선종은 성군의 자질을 타고났을 뿐만 아니라 어릴 때부터 철저하게 황제 교육을 받은 준비된 황제였다. 그가 통치할 때 국가의 기강이 바로서고 백성들이 비교적 평안한 삶을 영위할 수 있었으며 정직한 신하들이 정치적 이상을 마음껏 펼 수 있었다. 선덕 연간에는 잔혹한 형벌이 거의 집행되지 않았던 사실만으로도, 선종이 얼마나 어진 정치를 베풀었는지 알 수 있다.

그런데 명나라 역사상 황후가 최초로 폐출되는 사건이 벌어졌다. 명나라의 국시는 유가 사상이었으므로 황후 폐출은 대단히 심각한 일이었다. 황후가 중대한 과오를 저지르지 않는 한 국모를 쫓아낼 수 없었다. 백성들도 "조강지처는 집안에서 내치지 않는다."는 관습이 있었다. 도대체 선종은 무슨 연유로 『황명조훈(皇明祖訓)』을 위배하고 정실부인 호황후(胡皇后)를 폐위시켰을까?

하남성 영성현(永城縣)의 주박(主簿) 손충임(孫忠任)의 슬하에 아리따운 어린 딸이 있었다. 그 어린아이가 얼마나 예쁘고 총명했던 지 사람들이 다투어 몰려들어 구경할 정도였다. 손씨(孫氏)에 대한 소문은 황궁까지 퍼졌다. 태손 주첨기의 생모이자 태자비 장씨(張氏)는 손씨가 나중에 주첨기의 배필로 적합하다고 생각하고 시아버지 영락제에게 손씨를 천거했다. 장씨의 고향이 손씨와 같은 영성현인 것도 손씨를 천거한 이유였다.

손씨는 10세 때 입궐하여 궁중의 예법을 배우며 생활했다. 평민 출신이었지만 예쁘고 총명했으므로 궁궐에서 그녀에 대한 칭찬이 자자했다. 영락제는 자신이 끔찍이 아끼는 태손 주첨기의 배필이 될 손씨를 총애했다. 주첨기도 그녀의 미모에 반하여 그녀를 애지중지했다. 이때부터 손씨는 이미 태손비(太孫妃)로 내정되어 있었다.

영락 15년(1417)에 뜻밖에도 영락제가 태손비를 다시 선발하라는 칙유를 내렸다. 어명에 따라 산동성 제녕(濟寧)의 백호(百戶) 호선조(胡善祖)의 셋째 딸 호씨(胡氏)가 태손비로 책봉되고, 원래 태손비로 내정되었던 손씨는 태손빈(太孫嬪)으로 책봉되었다. 비(妃)는 정실부인이고 빈(嬪)은 후궁에 불과했으므로, 손씨가 태손비 책봉에서 호씨에게 밀려난 것이다.

영락제는 왜 손씨를 비(妃)로 책봉하지 않았을까? 훗날 자신의 사후에 한 지방에서 황후를 2대에 걸쳐 배출하면 그 지방의 외척들이 발호하지 않을까 걱정했기 때문이다. 태자비 장씨와 손씨가 모두 영성현 출신인 것이 마음에 걸렸던 것이다. 영락제의 이러한 정치적 판단은 손씨를 마음에 두고 있었던 주첨기를 우울하게 했다. 그렇지만 어찌 하겠는가. 지엄한 영락제가 한 번 결정하면 그걸로 끝이었다.

홍희 원년(1425) 7월 선종 주첨기는 부친 인종의 황위를 계승하고 다음 해부터 연호를 선덕(宣德)으로 정했다. 선종이 즉위한 후, 호씨는 황후로, 손씨는 귀비로 품계를 한 단계 씩 높여 책봉되었다. 책봉 당시 조종(祖宗)의 법도에 따르면, 황제가 황후에게는 금새(金璽)와 금책(金冊)을 하사하지만, 귀비에게는 금책만을 하사했다. 황후가 귀비보다 품계가 높음을 보여주기 위한 제도였다. 하지만 선종은 특별히 어명을 내려 손귀비에게도 금새를 하사하게 했다. 황실의 법도를 어기고 손귀비에게 특전을 베풀어 준 것은 그녀에 대한 애정 표현이었다.

호황후는 인품이 정숙하고 단정했지만 몸이 병약하여 원자(元子)를 낳지 못하여 선종의 냉대를 받았다. 손귀비도 아직 아들을 낳지 못했지만 타고 난 미모와 애교 덕분에 선종의 총애를 듬뿍 받았다. 두 사람은 구중궁궐에서 오랫동안 정분을 나눈 사이였으므로 더욱 애틋했다. 선종은 원래 손귀비를 황후로 책봉하려고 했다. 하지만 황제 비빈(妃嬪)의 간택은 황실의 엄격한 법도에 따라 진행되어야 했다. 선종은 마음에도 없는 호씨를 황후로 받아들였다.

선종은 어떻게 해서든 호황후의 결점을 찾아 폐위하려고 했다. 하지만 그녀는 품행에 어떤 결점도 없는 황후였다. 더구나 장태후가 황제의 사랑을 받지 못하는 그녀를 동정하고 가까이 했기 때문에, 선종은 자기 뜻대로 할 수 없었다.

선덕 2년(1427) 11월 손귀비가 원자 주기진(朱祁鎭)을 낳자, 선종은 뛸 듯이 기뻤다. 원자 탄생을 계기로 호황후를 폐위시키고 손귀비를 황후로 책봉할 수 있는 명분이 생겼기 때문이다. 주기진이 태어난 지 얼마 안 되었을 때, 선종의 속마음을 알아차린 한 대신이 주기진을 태자로 책봉해야 한다는 상소를 올렸다. 주기진이 태자가 되면 손귀비는 자연스럽게 황후가 될 수 있었다. 이때 호황후는 오히려 적극적으로 주기진을 태자로 책봉하여 '국본(國本)'을 정해야 한다고 주장했다. 주기진이 태자가 되면 황후의 자리를 손귀비에게 물려주어야 하는 상황이었음에도 불구하고, 그녀는 스스로 양보하는 미덕을 발휘했다.

호황후는 참으로 현명한 여자였다. 어차피 황제에게 냉대를 당하고 적장자를 낳지 못하는 상황이라면, 스스로 황후의 자리에서 내려오는 것이 궁중의 암투를 피하고 명철보신할 수 있는 유일한 길이라고 생각했다. 손귀비도 영리한 여자였다. 만약 호황후가 건강을 회복하여 원자를 낳으면 조정 대신들이 후궁의 아들 주기진의 황위 계승을 격렬하게 반대할 것은 불을 보듯 뻔했다. 그래서 선종에게 갓난아이에 불과한 주기진을 태자로 책봉하는 것을 만류했다. 하지만 그녀의 본심이 무엇이든, 선종은 선덕 3년(1428) 2월에 태어난 지 3개월 밖에 안 된 주기진을 태자로 책봉했다. 명나라 역사상 주기진이 가장 어린 나이에 태자가 된 것이다.

선종이 태자 책봉을 서두른 이유는 자명했다. 호황후를 폐위시키고 사랑하는 손귀비를 황후로 삼기 위해서였다. 선종은 조정 중신들을 불러 자신의 뜻을 밝혔다. 명분과 의리를 중시하는 그들은 호황후가 아무런 잘못도 없는데 폐위를 운운하는 것은 옳지 않다고 주장했다. 그 후에도 선종이 중신들과 여러 차례 논쟁을 벌였지만 번번이 자신의 뜻을 관철시키지 못했다. 하루는 선종이 내각수보 양사기를 문화전(文華殿)으로 조용히 불렀다. 두 사람의 밀담 내용은 이랬다.

"오늘은 짐이 경에게 간곡히 부탁하오. 경은 이 일을 어떻게 처리할지, 짐은 반드시 알아야겠소."

"이 일은 신이 처리할 수 없는 일이옵니다."

"물론 그렇지만, 짐이 체면불구하고 경에게 구걸하는 것이오.

"황후와 귀비는 서로 미워하지 않습니까?"

"아니오. 두 사람은 아주 친하오. 근래에 황후가 병이 나서 한 달이 넘도록 누워있었소. 귀비가 매일 중궁전으로 가서 지극정성으로 돌보았소.

"그렇다면 어찌하여 폐하께서는 황후가 병든 것을 이유로 삼아 스스로 황후의 자리에서 물러나게 하지 않사옵니까?"

"참으로 좋은 생각이오. 이제 경은 아무 말도 하지 말고, 짐이 처리할 때까지 기다리시오."

며칠 후 선종이 다시 양사기를 불러들였다.

"경의 의견대로 했더니 황후가 내 뜻을 따랐소. 아직 태후께서 윤허하지 않으셨고 귀비도 받아들이지 않지만, 황후는 결심은 확고하오."

"그렇다면 폐하께서는 두 분을 동등하게 대우하셔야 하옵니다. 시종일관 후대와 박대 그리고 존중과 멸시의 차이가 없어야 하옵니다. 옛날에 송(宋)나라 인종(仁宗)이 곽황후(郭皇后)를 폐위시키고 난 뒤에도 그녀에게 은혜를 베푼 일을 귀감으로 삼아야 하옵니다."

"좋소. 약속을 꼭 지키겠소."

선종이 얼마나 간절했으면 양사기에게 구걸하다시피 하여 겨우 중신들의 동의를 얻을 수 있었다. 양사기도 손귀비에게 눈이 먼 황제의 마음을 바꿀 수 없다는 사실을 잘 알고 있었다. 그래서 고민 끝에 절충안을 제시한 것이다.

호황후는 자신의 운명을 잘 알고 있었다. 선종의 뜻대로 황후의 자리에서 물러나기를 바라는 표(表)를 올렸다. 하지만 장태후가 반대했다. 호황후가 아직 젊어서 언제든 원자를 낳을 수 있고 효성이 지극하며 행실이 바른데도 폐위한다는 것은 명분이 없다고 말했다.

선종은 안달이 났다. 이제 모후 장태후를 설득할 일만 남았다. 양사기가 가르쳐 준 대로 호황후를 폐위시킨 뒤에도 결코 박대하지 않겠으며 계속 황후와 같은 대우를 해주겠다고 간청한 끝에 겨우 장태후의 윤허를 받을 수 있었다.

선덕 3년(1428) 3월 선종은 호황후를 폐위하고 손귀비를 황후로 책봉한다는 칙서를 반포하였다. 선종의 손귀비에 대한 사랑이 결국 결실을 맺게 되었다. 호황후는 폐위 후에 장안궁(長安宮)에서 은거했다. 장태후는 아무런 과오도 없이 쫓겨난 그녀의 처지를 안타깝게 생각했다. 수시로 그녀를 자신이 거주하는 청녕궁(淸寧宮)으로 불러들여 함께 지냈다. 조정에서 연회를 베풀 때는 장태후가 호황후를 손황후보다 높은 자리에 앉게 했다. 손황후는 무척 언짢았지만 장태후의 면전에서 감히 불만을 토로할 수 없었다. 훗날 백성들은 이 황후 폐위 사건의 내막을 듣고 선종의 처사에 대해 이의를 제기하고 호황후를 동정했다. 선종도 이 일이 두고두고 마음에 걸렸는지 "그것은 짐이 젊었을 때 한 일이다."고 말하여, 자신의 과오를 완곡하게 시인했다.

정통(正統) 7년(1442) 장태후가 서거하자, 가장 많이 슬퍼한 이는 호황후였다. 그녀도 장태후 서거 후 얼마 지나지 않아 죽었다. 그녀는 봉건 시대에 여자로 태어나 황후라는 최고의 지위에 올라 온갖 부귀영화를 누렸지만 끝내 남편의 사랑을 받지 못하고 쓸쓸하게 인생을 마감했다.

제 **6** 장

정통제(正統帝) 영종(英宗) 주기진(朱祁鎭)

제6장

정통제正統帝 영종英宗 주기진朱祁鎭

1. 영종(英宗)의 출생 의혹

제6대 황제 영종 주기진(1427~1464) 시대에는 특이하게도 연호가 두 개이다. 정통(正統; 1436~1449)과 천순(天順; 1457~1464)인데 이는 영종이 황위에 두 번 올랐다는 뜻이다. 영종이 일생 동안 두 번 황제가 된 것은 그의 인생에 많은 곡절이 있었다는 의미이다.

심지어 오늘날까지도 그의 생모가 누구인지에 대해서는 많은 논란이 있는 실정이다. 『명서(明書)』에 "손귀비가 선덕 2년(1427) 11월에 영종 황제를 낳았다."는 기록이 있다. 『명실록(明實錄)』에도 같은 내용이 있다. 그런데 『명사고(明史稿)』에는 손귀비가 "몰래 궁녀의 아들을 자기 아들로 삼은 후에, 그녀에 대한 선종의 총애가 날로 깊어졌다."는 기록이 있다. 또 명나라 말기의 학자 사계좌(査繼佐)이 지은 『죄유록(罪惟錄)』에서도 손귀비가 "후궁들 가운데 선종의 총애를 독차지했으며 궁녀의 아들을 자기 아들로 삼

았다."고 기록했다. 당대의 문인 왕기(王錡 · 1432~1499)가 펴낸『우포잡기(寓圃
雜記)』에 이런 내용이 있다.

"호황후는 아들이 없었다. 한 궁녀에게 아들이 있었는데 손귀비가 몰
래 그녀의 아들을 빼앗아 자기 아들로 삼았다. 마침내 손귀비는 황후로
책봉되고 호황후는 폐위되어 여자 도사가 되었다.……영종이 황제로 즉
위한 후 장태후를 태황태후로, 손황후를 태후로 추존(推尊)했다. 호씨는
매사에 겸손하고 양보하는 태도를 보였으며 감히 손태후의 오른쪽 자리
를 차지하지 않았다. 정통 7년(1442) 장태황태후가 붕어하자 육궁(六宮) 가
운데 작위가 있는 비빈들은 모두 제사를 모셨다. 그런데 호씨는 감히 태
후의 반열에 서지 못하고 오직 후궁들과 같은 신분으로 참여했다."

"손태후가 폐위된 호씨가 제사를 모신 사실을 알고 그녀를 꾸짖었다.
얼마 후 호씨는 대성통곡하고 죽었다. 손태후는 내각의 대신들에게 호씨
의 장례 절차를 의논하게 했다. 당시 조정의 원로 중신 양사기는 집에서
와병 중이었다. 대신들이 그를 찾아가 호씨의 장례 절차에 대하여 묻자,
양사기가 이렇게 대답했다. '마땅히 황후의 예를 갖추고 장례를 치러야
하오.' 이에 한 대신이 말했다. '그것은 손태후께서 바라는 바가 아닙니
다.' 양사기가 벽을 바라보며 아무 대답도 하지 않고 있다가, 잠시 후 단
한 마디 말만 했다. '후세에 오명을 남길 것이오.' 대신들은 의논 끝에 호
씨를 황제의 첩으로 예우하고 장례를 치렀다."

"천순(天順) 6년(1462) 손태후가 죽은 뒤에도 영종은 자신이 그녀의 소생
이 아님을 알지 못했다. 그의 정실부인 전황후(錢皇后)만이 그 내막을 자세
히 알고 있었지만 말하지 않았다. 천순 8년(1464) 영종의 병세가 날이 갈수

록 심각해지자 전황후가 울면서 아뢰었다. '황상께서는 손태후의 소생이
아니라 사실은 궁녀의 아들이옵니다. 그 궁녀는 제명대로 살지 못하고 죽
었으며 오랫동안 아무런 호칭도 없었사옵니다. 호씨는 현숙하고 죄가 없
었는데도 폐위되어 여자 도사가 되었사옵니다. 그녀가 죽은 후 사람들은
손태후를 두려워하였기 때문에 예법에 맞지 않게 장례를 치렀사옵니다.
호씨는 아직도 황후로 복위하지 못했사오니, 황상께서는 그녀를 불쌍히
여기고 복위시켜야 하옵니다.' 전황후의 간청을 들은 영종은 깨달은 바가
있었다. 마침내 호씨를 황후로 다시 추존하라는 어명을 내렸다."

위의 내용에 의하면 전황후가 목숨이 얼마 남지 않은 영종에게 선종 때
폐위당한 호씨의 황후 복위를 간청하는 과정에서, 뜻밖에도 영종의 출생
비밀이 밝혀졌다.

전황후는 어째서 자신과 아무런 관련이 없는 호씨의 황후 복위를 간절
히 바랐을까? 그녀도 호씨처럼 황위를 계승할 적장자를 낳지 못했으며,
영종의 후궁 주귀비(周貴妃)에게 황위를 계승할 아들이 있었기 때문이다.
전황후는 영종의 사후에 주귀비의 아들이 황위를 계승하면 자신도 호씨
처럼 폐위를 당하지 않을까 두려워했다. 더구나 주귀비는 자기 아들이 황
제가 되면 전황후를 쫓아내고 황태후의 자리를 차지하려는 음모를 꾸미
고 있었다. 이런 이유로 전황후로서는 영종이 붕어하기 전에 호씨를 황후
로 복위시켜야 만이 영종 사후에도 황후 자리를 보전할 수 있었다. 전황
후는 영종의 생모가 비참하게 죽은 사실을 밝혀서 영종의 눈물샘을 자극
했다.

전황후는 영종의 적장자를 낳지 못했지만 영종의 사랑을 받은 여자였
다. 영종이 처가 식구들에게 관작을 내리려고 했을 때, 전황후는 극구 사
양했다. 그녀는 자신으로 인해 친정 식구들이 부귀영화를 누리는 것을 원

치 않았을 정도로 자기 관리에 엄격했다.

명나라 역사상 황후의 가족이 아무런 관작도 받지 않은 경우는 아주 드물었다. 전황후는 남편 영종을 지극정성으로 섬겼다. 영종이 몽골로 끌려가 온갖 고초를 당하고 있을 때, 궁중에 있는 재물들을 수시로 몽골의 사자에게 주고 영종을 구해달라고 간절히 부탁했다. 또 영종의 환궁을 위하여 매일 밤낮을 가리지 않고 천지신명에게 눈물을 흘리며 기도했다. 그녀가 얼마나 많이 울고 몸을 돌보지 않고 기도했던 지, 급기야는 한쪽 눈이 실명하고 다리가 부러지기도 했다. 영종이 환궁한 후 남궁(南宮)에서 7년 동안 유폐를 당했을 때도, 전황후가 곁에서 끊임없이 위로하고 보살피지 않았다면 영종의 황제 복위는 불가능했을 것이다.

영종은 전황후가 적장자를 낳지 못했기 때문에 자신과 주귀비 사이에서 태어난 아들 주견심(朱見深)을 어쩔 수 없이 태자로 책봉했지만, 자기가 죽은 뒤 주귀비가 전황후를 해치지 않을까 우려했다. 임종 직전에 "전황후는 천추만세의 황후이다. 사후에 마땅히 짐과 함께 묻혀야 한다."는 유언을 했다. 명나라의 장례 풍습에 따르면 황제 한 분과 황후 한 분이 같은 황릉에 매장되었다. 영종은 죽기 전에 전황후의 지위를 확실하게 천명함으로써 그녀에 대한 마지막 애정을 표현하고 아울러 주귀비의 농간을 막고자 했다.

전황후는 영종이 붕어하기 전에 자신의 입지를 다지기 위한 수단으로 영종의 생모에 대한 비밀을 밝혔다. 영종이 손황후의 소생이든 아니면 궁녀의 소생이든, 선종의 자식인 것만은 분명하다. 구중궁궐에서 비빈들과 수많은 궁녀들을 거느리고 산 남자는 오직 황제 한 사람뿐이었기 때문이다. 황제의 측근에서 시중을 든 내시들은 이미 생식 기능을 상실한 '별종'이었다. 황제를 호위하는 금의위나 조정 대신이 개인적으로 궁녀들을 접촉하는 일은 거의 불가능했다.

황제도 궁녀를 함부로 취할 수 없었다. 하지만 무소불위의 권력을 가진 황제가 마음만 먹으면 궁녀를 침실로 은밀히 불러들인 예는 비일비재했다. 주기진이 궁녀와의 합방을 통해 낳은 아들임을 선종이 알고 있었더라도 그 사실을 굳이 밝힐 필요가 없었을 것이다. 왜냐하면 그것은 황제의 체면을 깎는 일이었으며 훗날 황위를 계승할 아들이 궁녀의 소생이라는 오점을 남길 수 있었기 때문이다.

아들을 낳지 못한 손황후가 궁녀의 소생인 주기진을 자기 소생으로 둔갑시킨 일을, 선종은 일부러 모른 척했을 것이다. 선종은 손황후를 너무나 사랑했기 때문에 그녀의 '바꿔치기'가 가능했을 것이다.

2. 소년 황제

주기진은 태어난 지 3개월 만에 태자로 책봉되었으며 그의 모친 손귀비도 황후로 책봉되었다. 이른바 "어머니는 아들에 의해서 귀해진다."는 전형적인 예이다. 선덕 10년(1435) 선종이 붕어하자, 태자 주기진이 9세 때 황위를 계승하고 다음 해부터 연호를 정통(正統)으로 정했다. 자신의 조모이자 태후인 장씨는 태황태후로, 어머니이자 황후인 손씨는 황태후로 추존되었다.

선종의 서거 직후 황궁에는 태자가 너무 어리기 때문에 인종의 다섯째 아들 양왕(襄王) 주첨선(朱瞻墡 · 1406~1478)이 황위를 계승한다는 소문이 파다했다. 당시 장태후가 황위 결정권을 가지고 있었다. 나이어린 손자보다는 친아들 주첨선을 황제로 추대할지 모른다는 그럴듯한 추측이었다.

하지만 장태후가 조정 중신들을 소집해놓고 태자 주기진을 가리키며, "이 아이가 새로운 황제이오."라고 선포하여서 소문을 잠재웠다. 인종,

선종 그리고 주기진으로 이어지는 적장자 계승의 원칙에 따라서, 새 황제를 추대해야 만이 분란이 일어나지 않을 것이라는 확신이었다. 이에 따라 주기진의 황위 계승은 순조롭게 진행되었지만, 어린아이 영종이 명나라 천하를 통치할 수는 없었다. 중신들은 이구동성으로 장태황태후에게 수렴청정을 건의했다. 그녀가 말했다.

> "내가 과부 처지에 조종(祖宗)과 황실의 법도를 훼손하는 것은 안 될 일이오."

황제가 미성년자이면 황실의 최고 어른이 수렴청정을 하는 것이 관례였으나, 장태황태후는 윤허하지 않았다. 그녀는 국정을 양사기, 양영, 양부 등 원로 중신들에게 위탁하고 그들을 막후에서 조종했다. 사실상 황제의 권력을 쥔 장태황태후는 현명한 여자였다. 외척의 발호를 용인하지 않았으며, 국가의 대사는 언제나 중신들과 상의하여 처리했다.

당시 사례감의 우두머리 태감, 왕진(王振)은 권모술수에 능했다. 어린 황제의 호기심을 자극하는 못된 일들을 꾸며 영종의 마음을 흐리게 했다. 봉건 왕조에서 태감의 역할은 아주 중요했다. 태감은 황궁의 각종 의식을 관장하고 황제를 대신하여 수많은 공문들을 관리했다. 또 때에 따라 황제를 대신하여 대신들이 올린 문서를 결재하며, 황제가 구술로 밝힌 성지(聖旨)를 붉은 색의 먹으로 기록하여 내각으로 넘겨서 반포하게 했다. 오늘날 '대통령 비서실장'과 같은 업무를 수행했다. 따라서 태감이 얼마든지 황제의 뜻을 왜곡하고 문서를 조작할 수 있는 가능성이 상존했다.

왕진은 선종 때 스스로 고환을 훼손하고 내시가 되어 입궐했다. 동궁에서 태자 주기진을 섬기다가 주기진이 황제로 등극한 후 태감이 되었다. 왕진은 나이어린 영종의 호기심을 자극하고 비위를 맞추는 데 비상한 재주가 있었다. 영종이 원하는 일이라면 나쁜 일이라도 수단과 방법을 가리지 않고 몰래 해결해주었다. 영종은 그가 정말로 황제를 위해 충성한다고 생각했다. 왕진을 '왕선생'이라고 부를 정도로 총애했다.

어느 날 영종이 대신들에게 연회를 베풀었다. 당시 명나라의 제도에 의하면 환관은 아무리 임금의 총애를 받더라도 임금이 베푼 연회에 참석할 수 없었다. 왕진이 기분 나빠하지 않을까 걱정한 영종은 사람을 보내 그를 위로하게 했다. 왕진은 화를 내며 자신을 주(周)나라 주공(周公)에 비유했다.

"주공이 성왕(成王)을 보필했듯이, 나도 황상을 잘 보좌하고 있는데 어찌 연회의 한 자리에 앉을 수 없단 말이냐?"

영종은 즉시 어명을 내려 왕진을 연회에 참석하게 했다. 그가 도착하자 대신들은 모두 그의 위세에 눌려 절을 했다. 영종의 분신이나 다름없는 왕진의 농간을 알아챈 이는 장태황태후였다. 그녀는 황제가 처리하는 어떤 일이라도 반드시 조정 중신들과 상의한 후에 반포하게 했다. 또 수시로 사례감을 감찰하여 문제가 있으면 왕진을 소환하여 꾸짖었다.

정통 2년(1437) 어느 날 장태황태후가 영종이 거주하는 편전으로 행차하여 영국공 장보, 양사기, 양영, 양부, 호영(胡濙) 등 원로 중신들을 불렀다. 도검을 차고 있는 여관(女官)들이 좌우에서 도열하고 있었다. 그녀가 영종에게 말했다.

"이 다섯 중신들은 모두 선대가 남긴 충신들이오. 앞으로 조정의 대소사는 반드시 이들과 의논한 후에 처리해야 하오."

잠시 후 그녀는 또 왕진을 소환하여 엄하게 꾸짖었다.

"너는 황상을 바르게 모시지 못한 죄로 마땅히 죽어야 한다."

여관들이 왕진에게 달려들어 목에 칼을 들이댔다. 그는 바닥에 엎드린 채 벌벌 떨었다. 영종과 중신들도 모두 무릎을 꿇고 왕진의 죄를 용서해 달라고 간청했다. 그녀는 비로소 노여움을 거두고 왕진에게 말했다.

"자고로 너 같은 내시들이 나라를 망친 일이 많았다. 황상이 나이가 어리니, 어찌 그런 일들을 알겠는가? 황상과 중신들이 너의 죄를 용서해달라고 간청하니, 이번만은 용서하겠다. 앞으로 또 사악한 짓을 하면 반드시 너를 주살하겠다."

장태황태후는 자신의 사후에 영종이 교활한 왕진에게 농락당하지 않을까 두려워했다. 그래서 미리 영종의 눈앞에서 그를 처단하려고 한 것이다. 정통 초기에 그녀와 중신들의 '협치'는 민생과 정국의 안정을 이루었다. 하지만 정통 7년(1442) 장태황태후가 병으로 서거한 후, 정통 11년(1446)에 이르는 동안 고명대신들이 연이어 사망했다. 조정의 기강이 흔들리기 시작했다. 장태황태후가 우려했던 대로 왕진이 영종의 총애를 등에 업고 국정을 농단하기 시작했다.

3. 환관 왕진(王振)의 전횡

명나라 황궁에는 쇠로 만든 철비(鐵碑)가 있었다. "환관은 조정의 정치에 절대 간여할 수 없다."는 철칙을 새긴 비석이다. 자고로 환관의 국정 농단 때문에 나라가 망한 적이 한 두 번이 아니었다. 이 역사적 교훈을 잘 알고 있었던 명태조는 명나라 건국 후에 철비를 세워 환관들의 농간을 철저히 막았다. 하지만 실권을 장악한 왕진이 그것을 몰래 없애버렸다. 왕진은 조카 왕산(王山)을 금의위지휘로, 왕림(王林)을 금의위첨사로 삼아 황궁의 금의위를 장악했다. 또 사당을 조직하여 핵심 요직을 차지하고 충신들을 배척했다.

시강(侍講) 유구(劉球)가 그의 전횡을 비난하는 상소를 올리자, 왕진은 그를 감옥에 가두고 살해했다. 어사 이탁(李鐸)이 길에서 왕진을 만났을 때 그에게 무릎을 꿇지 않자, 왕진이 다른 구실로 그를 변방 철령(鐵嶺)으로 유배 보냈다. 조정 대신들은 그를 만나면 모두 무릎을 꿇고 예의를 갖추어야 할 정도로 그의 위세가 막강했다. 하루는 왕진이 공부시랑 왕우(王佑)가 미남이지만 수염이 나지 않은 모습을 보고 말했다.

"왕시랑은 어찌 수염이 나지 않았는가?"

"아버님이 수염이 없는데 어찌 아들이 수염이 있겠사옵니까?"

시랑이면 오늘날 중앙 정부의 '차관급'에 해당하는 고위직이다. 이런 고위 관리가 자신을 한낱 내시에 불과한 왕진의 아들이라고 낯 뜨거운 아부를 한 것이다. 지방 장관들이 입조할 때면 반드시 왕진에게 막대한 뇌물을 바쳐야 했다. 뇌물이 적으면 박해를 당하기 일쑤였다. 왕진의 저택에는 금은보화가 산더미처럼 쌓여 있었다.

정통 14년(1449) 토목보(土木堡)에서 몽골군에게 영종이 포로로 잡히고 왕진이 피살된 후, 명나라 조정에서 왕진의 가산을 몰수할 때 금은을 저장한 창고가 60여 곳, 옥반이 100여 개, 6~7척 높이의 산호가 20여 개, 비단과 보석은 이루다 헤아릴 수 없을 정도로 많이 쏟아져 나왔다고 한다.

사실 환관의 전횡은 전적으로 황제의 어리석음에서 비롯한다. 왕진이 명나라를 망치고 있는데도, 영종은 그를 충직한 신하로 생각했다. 정통 11년(1446) 영종은 왕진에게 백금, 비단 등을 하사하고 특별히 조서를 내려 "타고난 성품이 충성스럽고 효성이 지극하며 도량이 넓고 깊다."고 칭찬했다. 영종과 왕진은 어리석은 군주와 간신의 전형적인 관계였던 것이다.

4. 토목지변(土木之變): 황제가 몽골족의 포로로 잡히다

명태조 주원장이 명나라를 건국한 이래로 명나라에 가장 위협적인 세력은 몽골의 초원 지대로 밀려난 원나라의 잔존 세력이었다. 몽골족이 세운 원나라는 인류 역사상 백여 년 동안 가장 광대한 영토를 다스린 대제국이 아니었던가? 몽골족이 한족에게 중원 지방을 빼앗겼지만, 그들의 전광석화처럼 빠른 기병의 변경 침략은 언제나 한족을 공포에 떨게 했다.

영락제 주체가 도성을 남방의 남경에서 북방의 북경으로 옮긴 까닭도 호시탐탐 중원을 노리는 몽골족을 효과적으로 제압할 목적이었다. 오늘날 한족이 잔인한 영락제를 영웅으로 칭송하는 이유는, 그가 싸움에 능한 몽골족을 두려워하지 않고 오히려 수도를 북경으로 옮기고 그들과 끊임없는 전쟁을 벌여서 한족의 영역을 북방 지역까지 확장했기 때문이다. 명나라는 회유와 이간 정책으로 몽골족을 분열시켰다.

당시 몽골은 와랄(瓦剌)과 달단(韃靼)으로 분열되어 있었다. 정통 연간에 이르자 와랄이 강대해지기 시작했다. 그들은 수시로 남하하여 명나라의 변경을 침략했다. 특히 와랄의 군주 야선(也先)이 말을 조공으로 바친 대가로 명나라에 많은 귀중품들을 요구했다. 명나라가 상국이므로 와랄에게 특혜를 베풀어야 한다고 협박했다. 명나라 조정은 변경의 소란을 잠재우고 야선을 회유하기 위해서는 그의 요구를 들어줄 수밖에 없었다. 하지만 해마다 야선이 요구하는 품목이 너무 많아 재정에 큰 부담이 되었다.

정통 14년(1449) 2월 야선은 사자 3,000여 명을 명나라로 보내 말을 조공으로 바치고 사자의 인원수에 맞게 하사품을 내려달라고 협박했다. 당시 장태황태후와 원로 중신들이 대부분 타계했던 까닭에, 왕진이 젊은 영종을 보필하며 실권을 장악하고 있었다. 왕진은 야선의 요구가 지나치다고 생각했다. 야선이 보낸 사자는 사실 2,000여 명이었다. 그는 인원수에 맞게 하사품을 내리고자 했다.

야선은 명나라의 조치에 불만을 품고 같은 해 7월에 대규모로 군사를 일으켰다. 몽골군은 네 방면에서 요동(遼東), 감주(甘州), 선부(宣府), 대동(大同) 등 요충지를 공격했다. 야선이 지휘하는 몽골의 주력군이 연전연승을 거듭한 끝에 북경 서북 방향의 관문인 대동성(大同城)을 함락시키고 북경을 위협했다. 전광석화처럼 빠른 몽골의 기병이라면 대동에서 북경까지 6~7일 남짓이면 당도할 수 있는 거리였다.

북경의 황궁이 공포의 도가니에 빠지고 영종이 어찌할 바를 모르고 있을 때, 왕진은 영종에게 황제가 친히 대군을 이끌고 정벌하지 않으면 안 된다고 주장했다. 병부상서 광야(鄺埜)와 병부시랑 우겸(于謙)은 "천자가 친히 통솔하는 육사(六師)는 경솔하게 출전해서는 안 된다."고 간했다. 하지만 영종은 왕진의 말만을 믿었기 때문에 친정을 고집했다.

정통 14년(1449) 7월 영종은 이복동생 성왕(郕王) 주기옥(朱祁鈺)에게 황궁 수비를 맡기고 난 뒤, 문무백관 100여 명과 대군 20여만 명을 거느리고 정벌에 나섰다. 모든 병권은 군사에 문외한인 왕진이 쥐고 있었다. 대신들은 그의 눈치만 보기에 급급했다. 군대의 편제와 전략이 엉망이었고 장졸들의 사기가 땅에 떨어졌다.

이대로 가다간 전멸을 당할 수 있다고 판단한 호부상서 왕좌(王佐)가 영종에게 회군을 간청했다. 영종은 판단 능력이 없었다. 왕진이 왕좌에게 덤불에서 무릎을 꿇고 앉아있게 했다. 왕좌는 날이 어두워지기 시작할 때에야 비로소 일어날 수 있었다. 국정을 책임진 '상서'도 환관에게 이런 치욕을 당했다. 대장군으로 임명된 성국공(成國公) 주용(朱勇)도 왕진의 면전에서는 무릎을 꿇고 걸어가야 했다. 한낱 내시에 불과한 왕진이 대신과 장수를 이렇게 능욕했는데도, 영종은 오로지 왕진을 옹호하고 그의 주장대로 움직였다.

영종이 대군을 거느리고 전략적 요충지 대동(大同)으로 진격해오고 있다는 첩보를 접한 야선은 유인 작전을 썼다. 일단 대동을 비워 두고 북쪽으로 후퇴함으로써 명군을 몽골 진영의 깊숙한 곳으로 끌어들였다. 대신들은 몽골군이 한 명도 보이지 않자 함정에 빠진 게 아닌가 하는 불안한 생각이 들었다. 하지만 영종과 왕진은 야선이 천자의 군대에 겁을 먹고 도망갔다고 생각했다. 명군이 대동성에 입성했을 때, 대동 수비를 맡고 있던 환관 곽경(郭敬)이 왕진에게 며칠 전 선봉 부대가 몽골군에게 참패를 당한 사실을 보고하며 야선의 위계에 걸려들었다고 실토했다. 그는 왕진의 하수인이었으므로 왕진도 그의 말을 믿지 않을 수 없었다.

왕진은 황급히 후퇴를 결정했다. 명군이 선부(宣府: 지금의 하북성 선화·宣和化)로 퇴각할 때, 야선에게 일격을 당하여 명군의 기병 3만여 명이 전멸했다. 명군은 다시 토목보(土木堡: 지금의 하북성 회래현·懷來縣)로 패주했다. 몽골군이 승기를 잡고 추격하여 토목보를 겹겹이 포위했다. 그런데 토목보에는 우물이 없었다. 명군의 인마가 며칠 동안 지독한 갈증에 시달리자 전투력을 상실하고 말았다. 2장(丈) 깊이의 우물을 팠지만 토목보의 지세가 높았기 때문에 물이 나오지 않았다.

야선은 명군을 토목보 밖으로 끌어내는 전술을 구사했다. 몽골군이 일시에 포위를 풀고 후퇴하자, 당장 마실 물을 확보하는 일이 절대적으로 중요했던 명군은 태영(台營) 남쪽으로 가면 물을 확보할 수 있었다. 서둘러 토목보에서 나와 태영으로 행군했다. 명군이 3~4리도 못 갔을 때, 몽골군이 사방에서 나타나 협공했다. 병사들은 모두 전의를 상실하고 갑옷을 벗은 채 달아나거나 넋을 잃고 앉아서 죽을 때만을 기다렸다. 순식간에 몽골군의 도륙이 벌어지자 시체가 산처럼 쌓였다. 20만 대군 가운데 7만 여명이 살해당하고 10만 여명이 부상을 입은 대참패였다. 어가의 호위를 맡았던 번충(樊忠) 장군은 왕진에게 철퇴를 휘두르며 소리쳤다.

"이 늙은 간신 놈이 우리 대명 군사 20만 명을 죽음으로 몰아넣었구나. 너의 죄악이 극에 달했으니 절대 용서할 수 없다. 내가 천하를 위하여 너를 주살하겠다."

왕진은 현장에서 즉사하고, 번충도 영종을 몸으로 막다가 화살에 맞아 죽었다. 고립무원의 처지가 된 영종은 아예 말에서 내려와 남쪽을 바라보고 앉아 있으면서 포박을 기다렸다. 잠시 후 몽골 병사들이 그에게 달려와 보니 그의 갑옷이 예사롭지 않았다. 금빛으로 번쩍이고 호화로운 장신구가 달린 갑옷을 입고 있었던 것이다. 몽골 병사들은 그가 필시 중요한 인물이라고 생각하고 그를 야선의 동생 새간왕(賽刊王)에게 데리고 갔다. 새간왕이 영종을 심문할 때, 오히려 영종이 반문했다.

"그대는 누구인가. 야선인가, 야선의 동생 백안첩목아(伯顏帖木兒)인가, 아니면 새간왕인가?"

영종의 당당한 말투에 놀란 새간왕은 즉시 야선에게 보고했다. 야선은 자기 군영에 머물고 있던 명나라 사신을 보내 확인해보고서야 비로소 명나라 황제 영종이 포로로 잡힌 사실을 알았다.

이 전투에서 몽골군은 노새와 말 20여 만 필과 각종 병기 수만 점을 노획하는 엄청난 전과를 올렸다. 이 '토목지변'의 전투가 명나라 역사상 한족과 몽골족의 끊임없는 싸움에서 몽골족이 거둔 가장 큰 승리라고 할 수 있었다. 더구나 황제가 포로로 잡혔으므로 한족들이 느낀 치욕은 말로 형언할 수 없을 정도였다.

한편 영종이 포로로 잡혔다는 소식이 북경의 황궁에 전해지자 조정 대신들은 경악했다. 천자의 자리는 하루도 비워둘 수 없었다. 그들은 서둘러 손태후에게 영종의 이복동생 성왕(郕王) 주기옥(朱祁鈺 · 1428~1457)을 임시 천자로 추대하도록 주청했다. 당시 영종의 큰아들 주견심은 3세에 불과한 어린아이였으므로, 어쩔 수 없이 젊고 기력이 왕성한 주기옥을 추대했다. 손태후도 황제가 몽골의 포로로 잡힌 절박한 시기에 대신들의 요청을 거절할 명분이 없었다. 그런데 정작 당사자인 주기옥이 사양했다. 대신들이 거듭 간청하자 주기옥은 마지못해 정통 14년(1449) 9월에 황제로 등극했다. 그가 곧 대종(代宗)이다. 다음 해부터 연호를 경태(景泰)로 정하고 영종을 태상황으로 추대했다.

한편 야선은 영종을 앞세우고 북경으로 진격했다. 변방의 성을 통과할 때마다 영종의 칙서를 내걸고 성문을 열도록 요구했다. 성안의 장졸들이 당황하여 어찌할 바를 모르는 틈을 타서 성을 함락시켰다. 백양구(白羊口), 자형관(紫荊關), 거용관(居庸關) 등 요새들이 연이어 야선의 수중으로 넘어갔다. 질풍노도처럼 북경을 향해 휩쓸고 오는 몽골 기병은 황궁을 공포의 도가니로 몰아넣었다. 황궁의 수비병들로 몽골의 대군을 대적하기에는 중과부적이었다.

시강(侍講) 서유정(徐有貞)이 별자리 모양에 변화가 있으므로 남경으로 천도해야 한다고 주장했다. 병부상서 우겸(于謙 · 1398~1457)이 그를 호되게 꾸짖었다.

"남경 천도를 주장하는 자는 당장 참수형에 처할 것이오. 경사(京師)는 천하의 근본이므로 천도하면 대사를 그르칠 것이오. 설마하니 옛날에 송 (宋)나라가 남방으로 천도하여 망한 역사적 사실을 모르고 있지는 않겠 지?"

우겸의 결사항전 전략에 대종도 동의했다. 우겸은 먼저 경기 지방의 병력을 모두 북경으로 집결시키고 동시에 하남, 산동 지방 등에 있는 군사를 북경으로 이동시켜 방어하게 했다. 또 북경 근교 통주(通州)의 창고에 비축해 둔 양식을 성안으로 신속하게 운반하여 군량미를 확보했다. 전국 각지에서 지원군들이 몰려오고 군량미가 산처럼 쌓이자, 성안의 장졸들과 백성들의 사기가 크게 올랐다.

정통 14년(1449) 10월 몽골군이 북경성 아래에 이르렀다. 마침내 쌍방 간에 치열한 전투가 벌어졌다. 대종은 우겸에게 전권을 위임하고 싸우게 했다. 우겸은 여러 장수들에게 22만 대군을 거느리고 북경성 9개 문 밖에서 포진하게 했다. 자신은 석형(石亨)과 함께 덕승문(德勝門)에서 진을 치고 선봉에 섰다.

우겸의 유인책에 걸려든 야선이 덕승문을 공격했다. 명군이 신기전, 화포 등으로 일시에 맹공을 퍼부었다. 우겸에게 일격을 당한 야선이 일단 후퇴하여 전열을 정비한 뒤 서직문(西直門)을 공격했지만, 성 위에서 화포로 공격하는 명군에게 참패를 당했다. 명군의 압도적인 화포 공격이 효과를 발휘했다. 결국 야선은 포위를 풀고 퇴각할 수밖에 없었다. 이른바 '북경 보위전'은 명군의 승리로 끝났다. 오늘날 우겸은 중국에서 '민족영웅'으로 추앙을 받고 있다. 그는 무신이 아닌 문신으로서 과감한 결단과 지략을 발휘하여 한족의 명나라를 구했다. 만약 그가 없었다면 명나라는 이 때 몽골에게 망했을 것이다.

5. 영종의 환궁과 유폐

야선의 몽골군이 북경에서 참패를 당한 후 몽골의 초원 지대로 북상할 때, 영종도 끌려가는 수밖에 없었다. 야선이 영종을 죽이지 않은 이유는 분명했다. 영종이 기화가거(奇貨可居)의 신세였기 때문이다. 진귀한 물건은 잘 보관해두면 장차 큰 이익을 본다는 뜻이다. 실제로 야선은 영종에게 호의를 베풀었다. 매일 우유와 말젖을 공급하고 2일마다 양 한 마리, 7일 마다 소 한 마리를 제공했으며, 매월 5일, 7일, 10일에는 주연을 베풀었 다. 또 북방의 추위가 닥쳤을 때 자기 아내로 하여금 영종에게 보온용 장 화 '철각피(鐵脚皮)'를 진상하게 했다. 하루는 야선이 명나라 사신에게 이렇 게 말했다.

"대명 황제와 나는 원수지간이오. 그가 친히 군마를 이끌고 와서 나와 싸웠소. 하늘의 뜻이 나에게 있었기에 내가 승리할 수 있었소. 사람들은 그를 죽이라고 권했지만, 나는 여러 차례 거절했소. 어쨌든 그는 일국의 군주이므로, 내가 특별히 백안첩목아에게 조석으로 그를 잘 섬기게 하 였소. 만약 당신들이 나를 포로로 잡았다면 과연 나처럼 대우를 해 줄 수 있었겠소?"

영종은 '토목의 변' 이후에 줄곧 야선의 친동생 백안첩목아의 진영에서 구금되어 있었다. 몽골과 명나라가 불구대천의 원수 관계였음에도 불구하고, 백안첩목아는 영종을 포로의 신분이 아닌 명나라 황제로서 극진하게 예우했다. 이런 연유로 두 사람 사이의 친분은 대단히 깊었다.

나중에 영종이 북경의 황궁으로 돌아 갈 수 있었던 것도 백안첩목아가 야선에게 석방을 권유했기 때문이다. 사실 야선에게는 포로로 잡힌 명나라 황제만큼 귀한 존재가 없었다. 언제든 영종을 이용하여 명나라 조정에 엄청난 재화를 요구할 수 있고 또 때에 따라서는 협박의 수단으로 활용할 수 있었다. 하지만 명나라 조정은 야선이 영종의 석방 조건으로 내건 과도한 요구에 일절 응하지 않고 그와의 접촉을 끊어버렸다.

영종이 포로로 끌려간 지 거의 1년이 되었는데도, 야선은 어떤 이익도 얻을 수 없었다. 야선은 차라리 영종을 돌려보내고 명나라와 화친하는 것이 자신에게 유리하다고 생각했다. 무의미한 대립보다는 화친을 통한 실리를 얻으려고 했다. 경태 원년(1450) 8월 야선이 사자를 보내 영종을 돌려보내겠다고 통보하고 화친을 요구했다. 대신들은 사신을 보내 영종을 영접하자고 주청했다. 뜻밖에도 대종이 불쾌한 기색을 띠고 말했다.

"짐은 본래 황위에 오를 생각이 없었소. 당시 짐이 황제로 추대를 받은 것은 실제로 경들이 한 일이오."

나는 본래 황제가 될 생각이 없었는데도 당신들이 나를 황제로 추대해 놓고, 이제 와서 몽골에게 치욕을 당한 영종을 다시 불러들이는 이유가 무엇이냐는 불만이었다. 태상황 영종이 환궁하면 자신의 권위가 위협받을 수 있다고 생각했다. 우겸이 침착하게 간했다.

"천자의 재위는 이미 정해졌는데 어찌 다시 다른 일이 있겠사옵니까? 이치를 살펴 신속하게 태상황을 맞이해야 할 뿐이옵니다. 만일 저들이 무슨 흉계를 꾸몄다면 신이 책임을 지고 사직하겠사옵니다."

명나라의 천자는 대종이므로 태상황이 환궁한다고 해도 다시는 천자가 될 수 없으니 걱정 말라는 의미였다. 그리고 황실의 최고 어른인 태상황을 몽골의 포로로 계속 두는 일은 명나라의 치욕이므로 하루빨리 그를 영접해야 한다는 주장이었다. 우겸이 자신을 지지하고 있음을 확인한 대종은 안색을 바꾸고 말했다.

"경의 뜻을 따르겠노라."

조정 중신들이 자신을 천자로 계속 받들겠다는 충성의 맹약을 한 후에야, 대종은 영종의 환궁을 윤허했다. 영종이 포로 생활을 한 지 1년여 만에 환궁했을 때, 대종은 동안문(東安門)에서 그를 영접하고 문무백관들은 남궁(南宮)에서 신하의 예를 갖추고 알현했다. 겉보기에는 대종과 신하들이 영종을 극진하게 예우했지만, 사실 영종은 환궁 후 남궁에서 7년 동안 구금된 채 지냈다. 영종이 실권이 없는 태상황이었지만 언제든 세력을 규합하여 황위를 되찾고자하지 않을까 하는 두려움을 대종이 느꼈기 때문이다. 남궁의 대문에 납을 쏟아 부어 완전히 봉쇄하고 금의위를 보내 외부와의 접촉을 철저하게 차단했다. 심지어 음식물도 작은 구멍을 통해 공급했다.

영종이 때에 따라 의복과 음식이 부족하면, 그의 부인 전황후가 손수 옷감을 짜서 몰래 팔아 의식을 충당하기도 했다. 대종은 행여 있을지 모르는 영종과 외부인의 연락을 막기 위하여 남궁 주변의 나무들을 모조리 자르게 했다. 사람이 은신할만한 곳을 없앤 것이다. 이렇게 영종은 남궁에서 철저하게 고립된 채 불안한 마음으로 7년 동안 연금을 당했다.

6. 탈문지변(奪門之變): 태상황 주기진의 황위 복귀 정변

대종은 재위 기간에 우겸, 이부상서 왕직(王直), 대학사 진순(陳循) 등 대신들을 중용하여 국정을 비교적 안정적으로 이끌었다. 태상황이 눈엣가시였으나 천하의 민심은 이미 자신에게 기울었다고 생각했다. 이제 태자를 자기 아들로 바꾸면 명실상부한 황제가 된다.

경태 3년(1452) 영종의 적장자이자 태자인 주견심을 폐위시키고 겨우 4세에 불과한 친아들 주견제(朱見濟)를 태자로 책봉했다. 그가 이처럼 황통을 아무런 명분도 없이 강압적으로 바꾼 행위는 조정 안팎의 여론을 들끓게 했다. 그런데 주견제가 책봉된 지 1년 만에 요절하자, 태자의 자리를 공석으로 남겨두었다. 당시 대종에게는 황위를 이을 아들이 더 이상 없었던 까닭이다. 경태 8년(1457) 대종이 갑자기 중병에 걸려 병석에서 일어나지 못했다. 조정 중신들은 크게 동요하기 시작했다.

'만약 황상이 붕어하면 누가 이 명나라 천하를 다스려야 한단 말인가?'

대신들은 황위 계승 문제를 놓고 은밀히 세력을 규합했다. 누가 황제로 등극하느냐에 따라, 그들의 가문이 부귀영화를 누릴 수 있거나 아니면 멸문의 화를 당할 수밖에 없는 급박한 상황이 전개되었다. 무청후(武淸侯) 석형(石亨), 도독 장일(張軏), 태상경 허빈(許彬), 좌부도어사 서유정(徐有貞), 태감 조길상(曹吉祥) 등은 남궁에 유폐된 태상황 주기진에게 도박을 걸기로 결심했다. 주기진이 황제로 복위하는 것이 명분과 의리에 가장 부합하다고 생각했다. 정월 17일 새벽에 석형과 서유정이 병사 1,000여 명을 이끌고 장안문과 동화문을 장악하고 난 뒤 남궁의 대문을 부수고 들어갔다. 그들은 주기진 앞에서 무릎을 꿇고 간청했다.

"폐하께서 다시 황위에 오르소서."

그들은 서둘러 주기진을 어가에 태우고 봉천전(奉天殿)으로 달려갔다. 봉천전을 지키고 있던 호위병들이 어가를 막자 주기진이 소리쳤다.

"짐은 태상황제이노라. 당장 길을 비켜라!"

태상황제의 갑작스러운 등장에 놀란 호위병들은 모두 길을 열고 물러났다. 당시 관례에 따르면 조정 대신들은 조회에 참석하기 위하여 오경(五更: 새벽 4시 쯤) 전에 오문(午門)의 외조방(外朝房)에서 대기하고 있어야 했다. 그날도 대신들이 대기하고 있었다. 갑자기 사방에서 북과 종소리가 일제히 울렸다. 서유정이 태상황께서 이미 천자로 복위했으니 모두 나와 하례를 올리라고 소리쳤다. 대신들은 처음에는 허둥거리며 어찌할 바를 몰랐으나 대세가 이미 기운 것을 감지하고 태상황에게 무릎을 꿇고 하례를 올렸다. 이에 주기진은 쫓겨난 지 8년 만에 다시 황제로 등극했다.

석형 등이 남궁의 대문을 부수고 들어가 주기진을 다시 황제로 추대한 정변을 '탈문지변(奪門之變)' 또는 '남궁복벽(南宮復辟)'이라고 칭한다. 주기진이 경태 8년(1457) 정월 17일에 황제로 복위한 후 같은 달 21일에 연호를 천순(天順)으로 고쳤다. 이때 주견심도 태자로 복위했다. 영종은 복위 당일에 즉시 병부상서 우겸과 이부상서 왕문(王文)을 체포하라는 명령을 내렸다. 두 사람이 자신을 태상황으로 물러나게 하고 대종을 황제로 추대한 것에 대한 보복이었다. 주기진을 다시 황제로 추대한 석형, 서유정 등 공신들은 형장에 끌려온 우겸과 왕문을 능치처참하고 그들의 가산을 몰수하려고 했다. 하지만 영종은 우겸이 야선의 침략에 북경 황성을 지킨 공적을 인정하여 그를 극형에 처하기를 망설였다.

영종이 포로로 끌려갔을 때 우겸은 종묘사직을 수호하는 일이 임금을 보호하는 일보다 더 중요하다고 생각했다. 그래서 하루빨리 성왕(郕王) 주기옥(朱祁鈺)을 황제로 추대하고 야선의 침략에 만반의 준비를 했다. 우겸이 주기옥을 추대한 이유도 개인의 영달을 위해서가 아니라 당시 태자가 너무 어렸고 황위 계승 서열상 주기옥이 가장 합당했기 때문이다. 야선이 영종을 이용하여 명나라 조정을 여러 차례 협박했지만 자신의 뜻을 관철시키지 못한 것도, 바로 우겸이 군신 간의 사사로운 감정에 억매이지 않고 오직 명나라의 안정과 이익을 위하여 야선을 상대했기 때문이다. 다시 말해서 명나라 사직을 수호하기 위해서는 포로로 끌려간 영종은 죽어도 상관없다는 결연한 의지였다.

영종은 우겸의 이러한 처신에 크게 실망하였을 것이다. 하지만 우겸의 냉철한 결단과 행동이 없었다면 명나라는 망했을지도 모르는 상황이었다. 영종도 이 점을 이해하고 있었던 까닭에 그를 죽이기를 망설였다. 서유정이 영종에게 이렇게 아뢰었다.

"우겸을 죽이지 않으면 이번 거사는 명분이 없게 되옵니다."

서유정은 인품이나 능력 면에서 우겸에게 크게 미치지 못했다. 우겸은 대의에 충실했지만 서유정은 시류에 민감했다. 서유정은 우겸을 죽여야만이 조정의 실권을 장악할 수 있었다. 결국 우겸과 왕문은 억울한 누명을 쓰고 역모죄로 참수형을 당했다. 우겸이 천거한 인사들도 모조리 삭탈관직을 당했다. 우겸이 처형당했다는 소식이 몽골까지 전해지자, 몽골군은 다시 명나라의 변방을 유린하기 시작했다. 영종은 나중에야 주씨(朱氏)의 천하를 지키기 위해 충성을 다한 우겸의 죽음을 애석하게 생각했다. 하루는 공순후(恭順侯) 오근(吳謹)이 영종에게 아뢰었다.

명나라 역대 황제 평전

"우겸이 아직 살아있다면 적들이 저렇게 날뛰게 내버려두지는 않았을
것이옵니다."

영종은 아무 말도 하지 않았다. 우겸을 죽인 과오를 묵묵부답으로 시인
한 것이다. 진여언(陳汝言)이 우겸의 뒤를 이어 병부상서가 된지 1년도 못되
어 죄를 짓고 가산을 몰수당한 일이 있었다. 진여언의 가택에서 금은보화
가 쏟아져 나오자 영종이 한탄했다.

"우겸은 경태(景泰) 연간에 중용되었으나 죽을 때 집안이 매우 빈곤하였
소. 그런데 진여언은 그렇게 많은 탐욕을 부렸구나."

우겸의 가택을 수색할 때 대종이 하사한 금색의 이무기가 수놓아진 예
복인 망포(蟒袍)와 보검 한 자루 이외는 어떤 재물도 나오지 않았던 까닭
에, 영종이 그렇게 말한 것이다.

영종은 먼저 대종의 측근들을 모조리 숙청하고 난 뒤에야 병석에 누워
있는 대종을 어떻게 처리할지 고민했다. 대종은 이미 사경을 헤매고 있
었으므로 굳이 죽일 필요가 없었다. 골육상쟁의 비난을 듣고 싶지 않았
던 것이다. 영종은 대종을 다시 성왕(郕王)으로 강등시키고 서원(西苑)에 구
금했다. 대종이 폐위되어 구금되기 전까지 며칠 동안, 어쨌든 그도 황제
의 신분이었으므로 명나라에는 황제 두 명이 존재하는 기이한 일이 벌어
졌다. 성왕은 구금된 지 며칠 후 30세의 젊은 나이에 세상을 떠났다. 천
순 8년(1464) 영종도 향년 38세의 나이에 붕어했다. 영종은 우여곡절이 많
은 황제였다. 9세의 나이에 황제로 등극했을 때에는 그의 조모 장태황태
후의 섭정을 받았고, 성장해서는 몽골의 포로로 끌려가 온갖 고초를 겪었
으며, 환궁해서는 이복동생 대종에게 7년 간 유폐를 당한 끝에 황제로 복

위하는 파란만장한 생애를 보냈다. 그래서 그는 어떤 정치적 업적도 남기지 못했다.

영종은 남의 불행을 동정하고 원한을 풀어주는 인정이 많은 황제였다. 명태조 주원장 이래로 계속되어왔던 궁녀들의 순장 제도를 폐지했다. 황제가 붕어하면 그를 모시던 궁녀들은 목숨을 끊고 그와 함께 순장되어야 하는 야만적인 악습이 영종에 의해서 마침내 사라졌다. 어쩌면 영종이 황제였음에도 불구하고 온갖 고초를 겪었기 때문에 궁녀들의 비극을 자신의 일처럼 여기고 종식시킨 게 아닌가 한다.

또 50여 년 동안 유폐를 당한 '건서인(建庶人)'을 풀어 준 일도 있었다. 건문(建文) 4년(1402)년 연왕 주체가 군사를 일으켜 조카 혜종을 몰아내고 황위를 찬탈할 때, 혜종의 둘째아들 주문규(朱文圭 · 1401~1457)가 유폐되었다. 당시 주문규는 겨우 두 살배기 어린아이였다. 영종 천순 연간에 이르기까지 50여 년 동안 유폐된 채로 지내고 있었다. 사람들은 그를 '건서인'이라고 불렀다.

명태조 주원장의 황통은 장자 계승의 원칙에 따라 당연히 혜종의 자손이 계승해야 했다. 하지만 주문규는 이런 황실 내부 반란의 와중에서 억울하게 희생되었다. 영종은 자신의 증조부뻘되는 주문규의 불행한 처지를 동정했다. 측근들의 반대에도 불구하고 그를 사면하고 호화로운 집에서 여생을 편안히 보내게 했다. 영종도 7년 동안 유폐를 당한 채 불안에 떨며 지냈기 때문에, 주문규의 비극을 누구보다도 가슴 절절하게 이해할 수 있었을 것이다.

제 **7** 장

경제(景帝) 대종(代宗) 주기옥(朱祁鈺)

제7장

경제景帝 대종代宗 주기옥朱祁鈺

1. 뜻밖에 황제로 등극하다

제7대 황제 주기옥은 선덕 3년(1428)에 선종 주첨기의 둘째아들로 태어났다. 영종 주기진의 이복동생이다. 주기옥의 생모 오씨(吳氏)는 원래 한왕부(漢王府)의 시녀였다. 선덕 연간 선종이 친정하여 한왕(漢王) 주고후(朱高煦) 부자를 생포했을 때, 한왕부의 여자들을 후궁의 시녀로 충당했다. 오씨도 그 중의 한 명이었다.

선종은 친정을 마치고 황궁으로 돌아오는 도중에 미모가 뛰어난 오씨를 품었다. 성총을 입은 오씨는 죄인의 하녀였기 때문에 비빈에 책봉될 수 없었다. 선종은 그녀를 궁궐 근처 거대한 저택에 거주하게 하면서 수시로 그녀와 운우지정을 나누었다. 그녀는 주기옥을 낳은 뒤 현비(賢妃)로 책봉되었으나 여전히 궁궐 밖에서 거주했다. 선덕 8년(1433) 선종이 중병에 걸리자 오씨 모자를 궁궐로 불러들여 거주하게 했다. 선덕 10년(1435)

붕어한 이후에는 태자 주기진이 황위를 계승하고, 주기옥은 성왕(郕王)으로 책봉되었다.

정통 14년(1449) 몽골 와랄의 군주 야선이 철기병을 이끌고 변방 지방을 침략했다. 영종은 무리하게 친정을 단행했다가 토목보(土木堡)에서 포로로 잡히고 말았다. 대명 황제가 감금을 당했다는 소식은 명나라 조야에 엄청난 충격을 주었다. 몽골 기병이 얼마나 강하고 잔인한지, 한족은 역사적으로 많은 경험을 했기 때문에 극도의 공포감에 사로잡혔다. 일부 조정 대신들은 남경 천도를 주장하고 가족과 재산을 몰래 남경으로 빼돌리고자 했다. 그들이 남경 천도를 운운하며 도망갈 궁리만을 꾀하고 있을 때, 백성들이야 더 말할 나위가 없었다. 그들은 병란의 화가 미치지 않는 곳을 찾아서 발버둥을 치며 달아났다. 물론 북경 사수를 주장한 대신들도 적지 않았다. 조정은 일시에 남경 천도파(遷都派)와 북경 사수파(死守派)로 분열되었다.

조정 대신들의 분열을 막고 불안한 민심을 진정시키기 위해서 가장 시급한 일은, 황제를 대신하여 국가를 다스리는 이른바 '감국(監國)'을 결정하는 것이었다. 명태조 주원장 이래로 황제에게 유고가 생기면 적장자가 황위를 계승하는 것이 원칙이었다. 영종이 몽골에서 포로로 구금되어 있을 때, 황위 계승 영순위는 당연히 그의 장남 주견심이었다. 하지만 그는 나이가 너무 어려 황제로 등극하여 누란지위(累卵之危)에 처한 명나라를 구할 수 있는 상황은 아니었다.

당시 황실의 최고 어른은 손태후였다. 그녀는 고민 끝에 성왕 주기옥에게 감국을 맡겼다. 주기옥의 나이가 혈기가 왕성한 22세였으므로 영종을 대신하여 대혼란을 수습할 수 있는 적임자로 그를 지목했다. 그녀는 또 주견심을 태자로 책봉했다. 주견심이 태자로 책봉된 것은 중요한 의미를 지니고 있다. 손태후는 주기옥에게 잠시 황제를 대신하여 국정을 다스리라고 명령을 내렸을 뿐이며, 난국이 수습되면 황위는 마땅히 주견심이 계승해야 한다고 생각했다. 그녀의 이러한 결정은 대의명분을 중시하는 조정 대신들의 전폭적인 지지를 받았다. 주기옥도 처음에는 이 점을 잘 알고 있었으므로 황제를 참칭하는 어떤 분수에 넘치는 행동도 하지 않았다.

정통 14년(1449) 8월 손태후와 주기옥은 남경 천도를 포기하고 북경을 사수하기로 결정했다. 주기옥이 손태후의 지시에 따라 황제를 대신하여 막중대사를 처리하고 있을 때, '좌순문(左順門) 사건'이 터졌다. 우도어사 진일(陳鎰)이 국정을 농락하고 백성을 도탄에 빠뜨린 왕진(王振) 일당을 모조리 주살해야 한다는 상소를 올렸다. 그 동안 왕진의 전횡에 숨죽이고 지냈던 대신들이 주기옥에게 우르르 몰려가 이구동성으로 왕진을 성토했다. 하지만 왕진의 하수인, 금의위지휘 마순(馬順)이 황궁의 병권을 장악하고 있었다. 주기옥은 대신들의 간신 척결 요구에 미적거리는 태도를 보였다. 황궁 곳곳에 포진해 있는 왕진 일당의 반격이 두려웠기 때문이다.

주기옥의 우유부단한 처신에 불만을 품은 호과급사중 왕굉(王竑)이 좌순문에서 죽기를 각오하고 마순에게 달려들어 난투극을 벌였다. 두 사람이 순간적으로 뒤엉키자, 근처에 있던 대신들이 몰려와 마순을 몽둥이로 때려죽였다. 그들은 또 환관 모귀(毛貴)와 왕장수(王長隨)를 때려죽였다. 세 사람의 시신을 동안문(東安門) 밖에 효시했다. 분노한 대신들이 일시에 황궁을 장악하자, '대리 황제' 주기옥은 그들이 반란을 일으킨 것으로 착각하고 내궁(內宮)으로 달아났다. 병부상서 우겸(于謙)이 주기옥을 설득했다. 대신들이 종묘와 사직을 지키기 위한 충정에서 간신 왕진 일당을 타도하는 것이지, 결코 주기옥을 해치려고 한 행동이 아님을 분명히 밝혔다. 당장 왕진의 가산을 몰수하고 그의 잔당을 척결하라고 간청했다. 주기옥은 비로소 사태를 파악하고 우겸의 간언을 받아들였다.

대신들은 우겸을 중심으로 하루라도 빨리 새 황제를 추대하지 않으면 국난을 극복할 수 없다고 생각했다. 주기옥 이외에는 대안이 없었다. 손태후도 대신들과 뜻을 같이 했다. 주기옥을 새 황제로 책봉한다는 그녀의 의지(懿旨)가 주기옥에게 전해졌다. 뜻밖에도 그는 몸을 숨기고 나타나지 않았다. 영종이 포로로 잡혔다고 하지만 언젠가 다시 복위하면, 자신은 멸문의 화를 당하지 않을까 하는 공포감에 사로잡혀 감히 손태후의 명령을 받들지 못했다. 이번에도 우겸이 나섰다.

"저희들은 진실로 국가의 안위를 걱정할 뿐이지, 결코 사사로운 꼼수
를 위함이 아니옵니다."

주기옥을 황제로 추대하려는 목적은 오로지 국가의 안녕을 위해서이지, 개인의 사적인 이익을 추구하기 위해서가 아니라는 충정이었다. 주기옥은 국가가 위난을 당한 시기에 자신의 역사적 책무를 피할 수 없었다.

정통 14년(1449) 9월 성왕 주기옥이 황제로 등극했다. 그가 곧 경제(景帝) 대종(代宗)이다. 다음 해부터 연호를 경태(景泰)로 정하고 영종을 태상황으로 추대했다. 차기 황위를 계승할 태자는 자신의 조카이자, 영종의 장남 주견심이었다.

2. 북경 보위전: 와랄(瓦刺)의 군주, 야선(也先)의 침략을 격퇴하다

영종이 친히 이끈 명나라 대군이 토목보(土木堡: 지금의 하북성 회래현 · 懷來縣)에서 몽골군에 궤멸을 당한 후, 북경 황궁은 공황에 빠졌다. 당장 북경 수비를 담당할 병사가 턱없이 부족하였으며 장졸들 모두 사기가 꺾여 도망갈 궁리만 하였다. 이때 흩어진 민심을 수습하고 몽골군의 침략에 맞서

계책을 세운 이가 우겸이었다. 대종은 우겸을 전적으로 신뢰하여 그에게 병권을 맡겼다.

우겸은 먼저 남경, 산동성, 하남성 등 각지에 주둔하고 있는 병사들을 북경으로 집결시켰다. 당시 북경에서 멀지 않은 통주(通州)의 양식 창고에는 많은 군량미가 비축되어 있었다. 만약 그것이 몽골군의 수중에 들어가면 호랑이에게 날개를 달아주는 꼴이 되는 위험한 상황이었다. 한시바삐 군량미를 북경으로 옮겨야 하는 급박한 사정이었으나 수송이 문제였다. 우겸의 계책에 따라, 문무백관이나 병사들이 개별적으로 군량미를 통주에서 북경으로 운반해 오면 은자(銀子)와 포목을 상으로 내리겠다는 칙유가 반포되었다. 사람들은 너나할 것 없이 통주로 달려가 군량미를 운반해 왔다. 군량미가 산처럼 쌓이자 민심이 안정되었다.

성산후(成山候) 왕통(王通)은 북경성 외곽에 해자를 파서 몽골군에 대항하자고 주장했다. 총병관 석형(石亨)은 농성(籠城) 작전으로 적이 지칠 때를 기다려 공격하자고 건의했다. 우겸은 성 밖에서 배수의 진을 치고 싸우는 게 유리하다고 주장했다. 대종은 우겸의 전술을 지지했다. 우겸은 22만 대군을 북경성의 9개 문 밖에서 분산 배치하고 성문을 모두 잠갔다. 이렇게 성안으로 들어오는 성문을 모조리 차단함으로써 결사 항전의 의지를 밝혔다.

야선은 북경을 침략하기 전에 명나라 조정에 물자 지원을 끊임없이 요구했다. 태상황 영종을 포로로 데리고 있었으므로 명나라에서 자신의 요구를 들어 줄 수밖에 없다고 생각했다. 하지만 대종은 야선의 협박에 굴복하지 않았다. 자신이 이미 황제가 된 마당에 야선이 태상황을 죽인다고 해도 아쉬울 것이 없었다. 오히려 영종이 몽골에서 죽거나 살해를 당해야만이 자신의 황권을 더욱 강화할 수 있었다. 협박이 통하지 않으면 직접 공격하여 재물을 빼앗는 행위는 유목 민족 몽골의 오랜 전통이었다.

야선이 지휘하는 몽골군은 변방을 유린하며 정통 14년(1449) 10월 11일에 북경성 서직문(西直門) 밖으로 질풍노도처럼 몰려왔다. 야선은 일거에 북경성을 공략하려고 했으나 명군의 철통같은 수비에 공격을 망설였다. 그는 투항한 명나라 환관 희녕(喜寧)의 건의를 받아들여 영종을 활용하기로 결정했다. 영종 석방을 조건으로 화친을 제의했다. 화친이 받아들여지면 명군이 방심한 틈을 타서 북경성을 함락시킬 계략이었다.

대종과 대신들이 태상황을 볼모로 삼은 야선의 제의에 설왕설래했다. 우겸이 야선의 위계를 간파했다. 몽골의 철기병이 아무리 강해도 쉬지 않고 수백 리를 달려왔기 때문에 그들도 피로에 쌓인 약점이 있다고 보았다. 야선은 명나라 조정에서 아무런 반응을 보이지 않자 덕승문(德勝門)을 맹렬히 공격하다가 우겸의 유인책에 걸려들어 패배하고 말았다. 그 뒤 양군은 서직문(西直門), 창의문(彰義門) 등에서 치열한 접전을 벌인 끝에 명군의 대승으로 끝났다. 퇴로 차단을 두려워한 야선은 황급히 패잔병을 수습하고 북쪽으로 달아났다. 같은 해 11월 초에 양홍(楊洪), 손당(孫鏜) 등이 이끄는 추격군이 몽골군을 변경 밖으로 완전히 몰아내고 몽골군의 포로로 잡힌 백성 1만여 명을 데리고 오는 전과를 올렸다. 북경 방어전은 결국 명나라의 승리로 끝났다.

명나라가 이 싸움에서 승리할 수 있었던 까닭은 대종이 충신이자 전략가인 우겸을 전폭적으로 신뢰하고 그에게 병권을 맡겼기 때문이다. 임금은 충신을 알아보고, 충신은 자신을 알아 준 임금을 위하여 분골쇄신의 자세로 싸운 결과였다. 야선은 퇴각한 이후에 세력이 급속히 약화되어 더 이상 명나라의 위협이 되지 못했다. 그 후 명나라가 북방 몽골족의 침략을 받지 않고 중원의 안정을 이룰 수 있었던 것은 이처럼 임금과 신하 간의 두터운 신뢰 덕분이었다.

3. 태자 주견심(朱見深) 폐위와 친아들 주견제(朱見濟)의 태자 책봉

경태 원년(1450) 8월 중순 영종 주기진이 몽골에서 포로 생활을 한 지 우여곡절 끝에 1년여 만에 환궁했지만 남궁에 유폐되었다. 대종은 황제로서 통치 기반을 다지기 위해 태상황 영종을 철저하게 '식물인간'으로 만들었다. 그런데 당시 후계 구도에 심각한 문제가 있었다. 영종의 장자 주견심이 아직도 태자의 신분이었으므로, 대종 사후에 그가 황위를 계승하면 대종의 직계 후손이 멸문의 화를 당하는 것은 불문가지였다. 대종은 조급했다. 하루라도 빨리 주견심을 폐위시키고 외아들 주견제를 태자로 책봉해야 만이 편안한 삶을 누릴 수 있었다.

대종은 조정 중신들에게 태자 폐위 문제를 넌지시 거론했다. 중신들이 먼저 황제의 속마음을 알아차리고 적극적으로 주견심을 쫓아내기를 바랐다. 하지만 대의명분을 중시하는 중신들은 달리 생각했다. 대종이 어쨌든 몽골의 침략을 격퇴하여 종묘사직을 지킨 공로가 있으므로 태상황 영종에게 황위를 돌려주지 않은 것은 이해할 수 있었다. 하지만 아무 잘못도 없는 태자 주견심을 폐위시키는 일은 '국본(國本)'을 뒤흔드는 행위일 뿐만 아니라 민심 이반의 원인이 될 수 있다고 생각했다. 더구나 손태후가 막후에서 주도하여 주견심을 태자로 옹립했으므로, 태자 폐위는 황실의 최고 어른인 손태후의 뜻에 반하는 일이었다.

대종도 손태후의 권위를 무시할 수 없는 처지였다. 그는 고민 끝에 황제로서 체면불구하고 환관과 중신들에게 뇌물을 주어 자기 뜻을 관철시키려고 했다. 아무리 최고 권력자라고 해도 명분에 맞지 않는 일을 추진할 때는 아랫사람의 눈치를 살피지 않을 수 없었다. 태감의 우두머리 김영(金英)에게 말했다.

"7월 초 이튿날이 동궁 태자의 생일이구나."

"아니옵니다. 태자마마의 생일은 11월 초 이튿날이옵니다."

　　사실 대종의 외아들 주견제의 생일은 7월 초 이튿날이고, 태자 주견심의 생일은 11월 초 이튿날이다. 대종은 주견제를 김영이 태자로 받들기를 바라는 마음에서 일부러 그렇게 말했다.

　　김영은 안남(安南: 지금의 베트남) 출신의 환관이다. 영락 5년(1407) 우부장군 장보(張輔)가 안남을 토벌하고 개선했을 때, 영락제에게 어린 환관 김영을 전리품으로 바쳤다. 김영은 무려 성조, 인종, 선종, 영종, 대종의 5대에 걸쳐 역대 황제들의 수발을 들며 황궁의 크고 작은 일에 관여했다. 속국 출신의 태감이었지만 충직함을 인정받아 황제가 바뀔 때마다 살아남을 수 있었다. 그도 대종의 속마음을 간파하고 있었다. 하지만 그는 일부러 모른 척하고 사실대로 말했다. 대종의 태자 폐위 시도를 은연중에 반대한 것이다.

　　대종은 김영에게 기대했던 대답을 얻지 못했지만 자신의 뜻을 끝까지 밀고 나갔다. 이때 태감 왕성(王誠)과 서량(舒良)이 대종의 비위를 맞추기 위해 비열한 계책을 냈다. 조정 대신들에게 뇌물을 주어 그들의 태도를 바꾸게 하자는 것이었다. 대종이 대신들마다 황금 50냥과 백은 100냥을 하사했다. 뇌물이 통하지 않는 대신들에게는 위협을 가했다. 이에 태자 폐위를 암암리에 지지하는 자들이 늘어났다.

　　이때 황굉(黃竑)이라는 자가 '국본'의 막중대사를 공고히 하기 위하여 태자를 교체해야 한다는 상소를 올렸다. 그는 원래 광서성 심주(潯州)의 도지휘였는데 사명부(思明府) 지부(知府)의 자리를 차지하기 위해 지부 일가를 습격하여 살해한 죄로 옥에 갇혀있었다. 천호(千戶) 원홍(袁洪)을 북경으로 보내 구명 활동을 하게 했다.

원홍은 대종이 태자를 바꾸고 싶어 한다는 소문을 듣고 황굉 명의로 상소를 올렸다. 대종은 상소문을 읽고 크게 기뻐했다.

"아직도 만리 밖에 이런 충신이 있구나."

대종의 어명에 의해 황굉은 즉시 석방되었으며 아울러 도독(都督)으로 승진했다. 사람을 죽인 범죄자의 간교한 술책과 황제의 사욕이 어우러져 만든 결과였다. 대종은 대신들에게 황굉이 올린 상소문을 회람하게 했다. 양심적인 신하들도 대세에 순응하는 수밖에 없었다. 경태 3년(1452) 5월 태자 주견심은 기왕(沂王)으로 강등되고, 대종의 뜻대로 주견제가 태자로 책봉되었다.

4. 왕황후(汪皇后)의 현명한 처신과 대종(代宗)의 비참한 말로

주견제가 태자로 책봉되었을 때 대종의 정실부인 왕황후(汪皇后)도 폐위되고, 주견제의 생모 항비(杭妃)가 황후로 책봉되었다. 왕황후는 성격이 강직하고 인정이 많은 황후였다. 원래 성왕 주기옥의 왕비였다. 뜻밖에도 주기옥이 황제로 등극하자 그녀도 황후로 책봉되었다. 그녀는 여자로서 최고 지위인 황후의 자리에 오르고 난 뒤에도, 남궁에 유폐된 영종을 돌보느라 온갖 궂은 일을 마다하지 않았던 그의 정실부인 전황후의 처지를 동정하고 수시로 위로했다.

태자 주견심이 태상황의 외아들이며 아무런 잘못도 없는데 폐위시키고 대신 대종의 장자 주견제를 태자로 책봉하는 것은 법도에 맞지 않는다고 생각했다. 사실 그녀가 주견제의 태자 책봉을 반대한 까닭은 주견제가 항비(杭妃)의 아들이었기 때문이다. 왕황후는 대종의 적장자를 낳지 못했다. 황위를 계승할 아들이 없는 왕황후로서는 자기보다 품계가 낮은 항비의 아들이 훗날 황제가 되는 것보다 손태후가 이미 태자로 책봉한 주견심이 황위를 계승하는 게 자신에게 훨씬 유리하다고 판단했다.

왕황후의 이런 처신에 대종은 진노했다. 아무리 황후의 신분이라지만, 부녀자가 어찌 감히 황제의 결정에 이의를 제기할 수 있느냐는 분노였다. 왕황후는 즉시 폐위되어 냉궁(冷宮)에 갇히는 신세가 되었고, 항비가 새 황후로 책봉되었다. 당시 남궁에서 유폐된 채 전전긍긍하며 지내고 있었던 영종과 전황후는 아들이 폐위되었다는 소식을 듣고 피눈물을 흘렸다.

주견제는 태자가 된 지 1년 만에 요절하고 말았다. 대종의 상심은 이루 말할 수 없었다. 그에게는 더 이상 황위를 물려 줄 친아들이 없었기 때문이다. 조야의 사대부들은 대종이 태자를 무리하게 바꾸었기 때문에 어린 태자가 요절했다고 쑤군거렸다. 주견심을 태자로 복위시켜야 한다는 여론이 들끓었다. 귀주도감찰어사 종동(鐘同)이 상소문을 올렸다.

"아버지가 천하의 주인이면, 당연히 아들에게 천하를 전해주어야 하옵니다. 하지만 얼마 전에 태자가 죽었사옵니다. 이는 하늘의 뜻이 어디에 있는지 알게 하옵니다. 신의 소견으로는 태상황의 아들은 곧 폐하의 아들이옵니다. 기왕(沂王) 주견심은 타고난 자질이 중후하므로 그에게 종묘와 사직을 위탁할 수 있사옵니다."

요컨대 당신의 아들 주견제가 죽었으므로 당신이 쫓아낸 주견심을 다시 태자로 세워야 만이 명나라의 사직을 굳건히 지킬 수 있다는 충고였다. 역린을 건드린 종동은 몽둥이에 맞아죽고 말았다. 대종은 옹졸한 황제였다. 황위를 이을 친아들이 없었기 때문에 누구를 후계자로 결정해야 했지만, 쫓겨날 때까지 태자를 책봉하지 않았다. 영종은 '탈문지변'을 일으켜 황제로 복위한 후 대종을 다시 성왕(郕王)으로 강등시키고 서원(西苑)에 구금했다. 성왕은 구금된 지 며칠 후 30세의 젊은 나이에 세상을 떠났다.

『영종실록』에 의하면 대종은 경태 7년(1456) 12월에 병사했다. 명나라 사람 육익(陸釴)이 지은『병일만기(病逸漫記)』에 이런 기록이 있다.

"환관 장안(蔣安)이 비단끈으로 대종을 목 졸라 죽였다."

대종이 시해를 당했다는 얘기이다. 영종이 복위한 직후에 대종은 어쨌든 빨리 죽어야 할 운명이었다. 영종은 그를 혹평했다.

"불효하고 오만불손하고 어질지 않고 정의롭지 않고 도덕을 더럽히고 추문을 드러냈다. 따라서 신과 사람들은 모두 그에게 분개했다."

7년 동안 유폐를 당한 원한을 거의 저주에 가까운 악평으로 드러냈다. 대종이 사후에 들어갈 황릉으로 생전에 천수산(天壽山)에 만들어 놓은 수릉(壽陵)을 파괴하고 그를 서산(西山)에 안장하게 했다. 영종은 또 그에게 '성려왕(郕戾王)'이라는 시호를 내리기도 했다. '패륜을 저지르고 사나우며 욕심 많은 성왕'이라는 뜻이다.

영종 사후 헌종(憲宗) 성화(成火) 11년(1475)에 이르러서야, 일부 신하들은 대종이 야선의 침략에 맞서 종묘사직을 지키고 백성을 편안하게 한 공로가 있는데도, 그에게 제왕의 칭호를 박탈하고 '려(戾)'라는 치욕적인 글자를 붙인 것은 도리에 맞지 않는다고 주장했다. 헌종은 자신을 폐위시킨 숙부 대종에게 개인적으로 반감을 품었지만, 그의 공적을 인정하여 다시 그를 황제로 추존했다. 그래서 대종 주기옥을 경제(景帝)라고 칭하기도 한다.

한편 주견심을 옹호하다가 황후의 자리에서 쫓겨난 왕폐후(汪廢后)는 영종 복위 후에 성왕비(郕王妃)로 다시 책봉되었다. 왕씨는 전황후를 물심양면으로 은밀히 도운 까닭에 음산한 냉궁에서 살아나올 수 있었다. 전황후도 그녀에 대한 고마움을 잊을 수 없었다. 왕씨가 성왕부(郕王府)로 거처를 옮길 때, 전황후는 그녀가 많은 재물과 시녀들을 데리고 갈 수 있도록 배려했다.

경태 7년(1456) 12월 성왕이 서거하자 그의 후궁들은 순장을 당할 운명이었다. 당귀비(唐貴妃) 등은 관례에 따라 순장을 당했으나, 왕씨만은 영종과 전황후의 배려로 살아남을 수 있었다. 그 후 제8대 황제가 된 헌종(憲宗) 주견심은 왕씨가 자신을 변호하다가 고초를 겪은 사실을 알고 그녀를 존경하고 우대했다. 왕씨는 황위를 계승할 적장자를 낳지 못했지만 역사의 전환기에 대의명분을 지켰던 까닭에 천수를 누리고 81세의 나이에 삶을 마감했다.

제**8**장

성화제(成化帝) 헌종(憲宗) 주견심(朱見深)

성화제成化帝 헌종憲宗 주견심朱見深

1. 도량이 넓은 말더듬이 황제

제8대 황제 헌종(憲宗) 주견심(周見深)은 정통 12년(1447)에 영종 주기진(朱祁鎭)의 장남으로 태어났다. 생모는 효숙황후(孝肅皇后) 주씨(周氏)이다. 헌종의 원래 이름은 주견준(朱見濬)이다. 영종은 이복동생 대종(代宗) 주기옥(朱祁鈺)을 몰아낸 뒤, 경태 8년(1457) 정월에 황제로 복위했다. 이때 대종에 의해 태자의 자리에서 쫓겨난 주견준을 다시 태자로 책봉하면서 그의 이름을 주견심으로 바꾸었다.

정통 14년(1449) 8월 영종이 몽골 와랄(瓦剌)의 군주 야선(也先)의 침략에 맞서 무리하게 친정을 단행했다가 토목보에서 몽골의 포로로 잡히고 말았다. 황제의 부재는 대명제국의 존망이 달린 엄청난 사건이었으므로 하루빨리 새 황제를 추대해야 했다. 당시 명나라 조정의 실권자는 영종의 모후 손태후(孫太后)였다. 그녀는 막후에서 성왕 주기옥을 황제로 추대하고 주견준을 태자로 책봉했다.

주견준은 천진무구한 세 살 배기 어린아이였다. 손태후가 그를 태자로 책봉한 의도는 분명했다. 당시 주견준의 나이가 너무 어렸기 때문에 어쩔 수 없이 영종의 후궁 오현비(吳賢妃)의 소생인 주기옥을 황제로 추대했지만, 훗날 황위를 계승할 사람은 장자 계승의 원칙에 의하여 주기옥의 아들이 아닌 영종의 아들이자 자기 친손자인 주견준이라는 것이다. 조야의 사대부들은 손태후의 이런 결정이 법도에 맞는다고 여기고 지지했다. 원래 주기옥은 본인이 원치 않았는데도 억지로 황제로 추대되었으므로 손태후의 태자 책봉에는 간여할 입장이 아니었다.

하지만 야선의 북경 침략을 격퇴하고 난 뒤 자신의 권력을 강화한 대종은 친아들 주견제를 태자로 책봉하려는 술책을 노골적으로 드러냈다. 결국 경태 3년(1452) 5월에 태자 주견준은 기왕(沂王)으로 강등되고, 경제의 뜻대로 주견제가 태자로 책봉되었다.

태자를 억지로 교체하는 일련의 과정에서 대종의 눈엣가시였던 어린아이 주견준은 언제 어떻게 살해당할지 모르는 지극히 불안한 궁중 생활을 할 수밖에 없었다. 당시 그의 부친 영종도 남궁(南宮)에서 유폐되어 있었기 때문에, 주견준의 신변을 적극적으로 지켜 줄 사람은 아무도 없었다. 아버지와 아들이 언제 죽을지 모르는 절박한 상황에서, 주견준은 말문을 닫고 숨을 죽이며 살아야 했다. 이런 이유로 심한 말더듬이가 된 게 아닌가 한다.

훗날 그가 황제로 등극하고 난 뒤 대신들의 건의를 윤허할 때, '옳다(是)'라는 말 한 마디만 했다. 그가 대신들과의 대화를 꺼린 것도 말을 더듬어서 남의 웃음거리가 되는 것을 피하기 위해서였다고 한다.

천순(天順) 8년(1464) 주견심은 18세 때 황위를 계승하고, 다음 해부터 연호를 성화(成化)로 바꾸었다. 묘호(廟號)가 헌종(憲宗)이므로 보통 그를 헌종이라고 칭한다. 헌종은 성격이 차분하고 도량이 넓으며 비교적 충신을 알아보는 황제였다. 성화 3년(1467) 헌종의 신임이 두터웠던 좌서자(左庶子) 여순(黎淳)이 상소했다. 헌종이 태자였을 때 폐위당한 사건의 진상을 규명해야 한다는 주장이었다. 헌종의 대답은 이랬다.

"경태(景泰) 연간에 일어난 태자 폐위 사건은 이미 지나간 일이오. 짐은
개의치 않소."

헌종은 어찌 대종 주기옥에게 원한을 품지 않았겠는가? 황제로 등극한 이상 개인의 원한을 풀기 위해 얼마든지 무소불위의 권력을 휘둘러 주기옥의 일족을 멸족시킬 수 있었을 것이다. 하지만 그는 피비린내 나는 옥사를 일으키지 않았다. 만약 태자 폐위의 전말을 추궁하면 그 사건과 관련된 수많은 사람들이 잔혹한 형벌을 피할 수 없었을 것이다. 그는 오히려 선친 영종에 의해 '성려왕(郕戾王)'이라는 치욕을 당한 주기옥을 다시 황제로 추존하는 은덕을 베풀었다. 원한을 은혜로 갚은 것이다. 『명사』에서는 그에 대해서 "아량이 아주 넓어서 임금다운 도량이 있었다."고 호평했다.

헌종은 충직한 신하를 알아보고 중용한 황제였다. 즉위 초기에 비교적 정국의 안정을 이루었던 까닭은 이현(李賢), 팽시(彭時), 상로(商輅) 등 충신들을 중용한 덕분이었다. 이현은 선덕 8년(1433)에 과거에 급제한 후 정통, 경태, 천순, 성화 연간에 이르는 동안 황제를 바르게 보필하고 국정을 바로잡은 충신이었다. 천순 8년(1464) 봄 헌종이 즉위한 직후에 달이 태양을 가리는 일식 현상이 생겼다. 이현이 상소했다.

"태양은 군주의 상징이옵니다. 군주의 덕행이 빛나면 햇빛은 더욱 찬

란하게 빛나옵니다. 폐하께서 진실한 마음으로 수신하고 아랫사람을 공정하게 다스리며 사소한 일도 분명히 밝히고 항상 올바른 생각과 행동을 굳건히 견지하시기를 바라옵니다. 이렇게 하시면 하늘의 괴이한 변화는 자연스럽게 사라질 것이며 아울러 음기와 양기의 절묘한 조화가 만들어 내는 화기(和氣)가 찾아올 것이옵니다."

일식은 주기적으로 일어나는 천문 현상에 불과할 뿐, 군주의 실정과는 아무런 관계가 없다. 하지만 옛날 사람들은 그것이 발생하는 이유가 군주의 실정에서 비롯된다고 생각했다. 천지자연의 기묘한 변화에 대한 두려움을 해소하고 그것을 극복하기 위한 방안으로 군주의 책임론을 제시했다. 군주가 백성의 삶을 안락하게 해야 하는 의무가 있는 것도 민심이 천심과 연결되어 있기 때문이다. 군주가 사치와 향락에 젖어 백성을 도탄에 빠뜨리면 천벌을 받을 수 있다는 경고가 괴이한 천문 현상으로 나타난다고 생각했다. 이는 옛날 사람들이 그것을 군주의 과오를 경계하는 수단으로 활용했다는 점에서 중요한 의미가 있다. 이현은 다음 날 또 상소했다.

"하늘의 운행 질서가 아직 조화를 이루지 못한 까닭은 음기가 왕성하기 때문이옵니다. 선덕부터 천순 연간에 이르기까지 궁궐에 들어온 궁녀들이 너무 많사옵니다. 특히 재산을 몰수당한 죄인의 부녀자들이 완의국(浣衣局)으로 끌려와 이루 말할 수 없는 고생을 하고 있사옵니다. 그들의 원성이 자자하오니 마땅히 그들을 집으로 돌려보내야 하옵니다."

'완의국'은 황실의 의복 세탁을 담당한 궁녀들의 소속 부서이다. 헌종은 이현의 간언을 흔쾌히 받아들였다. 하루는 천자의 순행 때 쓰는 깃발과 어가를 다시 호화롭게 제작하자는 주청이 있었다. 이현이 간했다.

"내탕고에는 아직 사용하지 않은 기물이 있사옵니다. 불과 얼마 전에 폐하께서는 조세를 감면하는 조서를 반포하여 백성들에게 은혜를 베풀 었사옵니다. 지금은 재물을 아껴야 할 때인데 어찌 그런 일을 하시려고 하옵니까?"

헌종은 즉시 어가 제작을 그만두라는 어명을 내렸다. 성화 3년(1467) 이 현이 59세의 나이에 병사했다. 헌종은 그를 태사(太師)로 추증하고 문달 (文達)이라는 시호를 내리고 애도했다. 헌종은 재위 초기에 이현 같은 충 신이 있었던 덕분에 어느 정도 정국의 안정을 도모할 수 있었다. 하지만 재위 중반기에 이르러서 초심을 잃고 국정에 소극적인 태도를 취했다. 특히 만귀비(萬貴妃)의 전횡을 수수방관한 것은 조정의 기강을 완전히 무 너지게 했다.

2. 만귀비(萬貴妃)의 전횡

성화 연간에 조정의 기강이 문란해진 까닭은 헌종이 그토록 사랑한 만 귀비(1428~1485)가 실권을 장악하고 조정을 농락했기 때문이다. 만귀비는 어떤 여자인가? 그녀를 알기 위해서는 먼저 헌종의 황후 간택 과정을 살 펴보아야 한다.

천순 8년(1464) 2월 헌종이 18세의 나이에 황위를 계승할 때, 아직 혼인 을 하지 않은 상태였다. 즉위 직후에 이미 혼인할 나이가 되었고 아울러 국모의 막중한 소임을 맡아야 할 황후의 자리가 비어있는 비정상적인 상 황이었다. 이런 이유로 황실과 조정은 같은 해 7월에 서둘러 헌종의 대혼 (大婚)을 성대하게 치렀다. 대혼이란 임금의 결혼을 말한다.

헌종의 부친 영종은 생전에 아들의 배필을 간택하기 위하여 전국에서 뽑힌 미인 12명 가운데 오씨(吳氏), 왕씨(王氏), 백씨(柏氏) 등 처녀 세 명을 최종 선발하여 별궁에서 기거하게 했다. 그들에게 미리 궁궐의 엄격한 법도를 가르치면서 미래의 황후감으로 가장 적합한 여자를 선발하려는 목적이었다. 영특하고 아리따운 용모를 지닌 오씨가 황후로 책봉되었다.

그런데 오황후(吳皇后)가 책봉된 지 한 달도 못되어 폐위되고, 왕씨가 황후로 책봉된 일이 벌어졌다. 대명 제국의 국모를 쫓아낸 일은 실로 엄청난 사건이었다. 도대체 오씨가 무슨 큰 잘못을 저질렀기에 황후의 자리에 오르자마자 폐위되었을까? 그녀가 만씨에게 원한을 샀기 때문이다. 만씨는 궁녀에 불과했지만 여자로서 최고의 지위에 오른 오황후를 몰아냈을 정도로 막강한 권력을 가질 수 있었던 것은, 헌종이 그녀를 지나치게 총애했기 때문이다.

임금은 후궁을 총애하더라도 정실부인의 권위를 인정하고 존중해야 만이 내명부의 기강이 바로 선다. 그렇지 않으면 궁중 여인들 사이에서 암투가 생기고 평지풍파가 일어난다. 헌종은 위계와 사랑을 구분하지 못했다.

만씨는 산동성 제성(諸城) 사람이다. 죄를 지은 아버지를 살리기 위해 4세 때 입궁하여 궁궐에서 자랐다. 헌종의 조모 손태후의 시녀로 생활하다가 동궁의 궁녀로 선발되어 태자 주견심을 모셨다. 만씨의 나이는 주견심보다 17세 많았다. 주견심은 어머니뻘이나 다름이 없는 만씨에게 연정을 품었다.

당시 주견심의 생모 주귀비(周貴妃)가 생존해 있었지만, 황궁의 엄격한 법도는 모자지간의 자유로운 만남과 감정 교류의 장애가 되었다. 주견심은 매일 동궁에서 시중을 드는 만씨에게 야릇한 사랑의 감정을 느꼈다. 만씨도 태자의 적극적인 구애에 은밀히 화답했다. 훗날 황위를 이을 태자의 마음을 사로잡을 수 있다면 신분 상승은 말 할 것도 없고 권력과 부귀영화를 마음껏 누릴 수 있지 않겠는가? 사실 만씨는 몸이 뚱뚱하여 태자를 홀릴만한 미색을 갖춘 여자가 아니었다. 하지만 눈치가 빠르고 태자의 비위를 맞추는 데 탁월했다. 두 사람은 이미 '연인 관계'로 발전했다. 마침내 만씨가 오랫동안 공을 들인 주견심이 황위를 계승했다.

두 사람의 불륜을 눈치 챈 오황후는 황제의 후궁들을 엄격하게 다스려야 할 책임이 있었다. 만씨의 사소한 잘못을 구실로 그녀를 호되게 매질했다. 궁녀 따위가 감히 황제의 성총을 흐리게 할 수 있냐는 호된 질책이었지만, 사실은 남편의 총애를 만씨에게 빼앗긴 것에 대한 분노였다. 만씨는 오황후에게 호되게 당한 일을 헌종의 품속에서 흐느끼며 말했다. 헌종은 황후의 질투를 문제 삼아 그녀를 폐위시켰다. 이는 분명히 헌종의 과오이다. 설령 오황후가 질투했더라도, 헌종은 황후와 후궁들 간의 위계질서를 인정하고 그녀를 두둔해야 만이 내명부의 기강이 바로 설 수 있었는데도 그렇게 하지 않았다. 황후로 책봉된 지 한 달도 안 된 국모를 쫓아낸 일은, 헌종이 얼마나 만씨에게 홀려있었는지 짐작하게 한다.

오황후가 폐위 된 후 내명부의 일은 모두 만씨에 의해 좌지우지되었다. 황후로 책봉된 왕씨는 그녀의 전횡을 모르는 척했다. 오히려 만씨에게 순종하는 태도를 취했다. 그녀에게 밉보이면 자신도 오폐후(吳廢后)와 같은 처치로 전락하지 않을까 하는 두려움을 느꼈다. 일개 궁녀가 황후를 능멸하는 상황이 되자, 내명부의 법도와 질서는 엉망진창이 되고 말았다.

성화 2년(1466) 만씨가 헌종의 장남을 낳았다. 헌종의 기쁨은 이루 다 말할 수 없을 정도였다. 그는 전국 각지의 명산대찰에 사신을 파견하여 아들의 무병장수를 기원하는 제사를 올리게 하였으며 만씨를 귀비(貴妃)로 책봉했다. 하지만 만귀비가 낳은 아들이 태어난 지 1년도 안 되어 요절하고 말았다. 그녀가 헌종의 장남을 낳아 훗날 황태후로 등극하려고 했던 욕심은 일장춘몽으로 끝나고 말았다.

하지만 헌종은 여전히 그녀만을 총애했다. 그 후 몇 년이 지나도 만귀비는 더 이상 회임하지 못했다. 헌종의 황위를 이을 원자(元子)가 태어나지 않자, 조정 중신들은 조급해지기 시작했다. 그들은 헌종에게 상소문을 올려 이른바 '부은택(溥恩澤)'을 간청했다. 부은택이란 쉽게 말해서 황제가 후비들과 자주 방사(房事)를 가져서 빨리 아들을 얻으라는 말이다. 헌종은 그들의 간언을 받아들였지만 여전히 만귀비의 치마폭에서 벗어나지 못했다.

만귀비는 환관들과 짜고 무서운 음모를 꾸몄다. 행여 헌종의 성은을 입어 회임한 비빈들이 있으면 온갖 명목으로 탕약을 먹여 낙태시켰다. 심지어 현비(賢妃) 백씨가 낳은 헌종의 둘째아들 주우극(朱祐極)이 3세 때인 성화 7년(1471)에 태자로 책봉되었으나, 만귀비의 흉계에 걸려들어 1년도 안 되어 사망했다. 헌종은 그녀의 이러한 악행을 전혀 눈치 채지 못하고 오히려 날이 갈수록 그녀에게 더욱 빠져들었다.

명나라 천하의 주인이 헌종이었다면, 헌종의 주인은 만귀비였다. 이에 따라 부정한 방법으로 권력을 쟁취하고 부귀영화를 꿈꾸는 무리가 수단과 방법을 가리지 않고 그녀에게 선을 대고자 벌떼처럼 몰려들었다. 하지만 그녀를 알현하기가 어찌 손바닥을 뒤집는 것처럼 쉬웠겠는가? 우선 만귀비의 측근과 친인척을 돈으로 매수해야 하고, 가까스로 그녀를 먼발치에서라도 우러러볼 수 있다면 진귀한 보물로 그녀의 환심을 사야 했다.

만귀비에게 잘 보여 팔자를 고친 대표적인 사람이 내각의 대학사 만안(萬安)이다. 만귀비의 총애를 받는 환관을 매수하여 그녀에게 뇌물 공세를 폈다. 본인의 성씨가 만귀비와 같은 만씨(萬氏)인지라, 스스로 그녀의 조카뻘이 된다고 말하며 그녀에게 굽실거렸다. 명색이 조정 중신에 해당하는 대학사가 무릎을 꿇고 머리를 조아리며 아부하는 광경이 낯 뜨거웠지만, 만귀비로서는 조정에 자기 심복을 심어 국사를 간여할 수 있는 절호의 기회였으니, 어찌 그를 좋아하지 않을 수 있었겠는가?

　권세가들이 권력과 재물을 안정적으로 움켜쥐려면 서로 혼인 관계를 맺는 것도 효과적인 방법이다. 만안이 만귀비의 친척이라고 주장했지만, 사실 두 사람은 성씨만 같을 뿐 친척이 아니었다. 만귀비는 산동성 제성(諸城), 만안은 사천성 미주(眉州) 출신이다. 지금도 제성과 미주는 서로 왕래하기에는 너무나 멀리 떨어진 곳이다. 만안은 만귀비 일가와 보다 끈끈한 관계를 유지하기 위하여 만귀비의 남동생 만통(萬通)과 친교를 쌓았다.

　당시 만통은 금의위지휘로서 황궁의 보위를 책임지고 있는 실권자였다. 만통의 아내 왕씨(王氏)에게는 어려서 남의 손에서 자란 배다른 여동생이 있었다. 만안은 그녀에게 눈독을 들였다. 능수능란한 수완을 부려 그녀를 첩으로 맞이하는 데 성공했다. 그는 비로소 만귀비 일가의 확실한 구성원이 되었다.

　사람들은 만안을 '만세각로(萬歲閣老)'라고 부르며 비아냥거렸다. 황제의 면전에서 툭하면 만세를 부르는 내각 대학사란 뜻이다. 성화 7년(1471) 어느 날 만안은 팽시(彭時), 상로(商輅) 등 내각 대학사들과 함께 국정을 논의하기 위해 헌종을 배알했다. 팽시와 상로가 먼저 헌종에게 경관(京官)의 녹봉을 깎아서는 안 된다고 아뢰자 헌종은 마지못해 윤허했다. 두 사람이 다른 현안을 상의하려고 할 때, 느닷없이 만안이 무릎을 꿇고 머리를 조아리며 '만세'를 외쳤다. 그의 돌발적인 행동에 두 사람도 똑같이 하지 않을 수 없었다. 원래 임금과 신하 간의 국정 논의가 끝났을 때, 신하는 만세를 외치며 종종걸음으로 물러난다. 아직 상의할 일이 많은데도, 만안의 이런 행동 때문에 두 사람도 어쩔 수없이 물러날 수밖에 없었다. 자고로 충신이 임금에게 요청하는 일들은 대부분 임금의 심기를 불편하게 하는 것이다. 그래서 만안이 헌종의 비위를 맞추기 위해 만세를 불러 어전 회의를 빨리 끝내게 했다. 평소에 신하들을 만나기를 꺼려했던 헌종으로서는 만안이 참으로 자신을 위하는 충신이라고 생각했을 것이다.

그 후 헌종은 대신들과의 대화를 더욱 기피했다. 하루는 대학사 윤직(尹直)이 헌종을 직접 배알하고 국정을 논의하려고 했다. 만안은 그에게 이렇게 말하며 말렸다.

"지난 번 팽공(彭公)이 나와 함께 황상을 배알할 때 헛소리를 늘어놓다가 느닷없이 머리를 조아리며 만세를 불러 대신들의 조소거리가 되었소. 우리 대신들이 국정 현안들에 대해 자기 의견을 자세히 밝히고 난 뒤, 태감을 통해 황상께 전하는 게 집적 배알하여 의논하는 것보다 더 좋지 않겠소?"

뻔뻔스럽게도 만안은 자기가 한 비열한 행동을 팽시가 했다고 뒤집어씌웠다. 정말로 후안무치한 사람이었다. 헌종에게 올린 상소문의 말미에 대담하게 방중술을 거론하기도 했다. 임금에게 성교의 기술을 가르치고자 한 것이다. 당시 헌종이 어떤 반응을 보였는지 알 수 없으나, 훗날 헌종의 황위를 계승한 효종(孝宗) 주우당(朱祐樘)이 우연히 그 상소를 읽고 태감 회은(懷恩)을 만안에게 보내 그의 죄를 묻게 했다. 회은이 만안에게 "이게 대신이라는 자가 할 짓이오?"라고 꾸짖자, 만안은 머리를 조아렸지만 조금도 부끄러운 기색을 띠지 않았다. 당시 사람들은 그를 이렇게 풍자했다.

"얼굴은 두꺼운 철갑과 같았고, 마음은 구불구불한 황하와 같았네."

만안은 성화 연간에 만귀비의 비호를 발판으로 오늘날의 '국무총리'격인 내각수보에 올랐다.

만귀비는 태자를 갈아치우는 음모를 꾸미기도 했다. 성화 11년(1475) 헌종의 셋째아들 주우탱(朱祐樘)이 태자로 책봉되었다. 당시 그의 나이가 6세에 불과했으며, 생모 기씨(紀氏)는 이미 세상을 떠난 뒤였다. 성화 원년(1465) 광서 지방에 거주하는 요족(瑤族)이 반란을 일으켰다. 반란군의 세력이 날이 갈수록 광동, 호광 등 서남부 지방으로 확산되었다. 명나라 조정은 도독 조보(趙輔)를 총병관에 임명하고 반란군을 진압하게 했다. 명군은 반란군의 본영이 있는 대등협(大藤峽: 지금의 계평 · 桂平 서북쪽)을 습격하여 성채 320여 개를 파괴하고 반란을 진압했다. 요족의 많은 아녀자들이 포로로 잡혔다. 그들 가운데 용모가 반반한 여자들은 황궁의 궁녀로 충당했다. 이 시기에 재색을 겸비한 기씨도 궁녀가 되었다. 헌종은 우연한 기회에 기씨와 마주쳤다. 헌종이 기씨를 하룻밤의 노리개로 삼아 낳은 아들이 주우탱이었다.

기씨의 회임을 눈치 챈 만귀비는 그녀를 독살하려고 했다. 태감 장민(張敏), 회은(懷恩) 그리고 폐위된 오씨 등 평소에 만귀비의 악행에 치를 떤 궁인들은 위험을 무릅쓰고 갓난아이의 출생 사실을 비밀에 붙이고 철저하게 보호했다. 주우탱마저 만귀비에 의해 독살되면 황통이 끊길 뿐만 아니라 자신들의 미래도 암울했기 때문에 갓난아이를 필사적으로 지켰다.

주우탱은 궁인들의 보호를 받으며 황궁의 궁벽한 곳인 안락당(安樂堂)에서 5년 동안 숨어 지냈다. 헌종은 주우탱이 태어난 사실조차 모르고 있었다. 주우탱이 여섯 살이 되었을 때, 장민은 비로소 헌종에게 주우탱의 존재를 알렸다. 황위를 이을 아들이 없어서 오랫동안 근심에 빠져있던 헌종은 뛸 듯이 기뻤다. 주우탱이 태자로 책봉되자, 만귀비는 "노비들이 감히 나를 속이다니."라고 소리를 지르며 밤낮으로 통곡했다. 만귀비의 무서운 음모가 또 시작되었다. 얼마 후 기씨는 만귀비의 살해 위협에 시달리다가 목을 매어 자살했다. 장민도 황금을 삼키고 자살했다. 헌종은 만귀비가 태자를 독살하려는 음모를 까맣게 모른 채 여전히 그녀를 총애했다. 만귀비가 언젠가는 태자를 죽일 것이라는 소문이 황궁에 퍼졌다.

헌종의 모친 주태후(周太后)가 나섰다. 어린 태자를 인수궁(仁壽宮)에서 직접 키워야만이 만귀비의 손아귀에서 벗어날 수 있었다. 그 뒤 주우탱은 조모 주태후와 함께 지내게 되었다. 하루는 만귀비가 주우탱을 자기 처소로 초대하여 음식을 대접하겠다고 말했다. 주태후가 주우탱에게 당부했다.

"만귀비의 처소에 가면 절대 음식을 먹지마라!"

만귀비는 주우탱에게 음식을 내놓고 먹기를 권했다. 두 사람의 대화는 이랬다.

"배가 불러 못 먹겠사옵니다."

"그러면 이 탕이라도 마셔라!"

"독이 들어있을까, 두렵사옵니다."

만귀비가 화를 내며 말했다.

"이 대여섯 살 밖에 되지 않은 어린아이가 나중에 어른이 되면 나를 잡아먹지 않겠어?"

성화 21년(1485) 헌종은 내탕고의 재물이 바닥난 것을 확인하고 태감 양방(梁芳)과 위흥(韋興)에게 말했다.

"내탕고에 쌓아 둔 금은보화를 너희 두 놈들이 모조리 써버렸구나."

위흥은 아무 대답도 하지 못했지만, 양방은 오히려 황상의 만복을 기원하기 위하여 전국 각지에 많은 사당을 짓느라고 내탕고의 재물을 소비했다고 변명했다. 헌종은 불쾌한 기색을 띄고 말했다.

"짐이 너희들을 문책하지 않겠지만, 나중에 문책하는 사람이 있을 것이다."

당시 황실은 내탕고가 무려 7곳이나 있었다. 역대 황실마다 쌓아 둔 금은보화로 넘쳐났다. 성화 연간에 이르러 만귀비와 결탁한 환관들이 그녀의 환심을 사기 위하여 매일 내탕고의 재물을 몰래 빼돌려 그녀에게 바쳤다. 헌종도 자신의 사치와 향락을 위해 재물을 물 쓰듯 썼으므로 내탕고가 텅 비어버렸다. 헌종은 환관들의 죄를 추궁하고 싶었지만 그들이 만귀비의 측근이었으므로 불문에 붙였다.

양방과 위흥은 훗날 태자 주우탱이 황위를 계승하면 지난 일을 추궁하여 자신들에게 중벌을 내리지 않을까 두려워했다. 그들은 호시탐탐 주우탱을 노리고 있는 만귀비를 부추겨서 태자를 폐위시켜야 만이 살 수 있다고 생각했다. 같은 해 3월 만귀비의 참언에 놀아난 헌종은 주우탱을 폐위시키고 소비(邵妃)의 아들 흥왕(興王)을 태자로 책봉하려고 했다.

만귀비의 만행을 참다못한 사례감의 장인태감 회은이 헌종에게 태자 폐위의 부당함을 간곡하게 아뢰었다. 태감의 우두머리였던 그는 신분이 미천한 환관이었음에도 불구하고 청렴하고 충직한 성품으로 조야에서 신망이 높은 인물이었다. 헌종도 평소에 그를 총애하였지만, 태자 폐위 문제에서는 만귀비의 말만을 믿고 그를 봉양현(鳳陽縣)에 있는 황릉의 능묘지기로 쫓아냈다.

그런데 바로 이 시기에 산동성 태산(泰山)에서 연이어 지진이 일어났다. 태산은 한족들이 민족의 영산으로 받들며 가장 신성시하는 오악(五嶽) 가운데 으뜸인 동악(東嶽)이다. 황제가 태평성대를 이루었을 때 비로소 태산에 올라가 장엄한 봉선 의식을 행할 수 있는 성스러운 산이기도 하다. 이 태산에 지진이 일어났다는 것은 하늘이 황제의 실정을 강하게 경고하는 일이라고 옛날 사람들은 생각했다. 천문, 기상 등을 관장하는 흠천감(欽天監)의 관리가 지진이 태자 폐위와 관련이 있다고 아뢰었다. 헌종은 주우탱의 황위 계승은 하늘의 뜻이라고 생각하고 태자를 폐위하지 않았다.

황제마저도 자기 손아귀에 넣고 조정의 대사를 마음대로 주무른 만귀비는 태자 폐위 의도가 실패로 끝나자 분노가 치밀었다. 하지만 그녀도 환갑의 나이에 접어들어 기력이 급격하게 쇠잔해졌다. 성화 23년(1487) 울화병에 시달리다가 58세를 일기로 사망했다. 자신의 통치 시대를 망쳐놓은 주범이 만귀비였는데도, 헌종은 그 점을 끝까지 깨닫지 못했다. 오히려 만귀비가 사망하자 너무나 슬퍼했다.

"만귀비가 영면하였구나! 이제 짐도 세상을 떠날 때가 되었구려."

아니나 다를까, 헌종도 만귀비가 죽은 지 몇 개월 후에 세상을 떠났다. 헌종은 진심으로 만귀비를 사랑했지만, 그녀도 그를 사랑했는지 알 수 없다. 그녀가 헌종의 권위를 이용하여 온갖 악행을 벌인 일들을 고려하면, 그녀는 헌종을 사랑한 게 아니라 황제의 무소불위의 권력을 사랑했을 것이다.

3. 환관 왕직(王直)과 양방(梁芳)의 득세

명나라 역사는 환관의 역사라고 해도 과언이 아닐 정도로 환관들이 국정에 깊숙이 개입하여 국가를 혼란에 빠트린 예가 많다. 물론 영락제 때 어명을 받들고 아프리카 남단까지 항해를 하여 명제국의 위세를 만방에 떨친 정화나, 성화 연간의 회은 같은 충직한 환관들도 적지 않았다. 하지만 황제의 총애를 등에 업고 황제 다음 가는 권력을 행사하면서 국정을 농단한 환관들이 많았다.

왕직과 양방은 만귀비가 키운 환관이다. 성화 시대에 공포 정치의 산실이었던 서창(西廠)의 우두머리, 왕직은 효종 주우탱의 생모 기씨와 마찬가지로 성화 초기에 대등협 전투의 노획물로 끌려와 환관이 된 요족 출신이다. 처음에 황궁의 소화궁(昭和宮)에서 만귀비를 섬기는 시종이었다. 워낙 눈치가 빠르고 아부에 능했기 때문에 만귀비의 눈에 쉽게 띄었다. 당시 만귀비는 자신에게 충성을 다할 사당이 필요했다. 그녀의 사조직은 황궁 안에서 거미줄처럼 촘촘하게 구축되기 시작했다.

왕직은 만귀비의 비호 아래 황제의 말을 관리하는 어마감(御馬監)의 태감으로 승진했다. 직급이 칠품내관에 불과했지만 병부(兵符)의 일도 맡았으므로 병권에 간여할 수 있는 실권자였다. 실제로 그는 북경의 정예부대인 12개 단영(團營)의 병사들을 이끌고 반란군 토벌에 나선 적이 있었을 정도로 위세가 막강했다.

왕직이 어명을 받들고 변방으로 시찰을 나가면 변방 수비의 책임을 맡고 있는 순무와 도어사들이 성 밖 2~3백 리까지 미리 마중 나와 멀리서 다가오는 왕직의 행렬을 향해 무릎을 꿇고 절을 올렸다. 그가 변방의 관아에 머무르고 있을 때면, 관리들이 그를 섬기는 모습이 마치 노예와 같았다. 어느 날 이부상서 윤민(尹旼)이 왕직의 막역지교인 왕월(王越)에게 왕직을 소개시켜달라고 부탁하며 이렇게 말했다.

"왕직 어르신을 만나면 무릎을 꿇어야 합니까?"

"육부상서(六部尚書)가 어찌 다른 사람에게 무릎을 꿇어야 한단 말이
오?"

상서는 오늘날 중앙 정부의 장관직에 해당하는 최고위직이다. 이부상
서로서 체통을 지키라는 충고였다. 하지만 윤민은 불안했다. 왕월의 얘기
대로 처신했다가 왕직에게 어떤 봉변을 당할지도 모르기 때문이다. 그래
서 윤민은 몰래 측근을 보내 왕월이 왕직을 만날 때 어떻게 행동하는 지
정탐하게 했다. 아니나 다를까, 왕월은 왕직의 면전에서 무릎을 꿇고 이
야기를 나누고 있었다. 그 후 윤민이 왕월과 함께 왕직을 배알하자마자
즉시 무릎을 꿇고 예를 갖추었다. 두 사람이 왕직을 배알하고 나온 뒤, 왕
월이 자기 말을 듣지 않은 윤민을 나무랐다. 윤민은 이렇게 말했다.

"다른 사람이 무릎을 꿇는 모습을 보았소. 내가 워낙 무능한 사람이라
다른 사람이 하는 행동을 보고 배웠을 따름이오."

왕직의 권세가 얼마나 대단했으면, 이처럼 조정 중신들조차 동료에게
거짓말을 하면서까지 자기만 잘 보이려고 했을까?
성화 14년(1478)에 또 이런 황당한 일이 있었다. 숭왕부(崇王府) 내사(內使)의
노복, 양복(楊福)이란 자가 내사를 따라 북경에 갔다가 죄를 짓고 달아났
다. 그는 남경에서 우연히 고향 친구를 만났다. 고향 친구가 말했다.

"자네는 왕직 영감을 너무 많이 닮았다네. 왕직 염감으로 변장하고 돌아다니면 많은 재물을 모을 수 있을 거야."

두 사람은 단숨에 왕직을 사칭하기로 의기투합했다. 양복은 왕직으로, 그 친구는 왕직을 호위하는 교위(校尉)로 변장하고 강남 일대를 돌아다녔다. 그들이 돌아다닌 지역마다 '왕직'의 출현에 놀란 지방 관리들은 향응을 제공하고 뇌물을 바치느라 정신이 없었다. 억울한 일을 당한 백성들조차도 '왕직'이 왕림했다는 소식을 듣고 달려와 호소하기도 했다. 송사를 해결해주고 막대한 이익을 챙겼음은 두 말할 나위도 없다. 심지어 그들은 지방 병사들의 훈련을 감독하고 관공서의 식량 창고를 조사하는 위세를 부리기도 했다. 결국 '가짜 왕직'의 사기 행각은 복건성 복주(福州)에서 진수태감(鎭守太監) 노승(盧勝)에 의해 들통 났다. 신분을 증명하는 부절(符節)이 없었기 때문이다. 당시 조야를 떠들썩하게 한 이 사건은 왕직의 위세가 얼마나 대단한 지 상징적으로 보여주었다.

『황명세설신어(皇明世說新語)』에 이런 내용이 있다. 왕직이 지방을 시찰할 때마다 만약 자기를 조금이라도 소홀히 접대하는 관리가 있으면, "지금 자네가 쓰고 있는 관모는 누구 것이냐."고 말하며 위세를 부렸다. "네놈이 내 덕분에 관리가 된 게 아니냐."는 일종의 자기 과시이자 나를 잘 모시지 않으면 언제라도 관모를 벗길 수 있다는 협박이었다. 한 번은 똑 같은 질문을 받은 한 현령이 이렇게 대답했다.

"제가 쓰고 있는 관모는 대장간 골목에서 백은 석 냥을 주고 산 것이옵니다."

뜻밖에도 왕직은 너털웃음을 터뜨리고 그를 꾸짖지 않았다. 그 성격의 또 다른 일면을 보여주는 일화이다. 또 한 번은 그가 강남 지방에 갔을 때 가흥지부(嘉興知府) 양계종(楊繼宗)이 아주 청렴한 관리라는 소문을 듣고 일부러 그를 만나러 갔다. 왕직은 그를 보고 말했다.

"사람들은 모두 양계종이 대단한 인물이라고 말하는데 막상 만나보니 이렇게 못생긴 사람인줄은 미처 몰랐네."

모욕을 당한 양계종이 대답했다.

"내가 추악하게 생겼지만 부모님이 나에게 주신 몸을 훼손하지는 않았소."

왕직이 자기 신체의 일부를 스스로 훼손하고 환관이 된 사실을 간접적으로 비난한 것이다. 얼굴이 홍당무로 변한 왕직은 아무 말도 하지 못했다. 그 후 양계종이 입궐하여 헌종을 배알했다. 왕직은 그를 만나고 싶었으나 만나지 못했다. 하루는 헌종이 왕직에게 물었다.

"짐을 알현한 관리들 가운데 누가 가장 청렴한 사람인가?"

"세상에서 돈을 사랑하지 않는 자는 오직 양계종 한 사람뿐이옵니다."

왕직은 일종의 정보기관인 서창의 수장으로서 반대파를 탄압하고 막대한 재물을 긁어모은 악인이었지만 인재를 알아보지 못하고 도량이 좁은 인물은 아니었던 것 같다. 훗날 그는 동창제독(東廠提督) 상명(尙銘)의 탄핵을 당하고 남경으로 쫓겨났으나 천수를 누리고 죽었다. 명나라 때 국정을 파탄으로 몰고 간 환관들 중에서는 가장 행복한 인생의 말년을 보낸 인물이다.

양방은 권세가 왕직에게는 미치지 못했지만 재정 분야에서 명나라 조정의 기능을 마비시키고 막대한 이득을 취한 환관이다. 왕직이 권력을 사랑했다면, 양방은 돈을 사랑했다. 양방도 헌종의 총애를 받기 위해서는 먼저 만귀비의 신임을 얻어야 했다. 그는 만귀비에게 진귀한 보물들을 끊임없이 헌상하여 그녀를 기쁘게 했다. 만귀비의 적극적인 추천 덕분에 헌종의 측근이 된 그는 황실에서 필요한 사치품을 구입한다는 명목으로 전국 각지를 돌아다니며 재물을 닥치는 대로 긁어모았다. 헌종은 그의 비리를 알고 있었지만 그가 자신의 사욕을 충족시켜주었고 만귀비와의 관계를 고려하여 묵인했다. 양방은 또 헌종이 도교와 불교에 탐닉하고 있음을 간파하고 도교 사원이나 불탑 건축에 막대한 재원을 투입하여 황실의 내탕고를 텅 비게 했다.

양방의 탐욕은 급기야 매관매직으로 발전했다. 그는 이자성(李孜省), 요승 계효(繼曉) 등과 같은 간신배를 끌어들여 관직을 매매했다. 원래 이자성은 광서성 포정사(布政司)의 관리였는데 뇌물수뢰죄로 평민으로 강등되었다. 재기의 발판이 필요했던 그는 방중술을 익히고 난 뒤 양방에게 선을 대어 헌종을 알현했다. 헌종은 그가 진상한 최음제를 먹고 쾌락의 도가니에 빠졌다.

계효는 방술(方術)을 익혀 돌을 황금으로 변하게 하는 요술을 부려 헌종의 이목을 가렸다. 헌종을 꼬드겨 서시(西市)에 거대한 영창사(永昌寺)를 건축하면서 거주민 수백 가구를 몰아내고 내탕금 수십만 냥을 낭비했다. 계효의 어머니는 창기였다. 그는 헌종에게 자기 모친의 선행을 기리는 패방(牌坊)을 세워달라고 요구했다. 헌종은 두말없이 그의 요구를 들어주었다. 심지어 헌종은 궁녀들을 계효에게 하사하여 노리개로 가지고 놀게 했다.

양방은 이자성, 계효와 결탁하여 관리의 정상적인 임용 절차가 아닌 '성지(聖旨)'에 의해 관리를 임용해야 한다고 헌종에게 주청했다. 황제의 권위를 높이기 위한 일이라고 했으나 실제로는 매관매직에 불과했다. 헌종은 막대한 재물이 굴러들어오는 것을 마다하지 않았다. 이렇게 어명을 빙자하여 뇌물을 받고 임용한 관리가 1,000여 명에 달했다. 당시 그들을 전봉관(傳奉官)이라고 칭했다. 아무런 공을 세우지 못한 평민도 뇌물 액수에 따라 한 순간에 태상경(太常卿)의 직책까지 승진한 사례가 있었다. 양방은 성화 연간 내내 부귀영화를 누리다가 효종이 즉위한 이후에야 거세되었다.

4. 3대 악정: 서창(西廠), 황장(皇莊), 전봉관(傳奉官)

명나라 때는 업무의 성격과 기능에서 오늘날 '국정원'과 유사한 일종의 비밀 정보기관인 동창(東廠)과 서창(西廠)이 있었다. 3대 황제 영락제 주체는 혜종 주윤문을 몰아내고 황위를 찬탈했다. 그는 정변을 일으켜 죄 없는 조카를 죽이고 황제로 등극했다는 비난을 재위 기간 내내 면할 수 없었다. 명나라를 건국한 주원장은 유가의 대의명분에 입각하여 황위는 적장자가 계승해야 한다는 원칙을 확고부동하게 세웠으므로, 올곧은 사대부들은 주체의 정통성 문제를 끊임없이 제기했다.

영락제는 영락 18년(1420)에 반대파를 무자비하게 숙청하고 통치 권력을 강화하기 위하여 '동집사창(東緝事廠)'이라는 새로운 관서를 만들었다. 이것을 흔히 약자로 '동창'이라고 한다. 동창의 주요 업무는 사전에 역모를 탐지하고 황실 종친, 조정 대신, 지방의 고위 관리 등 권문세가의 일거수일투족을 감시하여 황제에게 직접 보고하는 일이었다. 만약 반역의 뜻을 품은 자나 황제를 비난하는 자들이 정보망에 걸려들면, 그들을 즉시 잡아들여 정식 재판을 거치지 않고 무자비하게 고문하거나 살해했다.

황제의 친위대인 금의위(錦衣衛)가 원래 이런 일을 맡아야 했다. 하지만 영락제는 매일 자기와 긴밀히 접촉하고 동시에 자기 심중을 꿰뚫고 있는 환관들에게 이 특수 임무를 맡겼다. 동창의 우두머리를 창공(廠公) 또는 독주(督主)라고 칭했다. 환관들 가운데 사례감장인태감(司禮監掌印太監) 다음가는 2인자였다. 영락제 이후에도 동창 소속의 환관들은 황제의 비밀 지령을 수행하면서 많은 악행을 저질렀다. 명나라가 역대 왕조에 비하여 환관들의 전횡이 유독 심했던 까닭은, 그들이 황제의 비호를 받고 비밀 조직을 운영했기 때문이다.

성화 12년(1476) 7월 이자룡(李子龍)이라는 요술을 부리는 도사가 북경에서 체포된 일이 있었다. 그는 간교한 술수로 혹세무민하면서 자신이 진명천자(眞命天子)라는 소문을 퍼뜨리고 다녔다. 석포(鮑石), 정충(鄭忠) 등 환관들과 결탁하여 황궁의 삼엄한 경비를 뚫고 만세산(萬歲山)에 올라가 황궁 내부를 정탐했다. 정변을 일으켜 황위 찬탈을 시도하다가 그만 금의위에 잡혔다. 만세산은 황궁과 이어져있는 명나라의 성산(聖山)이다. 이자룡이 그처럼 삼엄한 경비를 뚫고 황궁을 제집 드나들 듯 한 사건은 헌종에게 큰 충격을 주었다.

어명을 받은 왕직은 영제궁(靈濟宮) 앞에 있는 석회 공장에서 이자룡과 그의 일당을 잔혹하게 고문했다. 그들은 모조리 대역죄로 처형당했다. 헌종은 또 이런 모반이 일어날까 두려워하였다. 성화 13년(1477) 1월 헌종은 또 동창과 비견되는 '서집사창(西緝事廠)'이라는 새로운 정보기관을 만들었다. 이것을 약자로 '서창'이라고 칭한다.

헌종이 가장 총애하는 왕직이 서창의 우두머리가 되었다. 왕직은 변장술에 능했다. 행색이 초라한 평민으로 위장한 그가 노새를 타고 도성의 안팎에서 온갖 가담항어(街談巷語)을 수집하고 다닐 때, 누구도 그의 신분을 눈치 채지 못했다. 그가 수집한 정보는 헌종에게 보고되었다. 황제를 비난하는 자나 유언비어를 퍼뜨리는 자는 즉시 체포되어 죽음을 면치 못했다. 고관대작의 전횡도 중요한 감찰 대상이었다. 일단 걸려들면 패가망신을 피할 수 없었기 때문에, 서창의 존재가 그들에게는 공포의 대상이었다. 서창의 비밀 조직은 전국적으로 확대되고 그 인원은 동창을 능가했다. 동창의 우두머리, 환관 상명(商銘)은 왕직에게 복종하고 그의 지시를 받아야 했다.

왕직이 때로는 헌종의 윤허를 받지 않고 중앙 관리나 지방 관리를 닥치는 대로 구금하고 그들의 재산을 몰수하는 전횡을 일삼았다. 조정 중신들이 강하게 반발했다. 대학사 상로(商輅)가 헌종에게 상소했다.

"왕직이 권력을 휘두른 이래로 사대부는 직무를 충실히 수행할 수 없으며, 상인은 거리에서 마음껏 장사할 수 없으며, 백성은 생업에 편안히 종사할 수 없사옵니다."

상로가 왕직을 탄핵한 직접적인 동기는 왕직이 3품 이상의 경관(京官)의 가산을 멋대로 수색하고 압수한 일에서 비롯되었지만, 일반 백성들도 상로가 지적한 대로 왕직과 서창의 전횡에 편안한 삶을 누릴 수 없었다. 이를테면 사람들이 사소한 싸움을 벌여도 서창에서는 엄한 형벌로 다스렸다. 하지만 헌종은 여전히 왕직을 두둔했을 뿐 간언을 받아들이지 않았다.

왕직에게 몇 차례 능욕을 당했던 병부상서 항충(項忠)도 헌종에게 왕직의 죄상을 밝히고 서창의 폐쇄를 강하게 주장했다. 상로와 항충의 요구에 동조하는 신하들이 많아지자, 헌종은 성화 13년(1477) 5월에 부득이하게 서창을 폐쇄하고 왕직을 어마감(御馬監)으로 돌려보냈다. 조야의 사대부들은 헌종의 이러한 조치에 크게 기뻐했다. 하지만 항충과 상로가 왕직 일당의 음모에 걸려들어 파면된 후인 같은 해 6월에, 서창이 부활하고 왕직의 권세가 다시 하늘을 찔렀다. 헌종이 왕직을 지나치게 총애했기 때문에, 왕직이 어마감으로 밀려난 지 한 달 만에 다시 실권자로 등장한 것이다.

성화 17년(1481) 헌종은 왕직에게 경군(京軍)을 거느리고 선부(宣府)로 가서 달단(韃靼)의 침략을 물리치게 했다. 왕직이 달단을 격퇴한 후 북경으로 회군을 요청했지만, 헌종은 윤허하지 않고 그를 대동(大同)으로 보내 변방 지방을 지키게 했다. 이때부터 왕직은 헌종의 총애를 잃기 시작했다. 왕직이 변방의 한직에 밀려나 있을 때, 대신들은 다시 왕직을 탄핵하고 서창을 폐쇄하라는 상소를 끊임없이 올렸다. 왕직은 이미 헌종의 마음속에서 멀어진 지 오래되었던지라, 성화 18년(1482) 결국 서창은 폐쇄되고 왕직은 남경의 어마감으로 쫓겨났다.

왕직이 서창의 우두머리가 되어 무소불위의 권력을 휘두른 지 5년여 만에 쫓겨나고 서창이 폐쇄되었지만, 성화 연간에 국고가 텅 비고 민란이 빈번했던 까닭은 헌종이 국가의 정상적인 조직을 무시하고 '서창'이라는 비밀 정보기관을 통해 국가를 다스렸기 때문이다. 훗날 그의 손자 무종(武宗)은 서창을 다시 중건했을 뿐만 아니라 '내행창(內行廠)'이라는 또 다른 비밀 조직을 만들어 황권을 강화하고 백성을 탄압했다. 예나 지금이나 최고 권력자가 자신의 권력을 강화하기 위하여 가장 빠지기 쉬운 유혹 중의 하나가 오직 자신만을 위하는 정보 조직을 만드는 것이 아닌가 한다.

성화 연간에 고위 관리였던 육용(陸容. 1436~1494)이 지은 『숙원잡기(菽園雜記)』에 이런 내용이 있다.

"옛날에 천자가 제후에게는 탕목읍(湯沐邑)을, 공주에게는 지분전(脂粉田)

을 하사했지만, 황장(皇莊; 황실 소유의 토지)을 하사했다는 이야기는 아직 들어보지 못했다. 오늘날 이른바 황장이라는 것은 대부분 건국 초기의 방목지와 백성의 사유지였을 따름이다. 원래 황궁의 재정 수입은 내관(內官)이 관장하며 천자에게 필요한 어물(御物)을 바치는 데 쓰였다. 하지만 지금은 국가가 부유해지고 천자가 그 재부를 독점하고 있으므로, 한 치의 땅도 천자의 소유가 아닌 것이 없으며, 전국 각지의 창고에 쌓인 재물도 그의 재물이 아닌 것이 없다. 그런데도 황장을 별도로 설치하여 천자의 소유라고 한다. 이는 사람들이 본래 모르고 있는 바이다."

'탕목읍'이란 주(周)나라 때 만든 일종의 식읍(食邑) 제도이다. 천자가 제후에게 경기 지방에서 숙소와 일정한 토지를 하사하여 제후가 그곳에서 숙박하고 목욕재계한 후 천자를 배알할 수 있도록 편의를 제공했다. 또 천자의 딸, 공주가 시집을 갈 때는 '지분전'을 하사하여 안락하고 품위 있는 생활을 할 수 있게 했다. 옛날에 왕후(王侯)나 공주에게 사유지를 하사한 것은 나름대로 일리가 있지만, 지금은 천하의 모든 것이 황제의 소유인데도, 황제가 별도로 사유지를 조성하여 자기에게 하사할 필요가 있냐는 주장이다. 황제의 사리사욕을 은근히 비난한 글이다.

천순 8년(1464) 헌종 주견심이 황제로 등극한 직후에, 환관 조길상(曹吉祥)의 전답을 몰수하여 황실 소유의 토지로 만들었다. 이때 처음으로 '황장'이라는 명칭이 등장했다. 헌종이 설치한 황장은 명나라 때 토지 겸병의 시초가 되었다. 헌종의 황장 설치에 불만을 품은 급사중 제장(齊莊)이 즉시 상소했다.

"천자는 온 세상을 자기 집으로 삼는데도, 하필이면 떠들썩하게 황장을 설치하여 가난한 백성들과 이익을 다투려고 하옵니까?"

명나라 천하는 천자의 집이나 다름이 없으므로 천자가 원하는 것은 모두 얻을 수 있는데도, 또 무엇이 부족하다고 황장을 설치하여 가난한 백성들의 재산을 빼앗으려고 하느냐는 비난이었다. 하지만 제장의 간언은 헌종에게는 마이동풍이었다. 더 호사스러운 사치와 쾌락을 즐기기 위하여 더 많은 재물이 필요했던 것이다.

그 후 헌종의 아들 효종, 손자 무종의 3대에 이르는 10여 년 동안 황장의 면적은 무려 3만7천5백여 경(頃)에 달했다. 지금의 도량형으로 계산하면 대략 25억㎡에 해당하는 엄청난 면적이다. 황제가 이처럼 토지를 닥치는 대로 집어삼켰으니 번왕, 척신, 환관 등도 예외는 아니었다. 홍치 15년(1502)에 이르러서는 전국 관전(官田)의 면적이 무려 민전(民田)의 7분의 1에 달했다.

황제와 권문세가의 광적인 토지 수탈은 결국 민란을 초래했다. 무종 정덕(正德) 연간에 유육(劉六)과 유칠(劉七)이 황장 설치에 불만을 품고 하북성 패현(覇縣)에서 일으킨 반란이 대표적인 예이다. 황장의 관리는 주로 조정에서 파견한 환관들이 맡았다. 그들은 무뢰배를 동원하여 멋대로 토지를 점유하고 재물을 갈취하며 부녀자들을 강간하는 등 무소불위의 악행을 서슴지 않았다. 명나라 후기에 들어와 민란이 빈발하고 통치기반이 무너진 원인이 바로 헌종 때부터 시작한 황장에서 비롯되었다.

천순 8년(1464) 헌종은 즉위 직후에 공인(工人) 요왕(姚旺)을 문사원부사(文思院副使)로 임명하라는 어명을 내렸다. 이것이 이른바 '전봉관(傳奉官)'의 시초가 된다. 전봉관이란 조정의 공식적인 관리의 선발 과정을 거치지 않고 황제가 직접 임명한 관리를 말한다. 이는 황제와 그의 측근들이 관직을 사유물로 취급하여 매관매직하여서 국정 질서를 어지럽히고 부정부패를 일으키는 문제가 있었다. 오늘날 '낙하산 인사'의 폐단과 다를 바 없다. 전봉관 대부분은 권문세가나 황제의 총애를 받는 환관들과 결탁하여 관직을 제수 받았다. 뇌물을 쓰지 않고서는 그들과 접촉할 수 없었으며 뇌물의 액수에 따라 관직의 등급이 정해지기도 했다. 헌종은 측근들이 헌상하는 엄청난 액수의 금전을 받고 그들이 요구하는 대로 관직을 남발했다. 겉으로는 측근들이 황제의 권위를 높이고 그의 은총이 만천하에 널리 퍼지기를 바라는 충정에서 그랬다고는 하지만 실제로는 매관매직에 불과했다.

헌종의 총애를 받은 환관 양방(梁芳)에게 뇌물을 쓰고 관직을 얻은 자가 1,000여 명에 달했다고 한다. 전봉관의 남발은 과거(科擧)를 통해 관리가 된 신하들의 강한 반발을 샀다. 성화 19년(1483) 어사 장직(張稷)이 헌종에게 상소문을 올려 "문관들 중에는 낫 놓고 기역자도 모르는 자가 있으며, 무관들 중에는 아직 화살 한 번 쏘아보지 않은 자가 있다."고 주장하며 전봉관 제도를 통렬하게 비판했다.

대신들의 비난에 직면한 헌종은 한 때 전봉관을 더 이상 뽑지 않았지만, 효종의 홍치 연간에 이르러 전봉관 제도가 다시 부활했다. 명나라의 모든 강토가 황제의 것인 바에, 황제가 멋대로 관리를 임명하고 식읍을 나누어 주는 게 무슨 문제냐는 인식을 가지고 있었던 것이다.

제 **9** 장

제9장

홍치제弘治帝 효종孝宗 주우탱朱佑樘

1. 유령 인간처럼 지낸 어린 시절

제9대 황제 효종 주우탱은 성화 6년(1470)에 헌종 주견심의 셋째 아들로 태어났다. 그의 어린 시절은 참으로 불행했다. 생모 기씨(紀氏)는 성화 원년(1465) 광서(廣西) 지방에서 거주하는 요족(瑤族)의 반란을 진압할 때, 포로로 끌려와 궁녀로 충당된 요족 출신의 신분이 미천한 여자였다. 그런데 어느 날 우연히 헌종의 눈에 띄어 하룻밤의 노리개가 되었다. 이른바 '성총(聖寵)'을 입은 것이다.

그 후 헌종은 기씨의 존재를 까맣게 잊어버렸다. 기씨도 황제와 운우지정을 나눈 사실을 감히 발설하지 못하고 근신하며 지냈다. 얼마 후 그녀의 복부가 점점 불러오자 흥분을 주체할 수 없었지만, 한편으로는 만약 회임 소식이 만귀비의 귀에 들어가는 날에는 죽음을 피할 수 없는 공포를 느꼈다. 생과 사의 기로에 선 심정으로 전전긍긍했다. 하지만 어찌 소문에 민감한 궁녀들의 입방아에 오르내리지 않았겠는가?

급기야 소문이 만귀비의 귀에 들어갔다. 질투에 눈이 먼 그녀는 은밀히 궁녀를 보내 정탐하게 했다. 기씨는 회임한 게 아니라 복부에 혹이 생겨 중병에 걸렸다고 궁녀가 보고했다. 당시 만귀비의 악행에 치를 떨고 기씨를 남몰래 동정한 궁녀와 환관들이 있었다. 그 궁녀는 기씨를 보호하기 위하여 만귀비에게 거짓말을 했다. 만귀비는 그래도 마음이 놓이지 않았던지 기씨를 안락당(安樂堂)에 유폐시켰다. 안락당은 중병에 걸려 죽을 날만 기다리는 환관들이 거주하는 곳이다.

마침내 기씨가 아들을 낳았다. 그녀는 만귀비의 보복이 너무 두려워 독한 마음을 먹고 환관 장민(張敏)에게 갓난아이를 건네주며 말했다.

"이 아이의 존재가 알려지는 날에는 저는 살아남을 수 없습니다. 차라리 이 아이를 물에 빠트려 죽이는 게 낫습니다."

얼마나 만귀비가 두려웠으면 어미가 자식을 죽이는 극악무도한 결정을 했겠는가? 장민은 깜짝 놀라 말했다.

"황상께서는 아직 아들이 없는데도, 어찌 황장자를 죽이려고 하십니까?"

장민은 목숨을 걸고 갓난아이를 궁중의 음습한 밀실에 숨기고 난 뒤 쌀가루, 엿당 등을 먹여 살려냈다. 만귀비가 수시로 탐문했지만 다행히 발각되지 않았다. 만귀비에게 원한을 품은 오폐후(吳廢后)도 어린 주우탱에게 젖을 먹여 키웠다. 주우탱은 6세가 될 때가지 유령 인간으로 숨어 지내느라 배냇머리도 깎지 못했다.

헌종의 둘째아들이자 태자였던 주우극(朱祐極)이 성화 8년(1472)에 사망했다. 헌종은 깊은 상심에 빠졌다. 황위를 이을 후계자가 없었기 때문이다. 성화 11년(1475) 어느 날 장민이 헌종의 머리카락을 빗겨줄 때, 헌종은 거울을 보며 탄식했다.

"이제 짐도 늙었는데 아직 아들이 없구나."

장민이 황급히 무릎을 꿇고 아뢰었다.

"제가 죽을죄를 지었사옵니다. 만세께서는 이미 황자(皇子)를 두었는데도, 미처 아뢰지 못했사옵니다."

헌종이 너무 놀라 벌떡 일어나 아들의 행방을 물었다. 장민은 이렇게 대답했다.

"제가 감히 사실대로 아뢰면 죽을 수밖에 없사옵니다. 하지만 만세께서는 황자의 어버이가 되셔야 하옵니다.

옆에서 시중을 들던 태감 회은(懷恩)도 머리를 조아리고 아뢰었다.

"장민의 말은 사실이옵니다. 황자는 서내(西內)에서 비밀리에 자랐습니다. 금년에 여섯 살이옵니다. 황자를 음해하는 자가 있을까 두려워 감히 아뢰지 못했사옵니다."

헌종은 크게 기뻐하며 당장 황자를 불러오게 했다. 환관이 당도했을 때, 기씨는 아들을 품에 안고 눈물을 흘리며 당부했다.

"내 아들아. 얼른 가서 아버님을 뵈어라! 이 어미는 목숨을 지킬 수 없
구나. 황포를 입고 수염 난 분이 바로 너의 아버님이다."

이윽고 헌종은 자기 품으로 달려온 주우탱을 와락 껴안고 한참을 살펴
보더니 눈물을 흘리며 말했다.

"아! 이 아이가 정말로 나를 닮았으니 내 아들이 맞구나."

그 후 주우탱의 생모 기숙비(紀淑妃)는 어명에 따라 영수궁(永壽宮)으로 거
처를 옮겨 복록을 누리는 듯했으나, 주우탱의 존재가 세상에 드러난 지
불과 몇 달 만에 갑자기 세상을 떠났다. 일설에는 그녀가 만귀비에게 독
살되었다고 한다. 또 다른 일설에는 스스로 목을 매어 자살했다고 한다.
그녀의 사후에 목숨을 걸고 주우탱을 지켰던 장민도 금덩어리를 삼키고
자살했다.

같은 해 11월 주우탱이 6세 때 태자로 책봉되었다. 만귀비는 여전히 태
자를 해칠 기회를 호시탐탐 노렸다. 만귀비의 음모에 의해 언제, 어떻게
죽을지 모르는 태자를 구원한 사람은 헌종의 모후 주태후(周太后)였다. 그
녀는 태자를 자신이 거주하는 인수궁(仁壽宮)으로 데리고 와서 기거하게 했
다. 만귀비의 손아귀에서 벗어나게 하기 위한 조치였다. 그녀가 아무리
간악했을지라도 황실의 최고 어른인 주태후를 능멸하고 태자를 해칠 수
는 없었다. 이때부터 주우탱은 죽음의 공포에서 벗어나 정상적인 생활을
할 수 있었다.

성화 23년(1487) 봄에 만귀비가 병사하자, 실의에 빠진 헌종도 같은 해 8

월에 붕어했다. 주우탱을 끈질기게 위협했던 만귀비의 사망과 헌종의 붕어는 곧 주우탱의 새 시대의 개막을 의미했다. 같은 해 9월 주우탱은 황제로 등극했으며 다음 해부터 연호를 홍치(弘治)로 정했다.

2. 명나라 최고의 성군: 홍치중흥(弘治中興)의 태평성대를 열다.

주우탱은 9세 때부터 정규 교육을 받았다. 태자에게 성군의 도를 전수하는 일은 제국의 운명을 결정하는 막중대사였다. 당대 최고의 지식인들이 태자 교육을 담당했다. 한림원시강학사 정민정(程敏政), 한림편수 유건(劉健) 등이 주우탱에게 유가의 경전, 제자백가의 학설, 『자치통감(資治通鑑)』, 『대명률(大明律)』 등 치국의 도를 논한 명저들의 내용을 집중적으로 강의했다.

태어나자마자 5년 동안 유령 인간처럼 살 수밖에 없었던 주우탱은 황궁 안에서 음모와 모략이 판치는 가운데, 겸손하고 근신하며 학업에 열중하지 않으면 언제 죽을지 모르는 비정한 현실을 너무나 어린 나이에 깨달았기 때문에 스승의 가르침을 철저하게 따랐다. 행여 의문이 있으면 주저하지 않고 스승에게 물어보아 해결했다. 18세 때 황위를 계승하기 전까지 9년 동안 유가의 제왕 교육을 철저하게 받았다. 품행이 단정하고 학식이 일취월장하여 조정 중신들의 칭찬과 기대를 한 몸에 받았다.

효종은 홍치 원년(1488)에 대신들의 건의를 받아들여 '경연(經筵)'을 개설했다. 경연이란 원래 학식과 덕망이 높은 신하가 임금에게 유가의 경전과 역사서의 내용을 강론하기 위하여 개설한 일종의 어전 강석(講席)이다. 그런데 경연은 임금을 위한 단순한 강의가 아니라, 임금과 신하가 국정 현안을 놓고 치열한 토론을 벌이며 의견을 교환하는 자리였다. 이는 임금이

독단적으로 국정을 다스리는 것에 대한 신하들의 견제 장치의 기능이 있었으며 신하들의 의견을 적극적으로 반영하는 효과도 컸다. 오늘날 이른바 '협치(協治)'의 의미를 지니고 있다. 그런데 경연은 역대 왕조에 따라 임금이 형식적으로 신하의 강론을 듣고 국정에 반영하겠다는 일종의 요식행위에 불과한 경우가 많았다.

하지만 효종은 그렇지 않았다. 경연을 통하여 신하들의 의견을 듣고 여론을 수렴하는 방법으로 국가를 다스렸다. 그는 경연을 대경연과 소경연으로 나누어 개설했다. 대경연은 매월 2일, 12일, 20일에 거행되었으며 주로 유교의 의례(儀禮)를 주제로 삼고 강론했다. 소경연은 일강(日講)이라고 칭하기도 한다. 임금과 신하가 시간이 날 때마다 국정 현안에 대하여 격식을 따지지 않고 문답의 방식으로 의견을 교환하는 것이다. 이 제도는 헌종 때 폐지되었다가 효종에 이르러 부활했다.

효종은 또 매일 오전, 오후에 조회를 두 번 열어 대신들을 직접 접견하고 의견을 청취했다. 대체적으로 양심적인 신하들은 임금의 실정을 지적하고 고언을 마다하지 않았다. 대부분의 역대 황제들은 대신들을 하루에 한 번 접견하는 일도 귀찮게 여기고 기피하는 경향이 많았음을 고려할때, 효종이 대신들의 간언을 듣는 데 얼마나 적극적이었는지 짐작할 수있다.

덕행과 재능이 출중한 인사를 관리로 선발하며 부정부패를 일소하며, 형벌을 올바르게 시행하며 국고의 재물을 늘리며, 불우한 백성을 구휼하며 국가의 재물을 아끼며, 사방의 먼 지방에 사는 백성을 위무하며 병기(兵器)를 정비해야 하는 것 등, 시정(時政)의 열다섯 가지 일을 좌도어사 마문승(馬文升)이 효종에게 건의했다. 효종은 흔쾌히 그의 간언을 받아들이고 시행하게 했다. 즉위 직후 또 옛날에 천자가 이른 봄에 백성들에게 농사를 장려하기 위하여 친히 밭갈이 하는 의식을 본떠 행했다. 궁궐의 음악과 기예를 담당하는 부서인 교방(敎坊)에서 황제의 고단함을 풀어주고자 악사와 광대를 동원하여 가무희를 열려고 했다. 이 소식을 들은 마문승이 준엄한 표정을 지으며 말했다.

"천자로 등극한 지 얼마 안 된 황상에게 농사의 어려움을 알게 해야 하
지, 가무희 따위가 무슨 필요가 있겠는가?

그의 말 한 마디에 가무희는 즉시 취소되었다. 효종의 부친 헌종은 불교의 열반 사상과 도교의 신선 방술에 미혹한 황제였다. 성화 연간에 요승, 도사 등 간신배가 불교와 도교를 빙자하여 헌종을 현혹했다. 헌종은 그들에게 법왕(法王), 국사(國師), 선사(禪師), 진인(眞人) 등의 칭호를 하사하고 우대했을 뿐만 아니라 고위 관직을 제수하기도 했다. 방술(方術)을 배운 이자성(李孜省)은 헌종에게 부적을 바쳐 관직이 예부시랑까지 올랐다. 요승 계효(繼曉)는 어전에서 사술로 헌종의 환심을 사서 국사(國師)의 칭호를 제수 받았다. 헌종은 계효가 주청한 일이면 윤허하지 않은 적이 없었을 정도로 그를 절대적으로 총애했다. 헌종의 이목을 즐겁게 하고 도술을 부리는 자들은 대부분 법호와 관직을 제수 받는 영예를 누렸다. 헌종의 비호 아래 궁궐 곳곳에 사원을 건축하고 국정에 사사건건 간섭했다. 그들의 전횡에 불만을 품은 대신들은 종교와 정치는 분리되어야 한다고 주장했지만, 헌종은 그들을 옹호하고 전횡을 수수방관했다.

효종은 선친이 남긴 적폐를 청산하고자 했다. 즉위 초부터 대신들의 건의를 받아들여 궁궐에서 행하는 불교와 도교의 각종 의식을 금지하고, 아울러 성화 연간에 승려와 도사들에게 하사한 칭호를 모두 철폐했다. 또 태감 양방, 만귀비의 남동생 만희(萬喜), 내각수보 만안(萬安) 등 헌종의 총애를 등에 업고 전횡을 부렸던 간신들을 처단했다.

당시 죄질이 가장 무거웠던 계효는 기시(棄市)를 당하고 이자성은 옥사했으며, 1,000여 명의 부패한 관리들은 파면을 당하거나 귀양을 갔다. 그런데 효종이 성화 연간의 적폐를 일소하기 위하여 옥사를 일으킬 때, 가급적이면 잔혹한 형벌을 내리지 않았다. 이는 그가 성품이 온화하고 도량이 넓으며 형벌이 아닌 관용으로 백성을 다스리고자 했던 황제였음을 알 수 있게 한다. 홍치 13년(1500)에는 『문형조례(問刑條例)』를 제정하고, 홍치 15년(1502)에는 『대명회전(大明會典)』을 편찬하면서 명나라의 헌법이나 다름이 없는 『대명률(大明律)』 가운데 잔혹한 형벌 조항들을 삭제한 것이 좋은 예가 된다.

효종은 진실로 대신들과의 협치를 통하여 국정을 다스린 황제였다. 4품 이상 관리들의 명단을 문화전(文華殿)의 궁궐 벽에 붙여놓고 수시로 암기했다. 나랏일에 대한 어떤 생각이 떠오르면 즉시 담당 관리를 불러 자신의 견해를 밝히고 의견을 물었다. 이는 임금과 신하 간의 직접적인 소통을 통하여 공정하고 투명한 정치를 구현할 수 있게 했다.

명나라와 같은 대국은 황제가 처리해야 하는 공문서나 상소문이 하루에도 수백 건씩 올라온다. 일반적으로 역대 황제들은 중요한 문건만을 친람하고 결제하였을 뿐, 대부분의 문건은 환관이 황제를 대신하여 처리하는 것이 관례였다. 따라서 황제가 방만하면 환관들이 얼마든지 '성지(聖旨)'를 조작하고 사실을 왜곡할 수 있었다.

효종은 환관의 국정 개입을 원천적으로 차단하기 위하여 환관이 황제를 대신하여 비준하는 관례를 폐지했다. 아침부터 밤늦게까지 올라온 문건을 일일이 검토하고 난 뒤, 조회에 참석하여 대신들과 상의했다. 이른바 '만기친람(萬機親覽)'의 방법으로 국정을 다스렸다.

어느 날 밤 인수전(仁壽殿)에서 화재가 발생하자, 궁인들이 밤을 새워 가까스로 화재를 진압했다. 효종도 밤새도록 잠 한숨 못 잤기 때문에, 다음 날 아침 조회에 참석할 수 없었다. 황제가 너무 피곤하여 조회에 참석하지 않은 게 무슨 허물이 되겠는가? 하지만 효종은 대신들에게 내시를 보내 조회에 참석하지 못한 이유를 설명하고 양해를 구했다.

효종이 간신을 배척하고 충신을 중용한 것은 결과적으로 홍치 연간에 어질고 능력이 출중한 신하들이 많이 나오게 된 원동력이었다. 이를테면 내각수보 서부(徐溥)는 인재를 아끼고 효종에게 고언을 서슴지 않은 원로 중신이었다. 그는 늘 이렇게 말했다.

"인재 한 명을 양성하는 일은 결코 쉽지 않소. 약간의 허물이 있다고
해서 등용하지 않으면 안 되오."

능력이 출중한 인물이 작은 흠결이 있다고 해서 버리고 쓰지 않으면 안 된다고 주장했다. 오히려 그를 바른 길로 인도하여 능력을 마음껏 발휘할 수 있게 해야 한다. 심지어 옥사에 연루되거나 언관의 탄핵을 받고 체포된 관리들 가운데, 서부의 구명 활동으로 살아남아 개과천선한 사람도 있었다.

효종도 한때는 환관 이광(李廣)의 꾐에 빠져 오점을 남겼다. 이광은 불로장생을 희구하는 부적으로 효종의 성총을 가리고 황실의 만수무강을 기원한다는 명목으로 막대한 예산을 들여 도교 사원을 건설했다. 또 황제의 조서를 위조하여 뇌물을 받고 관직을 파는 행위도 자행했다. 전국 각지에서 관직을 얻고자 금전을 짊어지고 그의 저택으로 찾아오는 자가 문전성시를 이루었다. 경기 지방의 민전(民田)도 그의 수탈에서 벗어날 수 없었다. 급사중 엽신(葉紳), 어사 장진(張縉) 등이 그를 탄핵했지만, 효종은 아무런 조치도 취하지 않았다. 서부가 상소문을 올렸다.

"송휘종(宋徽宗)은 도교를 숭상하여 과의(科儀: 도교에서 행하는 각종 의례)와 부적(符籍)이 가장 성행하였기 때문에, 마침내 금(金)나라의 포로가 되어 어가를 타고 정처 없이 떠도는 신세로 전락했습니다. 단약(丹藥)은 독성이 아주 강한데도, 당헌종(唐憲宗)은 방사 유필(柳泌)의 말만 믿고 그것을 먹고 목숨을 잃었습니다. 두 황제께서 당한 불행을 귀감으로 삼아야 하옵니다."

효종은 서부의 간언에 깨달은 바가 있었지만 이광을 내치지는 않았다. 홍치 10년(1497) 고희를 맞이한 서부는 효종에게 사직을 간청하고 고향 복계(茯溪: 지금의 강소성 의흥·宜興)로 낙향하기를 바랐다. 홍치 5년(1492)부터 내각 수보의 직책을 맡아 막강한 권력을 행사했지만 북경에 개인 저택을 마련하지 못했을 정도로 청렴한 고위 관리였다. 마침 고향땅에 가족이 마련해 놓은 집 한 채가 있었다. 일체의 공직에서 물러나 고향으로 돌아가 인생 말년을 보내고 싶었다. 효종은 군신 관계를 떠나 어버이와 같았던 서부의 귀향을 적극 만류했다. 하지만 두 눈이 실명에 이를 정도로 안질이 악화되자 효종은 어쩔 수 없이 윤허했다.

'사조원로(四朝元老)'라는 영예를 안고 고향집으로 돌아온 서부는 시력을 잃었지만 시동의 부축을 받으며 집안의 벽과 기둥을 손으로 더듬어보았다. 그의 행동을 이상하게 여긴 시동이 물었다.

"재상 어르신, 왜 일일이 더듬어보시는지요?"

"내 자식들이 집을 너무 호화롭게 짓지 않았을까 걱정하여 그렇게 한 거야. 집은 거주할 수 있는 공간만 있으면 된다네."

하루는 서부가 가족의 부축을 받고 대문 밖으로 나가 산책을 하다가 이렇게 물었다.

"대문 밖의 길은 원래 동남산(東南山)에서 성(城)으로 가는 대로인데, 어찌 수레바퀴 소리가 들리지 않느냐?

"재상 어르신이 편히 쉬실 수 있도록 길을 하천의 맞은편으로 옮겼어요."

"도대체 어느 놈의 발상이냐. 어찌 나 혼자 편하자고 고향 사람들에게 길을 돌아다니는 불편을 끼치게 한단 말이냐?"

서부는 즉시 길을 원상회복하게 했다. 그를 칭송하지 않은 고향 사람은 아무도 없었다.

홍치 11년(1498) 이광이 만세산에 육수정(毓秀亭)을 지어야 천복을 누릴 수 있다고 효종을 꼬드겼다. 하지만 육수정이 완공된 후 어린 공주가 요절하고 청녕궁(淸寧宮)에서 화재가 발생했다. 이광이 육수정을 건축하면서 태세신(太歲神)의 노여움을 샀기 때문에 이런 재앙이 연이어 일어났다고 점쟁이가 고했다. 효종의 조모 주태황태후가 분노했다.

"오늘은 이광이 뭐라고 떠들은 대로 일을 처리하고, 내일도 이광이 뭐라고 떠들은 대로 일을 처리하더니 급기야 이런 재앙을 불러왔구나."

이광은 문책을 두려워하여 자살했다. 효종은 혹시 이광이 도교의 비전(秘傳)을 기록한 기서(奇書)를 가지고 있지 않을까 하는 호기심에서 그의 가택을 수색하게 했다. 뜻밖에도 신하들이 이광에게 뇌물로 '황백미(黃白米)'를 1,100석씩 바친 것을 기록한 장부가 발견되었다. 효종이 의아하게 여기고 물었다.

"도대체 이광이 밥을 얼마나 많이 먹었기에, 이처럼 많은 쌀을 뇌물로 받았느냐?"

"이것은 은어일 뿐이옵니다. 황미(黃米)는 황금을 지칭하고, 백미(白米)는 백은을 지칭하옵니다."

효종은 이광과 결탁한 관리들을 잡아들여 문책하게 했지만 부패를 발본색원하려는 강한 의지를 보이지 않았다. 서부의 뒤를 이어 내각수보가 된 유건(劉健)도 학문이 깊고 성격이 강직하여 효종에게 간언을 서슴지 않은 충신이었다. 이광이 자살한 후에도 효종은 여전히 부패한 관리들을 척결할 의지를 보이지 않았다. 유건이 상소했다.

"옛날에 제왕들 가운데 재해를 당하고도 두려워하지 않은 자는 없었사옵니다. 지금까지 악인, 간신배 무리가 폐하의 이목을 현혹하였기 때문에, 뇌물이 성행하고 상벌이 온당함을 잃었사옵니다. 바로 이런 이유로 재앙이 그치지 않고 일어났사옵니다. 다행하게도 지금 악의 우두머리가 제거되었고, 폐하께서 깨우치시기 시작하였사옵니다. 하지만 아직도 잔당이 제거되지 않았고 지난날의 적폐가 일소되지 않았사옵니다. 폐하께서 국정에 더욱 분발하시어 현명하고 유능한 인재를 등용하시고 간악한 무리를 쫓아내시며 상벌을 분명히 하시기를 신은 간절히 바라옵니다. 무릇 시행해야 할 일은 조금도 주저하지 않고 과감하게 처리해야 하며 다

시는 구습에 얽매이지 않아야 만이, 나중에 후회하는 일이 없을 것이옵
니다."

효종은 유건의 간언에 칭찬을 아끼지 않고 받아들였다. 홍치 13년(1500)
4월 몽골의 기병이 남침하여 변방 도시 대동(大同)을 위협했다. 효종은 유
건의 책략에 따라 몽골군을 격퇴하고 북경을 안전하게 지킬 수 있었다.
홍치 14년(1501) 가을 효종은 몽골군을 격퇴하느라 부족해진 군량을 늘리
고 싶어 대신들에게 의견을 구했다. 유건이 아뢰었다.

"천하의 재물을 늘리는 일은 한계가 있습니다. 지금 황상께서 신하들
에게 하사하는 녹봉은 매년 수십 배 늘어나고 있으며, 전국 각지의 관리
들은 새롭고 화려한 관복만을 입어서 막대한 비용이 들어가고 있습니다.
또 매일 도교의 의식을 행하느라 거금을 쓰고 있습니다. 태창(太倉: 도성에
설치한 국가 창고)에 비축해 놓은 양식으로는 군량을 공급하기에도 부족한
실정입니다. 그런데도 황궁 내부(內府)의 지출은 툭하면 4~50만 석이나
됩니다. 또 번왕과 황실 종친들이 백성의 토지를 점유하고 염전의 이익
을 가로채는 행위는 이루 다 헤아릴 수 없을 정도로 많습니다. 그런데도
토목 공사를 대규모로 일으키고 가렴주구를 일삼고 있습니다. 조정에서
지급해야 하는 녹봉과 품삯은 해마다 늘어나고 또 달마다 누적되어 끝
이 보이지 않는데도, 어찌 국가의 재화가 부족하지 않겠습니까? 지금 섬
서와 요동의 변방에서는 전쟁을 치르고 있으며, 호광과 귀주 지방에서는
우리 군사들이 승전보를 울리고 있습니다. 재화가 바닥나면 향후 그들의
공적에 어떻게 보상할 수 있겠습니까? 폐하께서는 낭비를 근절하고 근
검절약하여 천하의 모범이 되시기를 바라옵니다. 그렇게 하면 신하들은
맡은 바 직분을 성실히 수행하고 폐단을 바로잡을 계책을 낼 것입니다.

이는 참으로 천하의 행운입니다."

　　외침에 대비하여 군량미를 충분히 확보하는 일은 대단히 중요하다. 부족한 군량미를 확보하기 위해서는 백성들에게 세금을 더 징수하는 방법밖에 없다고 효종은 생각했을 것이다. 하지만 국가 재정의 엄청난 낭비를 막고 황족의 수탈을 금지하며 임금이 스스로 모범을 보이면 군량 문제는 자연스럽게 해결될 것이라는 것을 유건은 은연중에 강조했다. 백성들의 고통을 덜어주기 위한 충언이었다.

　　효종은 진실로 국가와 백성을 위한 간언이라면 즉시 받아들이는 현명한 군주였다. 홍치 연간에 많은 충신들이 배출된 것은 결코 우연한 일이 아니라, 효종의 자질과 인품이 뛰어났기 때문이다.

　　홍치 15년(1502) 『대명회전(大明會典)』이 완성된 후, 효종은 유건, 이동양(李東陽), 사천(謝遷) 등 조정 중신들에게 '망의(蟒衣)'를 하사했다. 망의란 용처럼 생긴 이무기의 무늬가 그려진 관복이다. 용은 황제를 상징하고 이무기는 용에 버금가는 동물이므로, 망의를 입은 신하는 황제 다음가는 존귀한 인물이 된다. 신하로서는 무궁한 영광이 아닐 수 없다. 효종 때부터 조정 중신에게 망의를 하사하는 제도가 생겼다. 그가 얼마나 중신들을 아꼈는지 짐작할 수 있다.

　　효종은 18세 때 즉위하여 비교적 젊은 나이인 36세 때 붕어했다. 그가 명나라를 다스린 18년 동안, 민란이 거의 일어나지 않았고 변경은 안정을 이루었으며 임금과 신하가 화목하고 협동하여 백성들은 편안한 삶을 누릴 수 있었다. 명나라 역사상 '홍치중흥(弘治中興)'의 태평성대를 이루었다.

　　효종은 진심으로 백성들의 고통을 이해하고 그들을 위해서 어떤 정책을 펴야하는 지 잘 알고 있었다. 지방 관리가 관할 지역이 재해를 입어 백성들에게 조세를 감면해달라는 상소를 올리면, 효종은 두말없이 윤허했을 뿐만 아니라 재난을 당한 백성들에게 구휼미와 가축을 보내주기도 했다.

홍치 2년(1489) 5월 하남성 개봉(開封) 지역을 흐르는 황하의 제방이 무너져 수많은 사람들이 익사하고 광대한 농토가 물에 잠기는 피해를 입었다. 중국 역사상 황하의 범람으로 인한 피해는 비일비재했다. 효종은 호부좌시랑 백앙(白昻)에게 인부 5만 명을 데리고 가서 제방을 쌓고 물길을 다스리게 했다. 홍치 5년(1492)에는 강남 소송하(蘇松河: 지금의 강소성 소주하 · 蘇州河)의 물길이 막혀 범람했다. 효종은 공부시랑 서관(徐貫)을 보내 강을 정비하게 하여 3년 만에 완공했다. 이때부터 소주(蘇州), 송강(松江) 일대의 광대한 토지는 수해에서 벗어나 강남 제일의 농수산물 생산 기지로 탈바꿈할 수 있었다.

효종은 유가의 이념에 충실한 문신을 신임했다고 해서 결코 무신을 박대하지 않았다. 오히려 강직한 무신을 적극 옹호했다. 당시 명나라는 비교적 오랜 기간 동안 큰 전란이 없었으므로 군기가 문란해지고 방비가 소홀했다. 효종이 즉위한 직후에 몽골족이 명군의 수비가 허술한 틈을 타서 서북 지역의 변방을 자주 침입하여 약탈을 일삼았다.

홍치 2년(1489) 병부상서 마문승(馬文升)이 변방을 지키는 장수들을 엄격하게 검열하여 부패하고 나약한 장수 30여 명을 파직했다. 그의 단호한 조치에 불만을 품은 간신들이 그를 여러 차례 음해했지만 모두 실패로 끝났다. 효종이 그의 숙군 정책을 지지하고 신변을 보호했기 때문이다. 마문승은 효종의 적극적인 지원 아래 13년 동안 병부상서의 직책을 수행하면서 방위의 초석을 더욱 단단하게 다졌다. 홍치 연간에 지금의 신강(新疆) 위구르족 거주 지역까지 한족의 지배권을 확장한 것도 바로 마문승의 공로였다. 효종이 그를 절대적으로 신임하고 지지했기에 가능한 일이었다.

조선 성종 19년(1488) 명나라 효종의 천자 즉위를 축하하기 위하여 등극사(奏極使)로 명나라에 다녀온 노사신(盧思愼·1427~1498)이 성종에게 이렇게 아뢰었다.

"선황제(헌종)께서는 간혹 사심을 품고 관리를 임용했으나, 지금의 황상(효종)께서는 오로지 적법한 절차에 따라 관리를 선발하고 있사옵니다. 또 황상께서는 타고난 성품이 진귀한 보물을 좋아하시지 않사옵니다. 바람이 세차게 불고 눈이 내려도 조회를 멈추지 않으며, 선황제의 상중 기간에 신하들을 대할 때면 언제나 상복을 입고 있었으며, 오직 제천(祭天)의 식을 치를 때만 황포를 입었사옵니다. 신하들이 황상을 위로하고자 연회를 베풀었을 때, 황상께서는 음악을 듣지 않고 가무희를 공연하지 못하게 했으며 용상에 화려한 꽃을 설치하라고 권해도 거절했사옵니다. 대체적으로 선황제 시대의 악정이 모두 일소되었사옵니다."

당시 명나라에 가장 우호적인 국가는 조선이었다. 조선이 명나라를 상국으로 섬기는 관계였지만, 양국은 유가 사상을 근본으로 국가를 운영했으므로 이념적인 면에서 강한 동질감을 느꼈다. 양국의 사신들은 상대방 국가를 방문하면 필담으로 고준담론을 논하며 친교를 쌓았다. 노사신은 새로 등극한 명나라 천자가 어떤 인물인지 알아오라는 특명을 받았을 것이다. 조선 조정으로서는 천자를 정확하게 파악하는 일이 양국 간의 외교에 대단히 중요한 일이었다. 노사신은 '외국인' 신분으로서 효종을 배알했지만 그와의 대화를 통하여 그가 성군임을 알았을 것이다. 그를 접대한 명나라 관리들의 얘기도 효종을 파악하는 데 큰 도움이 되었을 것이다.

명나라 말기에 예부상서를 지낸 주국정(朱國楨·1558~1632)은 효종을 이렇게 평가했다.

"하(夏), 상(商), 주(周) 이래로 현명한 군주로 칭송을 받는 임금은 한문제 (漢文帝), 송인종(宋仁宗) 그리고 우리 명나라의 효종 황제이다."

주국정은 명나라가 쇠망의 길로 접어드는 시기에 활동하면서 효종 같은 성군이 환생하여 국운이 융성하기를 간절히 바라는 마음에서 이런 극찬을 했을 것이다.

3. 일부일처제를 고수한 황제

동아시아 고대 사람들의 의례, 예법, 문물제도 등을 집성한 『예기(禮記)』의 「혼의(昏義)」편에 이런 내용이 있다.

"옛날에 천자의 황후로 6궁(宮), 3부인(夫人), 9빈(嬪), 27세부(世婦), 81어처(御妻)를 세움으로써 천하의 내치(內治)를 살피고 지어미의 순종을 분명하게 밝혔다. 따라서 천하가 화목하고 집안이 순조롭게 다스려졌다."

쉽게 말해서 천자는 합법적으로 126명의 여자를 아내로 맞이할 수 있다는 얘기이다. 또 옛날에 이른바 '3궁(宮) 6원(院) 72빈비(嬪妃)'라는 속설이 있었다. 천자는 81명의 여자를 자기 아내로 취할 수 있음을 백성들이 부러워하여 나온 말이다. 천자가 이처럼 많은 여자를 거느린 이유는 크게 두 가지가 있다고 본다. 하나는 자신의 성적 욕망을 마음껏 발산하기 위해서이고, 다른 하나는 가능한 한 많은 아들을 두어 전국 각지에 번왕으로 책봉하여 제국의 통치권을 강화하기 위해서였다. 천하의 모든 것들이 자기 것이나 다름없고 무소불위의 권력을 행사한 황제가 인간의 가장 원

명나라 역대 황제 평전

초적인 욕망인 성욕을 해소하기 위하여 무슨 짓인들 하지 못했겠는가? 고대 중국의 제왕들이 '궁중의 법도'라는 미명 아래 많은 후궁들을 거느리고 쾌락을 추구한 것은 당연한 일이었다.

하지만 중국 역사에서 유일하게 일부일처제를 고수한 황제가 있었다. 그가 바로 명나라 효종이다. 그는 왜 황제의 특권 중의 특권인 일부다처제를 거부하고 오로지 장황후(張皇后) 한 여자만을 자기 아내로 삼고 사랑했다. 장황후는 흥제(興濟: 지금의 하북성 창주시·滄州市)에서 유생 장만(張巒)의 딸로 태어났다. 장만은 고향에서 향시에 합격하여 수재(秀才)가 된 후, 향공(鄕貢)의 자격으로 북경의 국자감에 진학했다. 당시 명나라 황실은 황제 외척의 발호를 막기 위하여 황제나 태자의 비빈을 맞이할 때, 권문세가의 딸이 아닌 평범한 유생의 가정 출신인 규수를 선호했다.

장만은 권력과 무관한 국자감 학생이었고 인품이 훌륭했다. 성화 23년 (1487) 2월에 그의 딸 장씨가 당시 태자였던 효종의 배필로 결정되었다. 같은 해 8월 헌종이 붕어한 뒤, 9월에 효종이 즉위할 때 장씨도 황후로 책봉되었다.

장황후는 홍치 4년(1491)에 효종의 장남 주후조(朱厚照·1491~1521)를 낳았다. 갓난아이 주후조는 자라면서 이목이 수려하고 총기가 넘쳤다. 효종은 그를 눈에 넣어도 아프지 않을 정도로 사랑했다. 주후조가 훗날 자신의 황위를 계승할 적장자이자 성군의 자질이 엿보였기 때문이다. 효종은 그런 아들을 낳아 준 장황후가 너무나도 사랑스러웠다. 그녀를 며칠이라도 못 만나는 날이면 측근을 보내 안부를 묻고 그리워했다. 두 사람은 민간의 사이좋은 부부처럼 매일 함께 숙식을 하며 도타운 부부의 정을 나누었다. 봉건 시대에 황제가 이처럼 오로지 한 여자에게 애정을 쏟고 지낸 경우는 거의 없었을 것이다.

그런데 요염하고 아리따운 궁녀들이 넘쳐나는 황궁에서, 효종은 왜 장황후만을 사랑했을까? 몇 가지 추측이 가능하다. 첫째, 그는 성품이 온화했으며 인의와 도덕을 중시하는 유가 사상에 심취하여 남녀 간의 방사(房事)에 그다지 관심을 가지고 있지 않았던 것 같다. 더구나 그는 몸이 허약했기 때문에, 여러 후궁들을 거느릴 수 있는 강한 정력의 소유자가 아니었다. 둘째, 효종은 어린 나이에 만귀비의 박해를 피해 궁궐의 음습한 곳에서 5년 동안 숨어 지낸 지울 수 없는 마음의 상처가 있었다. 성인이 된후 왜 자신이 그런 비참한 삶을 살 수밖에 없었는지 알았을 것이다. 황제의 비빈들 사이에서 벌어진 암투와 음해가 그 원인이었다. 그래서 그는 황제로 등극한 후에 비빈 책봉에 관심을 두지 않았을 것이다. 셋째, 장황후 본인이 아주 매력적인 여자였고 효종을 자신의 치마폭 안에서 벗어나지 못하게 하는 데 탁월한 기술을 가지고 있었기 때문일 것이다. 훗날 역사가는 그녀가 '교투(驕妒)'했다고 평가했다. 교만하고 질투심이 많았다는 얘기다. 효종 사후에 그녀가 조정의 권력 투쟁에 깊숙이 개입한 사실을 상기하면, 어쨌든 그녀는 단순히 황제의 총애만을 추구한 평범한 황후는 아니었다. 넷째, 한림원시독 사천(謝遷)이 비빈 책봉을 반대했기 때문이다. 황제가 황실의 법도에 따라 비빈들을 간택하는 것은 아주 자연스러운 일이다. 그런데 왜 사천은 반대했을까?

홍치 원년(1488) 2월 어마감좌소감(御馬監左少監) 곽용(郭鏞)이 요조숙녀들을 예비 비빈으로 선발해두었다가 선황제 헌종의 3년 상(喪)을 치르고 난 뒤에, 그녀들 가운데 두 명을 비빈으로 책봉하자고 효종에게 주청했다. 하지만 사천이 반대했다.

"황실의 법도에 따라 폐하께서 육궁(六宮)을 거느리는 일은 아주 당연한 일이옵니다. 하지만 삼가 선황제의 3년 상을 모셔야 하는 기간에 어찌 하루라도 법도에 어긋나는 일을 할 수 있겠사옵니까? 지금 선황제의 황릉 공사도 아직 끝나지 않았고 폐하께서 3년 상을 모시기 위하여 머무르고 있는 여막(廬幕)도 아직 새집인데도, 어찌하여 이리도 급하게 이 일을 추진하고자 하옵니까?"

사천은 유가의 예법에 철저한 원칙주의자였다. 천자가 비빈들을 거느리는 일은 당연하지만 3년 상을 치르는 기간에는 절대 안 된다는 것이다. 그는 주우탱의 스승이었다. 주우탱이 태자였을 때 유가의 통치 이념과 예법을 귀에 못이 박히도록 강의했다. 주우탱은 스승의 가르침을 충실히 따랐다. 주우탱 사후에 그의 묘호를 효종(孝宗)으로 정한 것에서도 알 수 있듯이, '효(孝)'를 국가의 이념으로 삼았을 정도로 중시했다.

선황제를 추모하기 위해, 효종은 친히 3년 상을 받들며 "3년 동안 음악을 듣지 않았으며 신하들의 하례를 받지 않았으며, 음력 초하루와 보름에는 궁중에서 소복을 입었다." 그는 사천의 간언이 옳다고 여기고 비빈을 선발하는 일을 중지했다. 훗날 『효종실록』을 편찬한 초방(焦芳)은 사천이 장황후에게 아부하기 위하여 효종의 비빈 간택을 막았다고 비난했다. 하지만 그 후에도 효종에게 비빈을 책봉하라는 상소가 여러 차례 있었지만, 효종은 모두 윤허하지 않았다.

봉건 시대에 효종이 일부일처제를 고수한 것은 참으로 존경받을 만한 일이다. 여자는 한평생 한 남자만을 섬기고 살아야 했고 권문세가 남자들의 성적 유희를 위한 축첩(蓄妾)이 정당화되던 시대에, 이유야 어쨌든 효종이 장황후 이외의 다른 여자를 가까이 하지 않은 것은 그의 인격과 도덕성이 대단히 뛰어났음을 반증한다. 이 점이 지금도 사람들이 효종을 높이 평가하고 존경하는 근거가 된다.

그런데 뜻밖에도 효종의 이러한 고결한 인품과 행동은 향후 정국에 부정적인 영향을 미쳤다. 효종과 장황후는 슬하에 2남 3녀를 두었다. 둘째

아들 주후위(朱厚煒)가 요절하는 바람에, 황위 계승자는 장남 주후조 뿐이었다. 훗날 주후조가 황위를 계승하는데 그가 곧 무종(武宗)이다. 그런데 무종에게는 아들이 없었으므로 성군으로 칭송받던 효종의 직계가 무종 이후에 끊기고 말았다.

무종 사후에 헌종의 넷째아들이자 효종의 이복동생인 주우원(朱祐杬)의 둘째아들 흥왕(興王) 주후총(朱厚熜·1507~1567)이 황위를 계승했다. 그가 곧 세종(世宗)이다. 효종의 직계가 황위를 계승하지 못하고 무종의 사촌 주후총이 황위를 계승한 것은, 세종 가정(嘉靖) 초기에 황통 문제를 놓고, 이른바 '대례의(大禮儀) 논쟁'의 불씨가 되었다. 조정 대신들 간에 치열하게 벌어진 대례의 논쟁은 명나라 조정을 이념과 명분 논쟁의 소용돌이에 빠지게 했다.

만약 효종이 여러 비빈들을 거느려서 황위를 계승할 아들을 많이 두었다면 명나라를 파탄으로 몰고 간 논쟁은 일어나지 않았을 것이다. 봉건시대에 거대한 제국을 다스리는 황제가 제국의 번영과 안정을 위하여 많은 비빈과 후계자로 삼을 아들들을 거느리는 것도 거시적인 관점에서 볼 때, 꼭 비난할 만한 일은 아닌 것 같다.

또 효종이 장황후만을 사랑한 것은 홍치 연간에 장황후 일족의 득세와 전횡의 부작용을 일으켰다. 효종 부부의 금슬이 더 말할 나위 없이 좋았으니, 장황후 일족의 부귀영화는 어쩌면 당연한 일이었을 것이다. 장황후의 부친 장만은 원래 전형적인 유생에 불과했지만 딸이 황후가 된 이후에 왕후장상 부럽지 않은 권세를 누렸다. 홍치 4년(1491) 수녕백(壽寧伯)으로 책봉되었고, 1년 후에는 작위가 수녕후(壽寧侯)로 상승했으며 사후에는 창국공(昌國公)으로 추증되었다. 장황후의 두 남동생, 장연령(張延齡)과 장학령(張鶴齡)도 누나 덕분에 효종의 총애를 듬뿍 받았다. 장학령은 부친의 사후에 수녕후로 책봉되었고, 장연령은 처음에 건창백(建昌伯)으로 책봉되었다가,

홍치 16년(1503)에 건창후(建昌侯)로 승격되었다.

고대 중국에서 백(伯)이나 후(侯)의 작위는 창업공신, 정난공신, 원로대신 등 국가에 혁혁한 공적을 세운 신하들에게 비로소 하사하는 대단히 영광스러운 영예였다. 장연령과 장학령은 어떤 공적도 쌓지 않았는데도 이런 과분한 대우를 받은 까닭은 효종이 장황후를 지극히 총애했기 때문이다. 효종은 또 장황후의 고향 홍제(興濟)에 장씨 가문을 위한 가묘(家廟)를 세우게 했다.

장만은 부귀영화를 누리면서도 교만하지 않고 사대부들을 존중했다. 하지만 장씨 형제는 누나의 권세를 등에 업고 백성의 재산을 갈취했다. 그들이 영지에서 온갖 범법 행위를 저지르고 있다는 소식이 북경 황궁에 여러 차례 전해졌다. 조정 대신들은 그들의 죄상을 일일이 열거하며 탄핵했다. 효종은 시랑 도훈(屠勛)과 태감 소경(蕭敬)을 파견하여 진상을 조사하게 했다. 얼마 후 장씨 형제의 위법 행위가 밝혀졌는데도, 효종은 법에 따라 처리하지 않았다. 장황후가 반대했기 때문이다. 그녀는 오히려 자기 동생들을 모함하는 무리가 있다고 화를 냈다. 효종은 그녀의 비위를 맞추기 위하여 일부러 화를 내는 척했다. 그런데 이 사건을 두고 효종의 태도가 모호했다. 그는 소경에게 이렇게 말했다.

"짐은 그대들이 조사한 내용을 사실로 믿고 있소."

소경에게 은자(銀子)를 하사하고 이 일을 불문에 부치게 했다. 장씨 형제의 죄상을 소상하게 파악하고 있었지만 장황후의 체면을 살리려고, 황제가 뇌물로 신하를 매수하고 사건을 유야무야 처리했다. 물론 효종이 처남들의 방종을 마냥 묵인한 것은 아니다. 그는 그들의 죄상을 밝혀 단죄하기보다는 그들의 잘못을 고치고자 했다.

하루는 효종이 남궁으로 행차했다. 장황후, 태자, 황후의 모친 김부인 (金夫人) 그리고 장씨 형제가 동행했다. 효종은 장학령 한 사람만을 따로 불러 훈계했다. 시종들은 장학령이 사모(紗帽)를 벗고 사죄하는 모습을 멀리서 보았다. 이 일이 있고 난 뒤에 장씨 형제는 행동거지를 조심했다.

훗날 장씨 형제는 무종 사후에 황위 계승 문제로 내분이 일어났을 때, 주후총을 황제로 옹립하는 데 일익을 담당했다. 이런 이유로 세종 가정(嘉靖) 연간에도 두 사람은 승승장구했다. 하지만 그들의 최후는 비극으로 끝났다. 장학령은 옥사하고 장연령은 서시(西市)에서 피살되었다. 교만과 방종이 낳은 결과였다. 장황후도 인생 말년이 편안하지 못했다. 남편 효종과 아들 무종을 잃은 그녀는 남편의 조카 세종과의 권력 투쟁에서 패배하여 박해를 받고 쓸쓸히 죽었다.

제 10 장

정덕제正德帝 무종武宗 주후조朱厚照

1. 주후조(朱厚照)의 출생 의혹

　명나라 역사상 홍치중흥(弘治中興)의 번영기를 이끌었던 효종(孝宗) 주우탱(朱祐樘·1470~1505)은 애석하게도 비교적 젊은 나이인 36세에 세상을 떠났다. 홍치(弘治) 18년(1505) 5월 효종의 장남이자 태자 주후조(朱厚照·1491~1521)가 15세의 나이에 황위를 계승했다. 그가 곧 10대 황제인 무종(武宗)이다. 다음 해부터 연호를 정덕(正德)으로 정했다.

　무종의 부친 효종은 중국 역사상 성군의 반열에 오를 만큼 선정을 베푼 황제였다. 특히 한 평생 장황후(張皇后)만을 사랑하고 평범한 백성처럼 일부일처제의 삶을 고수한 것은, 중국 역사에서 황제의 신분으로서는 유일무이한 일이었다. 천하의 주인인 황제가 정실 황후 이외에 비빈을 여러 명 거느리고 궁녀, 심지어는 마음에 드는 부녀자조차 마음대로 품을 수 있는 봉건 시대에 효종처럼 일부일처제를 고수한 황제가 또 누가 있을까?

주후조는 홍치 4년(1491)에 효종과 장황후 사이에서 장남으로 태어났다. 장남의 탄생은 효종 부부에게는 너무나 큰 기쁨이었다. 효종은 황제로 등극한 이후에도 자신의 황위를 계승할 아들이 없어서 마음고생이 심했던 때였다. 만약 효종이 장황후 이외의 다른 여자들을 탐했다면 여러 아들들을 두었을 것이다. 그들 중에서 성군의 자질이 보이는 아들을 태자로 책봉하여 후계 구도를 미리 짤 수 있었을 것이다.

하지만 효종은 그렇게 하지 않았다. 이는 장황후에 대한 애정 표현과 여색을 가까이 하지 않는 성품에서 비롯되었겠지만, 대명 천하를 다스리는 후계자를 결정하는 일에서는 심각한 문제였다. 다행히도 장황후가 주후조를 낳아서 이런 문제가 일거에 해결되었다.

명나라 역사에서 황제와 황후 사이에서 적장자로 태어나 황위를 계승한 유일한 인물이 바로 주후조였다. 명나라의 역대 황제 16명 가운데 주후조를 제외한 15명은 모두 적장자가 아니거나 생모가 후궁이거나 번왕 출신이거나 설령 적장자로 태어났을지라도 어머니가 황후로 책봉되기 전이었다. 주후조의 탄생은 일대 경사가 아닐 수 없었다. 효종은 주후조가 태어난 이듬해에 그를 태자로 책봉한 것으로 보아, 장남에 대한 기대가 얼마나 컸는지 짐작할 수 있다.

더구나 주후조가 어린아이 때 "깨끗하고 아름다운 모습은 백옥에 비견되고 원기가 왕성하며 성품이 인자하고 관대하여 자못 제왕의 기품이 넘쳤다." 그는 8세 때부터 당대 최고의 학자들의 가르침을 받기 시작했다. 유가 경전을 암송하고 제자백가의 사상을 이해하는 데 탁월한 능력을 발휘하여 스승들을 놀라게 했다. 효종과 조정 중신들은 태자를 하늘에서 낸 진명천자(眞命天子)라고 여기고 기뻐했다. 효종 사후에 주후조가 황위를 계승하면, 명나라 천하는 태평성대를 구가할 거라는 확실한 믿음이 조정 안 밖으로 퍼졌다.

이처럼 태자 주후조가 명실상부한 후계자 수업을 받고 있을 때, 뜻밖에도 황궁에 해괴한 소문이 퍼졌다. 그가 장황후의 소생이 아니라 무성위(武成衛)의 병졸 정왕(鄭旺)의 딸, 정금련(鄭金蓮)이 낳은 아들이라는 충격적인 얘기였다. 이 소문이 순식간에 퍼지게 된 까닭은 정왕이라는 자 때문이다. 그는 똥구멍이 찢어지게 가난하여 어린 딸 정금련을 남의 집 하녀로 팔아먹었다. 그 후 딸이 궁녀가 되었다는 소식을 듣고 딸과 연락할 방법을 백방으로 수소문했다.

마침내 황궁의 환관 유산(劉山)과 선이 닿아 그를 통해 딸에게 온갖 먹을거리를 보냈다. 딸도 궁중에서나 입을 수 있는 호화로운 의복을 아버지에게 몰래 보냈다. 정왕은 딸이 보낸 옷을 입고 사방을 돌아다니며 딸이 황제의 은총을 입어 아들을 낳았다고 허풍을 떨었다. 사람들은 정왕에게 잘 보이기 위하여 그를 '정황친(鄭皇親)'이라고 불렀다. 만약 정왕의 말이 사실이라면 일개 병졸에 불과한 그가 어느 날 황제의 장인이 되어 부귀영화를 누리게 될지도 모르는 일이기 때문에 미리 그에게 아부한 것이다.

효종과 장황후는 후사를 얻지 못하여 오랫동안 마음고생이 아주 심했다. 효종 부부는 아들을 얻기 위하여 목욕재계하고 천지신명에게 여러 차례 제사를 지냈지만 효험이 없었다. 이처럼 정왕이 허풍을 떨고 다닐 때, 장황후가 갑자기 아들을 낳았다. 하지만 장황후가 정금련의 아들을 빼앗아 자기 아들로 삼았다는 소문이 급기야 꼬리에 꼬리를 물고 퍼졌다.

그런데 이상한 일은 황후를 능멸하는 이런 요언이 이미 황궁 안팎에 널리 퍼졌는데도, 조정 대신들 가운데 누구도 진상을 밝히려고 하지 않았다. 주후조의 출생 비밀을 밝히는 것은 '국본(國本)'을 세우는 데 실로 엄청난 영향을 주기 때문에, 누구도 감히 목숨을 걸고 진실을 규명하지 않았다. 황제가 유언비어에 적극적으로 대처하지 않는 이유가 정왕의 말이 사실이기 때문이라고, 백성들이 믿는 지경까지 이르렀다. 황제가 어떤 반응도 보이지 않으므로 대신들도 감히 긁어 부스럼을 낼 필요가 없었다.

태자의 나이 14세 때인 홍치 17년(1504)에 효종이 느닷없이 정왕, 유산 등 이른바 '정왕요언안(鄭旺妖言案)'에 연루된 자들을 잡아들이라는 어명을 내렸다. 원래 이 사건은 사법기관에서 다루어야 할 소임이었지만 효종이 친국했다. 결국 유산은 궁궐 밖의 일을 간여한 죄로 처형을 당하고, 정왕은 유언비어를 날조한 죄와 황족의 친척을 사칭한 죄로 감옥에 갇혔으며, 정금련은 완의국(浣衣局)의 궁녀로 쫓겨났다.

효종은 왜 이미 오랜 세월이 흐른 뒤에 이 사건을 제기하여 처리했을까? 그는 이 사건을 처리한 후 1년만인 홍치 18년(1505)에 세상을 떠났다. 어쩌면 그가 죽기 전에 아들 주후조의 출생에 대한 의혹을 말끔히 해소함으로써 주후조가 황위를 계승하고 난 뒤에 그의 정치적 입지를 확고히 해주기 위해서가 아닌가 한다. 만약 효종이 이 사건의 진상을 밝히지 않고 세상을 떠난다면, 황위를 이은 주후조의 정통성 문제를 놓고 분란이 일어나지 않을까 두려워했을 것이다.

또 효종의 사건 처리에도 의문이 남는다. 소문이 유언비어에 불과했다면, 대역죄를 지은 자는 정왕이었는데도 뜻밖에도 그를 죽이지 않았다. 처형을 당한 자는 환관 유산 한 사람뿐이었다. 효종이 성품이 인자하고 관용을 베푼 성군이라서 정왕과 정금련을 죽이지 않았을 수도 있다. 하지만 또 다른 면에서는 정금련이 정말로 주후조의 생모였으므로 차마 정씨 부녀를 죽일 수 없었으며 황실의 비밀을 많이 알고 있는 환관 유산만을 처형하는 것으로 이 사건이 더 이상 확대되지 않기를 바랐을지도 모른다. 어쨌든 이 사건은 효종에 의해서 마무리되었다.

무종이 즉위한 후인 정덕(正德) 2년(1507)에 이 문제가 다시 불거졌다. 감옥에서 나온 정왕이 황제가 자기 딸의 소생이라고 또 떠들고 다녔다. 그의 고향 사람 왕새(王璽)라는 자가 황궁의 동안문(東安門)으로 난입하여 천자의 '국모'가 정금련이며 지금 구금되어 있다고 주장했다. 정왕이 사전에 왕새에게 황제가 자신의 생모를 알게 되면 부귀영화를 누릴 수 있을 거라고 꼬드겼다. 그래서 왕새가 목숨을 걸고 그런 행동을 했다.

하지만 정왕의 기대와는 다르게, 무종은 즉시 두 사람을 체포하게 했다. 결국 정왕은 여러 차례 항변에도 불구하고 형장의 이슬로 사라졌다. 무종이 정왕을 죽인 이유는 분명했다. 설사 그의 생모가 정금련일지라도, 정왕을 죽이면 사건의 진상을 알고 있는 사람이 아무도 없기 때문이다. 황제의 정통성과 통치권을 강화하기 위하여 자신의 외조부일 수도 있는 정왕을 죽인 것은 일고의 여지도 없는 하찮은 일이었던 것이다. 설사 생모라도 말이다.

중국 역대 왕조의 황실에서는 권력 투쟁이 끊이질 않고 일어났고 중상모략이 난무했기 때문에 천고의 미스터리로 남은 사건들이 적지 않다. 무종의 생모가 정말로 정금련인지는 영원한 의문으로 남았지만, 어쨌든 정사(正史)에서는 무종의 생모를 정황후로 인정하고 있다.

2. 황음무도한 생활을 마음껏 즐기다

주후조가 어렸을 적에 성군의 자질을 보여 효종의 총애를 받았지만, 점차 성장하면서 경전 읽기를 게을리 하고 놀기를 아주 좋아했다. 동궁의 내시들은 훗날 황제로 등극할 어린 태자에게 잘 보이기 위하여 진귀한 애완동물이나 온갖 완구를 헌상하여 그를 즐겁게 했다. 또 기발하고 흥미로운 놀이를 통하여 그로 하여금 종일토록 노는 일에만 정신을 팔게 했다.

주후조는 특히 말을 몰고 교외에 나가 수렵하거나 전쟁놀이하는 것을 아주 좋아했다. 태자 자신이 대장군이 되어 호위 무사와 내시로 편성된 군사를 거느리고 직접 작전을 수립하여 적진을 돌파하는 놀이를 즐겼다. 효종은 태자가 명태조 주원장처럼 문무를 겸비한 황제가 되기를 바랐으므로 전쟁놀이를 좋아하는 그를 나무라지 않았다. 하지만 태자가 날이 갈수록 공부를 등한시하고 야생마처럼 거칠게 뛰어노는 모습을 보고 크게 우려했다. 다른 아들이 있었다면 당장 태자를 폐위하고 싶었지만, 아들이 주후조 한 명뿐이라 어찌할 방법이 없었다. 효종은 홍치 18년(1505) 임종 전날에 유건(劉健), 사천(謝遷), 이동양(李東陽) 등 조정 중신들을 건청궁으로 불러 유언했다.

"동궁이 총명하지만 아직 나이가 어리고 놀기를 좋아하오. 선생들께서 항상 동궁에게 독서를 권하고 성군이 될 수 있도록 잘 보좌해주기 바라오."

임종을 앞둔 효종은 태자의 결점을 잘 알고 있었다. 그래서 충직하고 정의로운 원로 중신들에게 태자를 잘 보필하여 성군이 되게 하라고 간절히 부탁했다. 같은 해 5월 무종은 15세 때 황제로 등극했다. 사실 이 나이면 '질풍노도'의 시기이다. 무종은 태자 시절에 부친의 눈치를 보느라 마음껏 놀지 못했다. 이제 명나라 천하의 주인이 되었으니 그에게는 거칠 것이 없었다. 자신의 뜻대로 멋지게 사는 일만 남았다.

사실 무종은 조상 대대로 내려오는 황실의 법도를 인신의 구속으로 생각한 '자유주의자'였다. 명태조가 심혈을 기울여 만든 『대명률(大明律)』의 엄격한 조항도 소년 황제의 일탈을 막을 수 없었다. 급사중 호욱(胡煜)이 어린 군주를 나무랐다.

　　"황상은 한창 젊은 나이이므로 학문에 매진해야 할 때입니다. 하지만
　　스승이 매일 강론할 때면 수업이 끝나기도 전에 엉뚱한 생각만 합니다.
　　책상에 앉아 경전을 읽을 때면 시간이 얼마 지나지 않았는데도 즐기고
　　놀 생각만 합니다."

　　무종은 호욱의 따끔한 질책에도 아랑곳하지 않았다. 먼저 황제를 곁에서 모시는 환관의 관직과 관서인 상침관(尙寢官)과 문서방(文書房)을 폐지해 버렸다. 환관들이 일일이 시중을 들고 간섭하는 일이 불편했기 때문이다. 경연도 이런저런 이유를 들어 몇 번 밖에 참석하지 않았다. 나중에는 대신들과 국사를 의논하는 조회마저도 거부했다.
　　효종의 고명을 받은 대신들이 무종의 실정을 아무리 비판해도, 무종은 단지 "알겠소."라는 말 한 마디뿐이고, 여전히 마음가는대로 행동했다. 무종은 높은 담장으로 둘러싸인 자금성이 너무 답답했다. 외부와는 완전히 단절된 거대한 자금성에서 하루라도 빨리 벗어나고 싶었다.
　　어렸을 적부터 자신의 몸종이었던 환관 유근(劉瑾·1451~1510)은 그의 마음을 꿰뚫어보았다. 황제의 방탕한 기질을 누구보다도 잘 알고 있었다. 정덕 2년(1507) 유근은 어린 황제를 꼬드겨 황궁의 서안문(西安門) 밖에 웅장하고 화려한 별궁을 짓게 했다. 정덕 2년(1507)부터 7년(1512)에 이르는 기간에, 무종은 은자 24만 냥을 들여 200여 채의 호화로운 전각들을 지어 오직 자신만을 위한 별궁을 건설했다. 그 즐비하게 늘어선 모습이 표범의 무늬를 닮았다고 하여, 별궁의 이름을 '표방(豹房)'이라고 했다.
　　일반적으로 별궁은 임금이 행차할 때 잠시 머무르며 휴식을 취하는 장

소이지 상주하는 궁궐이 아니다. 명나라 때 자금성은 황제의 거주지이자 통치 권력의 심장부였다. 황제가 자금성을 비우고 순행을 나갈 때면, 자금성에 대한 방어와 보안이 아주 철저했다. 행여 황제가 순행을 나간 틈을 이용하여 반란이 일어나 자금성이 반란군의 수중으로 들어간다면, 그것은 곧 명나라의 멸망을 의미했기 때문이다.

하지만 무종은 정덕 3년(1508)에 거처를 표방으로 옮긴 후, 정덕 15년(1520)에 세상을 떠날 때까지 자금성으로 돌아가지 않고 줄곧 그곳에서 살았다. 표방은 사치와 향락을 즐기기 위하여 특별히 만든 일종의 '아방궁'이었으므로, 무종이 더욱 애착을 느끼고 죽을 때까지 그곳에서 머물렀다. 표방에는 아름다운 궁녀들과 향락을 즐기는 데 필요한 온갖 진귀한 물건들로 넘쳐났다. 무종은 매일 궁녀들의 매혹적인 춤사위 속에서 미희들을 끼고 산해진미를 맛보며 나뒹굴었다.

황제가 자금성으로 돌아가 국사를 다스리지 않고 표방에서 여색과 향락에 빠지자, 자연히 간신배와 환관들이 표방에 벌떼처럼 모여들었다. 그들 가운데 금의위의 도독동지(都督同知) 우영(于永)이라는 자가 있었다. 색목인(色目人) 출신인 그는 방중술에 대단히 뛰어났다. 황제의 음란한 성욕을 만족시키기 위하여 이렇게 아뢰었다.

"회족 여자의 흰 살결은 비단처럼 부드럽고 옥처럼 청결하옵니다. 중원의 여자들은 감히 비교조차 할 수 없사옵니다."

한족 궁녀들의 치마 속에서만 놀던 무종이 탐욕의 눈빛을 띠며 우영의 말에 강한 호기심을 보였다. 우영은 즉시 가무에 능하고 자태가 요염한 서역의 무희 12명을 선발하여 표방으로 보냈다. 과연 우영의 예상대로 무종은 회족 무희들이 갖은 교태로 아양을 떠는 모습에 그만 넋이 나가고 말았다. 우영은 이에 그치지 않고 금의위 가운데 색목인 출신 관리의 아내나 딸을 빼앗아 무종의 수청을 들게 했다. 무종이 회족 여자들을 좋아한다는 소문이 장안에 퍼지자, 간신들은 다투어 회족 미희들을 진상하였다. 이에 표방은 서역 출신의 궁녀들로 넘쳐났다.

무종의 엽색 행각은 늦은 밤에도 끝날 줄 몰랐다. 매일 밤 수천 개의 황금색 등잔이 궁궐의 밤하늘을 대낮처럼 환하게 밝혔다. 특히 명절 때면 오색찬란한 등불이 바다처럼 너울거렸다. 매년 등불에 필요한 황촉(黃燭)을 마련하는 데에만 황금 수십만 냥의 경비가 소요될 정도로 막대한 재정을 낭비했다.

정덕 9년(1514) 1월 황궁에서 정월대보름을 경축하는 불꽃놀이를 벌일 때, 실화로 건청궁(乾淸宮)에 화재가 발생했다. 건청궁은 황궁의 수많은 건물 가운데 황제의 권력과 위엄을 상징하는 제일의 정전(正殿)이 아닌가? 뜻밖에도 무종은 화재를 진압하라는 어명을 내리지 않고 황급히 표방으로 달려가 멀리서 건청궁이 불에 타는 모습을 보고 희희낙락거렸다.

"아! 거대한 불길이 일어나는 모습이 참으로 보기 좋구나."

무종은 궁궐 밖 외출을 유별나게 좋아했다. 그의 순행은 백성의 고단한 삶을 보살피기 위한 행차가 아니라 향락과 사냥을 즐기기 위한 수단이었다. 천자의 어가가 지나는 고을마다 백성들은 가산을 털어 지극정성으로 접대해야 했다. 순행 중에 천자의 마음에 드는 여자가 있으면 처녀든 부녀자든 가리지 않고 하룻밤의 노리개로 삼았다.

정덕 12년(1517) 무종이 서쪽 지방으로 행차하여 태원(太原)에서 가무에 능한 미희들을 찾았다. 마침 유미인(劉美人)이라는 미희가 무종의 마음을 흔들었다. 그녀는 원래 진왕부(晉王府)의 악공, 양등(楊騰)의 아내였다. 호색한 천자의 눈에 들었으니 어찌 남편과 생이별을 하지 않을 수 있었겠는가? 무종은 그녀를 데리고 포방으로 돌아왔다. 두 사람은 밤낮을 가리지 않고 정욕을 불태웠다.

무종은 여색만을 밝힌 게 아니었다. 그의 성적 취향은 아주 유별났다. 마음에 드는 미소년이 있으면 즉시 양아들로 삼았다. 사실 그는 동성연애자였다. 재위 16년 동안 공식적으로 100여 명을 양아들로 삼았다. 정덕 7년(1512) 한 해 동안에는 무려 미남자 127명의 성씨를 주씨(朱氏)로 바꾸는 기행을 벌였다.

양아들 가운데 전녕(錢寧)과 강빈(江彬) 두 사람이 무종의 총애를 가장 많이 받았다. 전녕의 성씨는 원래 전씨가 아니었다. 어렸을 적에 태감 전능(錢能)의 아들로 팔려가 성을 전씨로 바꾸었다. 그는 성질이 교활하고 활을 잘 쏘는 타고난 아첨꾼이었다. 자신을 '황제의 서자(庶子)'라고 자칭하며 무종의 앞잡이 노릇을 했다. 무종은 잠시라도 그가 곁에 없으면 불안해 할 정도로 그를 총애했다. 표방에서 만취하면 그를 베개 삼아 잠에 곯아떨어지기 일쑤였다. 황제가 일개 환관의 품에서 자는 추태를 보인 것이다. 훗날 전녕은 영왕(寧王) 주신호(朱宸濠)의 반란 사건에 연루되어, 세종 주후총(朱厚熜)이 즉위한 직후에 저자거리에서 사지가 찢기는 형벌을 당했다.

강빈은 원래 변방을 지키고 있었던 장수였다. 정덕 5년(1519) 농민 유육(劉六), 유칠(劉七) 형제가 하북성 패주(霸州)에서 반란을 일으켰을 때, 강빈은 몸에 화살 세 발이 명중되고 그 중 한 발은 얼굴에 맞았지만 조금도 두려워하지 않고 용감하게 싸웠다. 이 농민 반란을 평정하는 데 혁혁한 전공을 세운 업적으로 무종을 알현할 수 있었다. 그가 어전에 나가 병법을 아뢰자, 무종은 크게 기뻐하여 그를 곁에 머물게 하고 총애했다.

하루는 무종이 표방에서 기르는 호랑이를 직접 다루겠다고 나섰다. 자기가 얼마나 용감하고 완력이 센 지 신하들에게 자랑할 요량이었다. 그런데 평소에 온순하게 길들여진 호랑이가 갑자기 무종에게 달려들어 그의 얼굴을 할퀴었다. 무종이 너무 놀라 전녕을 불렀으나, 전녕은 감히 나서지 못했다. 마침 그때 강빈이 뛰어가 단숨에 호랑이를 제압했다. 무종은 "짐이 혼자 제압할 수 있었는데 어찌 네가 나섰느냐?"고 말하며 애써 태연한 척했지만, 마음속으로는 강빈을 더욱 신뢰했다. 무종은 표방 옆에 '의자부(義子府)'라는 관아를 별도로 지어 강빈 등 자신이 총애하는 양자들을 그곳에 거주하게 했다.

전녕과 강빈은 무종의 총애를 놓고 서로 질투하고 두려워하는 관계였다. 전녕은 황제의 그림자나 다름없는 환관이었으므로 언제라도 무종에게 강빈을 모함할 수 있었다. 강빈은 일개 환관 따위가 황제의 총애를 등에 업고 자신을 무시하는 태도를 참을 수 없었다. 하지만 그는 변방의 장수 출신이라 그의 휘하에는 수족처럼 부릴 사병이 없었다.

전녕이 음모를 꾸며 공격하면 꼼짝없이 당할 처지에 놓인 강빈은 계책을 냈다. 변방의 용감한 병사들과 북경의 경군(京軍)을 주기적으로 상호 주둔지를 바꾸어 지키게 하면, 명군이 더욱 강해질 것이라고 무종에게 아뢰었다. 그는 자신의 사병이나 다름없는 변방의 병사들을 북경으로 끌어들여 권력을 강화하기 위한 수단으로 그런 계책을 냈다.

하지만 명나라의 법률에 따르면 변방 군사와 경군은 서로 주둔지를 바꿀 수 없었다. 만약 변방 군사가 약하면 몽골군이 침략할 수 있고, 경군이 약하면 변방 군사가 반란의 화근이 될 수 있었기 때문이다. 이는 황권을 강화하기 위한 목적에서 나온 제도였다. 그런데 무종은 대신들의 격렬한 반대에도 불구하고 변방 군사를 북경으로 이동시키고 난 뒤, 강빈에게 지휘권을 부여했다.

무종은 부친 효종과는 다르게 인덕 정치로 명나라 천하를 통치하는 것을 원치 않았다. 강한 무력만이 천하를 안정시킬 수 있다는 확신을 가지고 있었으며 반란이 일어나면 자기가 친히 진압하겠다는 결연한 의지를 가진 황제였다. 특히 몽골과의 외교 관계에 있어서도 협상과 타협보다는 정벌을 택하는 강경책을 폈다. 그가 강빈을 총애한 까닭도 그의 무용(武勇)이 뛰어났기 때문이다. 전장에서 잔뼈가 굵은 강빈에게는 이런 무종이 더없이 좋은 황제였다. 무종의 호색과 영웅 심리를 자극하면 엄청난 권세를 누릴 수 있었다. 정덕 12년(1517) 어느 날 강빈이 무종을 꼬드겼다.

"선부(宣府)의 악공 중에는 미녀들이 많사옵니다. 또 그곳에서는 우리 군사와 오랑캐들이 싸우는 모습을 즐길 수 있사옵니다. 순식간에 천리 밖으로 갈 수 있는데, 어찌하여 황상께서는 궁궐에서 답답하게 지내시면서 조정 대신들의 간섭을 받고 계신지요?"

표방의 주지육림도 용암처럼 끓어오르는 무종의 욕망을 만족시킬 수 없었다. 강빈의 유혹에 귀가 번쩍 뜨인 무종은 즉시 선부로 순행할 준비를 하게 했다. 하지만 황제의 순행 준비가 하룻밤 사이에 끝나는 일이 아니었다. 더구나 명분이 없는 순행은 대신들의 반대에 부딪칠 게 명약관화했다.

무종은 미복(微服)을 입고 강빈 등 측근 몇 명만을 대동한 채 몰래 표방을 빠져나왔다. 무종 일행이 거용관(居庸官)에 이르렀을 때, 어사 진흠(陳欽)에게 황제의 신분이 노출되었다. 진흠은 너무 놀랐다. 대명 제국의 천자가 남루한 옷차림을 하고 불쑥 나타났으니 말이다. 무종은 그의 간곡한 만류에 어쩔 수 없이 환궁했다. 며칠 후 밤에 몰래 도성을 나와 선부로 달려갔다. 강빈은 진국부(鎭國府)를 설치하고 표방의 미녀들과 진귀한 보물들을 전부 그곳으로 옮겼다.

무종은 진국부에서 환락에 젖었다. 요염한 궁녀들과의 시침(侍寢)도 재미없을 때는 저녁에 민가로 납입하여 부녀자들을 겁탈한 적이 한 두 번이 아니었다. 마음에 드는 부녀자가 있는 집이면 며칠 동안 나오지 않고 그곳을 '자기 집'이라고 칭했다.

북경 서북쪽에 위치한 선부진은 옛날부터 병가에서 반드시 쟁취해야 하는 전략적 요충지였다. 몽골족의 침략을 방어하는 최전선이었다. 선부진이 함락되는 날에는 몽골의 기병이 순식간에 북경의 황궁으로 몰려와 위협했다. 명나라의 역대 황제들은 선부진 방어에 국가의 운명을 맡길 정도로 그곳을 중시했다. 명나라에서 가장 용맹하고 황제의 신임을 가장 많이 받는 장수만이 선부진을 지킬 수 있었다. 그런데 무종은 친히 선부진을 수호하겠다는 결심을 밝히고, '총독군무위무대장군총병관(總督軍務威武大將軍總兵官)'이라는 긴 직책을 자신에게 스스로 수여했다. 얼마 후 자신을 진국공(鎭國公)으로 책봉했다. 또 자기가 머무르는 곳을 군문(軍門)이라 칭했고, 나랏일은 모두 강빈에게 맡겼다.

중국 역사상 황제가 자신의 직위를 낮추어 스스로 책봉한 사례는 무종 이외에는 아무도 없었다. 어쩌면 그는 황제의 지고무상한 권위보다는 전장을 누비는 대장군이 되어 불후의 공적을 세우는 일이 더 좋았는지도 모른다. 나랏일은 취미활동 하듯이 처리하고 전쟁을 좋아했기 때문에, 훗날 『명사』에서는 그를 이렇게 평가했다.

"향락에 젖어 사방을 순행하며 즐겼으며 소인배를 가까이하고 자신에게 스스로 관직을 부여하는 지경까지 이르렀으니 관직의 엄격한 구분이 완전히 엉망이 되었다."

무종이 진국부에서 오랫동안 머무른 데에는 몇 가지 이유가 있었다. 첫째, 조정 대신들의 간섭을 피하기 위해서였다. 황제가 친히 변방에 나가 외적을 토벌하고 있는 상황에서, 어느 대신이 골치 아픈 나랏일을 황제에게 일일이 보고할 수 있겠는가? 둘째, 황음무도한 생활을 즐기기 위해서는 수많은 이목이 있는 황궁보다는 변방이 훨씬 자유로웠기 때문이다. 셋째, 명태조 주원장과 영락제 주체처럼 몽골족을 제압하여 청사에 길이 남을 업적을 세우려고 했다. 그는 황제로서 한 평생 방탕한 생활을 즐겨서 역사에 오점을 남겼지만, 변방 이민족의 침략을 성공적으로 방어하여 명나라의 국경을 안정시킨 공로가 있었다.

무종의 호색과 정복욕을 부추긴 강빈은 선부(宣府), 대동(大同), 요동(遼東), 연수(延綏) 등 사진(四鎭)의 군사를 모두 자기 휘하에 거느렸다. 또 변방의 오랑캐를 토벌했다는 공로로 평로백(平虜伯)에 제수되었다. 무종 사후에 그의 저택을 수색했을 때, 황금 70상자, 백은 2,200상자 그리고 이루 다 헤아릴 수 없을 정도로 많은 보물들이 쏟아져 나왔다. 그도 전녕처럼 저자거리에서 사지가 찢기는 형벌을 당했다. 정권이 바뀌면 전 정권에서 세도를 부린 자의 비참한 말로의 전형적인 예이다. 그럼에도 권력자들은 "나만은 부귀영화를 영원히 누릴 거야."라는 착각 속에서 역사의 교훈을 무시하고 전횡을 일삼다가 끝내는 패가망신한다.

무종이 진국부에서 다시 표방으로 돌아온 후인 정덕 14년(1519)에, 영왕(寧王) 주신호(朱宸濠)가 강서성(江西省) 남창(南昌)에서 반란을 일으켰다. 평소에 남방 순행을 원했던 무종은 영왕의 반란 진압을 명목으로 대군을 이끌고 남방 원정을 떠날 계획을 세웠다. 출정을 빙자하여 산자수려한 남방에서 유미인(劉美人)과 질펀한 애정 행각을 벌일 생각이었다. 하지만 마침 그녀가 병에 걸려 동행할 수 없었다. 무종은 사랑하는 유미인을 두고 만리 길 원정을 떠나자니 못내 아쉬웠다. 무종과 유미인이 이별을 앞두고 있을 때, 그녀가 머리에 꽂은 비녀 한 개를 무종에게 건네주며 간드러진 목소리로 말했다.

"이 비녀를 소첩이 받아 본 후에 폐하 곁으로 달려가겠사옵니다."

무종은 비녀를 황포 깊숙한 곳에 넣어두고 출정했다. 북경 외곽의 노구교(盧溝橋)를 지날 때, 그만 비녀를 분실하고 말았다. 즉시 시종들에게 비녀를 찾아오라고 했지만, 비녀는 어디에도 보이지 않았다. 무종이 친히 이끈 군사가 하북성 탁현(涿縣)에 이르렀을 때, 남방에서 도찰원좌첨도어사(都察院左僉都御史) 왕수인(王守仁)이 영왕을 생포했다는 첩보가 올라왔다. 왕수인이 반란군을 평정했으므로, 무종은 남방으로 계속 진군해야 할 이유가 없었다. 하지만 그는 생포한 영왕을 북경으로 압송하라는 명령을 내리지 않고 계속 남진했다. 영왕의 잔당을 완전히 소탕하겠다는 명분을 내세웠으나, 사실은 유미인과 함께 남방의 아름다운 경치를 만끽하고 싶었다.

무종의 행렬이 산동성 청주(淸州)에 이르렀을 때 그녀를 그리워하는 마음을 더 이상 억누를 수 없었다. 즉시 사자를 북경으로 보내 그녀를 데리고 오게 했다. 하지만 유미인은 사랑의 증표로 준 비녀가 없으니 떠날 수 없다고 말했다. 그녀의 행동은 무종의 애간장을 녹였다. 그는 천자의 지엄한 위세를 내팽개치고 밤에 홀로 유미인을 영접하기 위하여 장가만(張家灣)으로 달려갔다.

하룻밤 사이에 사라진 황제의 행방을 찾기 위하여 신하들은 근 한 달 동안 허둥대었다. 당시 무종은 육신과 혈기가 왕성한 20세였다. 사랑에 눈이 멀어 그런 엽색 행각을 벌일 수도 있었겠지만, 대명 천하를 다스리는 황제로서는 도저히 있을 수 없는 엽기적 행위였다.

무종도 즉위 후에 하씨(夏氏)를 황후로 책봉하고 여느 황제처럼 여러 후궁들을 거느리고 있었다. 하황후는 미모가 뛰어났으나 남편과 잦은 불화를 겪었다고 한다. 일설에는 무종이 하황후를 아예 거들떠보지도 않았을 정도로 싫어했기 때문에, 무종의 후사를 낳지 못하고 한평생 처녀로 살았다고 한다. 무종은 법도에 따라 후궁이 된 여자들에게도 관심을 보이지 않았다. 특히 표방으로 거처를 옮긴 이후에는 자기 마음에 드는 육감적인 여인들만을 탐했을 뿐, 황궁에서 황제의 성총을 입기를 애타게 바라며 독수공방하는 후궁들에게는 더욱 눈길조차 주지 않았다.

황제가 표방과 선부진에서 음욕을 불태우며 죽기 전까지 황궁으로 돌아오지 않았던 까닭에, 하황후와 후궁들이 무슨 수로 황제의 후손을 낳을 수 있었겠는가? 무종은 많은 미희들과 그처럼 많은 엽색 행각을 벌였는데도 황위를 계승할 아들을 여전히 얻지 못했다. 무종이 한평생 자식을 한 명도 두지 못한 걸로 보아, 아마 '무정자증'을 앓은 게 아닌가 한다. 어쨌든 그는 아들을 얻지 못한 고통에 시달렸다. 얼마나 간절하게 아들을 원했으면, 임신한 여자를 맞이하는 연극을 친히 연출하기도 했다.

정덕 11년(1516) 출세욕에 사로잡힌 마앙(馬昻)이라는 자가 무종의 측근 강빈에게 뇌물을 주고 만나서 자기 여동생 자랑을 늘어놓았다. 선녀처럼 아름답고 말타기와 활쏘기에 능하며 또 노래와 춤 솜씨가 대단히 뛰어나다고 말했다. 마씨는 정말로 무종이 좋아할만 한 재능을 갖춘 여자였다. 무종은 강빈을 통해 그녀를 만나보고는 한 눈에 반했다. 그녀를 즉시 표방으로 데리고 왔다. 당시 그녀는 임신한 몸이었다. 무종도 임신 사실을 알고 있었지만 개의하지 않았다.

무종에게는 속셈이 있었다. 어차피 친아들을 낳을 수 없는 상황인지라, 만약 임신한 마씨가 아들을 낳으면 자기 아들로 속일 생각이었다. 하지만 마씨가 임신한 채로 표방에 들어왔고 마앙이 아무런 공적도 없이 우도독(右都督)으로 파격 승진했다는 소문이 자자했다. 대신들이 들고일어났다.

당장 마앙과 마씨를 쫓아내지 않으면 훗날 반드시 후환이 생길 거라고 간했다. 조정 대신들뿐만 아니라 백성들에게도 황제의 이런 추문이 회자되었다. 무종은 어쩔 수 없이 자신의 뜻을 접을 수밖에 없었다.

조정 대신들도 황제의 마음을 모르고 있는 게 아니었다. 황위를 이을 친아들이 없으니 얼마나 괴로웠겠는가? 태자가 있어야 '국본(國本)'이 바로서고 정국의 지속적인 안정을 도모할 수 있었다. 명나라 황실의 법도에 따르면 적장자가 황위 계승자이며 만약 적장자가 없으면 다른 아들이 황위를 계승할 수 있었다. 무종처럼 친아들이 아예 없는 경우는 황제의 사촌, 번왕 중에서 황제의 재목감을 골라 황제로 추대하는 수밖에 없었다.

번왕도 당연히 주씨(朱氏)이므로 명태조 주원장의 후손으로서 황위를 이을 명분을 가지고 있었다. 인품이 훌륭하고 학식이 뛰어난 번왕 두세 명을 미리 선발하여 태자 책봉에 대비하자고 대신들이 황제에게 권했다. 황제가 나중에 아들을 낳으면 번왕들은 영지로 돌려보내면 된다는 논리였다.

무종은 대신들이 건의한 일종의 고육지책을 받아들이지 않았다. 만약 대신들의 건의대로 한다면 아직 30세도 안 된 젊은 황제가 아들을 낳을 수 없다는 사실을 만천하에 알리는 꼴이 되어 백성들의 조소를 받지 않을까 두려워했기 때문이다. 또 그가 이미 자신의 생식 기능에 문제가 있음을 알고 있었더라도 언젠가는 반드시 친아들을 가질 수 있다는 간절한 희망을 버리지 않았다. 대신들은 젊은 황제의 고집을 꺾을 수 없었다.

정말로 무종은 황당무계한 일을 벌이는 것을 좋아했다. 자신이 돼지띠라고 해서 전국에 돼지고기를 먹는 것을 금하는 칙령을 반포한 적도 있다. 또 하루는 그가 강소성(江蘇省) 청강포(淸江浦)에 거주하는 태감 장양(張陽)의 집으로 행차했다. 장양은 그를 위해 큰 배를 마련하여 운하의 아름다운 경치를 즐기게 했다. 멀리서 한 어부가 그물로 고기를 잡는 광경을 본 무종은 호기심이 발동했다. 다음 날 그는 몰래 어린 태감 몇 명과 함께 쪽배를 타고 고기를 잡다가 그만 물속에 빠지고 말았다. 가까스로 살아났지만 독감에 걸려 일어나지 못했다.

정덕 16년(1521) 무종은 후계자를 결정하지 못하고 한창의 나이인 31세에 표방에서 피를 토하고 죽었다. 황제의 보위는 하루도 비워둘 수 없을 만큼 중대하고 제국의 중추인데도, 무종의 어리석은 욕심 때문에 그가 죽은 뒤 무려 한 달 동안 새 황제를 추대하지 못하여 권력의 공백기가 생기는 사태가 일어났다. 결국 황위는 무종의 사촌동생 세종 주후총(朱厚熜)이 계승했다. 그는 태자 수업을 받지 않았고 당시 조정의 권력 구도에 의하여 느닷없이 황제로 추대되었기 때문에, 가정(嘉靖) 연간에 조정을 떠들썩하게 했던 '대례의(大禮議) 논쟁'의 불씨가 되었다.

3. 환관 유근(劉瑾)의 국정 농단

홍치 18년(1505) 15세 때 즉위한 무종은 고명대신들의 보좌와 충언을 멀리하고, 유근(劉瑾), 위빈(魏彬), 곡대용(谷大用), 구취(邱聚), 장영(張永), 마영성(馬永成), 고풍(高風), 나상(羅詳) 등 환관의 무리인 이른바 '팔호(八虎)'의 농간에 놀아났다. 팔호는 무종의 총애를 등에 업고 충신들을 몰아내고 조정을 농락하기 시작했다. 환관은 남자로서 성기능을 상실한 원한을 권력욕과 물욕으로 풀려는 본능이 대단히 강한 존재였다. 오로지 황제에게 아부하여 총애를 받을 수 있다면 세상에 두려울 것이 없었다.

팔호 가운데 유근이 무종의 총애를 가장 많이 받고 조정을 마음껏 농락한 환관이다. 그의 권세가 얼마나 대단했던지, 당시 사람들은 그를 '입지 황제(立地皇帝)'라고 불렀다. 주후조가 태자였을 때부터 몸종 노릇을 했으므로 그의 방탕한 기질을 너무나 잘 알고 있었다. 무종이 원하는 일이라면 무엇이든 해결해주는 수완을 발휘했다. 황궁에 저잣거리를 만들어놓고 거상(巨商)으로 분장한 무종이 환관들과 어울리며 놀게 했다. 무종이 싫증을 느낄 때면 기루(妓樓)를 조성하여 기생으로 분장한 궁녀들과 질펀한 유흥을 즐기게 했다.

유건(劉健), 사천(謝遷) 등 조정 중신들은 유근의 전횡에 분개했다. 유근을 비난하는 상소가 연이어 올라왔지만, 무종은 묵묵부답으로 일관했다. 천문과 역법을 관장하는 오관감후(五官監候) 양원(楊源)은 별자리의 변화를 관찰하고 간신 유근을 당장 처단하지 않으면 큰 변란이 일어날 것이라고 무종에게 아뢰었다. 호부상서 한문(韓文)도 유근을 주살해야 변고를 막을 수 있다고 했다.

당시 사람들은 별자리의 변화가 역적이 반란을 일으킬 조짐으로 생각했다. 무종도 긴장하지 않을 수 없었다. 매일 유근을 탄핵하는 상소가 끊임없이 올라왔지만, 자기 수족이나 다름없는 유근을 쉽게 처단할 수는 없었다. 그가 없으면 환락을 탐할 수 없었기 때문이다. 그는 고민 끝에 사례태감 왕악(王岳)을 내각으로 보내 대신들과 상의하여 유근을 남경으로 귀양을 보내게 했다. 여론이 잠잠해지면 다시 부를 생각이었다. 왕악은 환관임에도 불구하고 유근을 증오하여 대신들의 뜻을 따랐다.

궁지에 몰린 유근은 한밤중에 마영성, 곡대용 등 측근들을 거느리고 무종에게 달려갔다. 그들은 엎드려 무종을 에워싸고 눈물로 호소했다. 무종에게 잠시 심경의 변화가 생긴 틈을 타서, 유근이 이렇게 아뢰었다.

"저희들을 해치려는 자는 왕악이옵니다. 그가 내각 대신들과 결탁하여 황상께서 자유롭게 출궁하시는 일을 통제하려고 합니다. 그래서 자기가 싫어하는 사람들을 먼저 제거하려는 것입니다. 게다가 황상께서 좋아하시는 수렵 활동이 국정을 다스리는 데 무슨 방해가 된다고, 저들이 못하게 하는지요? 만약 사례감에 적합한 사람을 임용했다면, 문관들이 어찌 이렇게 오만방자하게 행동하겠습니까?"

무종은 진노했다. 툭하면 궁궐 밖으로 나가 엽색 행각을 벌이고 사냥을 즐기는 일이 무종의 취미가 아닌가? 그런데도 신하 따위가 감히 황제의 취미 활동을 간섭하다니! 그는 즉시 유근에게 사례감을 관장하게 하고, 마영성은 동창(東廠)을, 곡대용은 서창(西廠)을 장악하게 했다. 유근을 처단하려고 했던 유건과 사천은 관직을 그만두고 낙향했으며, 왕악은 남경으로 귀양을 가는 길에 피살되었다.

이제 조정에는 유근의 농간을 막을 대신들은 없었다. 무종은 또 유근에게 단영(團營)을 총지휘하게 했다. 단영은 경군(京軍)의 정예병 10만 명을 보유한 군사 조직으로서 북경 황궁을 보위했다. 황제의 일거수일투족을 관장하고 경군의 병권을 장악한 유근은 공개적으로 매관매직을 자행했다. 도성의 관리들이 바친 뇌물의 액수에 따라 품계를 결정했다. 또 측근들을 전국 각지에 파견하여 뇌물을 받고 관직을 멋대로 분배했다.

전국의 지방관들이 황제를 배알하고자 황궁에 입성하려면 사전에 반드시 유근에게 뇌물을 바쳐야 했다. 당시 그런 관행을 '배면례(拜面禮)'라고 칭했다. 유근이 만나주는 것에 대한 예의로 뇌물을 준다는 뜻이다. 그를 한 번 만나는 데 최소한 은자 1,000냥이 필요했으며, 많게는 5,000냥이 들었다. 상경한 관리들 가운데 돈이 부족한 자는 도성의 부호에게 돈을 빌려 상납하는 수밖에 없었다. 사람들은 그런 행위를 '경채(京債)'라고 칭했다.

좌도어사 유우(劉宇)는 유근에게 뇌물을 바쳐서 더 높은 관직을 얻고 싶었다. 원래 유근이 뇌물을 받을 때, 그 액수가 은자 수백 냥 정도였다. 유우는 은자 만 냥을 바쳐 유근을 깜짝 놀라게 했다. 뇌물을 바칠 바에는 받는 사람의 상상을 초월하는 금액을 써야 효과가 확실하게 나타난다고 생각했다. 유근은 "유 선생이 참으로 나를 후하게 대접하는구나."라고 말하며 크게 기뻐했다. 유우는 유근의 천거로 국방의 최고위직에 해당하는 병부상서에 임용되었다. 그 뒤 유근에게 바치는 뇌물 액수가 크게 올랐다. 유우가 그렇게 만든 것이다.

유근은 또 승진한 관리들에게 자신이 힘을 써준 것에 대한 보답으로 '하인전(賀印錢)'을 요구했다. 요구에 응하지 않은 관리가 있으면 즉시 다른 구실을 잡아 파면시켰다. 좌천되거나 파면된 자들도 뇌물을 바치면 원래의 관직을 회복할 수 있었다. 관직이 유근에게는 기본적으로 돈을 받고 파는 상품에 불과했다. 경향 각지에서 유근에게 바친 뇌물이 산처럼 쌓였으니, 그 권세와 부귀는 황제에 버금갔다.

정덕 5년(1519) 영하(寧夏)의 안화왕(安化王) 주치번(朱寘鐇)이 간신 유근과 그 일당을 토벌한다는 명분으로 반란을 일으켰다. 유근의 죄상을 밝힌 격문이 도성에 전해지자, 유근은 그것을 황제가 읽어볼까 두려워하여 숨겼다. 무종은 양일청(楊一淸)과 태감 장영(張英)에게 반란군을 토벌하게 했다. 원래 양일청은 우도어사의 소임을 맡으면서 변방 수비에 만전을 기하여 무종의 총애를 받았으나 유근의 모함을 받고 쫓겨난 충신이었다. 장영도 무종의 총애를 받은 '팔호' 가운데 한 명이었지만 유근에게 배척을 당하여 그에게 원한을 품고 있었다. 유근은 무종의 총애를 독차지하기 위하여 자신과 같은 환관이었던 '칠호(七虎)'를 황제의 면전에서 모함했다. 무종으로서는 참으로 난감한 일이 아닐 수 없었다. 자기가 총애하는 환관들 사이에 알력이 있었기 때문이다.

하루는 무종이 장영을 남경의 한직으로 보낼 결심을 했다. 황제의 성지

(聖旨)가 아직 하달되지 않았는데도 유근이 서둘러 장영을 황궁 밖으로 몰아내려고 했다. 유근의 음모를 알아 챈 장영은 어전으로 달려와 무종에게 억울함을 호소했다. 어전에서 두 사람이 대질 심문을 받을 때, 화가 머리 끝까지 치민 장영이 유근에게 달려들어 주먹질을 했다. 다른 환관들의 만류로 싸움이 그치고, 무종이 술을 하사하여 화해를 종용했다. 두 사람은 어전에서 화해했지만 마음속으로는 여전히 상대방에게 적개심을 품고 있었다.

양일청과 장영이 어명을 받들고 주치번의 반란을 진압하고자 영하로 가는 도중에 유근의 악행을 거론하며 이를 갈았다. 양일청은 진사 출신의 문신이었으므로 정상인 취급을 받지 못하는 환관 장영과는 속마음을 쉽게 터놓고 얘기할 수 있는 관계는 아니었다. 하지만 두 사람 모두 유근에게 원한을 품고 있었기 때문에 뜻이 잘 맞았다. 장영도 무종의 총애를 받고 있는 '팔호' 가운데 한 명이므로, 그를 잘 활용하면 유근을 제거할 수 있다고 양일청은 생각했다. 두 사람이 반란을 진압하고 북경으로 회군하는 도중에, 양일청은 한숨을 쉬며 장영에게 말했다.

"유근은 우리 명나라의 큰 화근인데도, 누구도 그를 제거할 방법이 없으니 이를 어찌하면 좋겠소?"

장영이 아주 조심스럽게 대답했다.

"지금 유근의 권세는 옛날과는 도저히 비교할 수 없을 정도로 막강해졌습니다. 그의 하수인들이 도처에 깔려있기 때문에, 그의 세력을 제거하기가 결코 쉽지 않을 것입니다."

양일청은 이런 계책을 냈다.

"그대도 황상의 총애를 받는 신하이오. 이번에 도성으로 돌아가 반란
군 토벌 성과를 황상에게 아뢸 때, 내가 위조한 서찰을 올리시오. 서찰에
는 주치번이 유근과 반란을 일으킬 음모가 적혀 있소. 황상께서는 영명
하시고 무용이 뛰어나신 분이시므로 반드시 유근을 처벌하실 것이오. 그
때가 되면 그대는 명성을 후세에 영원히 남기는 공신이 될 것이오."

장영은 결연한 표정을 지으며 고개를 끄덕였다. 그 후 그들의 개선을
기뻐한 무종은 연회를 성대하게 베풀었다. 반란군 진압의 공로를 치하하
는 연회가 밤늦게까지 이어졌다. 마침 유근이 먼저 자리를 비웠을 때, 장
영은 유근의 17가지 죄상을 나열한 서찰의 내용을 무종에게 아뢰었다. 주
치번과 모반을 꾀했다는 내용이 핵심이었다. 술에 취한 무종은 유근이 정
말로 자신을 배반하고 반란을 획책했냐고 대신들에게 물었다. 평소에 유
근에게 반감을 가졌던 대신들은 그의 범죄 사실을 낱낱이 아뢰었다.

무종은 즉시 유근을 체포하고 그의 가택을 수색하게 했다. 위조한 옥
새, 갑옷, 곤룡포 등 환관으로서는 절대 소유할 수 없는 황궁의 귀물들이
무더기로 나왔다. 또 그가 평소에 사용하는 접이식 부채 안에서 비수 두
자루가 발견되었다. 모반을 획책한 명백한 증거가 속속 들어나자, 무종은
더 이상 망설일 이유가 없었다. 결국 유근은 저잣거리에서 능지처참을 당
했다. 당시 그의 만행에 고통을 겪은 사람들이 돈을 주고 토막 난 시체를
사서 먹었을 정도로 그에 대한 원한이 뼛속까지 사무쳤다.

장영은 사대부들의 지탄을 받은 '팔호' 가운데 한 명이었지만, 양일청과
협력하여 유근을 제거한 공로로 환관의 직위 가운데 가장 높은 사례감장
인태감(司禮監掌印太監)으로 승진했다. 무종 사후 세종의 가정 연간에 들어와

탄핵을 받고 좌천당했지만, 내각수보 양일청의 적극적인 구명 운동으로 다시 복권되어 충신으로 대우를 받다가 삶을 마감했다. 성화 연간부터, 홍치, 정덕, 가정 연간에 이르기까지 무려 50여 년 동안 관직에 있으면서 문덕(文德)과 무공을 쌓은 양일청은 장영이 유근을 제거하는 데 결정적인 공을 세운 것을 결코 잊지 않았다. 그래서 장영이 정치적으로 궁지에 몰릴 때마다 양일청은 그를 적극 변호했다. 두 사람은 조정 중신과 환관 사이에서는 좀처럼 있을 수 없는 의리와 우정을 쌓은 것이다.

4. 전쟁을 즐긴 황제

무종은 즉위 후 한 평생 표방과 선부진에서 향락에 젖어 지냈지만, 자신의 절대 권력에 도전하는 자들에 대해서는 잔혹하게 다스렸다. 유근처럼 자기가 아무리 총애하는 신하일지라도 역린을 건드리면 지체 없이 제거했다. 조정 대신들이 국가의 대사를 처리하는 일에도 철저하게 통제했다. 그는 대신들과 함께 국정을 논의하기를 원치 않았지만 사례감을 통해 성지를 하달하는 방법으로 국정을 장악했다. 이런 면이 국정을 내팽개치고 오로지 주색잡기에 몰두한 여느 황제들과는 다른 점이었다.

외적의 침략에 대해서는 무종은 결코 나약한 황제가 아니었다. 그는 오히려 친히 군사를 이끌고 전장에 나가 무공을 쌓기를 바란 유별난 황제였다. 정덕 12년(1517) 10월 마침내 무종이 그토록 바라던 전투의 기회가 왔다. 몽골의 소왕자(小王子)가 기병 5만 명을 거느리고 변경을 침략했다. 이때 마침 거용관을 지나 선부진으로 행차하고 있던 무종은 총독군무위무대장군총병관(總督軍務威武大將軍總兵官) 주수(朱壽)의 명의로 만리장성 각 지역에 주둔하고 있는 장졸들에게 방어와 전투 명령을 하달했다.

황제는 제국의 국정을 총괄하는 최고통수권자이지 전장에서 군사를 지휘하는 장수는 아니다. 하지만 무종은 '대장군'의 명의로 군사를 지휘했다. 이는 황제의 신분이 아닌 장수로서 친히 군사를 지휘하여 전공을 쌓겠다는 결연한 의지가 얼마나 강했는지 짐작하게 한다. 하지만 또 다른 면에서 볼 때, 그는 외적과의 싸움을 자신의 공명심을 드러내고 취미 활동을 위해서였지 국가의 안위를 걱정하여 취한 행동은 아니었던 것 같다.

어쨌든 부하 장졸들이 몽골의 포위망에 걸렸을 때 무종은 친히 군사를 이끌고 그들을 구출했으며, 여러 차례의 전투에서 혁혁한 전과를 올렸다. 병졸들과 함께 먹고 자고 직접 적병을 죽이는 용맹함을 발휘하여 명군의 사기를 크게 진작시켰다. 결국 무종은 소명왕을 변경 밖으로 몰아내는 데 성공했다. 중국 역사에서는 이 싸움을 '응주대첩(應州大捷)'이라고 칭한다. 무종이 친히 지휘한 5~6만여 명의 명군이 몽골 기병 4~5만여 명을 격퇴한 대승이었다고 한다.

하지만 후대에 이르러 이 대첩이 과장되었다는 평가를 받기도 한다. 『무종실록』의 "몽고군은 16명이 전사하고, 명군은 52명이 전사했다."는 기록에 근거하면, 응주대첩은 허구이다. 어쨌든 이 싸움에서 몽골군이 철수했고 그 후 중원 지방을 오랫동안 넘보지 않은 역사적 사실을 감안하면, 무종은 천자임에도 불구하고 직접 전투에 참가하여 병사들의 사기를 올리고 몽골군의 침략을 막은 것은 분명하다. 또 무종 이전에 영종이 20만 대군을 이끌고 토목보에서 몽골군과 싸우다 포로로 잡힌 치욕을 말끔히 씻는 계기가 되었다.

무종은 즉위 후에 온갖 향락을 즐기고 황당무계한 일을 많이 벌였으며 국정을 소홀히 하여 유근, 전녕, 강빈 등 간신배가 국가의 기강을 문란하게 하고 백성이 도탄에 빠지게 한 과오를 범했다. 하지만 충신들의 간언을 받아들여 과오를 범한 측근들을 처단하고 반란이나 외적의 침입에는 단호히 대응하여 국가의 안정을 도모한 공로도 있다. 학문적 역량도 뛰어나 불교에 정통하고 범어를 이해했으며 예술에도 일가견을 이룬 황제였다.

정덕 16년(1521) 3월 무종은 한창 나이인 31세 때 표방에서 붕어했다. 방탕한 생활이 그의 목숨을 단축했다. 그가 한 평생 전쟁을 좋아한 까닭에, 그의 묘호를 무종(武宗)으로 정했다.

제 11 장

가정제(嘉靖帝) 세종(世宗) 주후총(朱厚熜)

가정제嘉靖帝 세종世宗 주후총朱厚熜

1. 번왕 주후총이 황위를 계승하게 된 배경

주후총은 흥헌왕(興獻王) 주우원(朱祐杬)의 둘째아들이다. 흥헌왕의 영지는 오늘날 호북성 종상시(鍾祥市) 일대이다. 명나라 때 3대 부(府) 가운데 하나인 승천부(承天府)의 소재지였다. 주후총은 정덕 2년(1507)에 안륙(安陸: 지금의 호북성 종상시)의 흥왕부(興王府)에서 태어났다. 그의 부친 주우원은 헌종(憲宗)의 넷째아들이다. 성화(成化) 23년(1487)에 흥왕(興王)으로 책봉되었다. 효종 주우탱(朱祐樘)의 시대인 홍치 7년(1494)에는 흥왕부의 번왕으로 책봉되었다. 주우원이 효종의 이복동생이므로, 주후총은 효종의 조카가 된다.

주후총은 어린 시절에 대단히 영특했다. 부친 주우원은 그에게 직접 유가의 경전을 가르쳤을 뿐만 아니라 흥왕부의 제사와 행사에 참여하게 하여 각종 예법을 익히게 했다. 원래 주우원은 두 아들을 두었다. 장남 주후희(朱厚熙)가 태어난 지 5일 만에 죽는 바람에 둘째아들 교육에 전력을 다했다. 정덕 14년(1519) 주우원이 병으로 사망하자, 주후총은 13세 때 흥왕의 작위를 세습했다. 이때만 해도 그는 나이어린 번왕에 불과했을 뿐, 2년 후에 사촌형 무종의 황위를 계승하리라고는 미처 생각하지 못했을 것이다.

정덕 16년(1521) 3월 친아들이 없었던 무종이 황위를 계승할 후계자를 세우지 못하고 31세의 나이에 병으로 세상을 떠났다. 무종의 갑작스러운 죽음은 조정에 일대 혼란을 가져왔다. 황제의 옥좌는 하루도 비워둘 수 없는 아주 중요한 자리인데도 황위를 계승할 태자가 없었으니 황실과 조정 대신들이 얼마나 당황했겠는가? 헌종에서 효종 그리고 무종에 이르기까지 삼조(三朝)에서 출사한 내각수보 양정화(楊廷和·1459~1529)는 깊은 고민에 빠졌다.

'과연 누구를 새로운 황제로 추대해야 만이 대명 천하의 안정을 도모할
수 있단 말인가.'

그는 유가의 종법 사상에 철저한 원칙주의자였다. 무종이 후사를 남기지 못했고 친형제가 없었으므로, 차선책으로 헌종의 손자들 가운데 성군의 자질을 타고난 번왕을 추대할 수밖에 없다는 결론을 내렸다. 헌종의 손자이자 무종의 사촌동생인 주후총을 추대하기로 결심했다. 주후총이 헌종의 손자들 가운데 나이가 가장 많고 자질이 뛰어났기 때문에 그의 결심은 더욱 확고했다. 유가의 명분과 의리를 중시하는 조정 대신들은 그의 의견에 반대할 이유가 없었다. 더구나 당시 황실의 최고어른인 효종의 정실부인 장태후(張太后)의 윤허를 받았으므로, 대소 신료 모두 주후총을 추대하기로 결정했다.

태감 곡대용(谷大用), 부마도독 최원(崔元), 대학사 양저(梁儲), 정국공(定國

公) 서광조(徐光祚), 예부상서 모징(毛澄) 등이 성대한 행차를 이루고 흥왕부로 떠났다. 정덕 16년(1521) 4월 주후총을 태운 어가가 북경 외곽에 도착했을 때, 예기치 못한 일이 생겼다. 주후총을 수행하고 온 흥왕부의 신하들과 조정 대신들은 주후총이 어떤 신분으로 황궁으로 들어가야 예법에 맞는 지 논쟁을 벌였다. 조정 대신들은 유가의 명분과 예법에 목숨을 걸 정도로 집착했으므로 이런 문제가 생겼다.

예부원외랑 양응규(楊應奎)와 낭중 유재(俞才)가 입안한 예법에 따르면, 주후총은 태자의 신분에 준하여 즉위해야 하므로 동안문(東安門)으로 들어가 문화전(文華殿)에서 머물러야 한다는 것이다. 당시 동안문은 태자 또는 신하들이 황궁으로 들어가는 대문이며, 문화전은 태자가 거주하는 동궁이었다. 달리 말하면 대신들은 주후총을 황제가 아닌 태자로 입궐하게 한 후 절차를 밟아 황위를 계승하기를 요구한 것이다. 그들의 요구가 이치에 맞지 않다고 생각한 주후총은 측근 원종고(袁宗皋)에게 불만을 토로했다.

"선황제의 유조(遺詔)에는 나를 천자로 등극하라고 했지, 천자의 아들이
되라고 하지 않았소."

무종의 유조는 양정화가 황실과 대신들의 동의를 얻어 쓴 것이었다. 그것의 핵심 내용은 효종의 손자 주후총이 황통을 이을 적격자라고 황실과 문무백관 모두 인정했으므로, 하루 빨리 입궐하여 황위를 계승하라는 것이었다. 당시 주후총은 15세에 불과했지만 만약 태자의 신분으로 황위를 계승하면, 친아버지를 부정하고 무종의 아들이 되는 모순을 알고 있었기 때문에 대신들의 요구를 거절했다.

주후총을 황제로 추대한 양정화의 설득도 무위로 끝나자, 장태후가 중재에 나섰다. 이른바 '권진(勸進)'의 예법으로 주후총을 황제로 추대하게 했

다. 권진이란 이미 대권을 장악하여 황제로 등극할 사람에게 황위를 계승하라고 신하들이 주청하는 것이다. 장태후는 주후총을 일종의 '예비 황제'로 인정하고 난 뒤 그가 태자의 신분을 거치지 않고 직접 황제로 등극할 수 있도록 이런 고육지책을 낸 것이다.

당시 조정 대신들은 안륙의 흥왕부에서 자란 주후총에게는 낯선 인물들이었다. 그가 유일하게 믿고 의지한 신하는 흥왕부의 장사(長史) 원종고였다. 주후총은 원종고의 권고에 따라 권진의 예법으로 궁궐에 입궁하기로 결정했다. 정덕 16년(1521) 5월 황궁의 남문이자 황제가 출입하는 대명문(大明門)을 통해 입궐하여 장태후를 배알하고 난 뒤, 봉천전(奉天殿)으로 행차하여 황제의 옥좌에 올랐다. 다음 해부터 연호를 가정(嘉靖)으로 정했다. 바야흐로 세종의 45년 통치가 시작된 것이다.

2. 대례의(大禮儀) 논쟁

세종은 황제로 등극한 후 정덕 시대의 각종 적폐를 바로잡고자 '신정(新政)'을 펼쳤다. 먼저 온 나라에 대사면령을 내려 죄수들을 풀어주고 전영(錢寧), 강빈(江彬) 등 간신들을 주살하여 조정의 기강을 바로잡았다. 백성의 조세를 감면하고 부역을 줄였으며 재난을 당한 백성들을 구휼하고 황실과 훈구 대신들의 장원(莊園)을 조사하여 부당하게 점유하고 있는 토지를 백성에게 돌려주는 파격적인 선정을 베풀었다.

또 동남 해안에 빈번하게 출몰하여 노략질을 일삼는 왜구를 격퇴하여 변방을 안정시켰다. 세종이 집권 초기에 단행한 각종 개혁은 일시에 민생 안전과 산업 발전을 이룩했다. 중국 역사에서 이 기간을 중흥시기(中興時期)라고 부르며 아울러 '중국식 자본주의'의 맹아가 싹튼 시기로 평가할 정도로 세종의 초기 치적은 뛰어났다.

하지만 몇 년 후 조정이 대례의(大禮議) 논쟁에 휘말리면서 세종의 초심이 뒤틀리기 시작했다. 그는 황실의 방계로서 황위를 계승했기 때문에, 즉위 직후부터 조정에서 황제를 둘러싼 황족들의 호칭 문제로 평지풍파가 일어났다. 번왕에 불과했던 그가 뜻밖에도 황제가 된 것은 오로지 부모의 은혜라고 생각했을 것이다.

그래서 정덕 16년(1521) 5월 어린 황제가 황위를 계승하자마자 제일 먼저 한 일이 관리들을 흥왕부로 보내 모친 흥헌왕비를 서둘러 모셔오게 했다. 또 예부의 관리들에게 돌아가신 선친 흥헌왕의 신주에 존호를 어떻게 써야 하는지 의논하게 했다. 선친에게 성대한 제사를 지내 아들이 명나라 천하를 지배하는 황제가 되었다는 사실을 하루라도 빨리 알리고 싶은 마음이었다.

내각수보 양정화는 한(漢)나라 때 정도왕(定陶王)과 송(宋)나라 때 복왕(濮王)의 전례를 들어 예부상서 모징에게 이렇게 말했다.

> "황상께서는 효종은 황고(皇考)로, 흥헌왕은 황숙고흥국대왕(皇叔考興國大
> 王)으로, 흥헌왕비는 황숙모흥국태비(皇叔母興國太妃)로 각각 칭해야 하며,
> 본인은 질황제(侄皇帝)라고 칭해야 하오. 또 익단왕(益端王) 주우빈(朱祐檳)의
> 둘째아들 숭인군왕(崇仁郡王) 주후현(朱厚炫)을 흥헌왕의 후사로 삼아 흥왕
> 으로 책봉하여 흥헌왕의 제사를 모시게 해야 하오. 만약 이 결정에 따르
> 지 않는 자가 있다면 간신이므로 반드시 주살해야 하오."

이 내용을 알기 쉽게 설명하면 이렇다. 새 황제가 된 세종 주후총은 원래 자신의 큰아버지(伯父)가 되는 효종 주우탱을 돌아가신 아버지(皇考)로, 돌아가신 친아버지 주우원을 돌아가신 작은아버지(皇叔父)로, 현재 생존해

있는 친어머니를 작은숙모(皇叔母)로, 황제 자신을 '조카황제'라고 칭해야
한다.

양정화는 왜 이런 부모와 자식 간의 관계를 무시한 주장을 폈을까? 만
약 무종에게 자식이 있었다면 적장자 계승이 원칙에 의해 후계자를 결정
하면 된다. 설령 자식이 없더라도 형제가 한 명이라도 있으면, 명태조 주
원장의 어명에 의해 편찬된『황명조훈(皇命祖訓)』의 "형이 아들이 없이 죽으
면 동생이 계승한다."는 원칙에 따라, 그에게 황위를 계승하게 하면 된
다. 하지만 무종은 자식이 없었고 형제마저도 없이 세상을 떠난 것에 문
제가 있었다. 양정화는 유가의 대의명분을 목숨보다도 중시한 학자이자
신하였다.

양정화는 심각한 고민 끝에 "남의 후사(後嗣)가 된 자가 그의 아들이 됨
은 천자에서 서민에 이르기까지 한 가지이다."는 유가의 종법 계승 원칙
이 생각났다. 유가 사상이 국가의 이념이었던 명나라와 조선에서 장자에
게 대를 이을 후사가 없으면 그의 동생 또는 친족의 아들을 양자로 입적
하여 대를 잇게 하는 일은 법률적으로 정당했을 뿐만 아니라 결코 부끄러
운 일도 아니었다. 이는 혈통이 끊기면 법통으로 혈통을 이을 수 있다는
논리였다.

양정화는 바로 이 점에 착안하여 세종 주후총이 큰아버지 효종을 아버지
로, 친아버지 흥헌왕을 작은아버지로 칭하면 효종의 법통을 이어 황제가
될 수 있는 정당성을 확보할 수 있다고 보았다. 다만 효종과 세종 사이에
무종이 있으므로 세종은 자신을 '조카황제'라고 칭해야 맞는다는 것이다.

이렇게 하면 황위 계승의 정당성을 확보하는 데에는 문제가 없으나, 흥
헌왕의 후사가 끊기는 또 다른 문제가 생긴다. 그래서 양정화는 세종과
항렬이 같은 숭인군왕 주후현을 흥헌왕의 후사로 삼아 흥왕으로 책봉하
여 흥헌왕의 제사를 모시게 해야 한다고 주장했다. 양정화는 정치적 이해

관계를 따지지 않고 오로지 유가의 종법 계승의 원칙에 입각하여 호칭 문제를 풀었으므로 훈구 대신들은 그의 주장에 찬동했다. 대신들의 주청에 세종은 참으로 난감했다.

　　'친부모를 숙부모로 부르라니, 이게 말이나 되는 소리인가.'

　　그가 아무리 무소불위의 권력을 가지고 있었더라도 훈구 대신들의 완고한 생각을 바꾸게 할 자신이 없었다. 어린 황제는 그들의 눈치를 보지 않을 수 없는 처지였다. 그도 그들의 주청을 받아들이는 척하면서 재가를 차일피일 미루었다.
　　같은 해 7월 장총(張璁)이라는 자가 세종에게 상소문을 올렸다. 그는 세종이 즉위한 직후에 새 황제의 등극을 축하하기 위하여 봉천전(奉天殿)에서 행해진 전시(殿試)에서 진사로 급제한 인물이었다. 비교적 늦은 나이인 47세에 출사의 길에 나선 그는 동년배가 조정의 요직을 장악하고 있는 상황에서 하루라도 빨리 출세하기 위해서는 세종의 눈에 들어야 했다. 대신들의 주장과는 다르게 세종의 입장을 두둔하는 상소문를 올렸다. 그의 주장에 의하면 세종은 사실상 명태조 주원장의 7세손(世孫)으로서 조부 헌종의 황통을 적법하게 계승했으므로, 군이 효종을 황고(皇考)로 칭할 필요가 없다는 논리였다. 그는 또 이렇게 주장했다.

　　"지금 성모(聖母: 황제의 모친)를 황궁으로 모시고 오는 중이옵니다. 만약
　　성모를 황숙모(皇叔母)로 칭한다면 임금과 신하 간의 의례를 따질 때, 성
　　모께서 어찌 황상의 신하가 될 수 있겠사옵니까?"

　　정말로 세종의 가려운 곳을 시원하게 긁어주는 상소였다. 세종은 자기

마음을 알아주는 신하가 나타났으니 뛸 듯이 기뻤다. 남경의 형부주사 계오(桂咢)도 장총과 뜻을 같이하며 조정의 대신들을 비난했다. 우군을 얻은 세종은 고집불통의 대신들에게 일격을 가할 차례가 되었다. 하지만 대신들의 저항도 만만치 않았다. 그들이 볼 때 장총의 주장은 황제에게 아부하기 위한 사술에 불과했다. 그들은 장총과 계오를 처벌하라는 상소를 다투어 올렸다.

세종은 두 사람을 처벌커녕 오히려 황궁으로 불러들여 대신들과 논쟁을 벌이게 했다. 이때부터 조정의 신하들은 장총을 중심으로 흥헌왕을 황고(皇考)로 칭해야 한다는 당파와 양정화를 중심으로 효종을 황고로 칭해야 한다는 당파로 나뉘어 대례의 논쟁을 본격적으로 벌이기 시작했다. 처음 논쟁이 불붙기 시작했을 때, 내각의 대학사, 각부의 상서, 과도(科道)의 언관 등 조정 중신들이 대부분 양정화를 지지한 까닭에 장총의 세력은 미약했다. 세종도 자신의 뜻을 관철하기가 쉽지 않았다. 그들은 툭하면 사직을 핑계로 세종을 몰아세웠다.

정덕 16년(1521) 9월 또 세종과 대신들 간에 알력이 생겼다. 세종의 모친 흥헌왕비가 황궁에 도착할 무렵에, 예부에서는 왕비의 예절로 그녀를 영접해야 한다고 주청했다. 세종은 윤허하지 않았다. 오히려 모친이 황제의 친어머니 신분으로서 황궁의 남문이자 황제가 출입하는 대명문(大明門)을 통해 입궐해야 한다는 조서를 내렸다. 세종의 입장에서는 모친을 황제의 모후로 예우하는 게 당연했다. 이와 반면에 대신들은 흥원왕의 왕비로 여겼기 때문에 이런 마찰이 생겼다. 세종의 속마음은 이랬다.

'내가 황제가 되었으므로 선친도 선황제로 추존해야 되지 않겠는가. 아무리 황통이 중요하다고 해도 돌아가신 백부를 아버지로 부르고 돌아가신 친아버지를 숙부로 부르라는 게 말이 되는가.'

세종은 훈구 대신들의 기세를 꺾고 자신의 뜻을 펼 수 있는 정치적 역량이 아직은 부족했다. 그는 황제의 체면을 불구하고 그들에게 애원조로 부탁하기도 했다.

"경들의 뜻은 짐이 충분히 이해하오. 하지만 짐의 서글픈 마음은 억누를 수 없구려. 짐이 어명을 내리면, 경들은 다시는 거절하지 말고 힘써 시행하기를 간절히 바라오."

대신들도 한 발 물러서는 수밖에 없었다. 세종의 시대가 본격적으로 시작되는 가정(嘉靖) 원년(1522) 3월에, 흥헌왕을 흥헌제(興獻帝)로, 흥헌왕비를 흥국태후(興國太后)로 존호를 격상하여 올린 대신들의 절충안을 세종이 받아들였다. 세종은 황위 계승의 후계자로 결정된 이래 거의 1년 동안, 이 호칭 문제로 세종과 대신들은 하루도 편한 날이 없었을 정도로 신경전을 벌이며 자기주장을 관철시키기도 하고 타협하기도 했다.

이때부터 세종은 유가의 대의명분을 목숨보다 중요하게 여기는 대신들에게 심한 염증을 느낀 게 아닌가 한다. 사실은 대신들도 유가의 이념으로 나이어린 황제를 철저하게 단속하여 신권(臣權)을 강화하려는 의도가 있었다.

그런데 대례의 논쟁은 여기서 끝난 게 아니었다. 세종은 부모의 존호에 '황(皇)' 자가 빠진 것에 내심 불만을 품고 있다가, 같은 해 12월 흥헌제를 '흥헌황제'로, 흥국태후를 '흥국황태후'로 격상하라는 조서를 내렸다. 부모를 명실상부하게 황제와 황후로 인정하겠다는 의지였다.

또 조정에 한바탕 소동이 일어났다. 예부상서 모징이 격렬하게 반발했다. 세종은 태감을 보내 모징을 설득하게 했다. 태감이 모징 앞에서 무릎을 꿇고 머리를 조아리며 말했다.

"이는 황상의 뜻이옵니다. '이 세상에 부모가 없는 사람이 어디 있더
냐. 모징은 어째서 짐이 부모를 숭상하는 정을 표현하지 못하게 하는가?
부디 그가 생각을 바꾸기를 바라오.'라고 황상께서 말씀하셨사옵니다."

모징은 끝내 세종의 간절한 청을 거절했다. 얼마 후 예부상서의 직책
을 사임하고 낙향해버렸다. 가정 3년(1524) 정월 세종의 본심을 꿰뚫은 남
경의 형부주사 계오가 또 상소문을 올렸다. 효종을 황백고(皇伯考)로, 흥헌
제를 황고(皇考)로 개칭하자는 주장이었다. 이는 흥헌제를 아예 적통황제
로 인정하고 세종이 효종의 후사가 아니라 친아버지의 후사가 됨을 의미
하는 파격적인 주장이었다. 이 상소로 조정이 발칵 뒤집혔다. 같은 해 3
월에 이르러 가까스로 세종과 대신들 간에 합의가 이루어졌다. 흥헌제의
존호를 '본생황고공목헌황제(本生皇考恭穆獻皇帝)'라고 정했다. 부친의 존호에
'황제'라는 극존칭이 들어갔으므로 세종도 만족했다. 3년여 동안 지루하
게 벌인 대례의 논쟁은 이로써 일단락을 지었다.

하지만 얼마 후 장총과 계오가 다시 불씨를 지폈다. 당시 두 사람은 지
방 관리였다. 조정 대신들은 그들을 간신배로 간주하고 조정 진출을 결사
적으로 막았다. 그들이 조정의 요직으로 진출하기 위해서는 이 의례 문제
를 다시 거론하여 반대파를 제거하는 방법뿐이었다.

장총은 세종에게 상소문을 올려 '본생황고(本生皇考)'라는 표현을 문제 삼
았다. 이는 '본래 지금의 황제를 낳으시고 돌아가신 황제'라는 뜻이다. 세
종의 부친 주우원을 황제로 인정했으면 당연히 '황고'로 표현하면 그만이
지, 쓸데없이 '본생'이라는 사족을 덧붙였다는 것이다. 대신들이 겉으로는
황제의 뜻을 존중한 것 같아도 사실은 암암리에 황제의 부친에 대한 효성
을 깎아내렸다고 비난했다. 다시 말해서 이런 표현은 대신들이 황제를 기
만하기 위해 만들어 낸 말장난에 불과하다고 장총이 주장했다.

장총의 주장이 일리가 있다고 생각한 세종은 즉시 장총과 계오를 황궁으로 불러들이게 했다. 대신들과 다시 호칭 문제를 논의하라는 취지에서 그랬다. 장총과 계오는 물고기가 물을 만난 듯 활개를 쳤다. 당시 의례 문제로 세종에게 가장 완강하게 저항했던 양정화와 모징은 황제와 뜻이 맞지 않자 미련 없이 사직을 하고 낙향했다. 장총과 계오를 중심으로 한 신진 세력이 등장하기 시작했다. 장총과 계오가 입경하자마자 세종은 그들에게 한림학사를 제수했다. 그들은 세종의 든든한 지원군 역할을 담당했다.

가정 3년(1524) 7월 마침내 세종은 선친의 존호에서 '본생' 두 글자를 삭제하게 했다. 하지만 평소에 양정화와 모징을 따랐던 강직한 신하들의 거센 반발을 일으켰다. 양정화의 아들 양신(楊愼)은 동료들에게 이렇게 말했다.

"국가에서 선비를 양성한 지 150여 년이 지났소. 절개를 지키고 의롭
게 죽어야 할 때가 바로 지금이오."

그들은 벌떼처럼 황궁의 좌순문(左順門)으로 몰려와 황제가 국가의 대의를 저버리고 지나치게 친부를 숭상한다고 비난하며 통곡했다. 세종은 문화전(文華殿)에서 사방에 진동하는 곡소리를 듣고 놀라 태감을 보내 대신들의 퇴청을 명했다. 하지만 그들은 여전히 땅에 엎드린 채 태조 고황제와 효종 황제의 존호를 외치며 통곡했다. 세종은 한림학사 풍희(豊熙) 등 8명을 당장 체포하여 옥에 가두게 했다. 양신 등의 대신들은 대문을 흔들며 대성통곡했다. 그 소리가 어찌나 컸던 지 일시에 황궁을 진동시켰다.

분노가 폭발한 세종은 마리(馬理) 등 오품(五品) 이하의 관리 134명을 옥에 가두고 심문하게 하고, 사품(四品) 이상의 관리 86명은 삭탈관직의 처분을

내리고 처벌을 기다리게 했다. 또 양신, 장원(張原) 등 주동자들은 조정에서 직접 장형(杖刑)으로 처벌하게 했다. 이때 장원 등 16명이 곤장을 맞고 사망했다. 양신 등 다른 신하들은 평민으로 강등을 당한 뒤 변방의 보졸로 쫓겨났다.

당시 이 사건을 '대례옥(大禮獄)'이라고 칭했다. 명나라 사대부들의 기개를 온 세상에 떨쳤으나, 다른 한편으로는 신하들이 절개를 꺾고 세종에게 굴복하는 계기가 되기도 했다. 같은 해 9월 세종은 자기 뜻대로 효종(孝宗)을 '황백고(皇伯考)'로, 효종의 정실부인 소성태후(昭聖太后) 장씨(張氏)를 '황백모(皇伯母)'로, 친아버지 헌황제(獻皇帝)를 '황고(皇考)'로, 친어머니 장성태후(章聖太后)를 '성모(聖母)'로 개칭했다. 아울러 『대례집의(大禮集儀)』와 『명륜대전(明倫大典)』을 편찬하게 했다. 이러한 일련의 조치는 자신의 황권을 강화하기 위한 목적이었다.

대례의 논쟁은 이렇게 세종의 승리로 막을 내렸다. 그 후 14년의 세월이 지난 가정 17년(1538)에, 세종은 또 선친 주우원을 다시 황제로 추존하고 신주를 태묘(太廟)에 봉안했다. 흥원왕 주우원은 어떤 명분으로도 역대 황제의 신주를 모신 태묘에 봉안될 수 없었음에도 불구하고, 아들 주후총의 집요한 노력 끝에 사후에 황제가 되어 명나라 역대 황제들과 동급이 되는 영광을 누렸다.

이 사건의 본질은 황권을 강화하려는 세종과 훈구 대신들 간의 정치 투쟁이었다. 중하급 관리들은 대체적으로 세종에 빌붙어 훈구 대신들을 몰아내고 고위직을 차지하는 데 혈안이 되었다. 조정의 대표적인 개혁가였던 내각수보 양정화도 이 대례의 논쟁에서 세종의 뜻에 반대했기 때문에 몰락하고 말았다. 이처럼 임금과 신하가 긴 세월 동안 나랏일을 내팽개치고 명분 싸움만을 일삼았으니, 조정이 점차적으로 아수라장으로 변한 것은 당연한 일이었다.

3. 도교의 미신에 빠진 황제

어린 주후총은 황위를 계승하자마자 긴 세월 동안 대신들과 대례의 논쟁을 벌여 승리했지만, 그도 적지 않은 상처를 입었다. 대의명분만을 끈질기게 주장하는 훈구 대신들의 완고한 정치적 태도는 그를 지치게 했다. 자신의 뜻에 위배되는 신하들을 때로는 달래고 협박도 하였으며 심지어는 죽이기도 했으나, 그들이 또 언제, 어떻게 반발할지 모르는 불안한 상황에서 세종은 몸과 마음이 황폐해졌다. 정치에 대한 혐오가 날로 깊어지는 상황에서 어린 황제를 유혹하여 쾌락의 길로 접어들게 한 무리가 있었다. 황제의 심신을 달래주고 쾌락을 만끽하게 할 수 있으면, 황제의 은총을 입어 한평생 부귀영화를 누릴 수 있다고 생각한 간신들이다.

태감 최문(崔文)은 어린 황제에게 도교를 숭배하면 신선이 되어 늙지 않고 영원히 할 수 있다고 꼬드겼다. 가정 2년(1523) 그의 말을 맹신한 세종은 황궁 곳곳에 제단을 설치하고 불로장생을 희구하는 제사를 지냈다. 혹세무민하는 도사들도 황제에게 가뭄에 비를 내리게 할 수 있고 신선이 타고 다니는 학을 부를 수 있다고 속였다. 그들은 가뭄이 길어지면 일반적으로 비가 내리는 자연 현상을 이용하고 학을 훈련시켜 불러 온 것에 불과했지만, 세종은 정말로 그들이 도술을 부린 것으로 착각했다. 또 그들은 황제 측근의 환관들을 매수하여 밤에 몰래 복숭아를 갖다 놓고 하늘에서 떨어진 선도(仙桃)라고 속이고 세종에게 바쳤다.

황제가 친히 도교의 제사를 지내고 도사들이 궁궐을 제집 드나들 듯 하며 사람을 미혹에 빠트리는 모습을 본 대신들은 크게 우려하지 않을 수 없었다. 그들은 기본적으로 도교를 혹세무민하는 종교로 폄하했다. 어린 황제가 점점 도교에 빠져드는 모습을 보고 수수방관할 수 없었다. 급사중 장숭(張嵩)이 상소했다.

"태감 최문 등이 흠안전(欽安殿)에 제단을 만들어 놓고 황상께서 친히 납시어 상제(上帝)에게 청사(靑詞)를 아뢰게 했사옵니다. 이런 행위는 좌도 (左道)로 폐하를 미혹하게 하는 것이옵니다. 그 청사를 불사르고 폐하를 미혹에 빠트린 자들을 배척하시기를 바라옵니다."

좌도란 선비들이 유가의 종지(宗旨)에 어긋나는 다른 종교를 폄하해서 부르는 말이다. 유가의 사대부들은 도교와 불교를 좌도로 보았다. 청사란 도교에서 제사를 지낼 때 쓰는 축원문이다. 붉은색의 안료로 푸른 등나무 로 만든 종이에 쓴 글이어서 청사라고 한다. 양정화도 세종에게 간곡하게 간했다.

"제단을 마련하고 향을 피우며 상제에게 제사를 지내는 행위는 반드시 근절해야 하며 도교의 주장을 경솔하게 믿어서는 안 되옵니다."

세종은 신하들의 간언에 조금도 개의치 않고 불로장생의 추구에 매달 렸다. 그가 명나라를 무려 45년 동안 다스린 가정 연간에 일어난 정치적 사건들은 적지 않은 부분에서 도교와 관련이 있었을 정도로, 도교가 그에 게 미친 영향은 지대했다.

명나라는 개국 초기부터 유가 사상을 국시로 삼았으므로, 유가를 숭상 하는 사대부들이 국정의 주체가 되었다. 하지만 가정 연간에 이르러서는 세종이 도교를 맹신했기 때문에 황제의 총애를 등에 업은 도사들이 활개 를 쳤다. 세종에게 지대한 영향을 끼친 도사는 소원절(邵元節 · 1459~1539)과 도중문(陶仲文 · 1475~1560)이었다.

소원절은 원래 강서성 귀계(貴溪)에 있는 용호산(龍虎山) 청궁(淸宮)의 도사 였다. 정덕 연간(1506~1521)에 영왕(寧王) 주신호(朱宸濠)가 소원절이 비범한 능력을 가진 도사라는 소문을 듣고 그를 영왕부(寧王府)로 초빙하려고 했으나 거절을 당한 일이 있었다. 정덕 14년(1519) 주신호의 반란이 평정된 후, 소원절은 반란에 연루되지 않았던 까닭에 명철보신할 수 있었을 뿐만 아니라 오히려 예지 능력이 뛰어난 도사라고 하여 사람들의 숭배를 받았다.

이런 소문은 세종의 귀에까지 들어갔다. 가정 3년(1524) 세종은 소원절을 황궁으로 불러들여 현령궁(顯靈宮)에서 거주하며 도교의 신선 부덕왕(浮德王)과 보월광후(寶月光后)의 제사를 관장하게 했다. 소원절이 입궐할 무렵에 도성이 가뭄에 시달렸다. 세종의 요청을 받은 소원절이 기우제를 지내자 비가 내리기 시작했다. 극심한 가뭄 끝에 비가 내리는 것은 당연한 일인데도, 세종은 소원절이 신통력을 발휘한 덕분이라고 흥분했다. 어쨌든 그의 신통력에 경탄한 세종은 그에게 옥대(玉帶), 관복, 온갖 금은보화, 녹미(祿米), 전답 등을 하사했다. 또 그를 진인(眞人)에 봉한 뒤 진인부(眞人府)를 지어주고는 교위(校尉) 40명을 선발하여 그곳을 지키게 했다.

가정 15년(1536) 세종의 둘째아들 주재예(朱載𪸭)가 태어나자, 세종은 소원절의 기도 덕분이라고 생각하고 그를 파격적으로 예부상서에 임명했다. 가정 18년(1539) 소원절이 죽자 세종은 비통해마지 않으며 장례식을 성대하게 치른 후, 대종백(大宗伯)의 작위를 내리고 소원절의 고향에 도교 사원을 지어 선원궁(仙源宮)이라고 명명했다. 소원절은 입궐 이후 세상을 떠날 때까지 세종의 총애를 한 몸에 받고 부귀영화를 누렸으며 사후에도 그의 가문은 번창했다.

이처럼 소원절이 세종의 지극한 총애를 받은 데에는 이유가 있었다. 사실 그는 도교의 방술에는 별다른 능력을 발휘하지 못했다. 하지만 지나칠 정도로 신중하고 소심하며 국정에는 거의 간여하지 않고 오로지 황제가 좋아하는 도교의 제사에만 혼신의 힘을 쏟았다. 그의 이러한 신중하고 성실한 태도가 세종의 마음을 사로잡았으며 대신들의 반발을 무마할 수 있

명나라 역대 황제 평전

었다.

소원절 사후에 세종의 허전한 마음을 채워 준 도사는 도중문이었다. 그는 원래 고향 호북성 황매현(黃梅縣)의 현리(縣吏)로 있다가 요동고대사(遼東庫大使)를 역임한 관리였다. 그가 공무로 도성을 드나들 때, 소원절이 황제의 총애를 받고 있는 사실을 알고 소원절에게 접근했다. 도중문도 고향에서 신선방술을 배웠기 때문에 어렵지 않게 소원절과 사귈 수 있었다. 소원절은 그를 자기 저택에 머물게 했다. 당시 소원절은 연로하여 궁중의 일을 자기보다 16세 어린 도중문에게 맡기는 경우가 많았다. 이런 이유로 도중문은 세종의 눈에 띄었으며, 소원절 사후에는 세종의 총신이 되었다.

가정 19년(1540) 도중문은 기도발로 세종의 병을 치료한 공로를 인정받아 예부상서로 승진하여 정일품의 봉록을 받았다. 이때 세종은 특별히 그에게 소보(少保)를 제수했다. 가정 23년(1544) 대동(大同)에서 몽골의 첩자 왕삼(王三)이 체포된 일이 있었다. 세종은 도중문이 신통술을 부린 덕분이 그가 잡혔다고 생각하고 도중문에게 소사(少師)와 소부(少傅)를 제수했다. 이 소보와 소사 그리고 소보를 '삼고(三孤)'라고 칭하기도 한다.

당시 명나라 조정에는 황제를 직접 보좌하는 관직으로 삼공(三公: 태사 · 太師, 태부 · 太傅, 태보 · 太保)과 삼고가 있었다. 이는 주(周)나라 때부터 생긴 역사가 아주 유구한 관직이다. 삼공과 삼고는 신하에게는 대단히 영예로운 자리였다. 명나라 역사상 삼고를 겸직한 사람은 오직 도중문 한 사람뿐이었다. 도중문도 소원절처럼 죽을 때까지 세종의 총애를 받았다. 어쩌면 소원절이 그에게 황궁에서 생존할 수 있는 비법을 전수해주었는지도 모른다.

세종은 소원절과 도중문에게 고위 관직을 남발하여 국정 문란을 일으켰다. 도사는 어디까지나 도교의 영역에서 종교 활동을 하는 사람이다. 그런데도 세종은 자기가 숭배하는 도교의 신통력이 있는 도사라는 이유만으로 그들에게 조정의 요직을 맡긴 과오를 저질렀다.

　세종이 도사들의 꾐에 빠져 도교를 맹신한 이유 가운데 하나는 자신의 성욕을 충족하기 위해서였다. 도사들은 성경험이 없는 어린 처녀와 잠자리를 함께 하거나 단약을 상복하면 불로장생할 수 있다고 육체적으로 왕성한 나이였던 세종을 유혹했다. 도교에서 주장하는 방중술은 단약을 먹고 어린 처녀들과 벌이는 환각 파티에 불과했다. 세종이 상복한 '홍연환(紅鉛丸)'의 주재료는 13~4세의 어린 궁녀들의 몸에서 처음 나온 월경혈(月經血)이었다. 이것에다 비상(砒霜), 수은(水銀), 웅황(雄黃), 어린아이의 오줌, 각종 약초 등을 섞어 만들었다. 이렇게 만든 단약에는 독성이 강한 금속성 물질이 들어 있는 게 문제였다. 이것을 상복하면 오히려 성기능이 쇠퇴하고 치매에 걸리는 부작용이 있었지만, 세종은 아랑곳 하지 않았다.

4. 임인궁변(壬寅宮變): 궁녀들의 황제 시해 음모

　『장자』에 신선은 "오곡을 먹지 않고 바람을 들이쉬며 이슬을 마신다."는 말이 있다. 이는 도가의 불로장생을 위한 양생법의 한 가지이다. 그래서 옛 사람들은 이른 아침에 파초 잎에 맺힌 이슬을 모아 마시면 장수할 수 있다고 생각했다. 불로장생에 광적으로 집착했던 세종도 예외는 아니었다. 궁녀들은 매일 아침 해가 뜰 무렵이면 어화원(御花園)으로 가서 감로를 채취해야 했다. 그런데 그 분량이 워낙 적었기 때문에 황제의 음용수로 쓰기 위해서는 많은 궁녀들의 수고가 필요했다. 더구나 감로를 채취하는 궁녀들은 육신의 청결함을 유지해야 한다는 구실로 뽕잎과 물만을 먹고 마시게 했다. 음식을 먹지 못하는 궁녀들의 고통이 이만저만이 아니었다.

　급기야 가정 21년(1542) 임인년(壬寅年) 10월 20일 저녁에, 궁녀들이 세종을 시해하려는 해괴한 사건이 벌어졌다. 이른바 '임인궁변(壬寅宮變)'이다. 사건의 진상은 이랬다. 세종이 조단비(曹端妃)가 거주하는 후궁에서 잠을 자고 있었을 때, 양금영(楊金英), 형취련(刑翠蓮) 등 10여 명의 궁녀들이 몰래 들어와 그를 결박한 채 누런 비단 천으로 만든 올가미로 목을 힘껏 졸라 시해하려고 했다. 하지만 너무 긴장한 나머지 황제의 목에 두른 올가미 줄이 엉키고 말았다. 얼굴이 하얗게 질린 궁녀들이 어찌할 바를 모르고 있을 때, 궁녀 장금련(張金蓮)이 황급히 황제의 침소를 빠져나와 방황후(方皇后)에게 급변을 아뢰었다. 방황후가 급히 시위(侍衛)들을 거느리고 침소로 달려와 궁녀들을 제압했다. 부지불식간에 일어난 소란의 와중에 잠에서 깬 세종은 너무 놀라서 혼절하고 말았으나 얼마 후 의식을 회복했다.

궁녀들이 황제를 시해하려고 했던 이 희대의 사건에 대한 처벌은 잔혹했다. 이 사건에 연루된 궁녀 16명이 방황후의 엄명에 의해 서안문(西安門) 밖 사패방(四牌坊)의 서시(西市)에서 능지처참을 당했다. 시해 음모 사건의 실질적인 주모자가 세종의 후궁 왕영빈(王寧嬪)이며 세종의 총애를 받고 있던 조단비도 사전에 정황을 알고 있었다고 방황후가 주장하여, 두 후궁도 궁궐에서 능지처참을 당했다.

방황후가 왕영빈을 주모자로 몰고 조단비도 연루되었다고 주장하여 그들을 잔혹하게 죽인 것은 궁중 여인들 사이의 복잡한 암투의 소산이었다. 원래 세종은 가정 원년(1522)에 대혼(大婚)을 치르고 도독동지(都督同知) 진만언(陳萬言)의 딸 진씨를 황후로 맞이했다. 그녀가 세종의 첫 번째 황후가 된다.

가정 7년(1529) 10월 세종과 진황후가 동석한 자리에서, 장순비(張順妃)가 황제에게 차를 올렸다. 그녀는 피부가 백옥처럼 희고 손이 섬섬옥수였다. 세종은 그녀가 차를 따를 때 그녀의 손을 어루만지며 감상했다. 황후가 곁에 있는데도 말이다. 그 광경을 본 진황후가 화를 내며 찻잔을 던지고 벌떡 일어섰다. 당시 그녀는 임신 중이었다. 이 일로 세종의 분노를 산 그녀는 21세 때 유산을 하고 죽었다.

세종은 진황후가 죽은 지 3개월 후에 장순비를 황후로 책봉했다. 당시 효종 주우탱의 정실부인 장태후(張太后·1471~1541)가 아직 생존해 있었다. 세종에게는 백모(伯母)가 된다. 백모라면 아버지 맏형의 부인이다. 정상적인 관계라면 세종은 장태후를 지극정성으로 모셔야 했다. 그런데 세종의 친부 주우원은 효종의 이복동생이었다. 이런 이유로 세종으로서는 백모에게 강한 혈연관계를 느끼지 못했다. 더구나 대례의 논쟁이 일어났을 때, 장태후의 남동생 건창후(建昌侯) 장연령(張延齡)이 대신들의 주장을 강하게 옹호했으므로, 세종은 장태후 일족을 눈엣가시로 여겼다. 세종은 대례의 논쟁을 끝내고 난 뒤 장연령을 옥에 가두었다.

이때 장태후는 황후로 책봉된 장황후에게 남동생을 도와달라고 은밀히 부탁했다. 두 사람의 관계를 눈치 챈 세종은 즉시 장황후를 폐위시켰다. 가정 20년(1541) 인생 말년을 쓸쓸히 보내던 장태후가 죽자, 세종은 장연령을 역모죄로 몰아 죽였다. 한때 남편 효종의 사랑을 한 몸에 받고 부귀영화를 누렸던 장태후는 친아들 무종이 황위를 계승할 후사를 남기지 못하고 죽은 까닭에, 장태후 집안은 세종 때 멸문의 화를 당했다.

한편 세종은 방황후(方皇后)를 세 번째 황후로 책봉했다. 그녀는 아들을 낳지 못했다. 세종은 아들을 얻지 못하여 노심초사하다가, 가정 12년(1533)에 이르러서부터 후궁들 사이에서 여러 아들을 얻기 시작했다. 도사 소원절의 신통력 덕분으로 여러 아들을 얻었다고 생각한 까닭에, 그를 더욱 총애하고 도교를 맹신했다. 가정 15년(1536)에는 왕영빈이 세종의 둘째 아들 주재예(朱載壡)를 낳았다. 당시 관례에 따르면 빈(嬪)이 황제의 아들을 낳으면 비(妃)로 승격되었다. 하지만 세종은 그녀의 품계를 높여주지 않았다. 왕영빈은 세종에게 서운한 감정을 느꼈다.

방황후는 아들을 낳지 못하여 세종에게 홀대를 당하고 있었다. 세종이 조단비에게 빠져 아들을 낳은 왕영빈마저도 홀대하는 것을 본 방황후는 왕영빈의 질투심을 이용하여 일거에 조단비와 양영빈을 제거할 음모를 꾸몄다. 결국 방황후의 눈엣가시였던 두 후궁은 궁녀들을 시켜 세종을 시해하려고 했다는 대역죄를 뒤집어쓰고 잔혹하게 살해당했다.

세종은 방황후가 자기가 총애하는 조단비를 죽인 것에 몹시 분개했다. 조단비는 황제를 시해할 생각이 전혀 없었는데 방황후가 질투하여 그녀를 죽였다고 생각했다. 이 일로 황제와 황후의 불화는 날이 갈수록 심각했다. 가정 26년(1547) 방황후가 거주하는 곤녕궁(坤寧宮)에 불이 났다. 세종은 일부러 화재를 진압하지 못하게 했다. 방황후가 불에 타 죽기를 바랐다. 그녀는 심한 화상을 입고 며칠 후 세상을 떠났다.

세종은 한 평생 황후 4명, 황귀비 3명, 귀비 3명, 비 41명, 빈 31명 등 공식적으로 82명의 부인을 거느리고 살았다. 도교의 황당무계한 미신에 홀려 살면서 이렇게 많은 부인들을 거느렸으니, 궁중 여인들의 암투는 다반사였을 것이다.

세종은 임인궁변 이후에 서원(西苑)의 영수궁(永壽宮)으로 거처를 옮기고 난 뒤 다시는 자금성으로 돌아가지 않았다. 황제가 국정을 완전히 포기한 것이다. 자금성 안은 국정을 좌지우지하는 간신배와 음흉한 도사들이 넘쳐났다.

5. 총신 엄숭(嚴崇)의 득세

가정 시대에는 도교와 관련된 일을 잘하면 출세는 보장되었다. 황제에게 아부하기 위하여 도교의 축원문, 청사를 미사여구로 꾸민 엄숭(嚴

崇·1480~1567), 원위(袁煒), 이춘방(李春芳) 등 신하들도 세종의 총애를 받고 고위 관직에 등용되었다. 사람들은 그들을 '청사재상(靑詞宰相)'이라고 비아냥거렸다. 명나라의 대표적 간신 중의 한 명이었던 엄숭은 세종의 비위를 맞추는 청사를 기가 막히게 잘 지어 예부상서의 직책을 제수 받았다. 세종은 그가 자신을 위해 지은 청사를 읽어 볼 때마다 감탄을 금치 못하고 그를 더욱 총애했다. 하루는 세종이 그를 상주국(上柱國)으로 책봉하려고 했다. 상주국은 국가에 지대한 공을 세운 신하에게 수여하는 최고 등급의 관직이었다. 세종의 이러한 파격적인 조치에 깜짝 놀란 엄숭은 서둘러 사직을 청하는 글을 올렸다.

"오로지 국가의 지존에만 상(上) 자를 써야 하옵니다. 신하의 관직에 이 글자를 쓰는 것은 있을 수 없는 일이옵니다. 명조의 건국 초기에 이 상주국의 관직을 설치한 적이 있었사옵니다. 하지만 당시 제일의 개국공신이었던 좌상국(左相國) 서달(徐達)도 이 관직을 수여받지 못하고 좌주국(左柱國)에 그쳤사옵니다. 폐하께서 신에게 이 관직을 수여하심을 거두어드리시고 좋은 법령을 널리 밝히시어 신의 충절이 드러나게 하시기를 삼가 엎드려 간청하옵니다."

세종은 크게 기뻐하고 그의 간청을 윤허했다. 엄숭은 세종이 의심이 많고 질투심이 강한 황제라는 점을 잘 알고 있었다. 만약 신하로서 오를 수 있는 최고의 지위까지 오른다면, 훗날 또 어떤 의심을 받고 제거 당할지도 모른다는 불안감이 있었다. 오히려 더 겸손하게 처신하면 황제의 의심을 피하고 오랫동안 부귀영화를 누릴 수 있다. 세종은 가정 중엽부터 20여 년 동안 허구한 날 불로장생을 희구하는 일만 벌이면서 조정에는 거의 나가지 않았으며, 신하들도 그를 알현할 기회가 없었다. 세종이 국정을 내팽개친 상황에서, 조정은 엄숭에 의해 좌지우지되었다.

가정 27년(1548) 엄숭은 내각수보로 등용된 후 오직 황제의 총애를 받기 위하여 도교의 제사와 회춘, 불로장생에 효험이 있다는 단약의 제조에 막대한 재정을 쏟아 부었다. 세종은 그에게 보답이라도 하듯, '충근민달(忠勤敏達)'이라는 글자가 새긴 은도장을 하사했다. '황제에게 충성을 다하고 부지런하며 영민하고 세상의 이치에 통달한 충신'이라는 극찬이었다. 엄숭이 연로하여 거동조차 불편했을 때, 그에게 가마를 타고 궁궐을 출입하는 특전을 베풀기도 했다. 이미 고희를 바라보는 나이가 된 엄숭은 세종을 밤낮으로 모시면서 정사를 관장하기가 어렵게 되자, 아들 엄세번(嚴世蕃·1513~1565)을 조정으로 끌어들여 업무를 관장하게 했다.

엄세번은 과거(科擧)를 거치지 않고 부친의 후광으로 공부시랑으로 등용되었다. 그도 아버지 못지않게 교활하고 비열한 간신이었다. 황제 주변의 환관들을 뇌물로 매수하여 황제의 일거수일투족을 손바닥의 손금 보듯이 환하게 꿰뚫고 황제가 좋아하는 일이라면 어떤 연출도 마다하지 않았다. 조정의 모든 권력이 엄숭 부자의 손에 들어가자, 대신들은 아예 아버지를 '대승상(大丞相)', 아들을 '소승상(小丞相)'이라고 불렀다. 어떤 대신은 "황상께서는 엄숭이 없으면 안 되며, 엄숭은 아들이 없으면 안 된다."고 비아냥거리기도 했다.

엄세번은 부친의 비호를 받고 본격적으로 매관매직에 나섰다. 이를테면 종칠품 주판(州判)은 은자 300냥, 종육품 통판(通判)은 500냥이었다. 형부주사 항치원(項治元)은 1만3천냥을 뇌물로 바치고 이부의 계훈주사(稽勛主事)로 자리를 옮겼다. 무관의 직책도 매관매직의 대상이었다. 지휘(指揮)는 300냥, 도지휘(都指揮)는 700냥이었다. 하루는 엄세번이 저택의 창고에 쌓인 엄청난 금은보화를 보고 "조정(朝廷)도 나만큼 부유하지 않다."고 낄낄대며 웃었다고 한다.

가정 중엽부터 20여 년 동안 부귀영화를 누렸던 엄숭 부자에게도 어두운 그림자가 드리워지기 시작했다. 가정 40년(1561) 이부상서 오붕(吳鵬)이 사직했다. 엄숭은 손아래 처남 구양필진(歐陽必進)을 후임자로 추천했다. 세종은 평소에 구양필진을 싫어했던지라 화를 내며 그의 이름이 적힌 명단을 보자마자 바닥에 던져버렸다. 엄숭이 세종에게 밀계(密啓)를 올렸다.

"필진은 실제로 신의 가까운 친척이옵니다. 신은 그가 정사를 관장하는 것을 지켜보면서 노년의 허전한 마음을 달래고자 하옵니다."

이때 엄숭은 81세였다. 그가 노망이 들었거나 아니면 세종이 20여 년동안 정사를 직접 간여하지 않아서 그랬는지는 모르겠으나, 감히 황제에게 자신의 허전한 마음을 달래기 위하여 구양필진을 중용하라는 청탁을했다. 세종은 그의 체면을 고려하여 윤허했지만 기분이 썩 좋지 않았다. 아무리 자기가 총애하는 신하라고 해도 그가 사적인 관계를 내세워 인사에 개입하는 것이 못마땅했다.

그 뒤 대신들은 이 밀계의 내용을 알고 깜짝 놀랐다. 어떤 이는 "엄숭이 황상과 강성함을 다투는 것을 보면, 송(宋)나라 때 왕안석(王安石)이 신종(神宗)과 벌인 다툼은 얘기할 만한 가치도 없다."고 말하며 엄숭을 비난했다.

몇 개월 후 자존심이 상한 세종은 구양필진을 파면하고 엄숭에게 엄중히 경고했다. 원래 엄숭은 황제의 비위를 맞추는 청사를 잘 지어 승승장구한 자였다. 늘그막에는 글 솜씨가 예전만 못하자 남이 대신 써준 청사를 세종에게 올렸다. 세종은 청사의 내용이 저급하다고 생각하고 종종 엄숭에게 불만을 토로했다. 이런 상황도 엄숭이 황제의 총애를 잃게 된 이유 가운데 한 가지였다.

가정 41년(1562) 산동 지방에서 은거하는 남도행(藍道行)이라는 도사가 '부

명나라 역대 황제 평전

계(扶乩)'를 잘 친다는 소문이 도성까지 퍼졌다. 부계란 점술의 일종이다. 도사가 신의 계시를 받고 모래판에 저절로 새겨진 글자로 점을 친다. 당시 엄숭과 사이가 나빴던 태자태보 서계(徐階)가 그를 도성으로 데리고 와서 세종을 배알하게 했다. 세종은 즉시 그에게 점을 치게 했다. "현자는 등용을 다투지 않으며 소인은 물러나지 않을 따름이다."라는 글이 모래판에 나타났다. 세종이 누가 현자이고, 소인이냐고 묻자, 남도행은 이렇게 아뢰었다.

    "서계, 양박 같은 이는 현자이며, 엄숭 같은 자는 소인이옵니다."

  오늘날의 관점에서 보면 황당한 얘기지만, 세종은 도교의 미신을 워낙 굳건히 믿었다. 엄숭이 정말로 간신이 아닌가 하는 의심을 품기 시작했다. 어사 추응룡(鄒應龍)이 기회를 놓칠세라 재빠르게 그들을 탄핵하는 상소를 올렸다. 서계도 엄세번이 왜구와 결탁한 매국노라고 주장했다. 같은 해 5월 결국 엄세번은 참수형을 당하고, 엄숭은 삭탈관직과 가산 몰수를 당하고 고향으로 돌아갔으나 거주할 집조차 없이 거지처럼 살다가 미수(米壽)의 나이에 비참하게 죽었다. 나이만 따지면 천수를 누리고 죽었다.

  세종은 나이 들수록 더욱 정신이 혼미해지고 육신이 피폐해졌지만 단약의 부작용을 깨닫지 못했다. 오히려 가정 44년(1565) 정월에 방사 왕금(王金) 등이 『제품선방(諸品仙方)』, 『양노신서(養老新書)』 등 위서(僞書)를 만들고 장생불사의 온갖 선약을 제조하여 세종에게 진상했다. 세종이 가정 중엽부터 조정에 나가지 않고 20여 년 동안 엽색 행각을 벌이는 동안, 조정 내부로부터 드러난 국가 붕괴의 조짐은 동남 연안 지방에서 출몰하는 왜구들의 약탈과 북방 몽고족들의 침략 그리고 전국 각지에서 일어난 농민들의 반란에 의해 더욱 가속화되었다.

가정 45년(1567) 2월 호부주사 해서(海瑞)가 목숨을 걸고 「치안소(治安疏)」를 올려 황제의 잘못을 통렬하게 지적했다.

"폐하께서 저지른 과오가 참으로 많사옵니다. 그 중에서 가장 큰 과오는 혹세무민하는 도교의 제단을 설치하고 기도한 일이옵니다. 그 일은 불로장생을 추구한다고 합니다. 옛날에 성현들이 가르침을 후세에 전할 때, 몸과 마음을 닦으며 천명을 바로 세우면서 '자연의 질서에 순응하라.'고 말씀하신 이래로, 무슨 불로장생의 말씀이 있다는 얘기는 아직 듣지 못했습니다. 요, 순, 우, 탕, 주문왕, 주무왕 등은 성인(聖人) 중에서도 가장 위대한 성인이옵니다. 그들도 영원히 살 수는 없었사옵니다. 그 후 한(漢), 당(唐), 송(宋)에서 지금에 이르기까지, 죽지 않고 영원히 살고 있는 도사는 아직 보지 못했사옵니다. 그런데도 폐하께서는 도중문의 방술을 받아들이고 그를 스승으로 칭했습니다. 불로장생을 추구한 도중문도 이미 죽었는데도 폐하께서는 어찌하여 홀로 추구하십니까? 신선이 먹는다는 복숭아나 단약은 더욱 허망한 사술(邪術)일 뿐이옵니다."

세종은 진노했다. 당장 해서를 옥에 가두게 했다. 끝내 충신의 간언을 멀리했다. 가정 45년(1567) 12월 백성들을 도탄에 빠트린 채 건청궁에서 붕어했다. 단약을 상복했음에도 불구하고 당시에는 비교적 긴 수명인 61세까지 살았다.

6. 남왜북로(南倭北虜): 왜구와 몽골의 침략

명태조 주원장이 14세기 중후반에 원나라의 잔존 세력을 북방의 초원 지대로 몰아내고 명나라를 건국한 이후, 몽골족은 달단(韃靼)과 와랄(瓦剌)로 분열되었다. 달단은 만리장성 동북쪽의 광대한 초원 지역을 지배하고, 와랄은 서북쪽을 차지하고 있었다.

와랄은 15세기 초반에 이르러 야선(也先)의 강력한 영도 아래 다시 강성해지기 시작했다. 정통 14년(1449) 7월 야선은 군사를 일으켜 전략적 요충지 대동(大同)을 함락시키고 북경을 위협했다. 이때 명나라는 영종이 토목보(土木堡)에서 포로로 잡히는 수모를 겪었다.

15세기 말기의 성화, 홍치 연간에 이르러서는 달단이 강성해지기 시작했다. 달단의 왕, 소왕자(小王子)가 명나라 변경 지방을 수시로 침략하여 소요를 일으켰다. 소왕자 사후에는 그의 손자 엄답(俺答)이 권력을 장악했다. 그는 달단의 영역을 5개 부족으로 나누어 자기 형제와 아들들에게 통치하게 했다. 그들의 주둔지는 명나라의 선부, 대동 등 북방의 전략적 요충지와 대치하고 있는 형국이었다. 쌍방 간에는 항상 일촉즉발의 전운이 감돌았다.

사실 몽골족은 천성이 싸움과 약탈을 즐기는 잔인한 민족은 아니다. 그들은 북방의 초원 지대에서 말, 양 등 가축을 키우며 유목 활동을 하면서 대대손손 살아왔다. 그런데 몽골족은 인구 증가와 사회 발전의 변화에 따라 그들이 자체적으로 생산한 생활필수품만으로는 도저히 수요를 감당할 수 없었다. 그들은 대대로 중원의 농경민족인 한족들과의 교역을 통하여 식량, 옷감, 차, 약재 그리고 생활에 필요한 각종 도구를 얻어서 생존을 담보할 수 있었다.

그들이 한족에게 팔 수 있는 주요 교역품은 가축이었다. 인구보다 몇 백배나 많은 말과 양을 제외하고는 한족의 구미를 당길만한 물건이 별로 없었다. 만약 중원의 왕조가 교역을 거부하면, 몽골족은 특히 겨울에 생존의 위협을 느낄 수밖에 없었다. 그래서 몽골족은 끊임없이 교역을 요구했다.

역대 한족 왕조는 대체적으로 몽골족의 요청을 들어주어서 그들을 적절하게 관리하는 정책을 폈다. 그들의 요청에 따라 변경에 교역 장소를 열어주고 물물교환을 할 수 있게 했다. 이른바 '조공(朝貢)', '호시(互市)', '마시(馬市)' '공시(貢市)' 등이 바로 한족과 몽골족 간에 이루어진 교역의 표현이었다. 이는 때때로 황제의 국가가 신하의 나라에 은총을 베푼다는 형식으로 포장되기도 했지만, 본질적으로는 국가 간에 서로 필요한 물건을 매매하는 정상적인 교역이었다.

한족 왕조가 쇠퇴했을 때에는 몽골족이 한족을 얕잡아보고 무리한 요구를 했다. 만약 요구를 들어주지 않으면 몽골족은 맹수처럼 사나운 기병을 동원하여 변방을 약탈했다. 이와 반면에 몽골족이 분열하면 한족은 그들과의 교역을 끊어 숨통을 조였다. 명나라는 건국 초기인 홍무연간(1368~1398)부터 가정연간(1522~1566)에 이르는 200여 년 동안 쇄국 정책을 기반으로 몽골에 적대 정책을 폈다. 한족은 원나라 치하에서 100여 년 동안 하층민으로 전락하여 핍박을 받았기 때문에, 지략으로 몽골을 분열시키고 변방 수비를 강화하여 다시는 몽골족이 중원을 넘보지 못하게 했다.

가정 연간에 이르러 엄답이 이끄는 달단의 세력이 강성해지기 시작했다. 엄답은 명나라 신하를 자청하며 교역 확대를 여러 차례 요구했으나, 명나라 조정은 그의 요구를 들어주지 않았다. 심지어 그가 보낸 사신을 죽이기까지 했다. 엄답의 세력이 커지면 '토목보의 변' 같은 치욕이 재현되지 않을까 두려워했기 때문이다.

가정 21년(1542) 6월 명나라 조정의 처사에 분노한 엄답은 삭주(朔州), 안문관(雁門關), 태원(太原) 이남의 여러 주현(州縣)을 공격하여 10위(衛), 38주현을 유린했다. 이때 명나라 백성 20여만 명이 도륙을 당하고 가축 200여만 마리, 포목, 재화 등이 약탈을 당했다. 몽골 기병이 서북쪽의 안문관을 통해 중원으로 진출했다는 첩보가 북경에 전해졌다. 겁에 질린 백성들은 다투어 피난길에 나섰다. 그런데 다행히도 엄답은 신속하게 군사를 돌려 초원으로 사라졌다. 그가 원한 것은 명나라의 토지가 아니라 재화였다. 그는 엄청난 양의 재화를 약탈하고 난 뒤 미련 없이 회군한 것이다.

가정 29년(1550) 6월 엄답이 10만 대군을 이끌고 또 대동을 유린했다. 엄숭의 아들 엄세번에게 뇌물을 주고 선부와 대동의 총병관이 된 구란(仇鸞)은 엄답을 대적할 자신이 없었다. 그는 북경 방어의 전략적 요충지인 선부와 대동 수비의 총책임자였다. 이 두 곳이 뚫리면, 황궁은 몽골군에게 포위될 게 명약관화했다. 겁에 질린 구란은 고민 끝에 뇌물로 엄답을 매수하기로 결심했다. 많은 뇌물을 바치겠으니 대동성 포위를 풀고 대신 계진(薊鎭: 지금의 하북성 준화·遵化의 삼둔영·三屯營) 방향으로 군사를 돌려달라고 간청했다. 계진도 명나라 변방의 9개 전략 요충지 가운데 하나였다. 자기만 살 수 있다면 다른 지방이 공격당해도 상관없다는 아주 비열한 행위였다.

엄답으로서는 일거양득이었다. 같은 해 8월 대동 공격을 멈추고 동쪽으로 진격하여 북경의 관문, 고북구(古北口)를 유린하고 북경 근교, 고산(孤山), 여구(汝口) 등지에 군사를 주둔시켰다. '토목보의 변' 이후 100여 년 만에 몽골군이 북경 근교까지 진출하자, 명나라 조정은 큰 충격에 빠졌다. 그 동안 양국은 변경에서 소규모의 충돌이 몇 차례 있었을 뿐, 몽골군이 직접 도성을 위협한 적은 없었기 때문이다.

당시 북경성에는 금군(禁軍) 4만여 명이 있었으나, 금군의 반은 노약자이고 나머지 반은 총병관이나 대신들의 하인들이었기 때문에 몽골군에 비해 전투력이 현격하게 떨어졌다. 세종은 사방에 격문을 띄워 지원군 5만여 명을 징집했다. 그들은 몽골 기병의 위력에 겁을 먹고 싸우려하지 않았으며 군량마저도 부족한 상황이었다. 명군이 성문을 굳게 걸어 잠그고 출전하지 않았다. 엄답은 황성의 동직문, 덕승문, 안정문 주변에 거주하는 백성들을 닥치는 대로 학살했으며 통주(通州)에서 포로로 잡은 환관 양증(楊增)을 성안으로 보내 이렇게 협박했다.

"나에게 비단을 주고 교역을 할 수 있게 해주면 즉시 포위를 풀겠다. 그렇게 하지 않으면 1년 안에 너의 백성들을 모조리 도륙하고 재물을 약탈하겠다."

엄답은 또 명나라 조정을 압박하기 위해 북경 근교에 있는 역대 황제의 황릉을 파괴했다. 예나 지금이나 조상의 묘가 훼손되는 것은 최악의 불효이다. 세종으로서는 견딜 수 없는 치욕이었다. 그가 대신들과 대책을 의논할 때, 대학사 엄숭이 말했다.

"저들은 식량을 약탈하러 온 도적떼에 불과하오니 걱정할 필요가 없사옵니다."

몽골군은 원하는 재물을 약탈하면 스스로 돌아갈 것이므로 굳이 싸울 필요가 없다는 비겁한 생각이었다. 예부상서 서계가 그를 꾸짖었다.

"지금 도적놈들이 성 아래에서 백성들을 죽이고 불을 지르고 있는데도, 어찌 식량만을 약탈할 뿐이라고 말할 수 있겠소? 반드시 도적놈들을 막아낼 계책을 세워야 하오."

세종은 서계의 주장에 동조하고 엄답에게 보낼 서찰을 어떻게 써야할지 묻자 서계가 말했다.

"지금 도적놈들이 근교에 주둔하고 있는데도 우리 명군의 수비는 제대로 갖추어지지 않았사옵니다. 이 일은 도적놈들에게 재화를 주어 해결하는 수밖에 없사옵니다. 다만 향후에도 저놈들이 만족하지 않고 끊임없이 요구하지 않을까 두려울 따름이옵니다."

"진실로 종묘사직을 수호하는데 이로운 일이라면 가죽, 비단, 주옥 등의 재물이 아깝지 않도다."

국가 패망의 위기를 피할 수 있다면 엄답에게 뇌물을 바쳐서라도 해결하고 싶었다. 황궁의 성벽 아래까지 진격한 몽골군의 위협 아래 세종은 황제로서 권위나 자존심 따위는 더 이상 중요하지 않았다. 하지만 서계는 '천조(天朝)'의 자존심을 지키고 싶었다. 엄답에게 먼저 철군하면 대동에서 교역을 허가하겠다고 통보했다. 엄답은 이미 엄청난 양의 재물을 약탈했으므로 서계의 제의를 받아들였다. 가정 21년(1542) 9월 마침내 몽골군이 북경 포위를 풀고 북상하였다.

당시 엄답의 침공으로 명나라가 입은 손실은 막대했다. 몽골군에게 살해를 당하거나 포로로 끌려간 백성이 수십만 명에 달했으며 약탈당한 재물과 가축은 이루 다 헤아릴 수 없을 정도로 많았다. 이 몽골군의 침략과 약탈이 경술년(1542)에 벌어졌으므로 이를 '경술의 변'이라고 칭한다. 명나라 때 '토목보의 변'과 더불어 몽골에게 당한 한족의 양대 치욕 사건이었다.

몽골군이 물러간 후 세종은 엄답에게 당한 울분을 대신들에게 터뜨렸다. 간신 엄숭은 병부상서 정여기(丁汝夔)가 방비를 소홀히 하고 몽골군과 적극적으로 싸우지 않아서 참패했다고 비난했다. 세종은 정여기를 참수형으로 다스렸다. 사실은 정여기에게 몽골군과의 교전을 피하라고 종용한 자는 엄숭이었다. 엄숭은 참패의 책임을 교묘히 그에게 전가했다. 정여기는 형장의 이슬로 사라지기 전에 "엄숭이 나를 망쳤구나."라고 울부짖었다고 한다.

경술의 변이 끝난 뒤에도 세종의 분노는 가시지 않았다. 대동을 교역장소로 정해주겠다는 약속을 번복했을 뿐만 아니라 오히려 몽골 정벌의 의지를 드러내기도 했다. 하루는 세종이 대신들에게 이렇게 말했다.

"엄답이 이역(異域)의 신하인 주제에 감히 서찰을 들고 와서 짐 앞에 앉아 황궁을 바라보며 협박한 것이 올바른 일이란 말이냐. 만약 그자를 주살하지 않으면, 어찌 징벌을 했다고 할 수 있겠는가?"

세종은 병부와 호부에 출정 준비를 지시하고 구란에게 이렇게 일렀다.

"경은 이번 토벌 임무를 절대 게을리 해서는 안 되오. 태조 고황제께서 북방 오랑캐의 땅 삼천리까지 파죽지세로 쳐들어간 것처럼 해야 하오."

하지만 세종은 토벌 계획을 실행에 옮기지 못했다. 도교의 신에게 제사를 지내고 단약을 복용하여 불로장생을 추구하는 일이 그의 토벌 의지를 날로 약화시켰다. 다만 이때부터 군사 조직이 개편되고 변방 수비가 강화되었으며 북경의 외성을 쌓아서 외적의 침입에 만반의 대비를 했다. 명나라와 몽골 사이에는 다시 불안한 평화가 찾아왔다.

북방에서 몽골군의 침략과 약탈이 지속적으로 자행되어 명나라 조정에 큰 부담이 되었을 때, 동남 연안에서 출몰하는 왜구의 만행도 큰 골칫거리였다. 명나라는 개국 초기부터 해금(海禁) 정책을 실시했다. 국가에서 실시하는 조공무역이외에는 해상에서 어떤 사적인 교역도 허가하지 않았다. 원나라 말기 이래로 동남 연안에는 밀무역이 극성을 부렸다. 당시 밀무역을 주도한 세력을 '왜(倭)'라고 칭했다. 명나라에 이르러 그들은 무장을 하고 약탈을 자행했으며 일본인들이 적지 않았던 까닭에 그들을 '왜구(倭寇)'라고 칭했다.

홍무 13년(1380) 개국공신 호유용(胡惟庸)이 주살당하고, 가정 44년(1565) 권신 엄세번이 처형당할 때, 그들의 죄명 가운데 하나가 왜구와 내통했다는 것이었을 정도로 왜구의 세력이 조정을 뒤흔들었다. 동남 연안에서 거주하는 토호들이 조정의 감시를 피해 왜구와 교역하는 일은 다반사였다. 그들은 해상 무역을 통해 막대한 이익을 얻었으므로 엄격한 해금 조치에 큰 불만을 품고 있었다. 그들과 거래하는 왜구도 마찬가지였다. 하지만 해상에서 벌어지는 밀무역이 조세 제도를 어지럽히고 토호들이 왜구와 결탁하여 국가의 근간을 흔들 수 있다고 본 명나라 조정은 가정 연간에 이르러서는 더욱 엄격한 해금 정책을 실시하였다.

가정 2년(1523) 5월 절강성 영파(寧波) 항구에서 왜인들의 반란이 일어났다. 사건의 진상은 이렇다. 일본의 봉건 영주 대내씨(大內氏) 가문에서 명나라에 조공무역 선단을 파견했다. 선단의 책임자 종설겸도(宗設謙道)가 상선 3척과 300여 명을 거느리고 영파에 도착했다.

당시 일본에서 대내씨 가문과 경쟁 관계였던 세천씨(細川氏) 가문은 대내씨가 선단을 보냈다는 소식을 듣고 황급히 상선 한 척을 마련하여 영파로 떠나게 했다. 원강서좌(鴛岡瑞佐)와 송소경(宋素卿)이 100여 명을 인솔하고 항해에 나섰다. 송소경이라는 자는 절강성 은현(鄞縣) 출신으로 어렸을 적에 일본으로 팔려가 세천씨의 가신이 되었는데 일본과 명나라를 오가며 조공무역에 중요한 역할을 담당했다.

세천씨의 상선도 대내씨의 선단보다 며칠 늦게 영파항에 무사히 도착했다. 대내씨의 선단이 먼저 입항했는데도 시박사(市舶司)에서 감합(勘合)을 확인하지 않고 화물을 통관시켜주지 않았다. 시박사는 오늘날의 세관에 해당하는 관청이다. 며칠 후 세천씨의 상선도 입항하자, 시박사에서 통관 절차를 진행하기 시작했다. 두 가문이 가지고 온 감합의 양식이 서로 다르다는 트집을 잡고 통관을 지연시켰다. 종설겸도와 원강서좌는 서로 자기 것이 맞는다고 주장하며 다툼을 벌였다.

송소경은 명나라 관리들의 부패상을 잘 알고 있었다. 시박사의 태감 뇌은(賴恩)에게 몰래 뇌물을 주고 종설겸도보다 먼저 화물을 하역할 수 있게 했다. 시박사에서 두 가문의 상단(商團)에게 베푼 연회에서도 원강서좌가 종설겸도보다 상석에 앉게 했다. 통관 절차부터 송소경의 잔꾀에 놀아났다고 생각한 종설겸도는 그와 원강서좌를 해칠 결심을 했다. 그가 이끌고 온 상인들 가운데 평소에 해적질로 생계를 도모한 자들이 많았다. 그들은 싸움에 능하고 잔인했다.

종설겸도는 그들을 무장시키고 원강서좌 일행이 머물고 있는 시박사의 가빈당(嘉賓堂)을 습격했다. 무장하지 않은 채 방심하고 있었던 원강서좌는 현장에서 살해되고, 송소경은 가까스로 십리 밖 청전호(青田湖)로 달아났다. 종설겸도는 가빈당을 불태우고 송소경의 뒤를 쫓았다. 불과 300여 명의 병력으로 영파, 소흥 등 절강성의 여러 도시들을 습격하여 무고한 백성들을 살해하고 약탈을 자행했다.

비왜도지휘(備倭都指揮) 유금(劉錦)과 천호(千戶) 장당(張鐺)이 그들과 맞서 싸웠으나 전사했다. 종설겸도는 영파에서 재물을 대량으로 약탈한 후 배를 빼앗아 바다로 달아났다. 그의 선단이 일본으로 항해하던 중, 배 한 척이 풍랑을 만나 조선 근해에 이르렀다. 이때 조선 수군에게 생포된 포로 33명이 명나라로 압송되었다. 그들은 다시 절강성으로 압송되어 송소경과 대질 심문을 받았다. 가정 4년(1524) 2월 결국 송소경은 감합을 위조한 죄명으로 처형당하고 포로들도 모두 옥사했다. 이 반란 사건을 왜구가 일으킨 '쟁공지역(爭貢之役)' 또는 '영파의 난'이라고 칭한다.

명나라 조정은 이 반란 사건을 수습하고 난 뒤 복건성과 절강성에 개설한 시박사를 폐지하고 광동성 시박사 한 곳만을 대외무역 창구로 남겨놓았다. 이때부터 명나라는 해상을 통한 일본과의 조공무역을 중단했다.

명나라는 가정 연간에 왜구의 침략과 약탈을 발본색원하기 위해 해금 정책을 강화했지만, 조정의 의도와는 다르게 왜구가 더욱 창궐하는 결과를 낳았다.

왜구는 일본인으로만 구성된 해적 집단은 아니었다. 중국인도 적지 않았다. 그들은 명나라 동남 연안에 거주하는 토호 세력과 결합하여 해상 무역을 전담하는 다국적 조직이었다. 상품 교역을 통하여 막대한 이익을 취하고 있었다. 하지만 명나라의 강력한 해금 정책에 큰 타격을 입었다. 명나라 조정의 감시를 피해 밀무역을 하지 않을 수 없었다. 당시 절강성, 복건성 일대에서 성행한 밀무역은 명나라 조정의 우환이었다.

가정 25년(1546) 우부도어사 주환(朱紈)이 절강성, 복건성 일대의 항구 도시를 시찰하면서 먼 바다로 나갈 수 있는 선박은 모조리 불태우고 왜구와 밀무역을 하는 자들은 다 죽였다. 그가 세종에게 상소했다.

> "외국의 도적을 제거하는 일은 쉽지만 중국의 도적을 없애는 일은 어렵사옵니다. 또 중국의 도적떼를 제거하는 일은 쉽지만 중국의 의관(衣冠)을 착용한 도적을 없애는 일은 참으로 어렵사옵니다."

'중국의 의관을 착용한 도적'은 곧 지방 관리들이나 토호 세력을 의미한다. 해상에서 노략질하는 왜구보다는 '중국의 의관을 착용한 도적'들이 더 큰 문제이므로, 그들의 세력을 철저하게 뿌리 뽑지 않고서는 왜구의 창궐을 막을 수 없다는 인식이다.

가정 28년(1549) 해도부사(海道副使) 가교(柯喬)가 해적 이광두(李光頭) 등 96명을 생포했다. 주환은 그들을 모조리 처형하라는 명령을 내렸다. 이 일로 토호들은 주환에게 원한을 품었다. 그가 자신들의 막대한 이익을 침탈했다고 생각했다. 그들은 북경의 권문세가에 선을 대어 그를 모함했다. 지역의 안정을 깨고 사람을 너무 많이 죽인다는 중상모략이었다.

어사 진구덕(陳九德)이 주환을 탄핵하는 상소를 올렸다. 무고한 백성을 죽였다는 죄명으로 삭탈관직을 당한 주환은 분노한 나머지 자살로 생을 마감했다. 왜구를 근절하기 위하여 조정에서 파견한 주환조차도 왜구와 토호 세력 간의 단단한 이권 결속을 와해시킬 수 없었다.

가정 말기에 이르러서는 왜구의 침입이 더욱 극성을 부렸다. 가정 36년(1557) 잠항(岑港: 지금의 주산·舟山) 전투, 가정 40년(1561) 태주(台州) 전투, 가정 41년(1562) 복건 전투, 가정 42년(1563) 흥화(興化) 전투, 가정 43년(1564) 선유(仙游) 전투 등, 명군과 왜구 간의 싸움이 끊이질 않았다. 당시 명나라의 명장 척계광(戚繼光·1528~1588)이 왜구의 침략을 여러 차례 저지하여 민족 영웅으로 자리매김했다. 하지만 동남 연안에서 거주하는 백성들의 피해가 막심했다.

제 **12** 장

융경제(隆慶帝) 목종(穆宗) 주재후(朱載垕)

제12장

융경제隆慶帝 목종穆宗 주재후朱載垕

1. 이룡불상견(二龍不相見)의 괴설

제12대 황제 목종 주재후(1537~1572)는 세종의 셋째아들이다. 어렸을 때 생모 두강비(杜康妃)가 세종의 총애를 받지 못했기 때문에 부친의 관심 밖에서 자랐다. 원래 세종은 가정 12년(1533)에 염귀비(閻貴妃) 사이에서 장남 주재기(朱載基)를 얻었다. 당시 세종은 27세였다. 오랫동안 대를 이을 아들을 얻지 못하여 근심하던 때에 얻은 아들인지라 너무 기뻤다. 하지만 장남이 태어난 지 두 달 만에 죽자, 세종은 깊은 시름에 잠겼다.

도사 소원절은 세종의 간절한 소원이 이루어지기 위하여 도교의 신에게 밤낮을 가리지 않고 지극정성으로 제사를 지냈다. 그의 신통력이 통해서 그랬는지 모르겠지만, 가정 15년(1536)에는 둘째아들 주재예(朱載壑)가 태어나고, 가정 16년(1537)에는 셋째아들 주재후와 넷째아들 주재수(朱載圳)가 한 달 간격으로 연이어 태어났다. 세종이 가정 연간에 소원절을 절대적으로 총애하고 도교에 깊이 빠지게 된 이유 중의 하나가 그토록 바라던 아들을 2년 동안 세 명이나 얻었기 때문이다.

가정 18년(1539) 2월 세종은 둘째아들 주재예를 태자에, 셋째아들 주재후를 유왕(裕王)에, 넷째아들 주재수를 경왕(景王)에 책봉했다. 그런데 가정 28년(1549) 3월 태자 주재예가 요절했다. 둘째아들마저도 죽자 세종은 큰 충격을 받았다. 이러다가는 자신도 백부 무종처럼 후사를 남기지 못하고 세상을 떠나지 않을까 하는 불안감에서 벗어날 수 없었다. 사실 무종의 황위를 계승한 세종이 황통 문제를 놓고 대신들과 얼마나 많은 갈등을 겪었던가? 자신의 사후에는 또 이런 문제가 생기는 것을 절대 원하지 않았으므로 태자의 죽음이 그에게 큰 충격으로 다가왔다. 세종이 그토록 총애하고 의지한 소원절은 이미 세상 사람이 아니었다. 소원절이 살아있다면 그의 고민을 당장 해결해 주었을 것이다.

세종은 불현 듯 소원절의 추천으로 입궐한 도중문의 주청이 생각났다. 장남 주재기가 태어난 지 두 달 만에 죽었을 때, 도중문이 이른바 '이룡불상견(二龍不相見)'을 주장했다. "두 용(황제와 태자)은 서로 만나지 않아야 한다."는 말은 도대체 무슨 뜻인가? 두 마리 용은 서로 상극(相剋)하므로 황제와 태자는 가능하면 접촉을 피해야 태자가 요절하는 것을 막을 수 있다는 괴설이다.

처음에 세종은 반신반의했다. 하지만 태자도 요절하자 세종은 도중문의 말을 맹신하기 시작했다. 태자를 다시 책봉하면 그도 작은 용이 되므로 아예 태자를 책봉하지 않기로 결심했다. 이뿐만 아니라 나머지 아들에 대해서도 무관심과 냉대로 일관했다. 아들을 어쩔 수 없이 만나야 하는 상황이라면 일부러 외면하고 대화를 회피했다. 그가 아들을 미워해서 그랬던 것이 아니라 이룡불상견을 맹신했기 때문이다. 이런 이유로 세종은 임종 직전까지 장성한 아들이 있었음에도 불구하고 태자를 책봉하지 않은 어처구니없는 일이 벌어졌다.

가정 45년(1566) 12월 세종이 붕어하자 황실과 조정 대신들은 서둘러 유왕 주재후를 황제로 추대하고 다음해부터 연호를 융경(隆慶)으로 정했다. 유왕 주재후가 서열에 따라 이론의 여지없이 황통을 이었지만, 이룡불상견의 괴설 때문에 태자 수업을 받지 못한 채 황제가 되었다.

2. 권신 서계(徐階)와 고공(高拱)의 경쟁 관계

유왕 주재후가 유왕부(裕王府: 지금의 북경)에서 지낼 때 은인자중하며 조정 기강의 붕괴, 관리의 부패, 백성의 참상, 외적의 침입 등 외우내란을 목도하고 언젠가 황제가 되면 혁신 정치를 펴겠다는 포부를 품었다. 그가 황제로 등극한 직후에 가정 16년(1521)부터 가정 45년(1566)에 이르는 기간에, 간언을 올렸다가 억울하게 죽임을 당한 신하들은 누명을 벗겨주고 그들의 공적을 기록했으며, 아직 살아있는 신하들은 다시 조정으로 불러들여 중용했다.

이를테면 세종의 무능과 폭정을 낱낱이 밝힌 상소를 올려 감옥에 갇혀 처형당할 날만 기다리고 있는 해서(海瑞 · 1514~1587)를 풀어주고 중용하였다. 세종이 막 붕어했을 때, 제뢰주사(提牢主事)가 주안상을 마련하여 감옥에 갇힌 해서에게 갔다. 새 황제가 등극하면 해서가 누명을 벗고 중용되리라는 기대를 품고 찾아간 것이다. 해서에게 술과 고기를 권하자, 고기는 먹지 않고 술 몇 잔만을 마셨다. 해서는 형장으로 끌려가 처형을 당할 때가 되니, 제뢰주사가 주안상을 들고 자신을 위로할 목적으로 찾아왔다고 생각했다. 제뢰주사가 말했다.

"얼마 전에 폐하께서 붕어하셨소. 선생께서는 머잖아 석방될 것이오."

해서는 너무 놀란 나머지 음식물을 토하고 쓰러졌다. 아니나 다를까, 목종은 즉위 직후에 해서를 중용했다. 융경 2년(1568) 여름 해서가 우검도어사의 신분으로 강남 일대를 순시할 때, 부패한 관리들은 해서가 도착하기 전에 스스로 관직을 그만두었다. 해서가 얼마나 청렴하고 엄격하게 법을 집행하는 지 잘 알고 있었기 때문이다. 토호들도 해서가 온다는 얘기를 듣고 놀라, 붉은색으로 칠한 대문을 황급히 검은색 대문으로 바꾸었다. 당시 붉은색의 주사로 칠한 대문은 불법이었다. 해서는 강남 일대에 만연한 관리들의 부정부패를 일소하고 백성들의 생업을 부양했다. 백성들은 그를 '해청천(海靑天)'이라고 부르며 존경했다. 목종이 그를 중용하지 않았다면, 그는 청백리로서 청사에 이름을 남기지 못했을 것이다.

이처럼 선황제를 격렬하게 비난한 해서의 '불경죄'를 불문에 붙이고 중용한 것은 목종의 혁신 의지가 얼마나 강했는지 짐작할 수 있다. 임금을 속이고 혹세무민한 왕금(王金), 유문빈(劉文斌) 등 방사들도 모두 법에 따라 극형을 받았다. 이에 따라 그 동안 궁궐 안팎에서 행해졌던 각종 도교 의식이 모두 폐지되었다. 관리에 대한 사찰도 강화했다. 예전에 사찰을 받지 않았던 왕부(王府)의 관리들도 사찰을 받게 했다. 청렴한 관리는 우대를 받고 부패한 관리는 파직을 당했다. 백성에게는 세금을 감면해주고 황실 귀족이 대대손손 막대한 토지를 보유하는 것도 금했다.

목종이 이렇게 적폐를 일소하고 혁신 정치를 펼 수 있었던 것은 서계(徐階), 고공(高拱), 장거정(張居正) 등 대신들의 적극적인 보좌 덕분이었다. 서계는 가정 2년(1523) 20세의 나이에 과거 급제하여 장래가 촉망되는 인재였다.

가정 9년(1530) 세종의 총신 장총(張璁)이 공자묘의 묘제(墓制)를 바꾸기를 청원하는 상소를 올렸다. 공자의 시호(諡號)를 왕(王)에서 선사(先師)로 바꾸고 나무로 만든 신위로 공자의 소상(塑像)을 대신하며 각종 제기와 의례를 간소화하자는 내용이었다. 공자를 지나치게 숭상하고 그에 따라 불필요한 허례허식이 국가의 재정에 부담을 준다는 이유에서였다. 실제로 그는 개혁 정치가였다. 부패한 관리를 엄단해야 하며 청렴하고 백성을 사랑하는 자라면 과거(科擧)에 관계없이 등용해야 한다는 파격적인 주장을 폈다. 그의 주청이 일리가 있다고 생각한 세종은 대신들에게 공자의 묘제를 바꾸도록 했다.

공자를 한 등급 격하하려는 시도는 그를 신처럼 섬기고 있는 유생들로서는 도저히 받아들일 수 없었다. 젊은 혈기의 서계가 나서서 그 부당함을 상소했으나 세종의 진노를 샀다. 세종은 그를 복건성 연평부(延平府)의 형옥을 관리하는 추관(推官)으로 좌천시켰다. 세종은 그를 수 천리 밖으로 유배를 보내고도 분노가 안 풀렸던 지, 궁궐 기둥에 "서계는 소인이다. 영원히 등용하지 않겠다."는 글자를 새기기도 했다. 하지만 몇 년 후 그를 다시 조정으로 불러들여 사경국세마(司經局洗馬) 겸 한림원시강(翰林院侍講)을 제수했다. 태자로 책봉한 둘째아들 주재예를 가르칠 스승이 필요했기 때문이다.

서계는 이때부터 처세술의 중요성을 깨닫기 시작했다. 고관대작의 부귀영화를 누리려면 황제의 뜻에 순응하고 권력자에게 아부해야 한다. 황제를 찬양하는 청사를 수시로 지어 바치고 황제의 총신 엄숭에게 아부했다.

가정 41년(1562) 어사 추응룡(鄒應龍)이 엄숭 부자의 전횡을 탄핵하는 상소를 올렸다. 세종은 나이 80세를 바라보는 엄숭이 더 이상 쓸모없었다. 지난 20여 년 동안 그를 총애했지만 가끔 횡설수설하고 혼자서는 제대로 걷지도 못하는 그에게 국정을 맡기는 것이 부담스러웠다. 그를 내각수보의 직책에서 물러나게 하고 서계를 후임자로 임명했다. 엄숭의 몰락이 서계에게는 자신의 정치적 역량을 펼 수 있는 좋은 기회였다.

서계는 한편으로는 세종에게 엄숭 부자의 전횡을 비난하면서도 다른 한편으로는 그들의 처지를 동정하는 이중적 태도를 보였다. 그는 직접 엄숭의 저택을 방문하여 그를 위로했다. 이미 황제의 총애를 잃어 죄인이나 다름이 없는 처지로 전락한 엄숭을 찾아가 위로하는 것은 결코 쉽지 않은 일이었다. 그의 행동에 감복한 엄숭은 머리를 조아리며 고마워했다. 엄세번도 그를 찾아가 황상에게 억울함을 호소해 달라고 부탁하자 조금도 망설이지 않고 승낙했다. 하루는 서계가 엄숭 부자에게 호의를 베푸는 행동을 의아하게 생각한 그의 아들 서번(徐番)이 물었다.

"아버님! 엄숭 부자에게 그토록 오랜 세월 동안 모욕을 당하고 살았습니다. 이제는 분풀이할 때가 되었는데도 아버님께서는 어찌 그들을 동정하십니까?"

서계는 짐짓 화내는 표정을 짓고 말했다.

"엄가(嚴家)의 도움이 없었다면 오늘의 나도 없었을 것이다. 지금 엄가가 고난에 빠졌다고 해서, 내가 은혜를 원수로 갚으면 세상 사람들의 비웃음을 살 것이다."

엄숭은 서계의 동태를 몰래 살폈다. 서계가 진심으로 자기를 위하는 행동을 하는지 알고 싶었기 때문이다. 서계가 아들에게 한 말을 전해들은 엄숭은 안심했다. 엄세번도 아버지에게 "서계 어르신께서 우리 가문에 악의를 품고 있지 않습니다."고 말했다. 하지만 서계의 진의는 그게 아니었다. 엄숭이 도태되었지만 그의 충복들이 아직도 사방에 깔려 있으며 또 변덕이 심한 세종이 언제 마음을 바꾸어 엄숭을 다시 불러들일지 모른다는 우려에서 그런 이중적 태도를 취한 것이다. 실제로 세종은 엄숭을 다시 조정으로 불러들이려고 했다. 서계는 엄세번이 왜구와 결탁한 매국노라고 주장했다. 결국 엄세번은 참수형을 당하고, 엄숭은 삭탈관직과 가산 몰수를 당하고 낙향하여 살다가 비참하게 죽었다.

세종에게 국정을 위임받은 서계는 업숭이 남긴 폐단을 일소하고 인재를 중용하였으며 몽골군의 남침을 막는 데 큰 공을 세웠다. 세종은 그를 건극전대학사(建極殿大學士)에 제수하고 국정 전반을 관장하게 했다. 가정 45년(1566) 12월 세종이 붕어하자, 조정의 실권을 쥔 서계가 유왕 주재후를 새 황제로 추대하라는 유칙을 작성하여 반포했다. 중국의 봉건 시대에 황제가 붕어하고 난 뒤 새 황제를 추대하는 유칙의 초안을 작성하는 일은 대단히 중요했다. 유칙의 초안을 어떻게 작성하느냐에 따라 황제가 뒤바뀔 수도 있었다. 대신들 중에서 실권을 쥐고 신망이 높은 자만이 할 수 있었다.

서계는 목종을 보좌하면서 가정 시대의 적폐를 일소하기 시작했다. 대례의 논쟁 때 세종의 노여움을 사서 쫓겨난 신하들은 다시 등용하고 죽은 자들은 억울한 누명을 벗겨주었다. 또 백성들에게 세금을 감면해주고 목종의 이복동생 경왕(景王)이 죽은 뒤에는 경왕부에서 강탈한 많은 토지를 백성들에게 돌려주는 혁신적 조치를 취했다. 이때부터 황궁 안팎에서 벌인 각종 도교 의식도 중단되어 국고를 아낄 수 있었다. 사람들은 상하를 막론하고 그를 '명재상'으로 부르며 존경했다.

서계는 목종 주재후를 황제로 추대하고 가정 초기의 정국을 안정시키는 데 일등 공신이자 명실상부한 실권자였다. 목종에게는 고공(高拱 · 1513 ~1578)이라는 또 다른 총신이 있었다. 주재후가 황위를 계승하기 전 유왕부에서 거주할 때, 고공이 그를 9년 동안 가르치고 섬겼다. 세종이 '이룡불상견'의 괴설을 믿고 임종 전까지 주재후를 태자로 책봉하지 않았지만, 고공은 황위 계승의 서열에 따라 언젠가는 세종의 후계자가 될 것이라고 확신했다. 날마다 주재후에게 제왕의 도를 가르치면서 매사에 근신하고 때를 기다리며 부친에게 지극정성으로 효도를 다해 부친의 마음을 얻으라고 조언했다.

주재후는 고공을 스승으로 섬기고 의지했다. 만약 예상대로 주재후가 황위를 이으면 고공이 새로운 시대의 실권자가 될 것이 분명했다. 조정에서 이 점을 간파한 자가 엄숭과 서계였다. 두 사람은 차라리 고공을 조정으로 불러들여 미리 교분을 쌓는 것이 자신의 권력 유지하는 데 도움이 된다고 생각했다. 그들은 세종에게 고공을 천거했다. 가정 39년(1560) 세종은 그를 태상경에 제수하고 국자감제주의 일을 관장하게 했다. 그 후 고공은 예부좌시랑, 예부상서 등의 요직에 등용되었다. 가정 45년(1566)에는 서계의 천거에 의해 문연각대학사를 제수 받고 내각에 진출했다. 원래 유왕부에서 주재후의 책사 역할을 담당했던 고공이 가정 말기에 조정의 핵심 요직을 차지하자 교만해지기 시작했다. 그를 중앙의 정치 무대로 끌어 준 인물이 서계였는데도 그를 좋아하지 않았다.

세종은 가정 21년(1542) 10월에 임인궁변을 겪고 난 뒤 거처를 자금성에서 서원(西苑)으로 옮겼다. 서원에서 임종 전까지 20년이 넘는 장구한 세월 동안 향락에 빠져 지냈다. 가정 말엽에 이르러서도 황제의 환궁 기미가 조금도 보이지 않았다. 대신들은 어쩔 수 없이 서원에 기거하며 황제의 뜻을 받들 수밖에 없었다. 고공은 서원 부근에 저택을 몰래 마련하고 틈틈이 왕래했다. 세종의 병세가 악화되었을 무렵에는 서원에서 쓰는 물건을 자기 집으로 반출하기도 했다.

언관 호응가(胡應嘉)가 고공이 직무에 태만하고 궁궐의 물건을 사사로이 사가로 반출한 죄명으로 그를 탄핵했다. 세종이 호응가가 올린 상소를 읽어보지 못했으므로 탄핵안은 유야무야 끝났다. 고공은 서계가 호응가를 부추겨 자기를 탄핵하게 했다고 의심했다. 서계와 호응가가 동향 출신이라 그렇게 생각했다.

가정 45년(1566) 12월 세종이 붕어했다. 서계는 황제 유칙의 초안을 작성할 때 고공을 배제하고 장거정과 상의했다. 고공은 분노했지만 서계보다 서열이 낮았기 때문에 참을 수밖에 없었다. 세종이 붕어한 지 며칠 후 유왕 주재후가 황제로 즉위했다. 유왕을 오랫동안 섬긴 고공으로서는 천하를 얻은 듯 기뻤다. 고공이 유왕부에서 주재후를 섬기던 중 국자감제주를 제수 받고 북경으로 떠날 때, 주재후는 그와의 이별을 아쉬워하며 눈물을 흘렸을 정도로 그를 총애했다.

목종은 즉위 직후에 서계, 고공, 장거정 등 내각 대신들에게 새 시대에 걸맞은 연호를 정하게 했다. 어명에 따라 그들은 각자 두 글자로 된 연호를 정해 상주했다. 목종은 고공이 지은 '융경(隆慶)'을 연호로 정했다. 사실 '융경'은 당시에 널리 사용되던 단어였다. 연호로 쓰기에는 적합하지 않았다. 대신들은 목종이 연호를 결정하는 과정을 보고 얼마나 고공을 신임하고 총애하는 지 알 수 있었다.

목종은 고공을 태자태보에 임명했다. 이는 태자의 교육을 담당하는 중요한 직책이었다. 고공은 이미 문연각대학사로서 국정을 관장하고 있었고 아울러 태자의 교육도 책임질 정도로 목종의 신임을 받았다. 당시 내각수보 서계가 고공보다 여전히 품계가 높았다. 고공은 천자가 바뀌면 신하도 모두 바뀌어야 한다고 생각했다. 서계가 알아서 용퇴하기를 기대했으나, 서계는 권력의 끈을 놓지 않았다. 두 사람의 마찰은 피할 수 없었다. 융경 원년(1567) 어느 봄날 내각 대신들의 회식이 끝난 후 고공이 서계에게 물었다.

"공은 선황제께서 재위하실 때 선황제를 허망한 도교의 청사(青詞)에 빠지게 유도하는 방법으로 아첨하였소. 그런데 선황제께서 붕어하시자마자 하루아침에 그를 배신하였소. 지금 또 언로(言路)를 연결하여 번국(藩國) 신하를 쫓아내려고 안달하고 있는데 도대체 왜 그런 비열한 행동을 하는 것이오?"

청사란 도교에서 제사를 지낼 때 쓰는 축원문이다. 붉은색의 안료로 푸른 등나무로 만든 종이에 쓴 글이어서 청사라고 한다. 세종이 청사를 잘 짓는 신하들을 총애했다. 사실 청사의 내용은 황제에게 아부하는 글, 일색이었다. 가정 연간에 출세하기 위해서는 청사를 잘 지어야 했다. 서계도 청사에 능해 출세의 길을 달렸다. 하지만 목종이 등극한 뒤에는 서계는 도교의 폐단을 일소하는 데 앞장섰다. 고공은 그의 이러한 이중적 태도를 비난했다. 또 '번국의 신하'란 고계 자신을 지칭한다. 새 황제가 등극하면 선황제를 모신 신하들은 모두 물러나야 하는데도 감히 목종의 심복인 자신을 음해하려고 한다는 불만이었다.

서계의 대답은 이러했다.

"무릇 언로에는 많은 의견들이 있는 법이오. 그런데도 내가 어떻게 일일이 그것들을 한 가지로 연결할 수 있었겠소? 만약 내가 언로를 연결할 수 있었다면, 공은 어찌 그런 행동을 하지 않았다고 말할 수 있겠소.…… 또 내가 선황제를 청사에 빠지게 유도했다고 말하는데 그것은 분명히 나의 잘못이오. 내가 예부에 있을 때 선황제께서 나에게 비밀리에 서찰을 보내 이렇게 하문한 말을 어찌 기억하지 못하고 있겠소. '고공이 도교의 제사에 효력이 있기를 바라는 상소문을 짐에게 올렸도다. 그의 주청을 윤허해야 하는가?' 이 서찰이 지금도 남아 있소."

　서계는 세종이 도교에 탐닉하게 된 것에는 자기도 잘못이 있다고 솔직하게 시인했다. 하지만 당신도 세종에게 아부하기 위하여 도교를 찬양하는 상소문을 올리지 않았냐고 반문했다. 얼굴이 홍당무가 된 고공은 말문이 막히고 말았다. 고공은 서계에 비해 융통성이 부족하고 처세술이 뛰어나지 못했다. 오로지 목종의 총애에만 의지한 채 정적들을 제거하려고 했다. 세종 때부터 탄탄한 권력 기반을 구축한 대신들은 그를 눈엣가시로 여기고 역공을 취했다.

　융경 원년(1567) 5월 고공을 탄핵하는 상소가 빗발쳤다. 그는 병을 핑계로 사직하지 않을 수 없었다. 아직은 그의 정치적 기반이 약했고 목종도 등극한 지 얼마 되지 않았던 때라 여론을 무시할 수 없었다. 얼마 후 서계도 사직을 간청하는 상소를 올리고 낙향했다. 고향 송강부(松江府) 화정현(華亭縣)에서 노년을 보낼 때, 그의 자식들이 부친의 위세를 이용하여 막대한 토지를 매입하고 하인들이 온갖 나쁜 짓을 저질렀다. 서계 가문의 비리를 고발하는 소송장이 수북이 쌓이자, 응천순무(應天巡撫) 해서(海瑞)와 병헌(兵憲) 채국희(蔡国熙)가 사건을 맡아 서계 가족을 처벌했다.

　서계는 급사 대봉상(戴鳳翔)에게 은자 3만 냥을 뇌물로 주고 처벌을 면했다. 또 장거정을 통해 급사 진삼모(陳三謨)에게 압력을 행사하여 해서와 채국희를 파면하게 했다. 그는 고향에 은거하면서도 조정에 영향력을 행사했다. 사람들은 "고향에서 은거하고 있는 퇴임 재상이 조정의 어사들을 쫓아낼 수 있다."고 비아냥거렸다. 그가 가정 말기부터 융경 초기에 이르는 기간에 국정 안정을 도모하는 데 결정적인 역할을 담당하여 '명재상'이라는 칭호를 들었지만, 인생 말년에 보여준 부패 행위로 인해 그를 '권세를 가진 간신'으로 평하는 사람도 있다.

융경 3년(1569) 목종은 고공을 다시 조정으로 불러들여 내각 대학사로 중용하고 이부를 관장하게 했다. 이때부터 고공이 목종의 신임을 바탕으로 실권을 쥐고 국정을 다스리기 시작했다. 그는 치국의 도를 정확히 이해하고 실천으로 증명하는 경세가였다. 이를테면 이부의 각 부서에 책자를 마련하여 소속 관리들의 성명, 관적, 능력, 인품 등을 상세히 기록했다. 매월, 매년 단위로 정리한 인사 자료를 바탕으로 관리의 평가와 승진에 활용하였다. 오늘날 '인사고과'와 같은 제도를 운영하여 인재를 적재적소에 배치했다. 그의 인재 평가 기준은 인품보다는 능력이었다. 군사에 재능이 있는 은정무(殷正茂)를 양광제독(兩廣提督)으로 임명하여 광서와 광동 지역의 치안과 방위를 맡겼을 때, 어떤 이가 그의 품행이 좋지 않은 점을 거론했다. 고공은 그에게 이렇게 말했다.

"그가 재물을 탐하는 결점이 있지만 반드시 큰일을 해낼 것이오."

당시 혜주(惠州), 조주(潮州), 경주(瓊州) 등 남해안 지역의 도시에서는 왜구의 침입과 약탈이 극심했다. 고공은 고전(沽田) 지역에 사는 소수 민족 요인(瑤人)들의 반란을 진압한 은정무가 왜란을 평정할 적임자로 보았다. 은정무가 재물을 탐하는 결점이 있지만 병사를 통솔하고 전략을 수립하는 데 탁월한 능력을 발휘했기 때문이다. 그는 고공의 예측대로 왜란을 평정하여 병부상서로 승진했다.

고공은 또 업무의 전문성과 일관성을 중시했다. 변방의 방위를 관장하는 관리들은 군사에 이 두 가지 요소를 겸비해야 한다고 주장했다. 병부상서 아래 병부시랑의 직책을 신설하기를 건의했다. 병부상서가 오늘날 '국방부장관'에 해당한다면 병부시랑은 '국방부차관'이다. 병부시랑이 변방에서 일정 기간에 총독 업무를 관장하고 난 뒤에 조정으로 올라와 병부상서로 승진하면 군사 업무를 정확하게 이해하고 처리할 수 있다는 것이다. 또 그는 병부 소속의 관리들은 다른 부서로 근무지를 옮겨서는 안 되며 군사 업무만을 담당하게 하여 전문성을 키워야 한다고 주장했다.

당시 명나라는 죄를 지은 관리들을 변방으로 쫓아내고 징벌의 수단으로 그들에게 방위를 담당하게 했다. 고공은 이런 관례를 적극 반대했다. 변방을 지키는 관리들이 내지의 관리보다 더 중요한 역할을 담당하므로 반드시 능력이 있는 관리를 변방으로 보내야 한다고 주장했다. 목종은 재임 6년 동안 여색에 빠져 지내면서 정치에는 무관심으로 일관했지만, 고공 같은 신하를 신임했기에 국정의 안정을 꾀할 수 있었다. 특히 가정 연간에 국가의 우환이었던 몽골과 왜구의 침략을 효과적으로 막아낼 수 있었다.

3. 몽골과 왜구에 대한 회유 정책

가정 21년(1542) 경술년 9월 명나라가 몽골의 엄답에게 치욕을 당한 '경술의 변' 이후에, 두 나라 사이에는 대규모의 무력 충돌이 일어나지 않았지만, 명나라 조정의 가장 큰 근심거리는 역시 몽골이었다. 몽골군이 북방의 초원 지대로 물러갔지만 그들이 또 언제 북경을 위협할지 모르는 불안한 시간이 흘렀다. 목종은 오랫동안 명나라를 괴롭힌 몽골 문제를 해결해야 했다. 몽골의 왕, 엄답은 가정 연간에 세종에게 끊임없이 조공 무역을 요구했지만 거절당했기 때문에 기병을 동원하여 침공했다. 융경 연간에 이르러서도 엄답은 조공 무역을 줄기차게 요구했다. 그는 몽골족의 생존에 필요한 물건들을 조공을 통해 얻고자 했다. 그가 목종에게 보낸 서찰의 내용을 통해 이를 확인할 수 있다.

"백성은 날로 늘어나는데 의복은 부족하오. 내 조카들은 하투(河套)와 하서(河西) 지역에 머무르고 있고, 내 형제들은 동쪽에 머무르고 있소. 명나라 변방의 어떤 곳에서도 교역을 허가하지 않기 때문에 우리가 입을 옷과 쓸 물건이 모두 크게 부족한 실정이오. 우리나라에서 생산한 털옷이나 가죽옷은 여름에는 너무 더워 착용하기에 아주 불편하며, 명나라에서 생산한 비단옷이나 삼베옷은 구하기가 참으로 어렵소. 예전에 간악한 조전(趙全)의 꼬임에 넘어가 우리 군사가 명나라 변방을 침입하여 좋지 못한 일을 저질렀소. 당시 약간의 재물을 빼앗았지만 우리 군사도 사상자가 적지 않았소. 근래에 이르러 명나라 변방을 지키고 있는 군사가 수시로 관문을 나와 내 백성을 죽이고 말을 쫓아내며 초원을 불태웠소. 이런 까닭에 겨울과 봄에는 사람과 가축 모두 고난을 겪고 있소."

조전은 가정 33년(1554)에 명나라 조정에 반기를 들고 자신을 따르는 무리와 함께 몽골로 집단 망명한 백련교의 지역 교주이다. 그는 엄답에게 명나라 침략을 수시로 종용했으며 침략에 필요한 각종 정보를 제공하고 몽골군의 무기 개량에 큰 공적을 세웠다. 엄답이 변방을 침입할 때는 사전에 친히 조전의 거처로 찾아가 조언을 구할 정도로 그를 총애했다. 조전은 아예 엄답을 황제로 추대하려고 했다. 제국을 건설하려면 국가의 법령과 조직이 필요하고 백성이 많아야 하며 황제가 거주하는 황궁을 지어야 했다. 조전은 명나라에서 도망오거나 포로로 잡아온 한족을 활용했다. 문자를 조금이라도 아는 자에게는 군사와 행정 업무를 맡기고 일자무식인 자에게는 토지를 주고 농사를 짓게 했다. 또 대규모의 인력을 동원하여 대판승성(大板升城: 지금의 내몽고 호화호특 · 呼和浩特)을 건설했다. 가정 45년(1566) 이 성이 완공되자, 그 동안 유목 생활을 하며 지냈던 엄답은 이곳에 정주하며 자못 통치자로서의 위엄을 갖추기 시작했다. 한족 이주민의 농업 생산이 유목 민족의 자급자족을 가능하게 한 것이다.

당연하게도 명나라 조정에서는 조전을 희대의 매국노이자 불구대천의 원수로 여겼다. 하지만 그는 몽골족의 입장에서 볼 때 몽골이 다시 원제국의 영광을 재현할 수 있게 하는 영웅이었다. 당시에 엄답의 손자, 파한나길(把漢那吉)이 명나라에 투항한 뜻밖의 사건이 일어나지 않았다면, 엄답은 황제로 등극하여 명나라와 대등한 관계를 유지했을지도 모른다.

파한나길이 명나라에 투항한 사건의 전말은 이렇다. 그는 엄답의 셋째 아들 철배태길(鐵拜台吉)의 외아들이다. 어려서 부모를 잃어 조부모의 손에서 자랐다. 엄답에게는 어린 외손녀가 있었다. 그녀가 성년이 되면 오아도사(襖兒都司)에게 시집보내기로 결정했다. 그녀가 자라면서 미색이 아주 뛰어났을 뿐만 아니라 총명하기도 했다. 그녀의 미모에 반한 엄답이 이미 임자가 정해진 자기 외손녀를 셋째부인으로 삼았다.

엄답의 처사에 분노한 오이도사가 반발하자, 엄답은 파한나길의 첩을 그에게 주고 분쟁을 무마했다. 파한나길은 조부의 근친상간 행위를 도저히 이해할 수 없었다. 더구나 자기 첩을 멋대로 남에게 넘겨준 일에 원한을 품었다. 자기 유모(乳母)의 남편, 아력가(阿力哥)에게 이렇게 말했다.

"내 조부가 외손녀를 첩으로 삼고 또 손자며느리를 빼앗아 남에게 주었소. 나는 더 이상 그의 손자가 되지 않겠소."

하지만 어려서부터 조부모의 사랑을 받고 자란 그가 조부에게 복수하는 일도 쉽지 않았다. 그는 고민 끝에 명나라 망명을 선택했다. 가정 45년(1566) 9월 그는 일족을 거느리고 대동(大同)의 패호보(敗胡堡)로 와서 투항을 원했다. 대동 총병 왕숭고(王崇古)와 순무 방봉시(方逢時)가 그의 항복을 받아들이고 즉시 조정에 보고했다. 뜻밖에 몽골 왕의 손자가 제 발로 걸어와 항복을 청했으니 거부할 이유가 없었다. 명나라 장졸들이 파한나길을 죽이자고 이구동성으로 말했다. 왕숭고가 말했다.

"파한나길은 나중에 긴요하게 써먹을 수 있는 귀한 물건이오. 엄답이 그를 필요로 하고 교역을 바란다면 조전 등 매국노들을 우리에게 송환하여 처단할 수 있게 해야 하오. 우리는 파한나길을 보호하고 있다가 엄답에게 돌려보내면 되오. 엄답이 그의 송환을 요구하지 않으면, 우리도 그를 인질로 삼아 몽골인의 투항을 권유하는 데 활용할 수 있소."

조정의 일부 대신들도 파한나길을 죽여야 한다고 주장했다. 목종이 말했다.

"저들이 우리 대명국을 흠모하여 투항하러 왔으므로 마땅히 거두어들여야 하오. 파한나길에게는 지휘(指揮), 아력가에게는 천호(千戶)의 직책을 수여하고, 두 사람에게 대홍저(大紅紵: 붉은 색의 모시로 만든 의복) 한 벌을 상으로 하사하시오."

한편 몽골에서는 엄답의 아내가 명나라 조정에서 자기 손자를 죽이지 않을까 우려했다. 그녀는 날마다 엄답에게 불만을 토로하며 손자를 반드시 살려내야 한다고 주장했다. 엄답도 자기 때문에 손자가 명나라로 달아난 것을 후회했다. 무력으로 명나라 변방을 공격하면 명나라 조정에서 손자를 풀어줄지도 모른다고 생각했다. 그는 10만 대군을 동원하여 대동으로 진격했다. 또 쌍방 간에 일촉즉발의 전운이 감돌았다.

왕숭고는 몽골 기병을 막아낼 자신이 없었다. 직접적인 충돌보다는 엄답을 설득하는 게 유리하다고 생각했다. 백호 포숭덕(鮑崇德)을 엄답 진영으로 보내 파한나길을 죽이지 않고 예우해주고 있다고 알렸다. 왕숭고의 호의에 감동한 엄답이 말했다.

"뜻밖에도 명나라 한인(漢人)이 내 손자를 잘 보호하고 있다고 하니, 나는 그들과 맹약을 체결하여 영원히 명나라를 배반하지 않겠소."

왕숭고의 심모원려가 결실을 맺는 순간이었다. 엄답은 조전 등 그 동안 자신에게 충성을 다했던 한족 출신 관리들을 명나라로 압송했다. 왕숭고도 파한나길을 돌려보내서 엄답의 성의에 화답했다. 조전은 북경으로 끌려와 능지처참 당했다. 조국이 아무리 부패했더라도 조국을 배신하고 적국으로 망명하여 적국을 도운 자의 최후를 보여주는 역사적 교훈을 남겼다.

융경 5년(1571) 목종은 엄답을 순의왕(順義王)으로 책봉했다. 엄답은 명나라 황제에게 신하국의 예의를 갖춤으로써 몽골족의 생존과 안정에 필요한 물자를 얻을 수 있는 실리를 챙겼다. 목종은 황제로서 위엄을 갖추고 북방을 안정시키는 통치력을 발휘했다. 몽골과의 오랜 시간에 걸친 갈등을 직접적으로 해결한 주역은 고공, 장거정, 왕숭고 등의 신하들이었지만, 목종의 의지가 가장 결정적인 역할을 했다. 그는 황제로서 여색에 빠져 흐리멍덩한 삶을 살았지만 외교 문제에서 만큼은 세종에 비해 훨씬 적극적이고 개방적인 정책을 취했다.

왜구 문제에 있어서도 목종은 개방 정책을 폈다. 왜구의 약탈이 끊이질 않는 이유가 바다를 봉쇄하는 해금 정책에 있다고 보았다. 융경 원년(1567) 복건순무어사 도택민(徐澤民)이 바다의 신 마조(馬祖)의 고향, 미주도(湄洲島: 지금의 복건성 포전시·浦田市)를 동서 해양 무역의 요충지로 삼아 개방 정책을 펴야 한다고 주장했다. 목종은 그의 주장을 받아들여 '조종(祖宗)이 제정한 법률'을 과감하게 고쳤다. 이로써 명태조 주원장 이래로 200여 년 동안 지속된 해금 정책이 폐지되고 조공무역뿐만 아니라 동남 해안가에 거주하는 백성들의 활발한 해상 무역도 활기를 띠기 시작했다. 목종의 통치 기간은 6년에 불과했지만, 이 시기에 변방이 안정되고 백성의 삶이 비교적 윤택할 수 있었다. 중국 역사에서는 이 시기를 '융경신정(隆慶新政)'이라고 부른다. 융경 시대가 태평성대는 아니었지만 일련의 개혁을 통해 새로운 정치를 폈다는 뜻이다.

4. 여색에 빠져 죽다

목종이 외우내란을 극복하고 국력이 쇠약해진 명나라를 다시 어느 정도 안정의 길로 접어들게 했지만 그에게는 취약점이 있었다. 지나치게 여색을 밝혀 수명을 단축한 호색한이었다. 그가 황위를 계승할 때의 나이는 30세였다. 이때가 남자의 성적 능력이 절정에 달한 시기라고 할 수 있다. 그는 매일 궁녀들과 난잡한 성행위를 즐겼다. 후궁과 동침을 할 때는 몸에 실오라기 하나 걸치지 않은 궁녀들이 황제의 곁에서 시중을 들었다.

원래 건강했던 목종은 과도한 방사(房事)로 몸이 피폐해지자 부친 세종이 그랬던 것처럼 최음제를 복용하고 하룻밤에 10여 명의 궁녀를 품는 쾌락을 즐겼다. 자신이 사용하는 찻잔, 용상(龍床) 등 여러 물건에 남녀가 성행위하는 조각을 새기거나 춘화를 그렸다. 그의 이러한 기행에 대신들이 간하면, 그는 언제나 온화한 미소를 띠고 이렇게 말했다.

"나랏일은 선생이 있으므로 짐은 안심하고 있소. 짐의 집안일은 선생
  이 근심하지 않아도 되오."

진황후(陳皇后)가 남편의 음란 행위를 참다못해 귀에 거슬리는 말을 몇마디 했다고 해서 별궁으로 쫓겨나기도 했다. 목종의 엽색 행각을 보다 못한 내관감(內官監)의 태감 이방(李芳)이 그에게 여색을 멀리하기를 간곡하게 청했다. 목종은 내심 불쾌했다. 사람 취급을 못 받는 환관이 간언했으니 말이다. 하지만 이방이 헛소리를 한 게 아니었으므로 그의 죄를 물을 수 없었다. 융경 2년(1568) 11월 목종은 이방을 모함한 상소를 구실로 곤장 80대를 때리고 엄벌을 내리게 했다. 형부상서 모개(毛愷)가 아뢰었다.

"이방의 죄가 아직 드러나지 않았기 때문에, 신은 그를 어떻게 처벌해야할 지 모르겠사옵니다."

바른 말을 한 이방을 처벌해서는 안 된다는 간언이었다. 목종이 말했다.

"이방은 짐에게 무례하게 행동하였소. 그래서 그를 옥에 가둔 것이오."

죄는 없지만 황제의 자존심을 상하게 했다는 것이다. 이 일로 이방은 옥에 오랫동안 갇혀 있다가 남경으로 쫓겨났다. 목종은 충신을 알아보고 중용했지만 자신의 '성 생활'을 간섭하는 충신은 배척했다. 호색과 최음제의 남용은 급기야 그의 몸을 망가트렸다. 융경 6년(1572) 병석에 누운 목종은 자신의 운명이 다했음을 직감하고 고공(高拱), 장거정(張居正), 고의(高儀), 세 고명대신을 불러 태자가 황위를 계승하도록 당부하고 건청궁에서 36세를 일기로 붕어했다. 훗날 『명사』에서 목종을 이렇게 평가했다.

"목종은 재위 6년 동안 엄정하게 정사를 다스리고 개인의 이익을 적게

취했으며 몸소 근검절약하여 황제의 선식(膳食)을 관장하는 상식(尙食)에서 해마다 엄청난 금액을 아낄 수 있었다. 달단의 수령 엄답을 왕으로 책봉하고 조공을 윤허했으며, 조세를 감면하여 백성의 삶을 편안하게 했으며 변방의 안정을 이루었다. 또 선왕(先王)의 올바른 법도를 계승했으므로 현명한 군주라고 칭할 수 있다. 하지만 권력을 장악한 신하들이 파벌 싸움을 벌였는데도, 황제는 조정의 기강을 바로세우지 못했다. 또 적폐를 바로잡으면서 관용을 넉넉히 베풀었으나, 엄격하고 명백한 태도를 취하지 않았다."

목종이 황제로서 근검절약하고 인자한 성품을 지녔으며 외우내란을 끝냈지만, 우유부단한 성격으로 인하여 조정 대신들의 당쟁을 막지 못한 결점이 있었다고 후대의 역사가들이 지적한 것이다.

만력제(萬曆帝) 신종(神宗) 주익균(朱翊鈞)

제 13 장

만력제萬曆帝 신종神宗 주익균朱翊鈞

1. 성장 배경과 황위 계승

　　제13대 황제 주익균은 가정 42년(1563)에 유왕부(裕王府)에서 유왕 주재후의 셋째 아들로 태어났다. 당시 주익균의 조부, 세종이 "황제와 황위를 계승할 아들이 서로 대면해서는 안 된다."는 이른바 '이룡불상견(二龍不相見)'의 괴설을 믿고 자기 아들을 일부러 외면했다. "태자라는 금기어를 한마디라도 말한 자는 사형에 처했다." 이미 장남 주재기(朱載基)를 잃은 세종이 태자로 책봉한 둘째아들 주재예(朱載壡)가 요절한 뒤, 셋째아들 주재후를 태자로 책봉하면 또 요절하지 않을까 두려워했기 때문이다.

　　이런 이유로 주재후는 부친 세종에게 아들의 탄생을 감히 아뢰지 못하고 아들의 이름조차 지을 수 없었다. 목종 주재후가 황위를 계승한 후인 융경 원년(1567)에 이르러서야 비로소 아들의 이름을 주익균이라고 지었다. 목종은 아들에게 이름을 하사하면서 이렇게 훈시했다.

"네 이름을 균(鈞)으로 정하여 하사하노라. 성군이 천하를 다스림은 주물을 만들 때 거푸집에 쇳물을 고르게 붓는 일과 같도다. 네 이름에는 심오한 뜻이 있으므로 언제나 그 의미를 마음에 새기고 잊지 않아야 하노라."

원래 목종은 네 아들을 두었다. 첫째아들 주익익(朱翊釴)과 둘째아들 주익검(朱翊鈐)이 요절하는 바람에, 셋째아들 주익균이 자연스럽게 태자의 물망에 올랐다. 세종은 앞서 언급한 것처럼 '이룡불상견'의 괴설을 신봉했기 때문에, 끝내 태자를 책봉하지 않고 죽었다. 황위 계승 기간에 태자의 부재는 심각한 혼란을 야기할 수 있는 심각한 문제였다. 다행히 황위 계승의 서열에 따라 유왕 주재후가 황제로 등극했다. 그는 태자 수업을 정식으로 받지 못한 약점이 있었다.

목종은 자기 아들만큼은 이런 문제가 없기를 바랐다. 부친에게 사랑을 받지 못한 한을 아들 사랑으로 풀었다. 아들이 자신처럼 태자에 책봉되지 못하고 오랫동안 방황하는 것을 원치 않았다. 융경 2년(1568)에 6세에 불과한 주익균을 태자로 책봉하고 동궁에 거주하게 했다. 그가 이처럼 어린 아들을 서둘러 태자로 책봉한 또 다른 이유는 황위 계승 문제를 조기에 매듭짓고 정국의 안정을 꾀하기 위해서였다. 주익균의 생모 이씨(李氏)는 원래 신분이 비천한 궁녀 출신이었다. "아들이 귀해지면 그의 어머니도 귀해진다."는 말이 있다. 이씨는 귀비(貴妃)로 신분이 상승했다. 목종과 이귀비는 태자의 교육에 심혈을 기울였다. 훗날 황위를 이어받을 태자를 제대로 교육시켜 성군을 만들어야 만이, 명나라가 대란을 종식시켜 종묘사직을 지키고 백성의 삶을 편안하게 할 수 있다는 절박함에서 나왔다.

융경 6년(1572) 5월 병석에 누운 목종은 임종 며칠 전에 고공(高拱), 장거정(張居正), 고의(高儀) 등 내각 대학사 세 명을 불러들였다. 그는 가쁜 숨을 몰아쉬며 내각수보 고공의 손을 부여잡고 자신의 사후에 충심으로 어린 황제를 보필하여 명나라의 천하를 안정시키라고 신신당부했다. 목종은 또 사례감의 우두머리 장인태감(掌印太監) 풍보(馮保)를 통해 주익균에게 이런 유칙을 남겼다.

"짐은 병이 들어 더 이상 집무를 감당할 수 없구나. 태자가 황위를 계승하기 바라노라. 모든 의례는 마땅히 해당 부처에서 제청하여 시행하면 된다. 태자는 삼보(三輔) 대신과 장인태감의 보필과 가르침에 의지하여 학문에 매진하고 덕을 쌓으며 현자를 등용하여 그들의 재능을 발휘하게 하고, 나태함과 안일에 빠지지 말며 황제의 대업을 이루기 바란다."

목종이 붕어한 뒤 같은 해 6월초, 태자 주익균이 정식으로 즉위했다. 다음 해부터 연호를 만력(萬曆)으로 정했다. 이때부터 거의 반세기 동안 기나긴 만력 시대가 시작되었다.

2. 어린 황제를 대신한 장거정의 개혁 정치

융경 6년(1572) 6월 황제로 등극한 열 살배기 주익균이 명나라 천하를 다스리기에는 나이가 너무 어렸다. 이런 경우는 황제의 모후가 수렴청정을 하는 것이 관례였다. 아들이 황제로 등극한 후 품계가 태후로 높아진 이태후는 현명한 여자였다. 어린 황제의 교육은 직접 관장했지만, 국정은 다스리지 않고 고공(高拱 · 1513~1578), 장거정(張居正 · 1525~1582), 고의(高儀 · 1517~1572) 등 고명대신들에게 맡겼다.

이태후는 어린 황제를 아주 엄격하게 가르쳤다. 신종이 가끔 경전 읽기를 게을리 하면, 즉시 소환하여 어린 황제를 장시간 무릎을 꿇리는 벌을 내렸다. 황제가 참여하는 경연을 열 때면, 그녀는 신종에게 강신(講臣)이 강의한 내용을 참고하여 치국의 도를 직접 설명하게 했다. 또 아침에 황제가 조정에서 업무를 처리해야 할 때가 되면, 꼭두새벽부터 황제의 침소로 가서 "황제는 빨리 일어나시오."라고 소리를 지르며 깨웠다. 시종들에게는 황제의 용안을 씻기고 빨리 어가에 태워 조정으로 가게 했다.

신종은 모후의 엄격한 교육에 순종했지만 가끔 망나니짓을 했다. 하루는 신종이 서성(西城)에서 주연을 베풀고 술에 잔뜩 취하자, 궁녀를 희롱하고 내시에게 노래를 부르게 했다. 내시는 황제의 취한 모습이 걱정되어 노래를 부르지 않았다. 신종이 진노하여 칼을 빼들고 내시를 죽이려고 했다. 대신들이 달려들어 가까스로 말렸지만 황제의 체면을 고려하여 내시의 머리카락을 자르는 것으로 사태를 진정시켰다.

다음 날 황제가 추태를 부렸다는 소식이 이태후의 귀에 들어갔다. 그녀는 즉시 장거정에게 황제를 꾸짖는 상소를 준비하게 하고 아울러 황제 자신이 죄과를 인정하는 어찰(御札)의 초안을 작성하게 했다. 또 황제를 소환하여 꿇어앉히고 잘못을 일일이 지적했다. 신종은 눈물을 흘리며 다시는 그런 못난 행동을 하지 않겠다고 맹세하고 난 뒤에야 일어날 수 있었다.

또 이런 일도 있었다. 환관 손해(孫海)와 객용(客用)의 꼬임에 빠진 신종이 술에 잔뜩 취하여 사례감의 우두머리, 풍보(馮保)의 두 양아들을 심하게 때렸다. 그러고도 분이 안 풀렸는지 말을 타고 풍보의 집으로 달려갔다. 어린 황제의 느닷없는 출현에 놀란 풍보는 끝내 대문을 열어주지 않았다. 만취한 황제가 어떤 짓을 벌일지 모르는 상황을 피하려고 그랬다. 다음 날 풍보에게 보고를 받은 이태후는 진노했다. 그녀는 즉시 청포(靑布)로 만든 의복으로 갈아입고 머리장식도 하지 않은 채 대신들을 소집하고 난 뒤, 태묘로 가서 황제 폐위를 조상에게 고해야겠다고 엄명했다. 아무리 자기 친아들이고 어린 황제라도 술에 취해 난동을 부린 신종을 이태후는 폐위시킬 결심을 했다. 신종은 모친에게 달려가 무릎을 꿇고 빌었다. 그녀가 말했다.

"설마하니 주상이 천하의 대기(大器)를 계승할 수 있겠소?"

신종의 동생, 노왕(潞王) 주익류(朱翊鏐)의 생모도 이태후였다. 신종이 황제의 자질이 없으면 폐위시키고, 노왕을 새 황제로 추대할 계획이었다. 신종은 바닥에 엎드려 잘못을 빌고 한참동안 통곡을 한 후에야 모친의 마음을 돌릴 수 있었다. 훗날 신종이 측근들에게 "짐은 다섯 살 때 이미 경전을 해독할 수 있었다오."라고 자랑할 수 있었던 배경에는, 이태후의 이런 철저한 교육이 있었다.

만력 6년(1578) 신종은 이태후의 뜻에 따라 영년백(永年伯) 왕위(王偉)의 딸, 왕희저(王喜姐)와 대혼 의식을 거행하고 그녀를 황후로 책봉했다. 대혼 의식을 성대하게 마친 후, 이태후가 자녕궁(慈寧宮)으로 돌아가기 전에 장거정에게 당부했다.

"이제 나는 조석으로 황상을 보살필 수 없소. 선생은 선황제의 부탁을 받은 고명대신이오. 황상이 성군의 도를 행할 수 있도록 가르쳐서 선황제의 선생에 대한 신뢰를 끝까지 저버리지 않도록 바라오."

성년이 된 아들이 이제 황후를 맞아들여 명실상부한 황제가 되었으므로, 이태후는 황제를 이러쿵저러쿵 간섭하고 싶지 않았다. 그렇지만 신종이 친히 국사를 다스리기에는 아직 부족한 점이 많았다. 장거정에게 젊은 황제를 잘 보필하기를 진심으로 바랐다.

신종이 황위를 계승한 직후에는 고공, 장거정, 고의 등 목종의 고명대신들이 조정의 정치를 주도했다. 이들 이외에도 황제의 수족이나 다름없는 장인태감 풍보의 영향력이 막강했다. 그는 황제의 일거수일투족을 보필하는 환관의 우두머리였을 뿐만 아니라, 일종의 정보기관이자 공포 정치의 산물인 동창(東廠)도 장악하고 있었다. 황궁 안팎으로 연결된 동창의 비선 조직은 행정 조직의 기능을 능가할 정도였다.

서열에 따르면 이들 가운데 내각수보 고공의 직위가 가장 높았으므로 그를 중심으로 정국이 운영되어야 했다. 풍보는 막강한 권세를 누리고 있었지만 환관에 불과했으므로 정치에 관여할 권한이 없었다. 하지만 어린 황제는 성품이 강직한 원로대신 고공보다는 자기 비위를 잘 맞추는 풍보에게 의지했다. 고공과 풍보는 목종 때부터 사이가 아주 나빴다. 황권의 교체기에 두 사람의 권력 다툼은 불가피했다.

당시 장인태감의 자리가 공석이 되자, 고공은 풍보의 발호를 저지하기 위해 맹충(孟冲)을 장인태감으로 천거했다. 풍보는 황제의 시중이나 드는 단순한 환관이 아니었다. 학문에 조예가 깊고 서예와 음악에 능통하여 여느 선비를 능가하는 학식과 교양을 겸비한 인물이었다. 풍보는 목종의 유조(遺詔)를 근거로 맹충을 쫓아내고 장인태감 자리를 차지했다. 고공은 풍보의 전횡을 용납할 수 없었다. 고공을 추종하는 정문(程文), 낙준(雒遵), 육수덕(陸樹德) 등의 대신들이 풍보를 연이어 탄핵했다.

이처럼 원로대신과 환관 간에 권력 다툼이 벌어졌을 때, 장거정은 고공을 지지했다. 하지만 진심이 아니었다. 그는 오히려 풍보와 함께 고공을 몰아내기로 밀약했다. 조정 중신이 일개 환관에 불과한 풍보와 결탁하여 권력을 장악하려고 한다는 비난이 두려웠기 때문에 겉으로는 고공을 지지하는 척했다.

원래 고공과 장거정은 목종 주재후의 유왕부(裕王府) 시절부터 주재후를 함께 섬긴 가신이었다. 두 사람은 형제처럼 가까운 관계였다. 그래서 목종이 임종 직전에 두 사람을 고명대신으로 삼고 어린 황제를 충심으로 보필하게 했다. 장거정은 현실 정치에 아주 민감했다. 고공이 자존심이 세고 성격이 강직하여 남과 타협할 줄 모르는 약점이 있으므로 그와 함께 새 시대를 열 수 없다고 보았다. 고공보다는 어린 황제의 총애를 한 몸에 받고 아울러 권력을 장악한 풍보가 자신의 정치적 동반자로 더 적합하다고 생각했다.

목종이 붕어한 직후에 고공이 대신들에게 "나이 열 살에 불과한 태자가 어떻게 천하를 통치하겠소?"라고 토로한 적이 있었다. 사실 틀린 말이 아니었다. 명나라의 종묘사직을 지키기 위한 충정에서 그런 말을 했지만, 생각하기에 따라서는 지극히 불경스러운 발언이었다. 더구나 그것이 정적의 귀에 들어간다면 침소봉대되어 대역죄의 모함을 당할 수도 있는 위험한 상황이었다.

아니나 다를까, 신종 즉위 후 그의 발언이 풍보의 귀에 들어갔다. 풍보가 이태후에게 아뢰자 그녀는 경악했다. 고공을 서둘러 제거하지 않으면 주씨의 명나라 천하가 혼란에 빠질 수 있다고 생각했다. 하지만 고공이 자기 지아비, 주재후를 황제로 추대하는 데 결정적인 공적을 세운 일등공신이 아닌가? 그 덕분에 미천한 궁녀에 불과했던 자신도 태후가 되고 자기 아들이 황제가 되는 영광을 누렸다.

이태후는 고공을 모든 관직에서 파면하고 고향으로 귀양 보냈다. 옛정을 생각하여 목숨만 살려주었다. 고공, 장거정과 함께 또 다른 고명대신이었던 고의는 고공이 쫓겨났다는 얘기를 듣고 놀라 3일 만에 피를 토하고 죽었다. 이로써 신종이 친히 정사를 다스리기 전까지 10여 년 동안, 명나라 조정은 신종의 모후 이태후와 장인태감 풍보 그리고 내각수보로 승진한 장거정, 이 세 사람의 협치를 통해 움직였다.

신종에게는 섬겨야 할 모친이 두 명이었다. 한 명은 원래 목종의 황후였던 진태후(陳太后) 그리고 생모 이태후이다. 진태후는 몸이 약하고 병치레가 잦았기 때문에 아들을 낳지 못했다. 그녀는 자신의 운명을 담담하게 받아들이고 이씨가 낳은 주익균을 친아들처럼 총애했다. 주익균은 황위를 계승한 후 진씨를 인성황태후(仁聖皇太后)로, 생모를 자성황태후(慈聖皇太后)로 책봉했다. 진씨가 신종에게는 법적인 어머니가 되는 셈이다. 신종은 두 사람을 똑같이 우대하고 극진히 섬겼다. 사람들은 고금의 제왕들 가운데 신종처럼 효도한 제왕이 드물었다고 칭송했다.

어린 황제를 친히 훈육한 태후는 역시 생모, 이태후였다. 그녀는 황제의 모후로서 무소불위의 권력을 부릴 수 있는 자리에 있었지만 성품이 순박하고 선량했다. 인성황태후를 지극정성으로 섬겼다. 인성황태후가 아들을 낳았다면 황권은 당연히 그녀의 아들에 의해 계승되었을 것이다. 천자가 되는 일이 아무리 하늘의 뜻이라지만, 이태후는 인성황태후의 불운을 동정할 줄 아는 여자였다.

만력 9년(1581) 이태후의 딸, 수양공주(壽陽公主)의 배필을 구할 때 이태후가 부마 후보 3명을 불러들여 친히 면접했다. 그들 가운데 성품이 진실하고 복장이 검소한 후공신(侯拱宸)을 부마로 결정한 뒤에 이렇게 말했다.

"이 아이는 순박하고 꾸밈이 없으니, 참으로 우리 집안의 아들감이로 구나."

이태후는 사위를 간택하면서 외모가 출중하고 화려한 복장을 입은 귀공자보다는 복장은 초라하지만 진실성이 엿보이는 총각을 더 선호한 것이다. 이태후와 풍보가 서예를 좋아한 까닭에, 신종도 어렸을 적부터 자연스럽게 서예를 익혀 뛰어난 솜씨를 보였다. 신종은 황궁에서 풍보를 '반반

(伴伴)' 또는 '대반(大伴)'이라고 불렀다. 나이가 많은 환관이라는 뜻이다.

어린 황제는 풍보를 좋아하면서도 어려워했다. 나이어린 환관들과 놀다가 풍보가 나타나면 "대반이 왔다."고 말하며 언제나 조신한 태도를 취했다. 풍보는 어린 황제를 가르쳤을 뿐만 아니라 때에 따라서는 그를 대신하여 각종 공문서에 결재를 하기도 했다. 풍보가 황실의 정치를 맡았다면, 장거정은 조정의 정치를 맡았다. 사람들은 풍보를 내상(內相)으로, 장거정을 외상(外相)으로 부르기도 했다. 두 사람이 긴밀한 관계를 유지한 덕분에 정국은 순조롭게 운영될 수 있었다. 대신이 환관과 결탁하여 국정을 다스린 것은 사대부의 관점에서 볼 때 부끄러운 일이었지만, 오직 국정의 안정을 최우선 목표로 삼은 장거정에게는 문제가 되지 않았다.

장거정은 만력 원년(1573)부터 만력 10년(1582)까지 10년 동안 어린 황제를 충심으로 보필했다. 때에 따라서는 그가 신종에게 낯간지러운 아부도 서슴지 않았다. 신종에게 올린 상주문에 이런 내용이 있었다.

"황상께서 곡진하게 타이르시는 말씀을 신이 엎드려 경청하옵니다. 황상께서는 아버지가 자식에게 은혜를 베풀 듯 신을 대하시옵니다."

나이를 따지면 거의 손자뻘인 신종을 아버지로 여길 정도로 아첨한 것이다. 하지만 장거정은 어린 황제를 충심으로 보필했다. 하루는 신종이 정월대보름에 휘황찬란한 연등을 밝히려고 했다. 장거정이 아뢰었다.

"전각에 연등을 몇 개를 밝히면 충분히 즐길 수 있사옵니다. 황상의 대혼(大婚), 노왕(潞王) 주익류(朱翊鏐)의 출각(出閣) 등 향후 몇 년 동안 거행해야 할 국가의 대사가 많사옵니다. 대사를 치를 때마다 많은 재화가 필요하옵니다. 천하 백성들의 역량은 한계가 있사오니 재화를 아껴야 하옵니다."

　　"짐도 백성이 지극히 궁핍한 생활을 하고 있음을 잘 알고 있도다. 선생
　의 뜻에 따라 처리하도록 하오."

　　신종은 내각수보 장거정을 존경했다. 그의 이름을 부르지 않고 '선생'이
라고 부르며 자신의 스승으로 여겼으며, 칙유에 그를 언급할 때면 언제
나 '원보(元輔)'라는 존칭을 썼다. 장거정은 만력 초기 10년 동안 신종의 신
임으로 바탕으로 정치 개혁을 단행했다. 당시 관리들은 직위 고하를 막론
하고 뇌물을 받는 일이 다반사였다. 뇌물의 액수에 따라 형량이 결정되고
매관매직도 빈번했다. 관리들의 부패가 백성들의 삶을 피폐하게 하고 결
국은 국가를 패망으로 몰고 가는 원인이 된다고 생각한 장거정은 관리들
의 고과(考課)를 엄격하게 평가하기 위하여 '고성법(考成法)'을 시행했다.
　　이것은 내각(內閣)이 육과(六科)를 평가하며 육과는 육부(六部)와 도찰원(都
察院)을 평가하며, 육부와 도찰원은 순무(巡撫)와 순안(巡按)을 평가하며 순무
와 순안은 지방 관리들을 평가하는 체계이다. 내각에서 지방 관리들에 이
르기까지 상호 평가와 견제를 통하여 부패를 방지하고 관리들의 기강을
바로잡을 수 있었을 뿐만 아니라, 업무가 일사불란하게 처리되는 효율성
도 발휘할 수 있었다. 당시 "관리가 만 리 밖에 있지만 조정에서 아침에
명령을 내리면 저녁에 받들어 행한다."는 말이 유행할 정도였다. 만력 9
년(1581) 장거정이 이런 말을 했다.

　　"근년에 이르러 세수(稅收)가 부족하지 않고 관청의 창고에 양식과 재화
　가 충분히 쌓여있는 까닭은, 모두 고성법을 시행하여 정해진 기간에 맞
　게 세금을 거두어들여 운반한 덕분이다."

고성법이 정치 개혁이었지만 국가의 수입 증대에 큰 영향을 끼쳤음을 알 수 있다. 또 경제적인 면에서는 장거정의 최대 치적이라고 할 수 있는 '일조편법(一條鞭法)'의 시행과 전국에 걸친 토지 측량을 실시했다. 일조편법이란 각종 세금의 납부를 토지세를 중심으로 일원화하고 아울러 현물 대신에 은(銀)으로 납부하게 하는 세제 개혁이다. 일조편법이 본격적으로 시행되기 전에는 토지, 부역, 토산물 등 온갖 품목에 대하여 잡다한 세금들을 현물로 거두어들였다. 이는 징수 체계가 일원화되지 않아 세금을 효율적으로 징수할 수 없고 현물 수송에 많은 어려움이 있었다.

일조편법의 시행으로 세금의 일원화와 은 본위 화폐 경제를 촉진하는 계기를 마련했다. 또 전국에 걸쳐 토지를 측량하여 권문세가와 지주들이 숨겨놓은 전답에 세금을 매길 수 있었으며 호구 조사를 통하여 백성들이 공평하게 세금을 납부하게 했다. 장거정의 이러한 개혁 조치는 15세기 후반기부터 쇠락의 길로 접어든 명나라가 다시 융성할 수 있는 원동력이 되었다. 당시 호부에서 관장하던 국가 창고, 태창고(太倉庫)의 수입은 매년 3 ~4백만 냥에 달했으며, 북경에서 비축한 양식만 해도 융경 연간에 비교하면 세 배나 많았다.

만력 7년(1579) 황실의 연회를 담당하는 부서인 광록시(光祿寺)에서 어선(御膳)을 준비하는 비용으로, 신종이 호부에 은자 10만 냥을 요구했다. 장거정이 시행한 일조편법의 덕택으로 국가의 재정이 넉넉했으므로 황실의 위엄과 재력을 과시하기 위하여 그 정도의 거금을 쓰는 것은 큰 문제가 없었다. 하지만 장거정의 생각은 달랐다. 신종에게 상소했다.

"지금 호부에 비축한 재화로는 국가의 재정을 운영하는 데 아직도 많은 어려움이 있사옵니다. 만약 하루아침에 사방에서 자연재해가 발생하고 변방에서 뜻밖의 변고가 생기면, 무슨 재원으로 재난을 극복할 수 있겠사옵니까?"

앞으로 닥칠지 모르는 재난을 대비하기 위하여 함부로 국고를 낭비해서는 안 된다는 충언이었다. 장거정은 어린 황제에게 황제로서 몸소 근검절약해야 만이 천하의 백성들이 편안하고 순응한다고 끊임없이 아뢰었다. 자경전, 자녕전, 영무전 등 황궁의 궁전을 중수하려고 했던 신종의 계획도 장거정의 반대로 무산되었다. 심지어 장거정은 어린 황제를 위한 경연(經筵)이 밤에 열릴 때 필요한 등불의 비용을 아끼기 위하여 경연 시간을 낮으로 바꾸기도 했다. 그가 신종의 선친 목종에 대한 실록 편찬에 참여할 때, 신종은 그의 노고를 위로하기 위하여 연회를 베풀고자 했다. 장거정이 아뢰었다.

"연회를 한 번 여는 데는 수백 금(金)을 써야 하옵니다. 연회를 취소하는 일이 국가의 재정을 절약하는 방법이 아니라고 말할 수는 없사옵니다."

장거정의 공로는 정치와 경제 분야에만 그치지 않았다. 왜구 토벌에 혁혁한 공을 세운 척계광(戚繼光)에게 계문(薊門)을 지키게 하여 북경 외곽의 수비를 강화하고, 이성량(李成梁)에게는 요동 지방 건주위(建州衛)의 소요를 진압하게 했다. 또 동쪽으로는 산해관에서, 서쪽으로는 거용관에 이르는 장성(長城)에 '적대(敵臺)' 3천여 곳을 중수하여 북방의 방어를 강화했다. 당시 명나라에 가장 위협적인 세력이었던 몽골의 왕, 엄답을 순의왕(順義王)에 봉하고, 변경 지방에 호시(互市)를 열어 몽골과의 화친을 맺을 수 있었던 것도 장거정의 공로였다.

3. 친정(親政)에 나선 신종(神宗)의 일탈과 폐정

만력 초기 10년 동안 내각수보 장거정의 개혁과 헌신 덕분에, 명나라는 침체의 국면에서 벗어나 다시 부국강병의 길을 걸을 수 있었다. 이른바 '만력신정(萬曆新政)'이라는 말은 이 시기에 장거정의 개혁 정치가 성공을 거두었음을 의미한다.

만력 10년(1582) 6월 장거정이 그만 중병에 걸리고 말았다. 어린 황제를 대신하여 밤낮을 가리지 않고 정사에 몰두한 결과였다. 당시 명의가 그를 여러 차례 치료했으나 병세가 더욱 나빠졌다. 장거정은 자신을 '걸어 다니는 시체'에 불과하다고 표현할 정도로 운명이 다했음을 짐작하고 있었다. 신종은 수시로 환관을 보내 임종을 앞둔 장거정을 위로했다.

"선생은 미음조차 못 먹는다고 들었소. 짐은 선생의 병세를 심히 우려
하고 있소. 선생께서는 짐을 위해 국가의 대사를 어떻게 처리해야 하는
지 낱낱이 말해주기 바라오."

임종을 앞둔 장거정에게 국가를 어떻게 다스려야 하는지 물은 것이다. 장거정은 가쁜 숨을 내쉬며 상소문을 썼다. 국가를 다스리는 책략을 소상하게 밝히고 아울러 예부상서를 지내다가 고향에 은거하고 있던 반성(潘晟)을 다시 중용하게 했다. 반성은 그와 함께 개혁에 앞장 선 정치적 동지였다. 장거정은 반성이 다시 조정의 중책을 맡으면 편히 눈을 감을 수 있었다. 상소문을 올린 후 며칠 만에 58세를 일기로 세상을 떠났다. 신종은 그의 죽음을 기리기 위하여 하루 동안 조회를 열지 않았으며, 상주국(上柱國)을 하사하고 문충(文忠)이라는 시호를 내려 최고의 예우를 했다. 또 그의 아들에게 상보사승(尙寶司丞)의 벼슬을 내리고 은자 5백 냥을 장례비용으로

하사했다. 어린 황제, 신종을 충심으로 보필하고 국가를 다시 반석 위에 올려놓은 충신에 대한 부족함이 없는 예우였다.

하지만 장거정 사후에 그가 신종에 의해 멸문의 화를 당할 것이라고는 누가 알았겠는가? 장거정 사후 나흘 만에 어사 뇌사정(雷士幀)이 장거정의 최측근, 반성을 탄핵하는 상소문을 올렸다. 뜻밖에도 신종은 장거정의 간청을 저버리고 즉시 그를 파면시켰다. 반성의 파면은 곧 장거정의 몰락을 의미했다. 평소에 장거정과 그의 측근들에게 불만을 품었던 언관들이 벌떼처럼 달려들어 장거정을 비난했다. 만력 12년(1584) 도찰원에서 장거정을 탄핵한 상소문에, 신종은 이렇게 비답(批答)했다.

> "장거정은 황친과 번왕을 능멸하고 번왕의 분묘와 귀족의 저택을 침탈하고 언관의 언로를 막고 짐의 이목을 가렸도다.……권력을 남용하여 정치를 어지럽히고 황상을 속여 은혜를 저버리고 국가의 일을 도모하면서 불충을 저질렀도다. 장거정은 부관참시의 형벌로 다스려야 하지만, 몇 년 동안 국사에 진력한 점을 고려하여 잠시 법의 집행을 미루고 그의 죄를 따져 묻지 않겠노라."

신종의 장거정에 대한 이율배반적 평가이다. 장거정이 대역죄를 지은 죄인이지만 그의 공로를 인정하여 잠시 추궁을 멈추겠다는 어불성설이다. 하지만 이때 이미 장거정의 일족은 가산을 몰수당하고 가택에 구금을 당했다. 그의 일족 가운데 굶어 죽은 자가 10여 명에 달했다. 그의 큰아들 장경수(張敬修)는 이런 유서를 남기고 자살했다.

> "구시랑(丘侍郎)과 임순안(任巡按)은 살아있는 염라대왕이구나. 그들도 부모와 처자식을 생각할 텐데, 어찌하여 이렇게 죄 없는 우리 집안사람

들을 모함하여 잔인하게 죽일 수 있는가?"

장거정이 등용했던 관리들도 삭탈관직을 당하거나 잔혹한 형벌을 피할
수 없었다. 그 후 장거정은 만력 연간에 대역죄인의 누명을 쓰고 있다가
천계(天啓) 2년(1622)에 이르러서야 희종(熹宗)에 의해 복권되었다.

신종은 왜 자기에게 충성을 다하고 쇠락해가는 명나라를 바로잡은 장
거정의 '색깔지우기'에 나섰을까? 장거정은 어린 황제를 10년 동안 보필
하면서 명나라를 위하여 자신의 정치적 역량을 마음껏 발휘했다. 하지만
그는 여러 번 역린을 건드렸다. 신종이 아무리 나이어린 철부지 황제였더
라도 자신의 요구가 번번이 장거정에게 거절당했을 때, 자존심이 상했다.
설령 불합리한 요구를 했더라도 어쨌거나 자기는 황제이며, 장거정은 신
하에 불과하지 않은가? 신종은 황제로서 누려야 할 호화로운 생활도 국
고의 낭비를 초래할 수 있다고 사사건건 간섭하는 장거정에게 오랫동안
불만을 품고 있었다.

신종은 장거정 사후, 만력 10년(1582)부터 본격적으로 친정에 나섰다. 이
때 그의 나이가 20세였다. 한창 혈기가 방장하고 의욕이 넘치는 연령이
다. 신종은 이미 제왕의 도를 충분히 익히고 10년 동안 이태후의 섭정과
장거정의 충심어린 보필이 있었으므로 얼마든지 '홀로서기'가 가능했다.
더구나 국고에 재화가 넘치고 농민들의 경작지가 획기적으로 늘어나 조
세 확보에 별다른 어려움이 없었으므로 신종의 앞날은 탄탄대로였다.

신종이 황위를 계승한 지 얼마 안 되었을 때, 조선 사신 허봉(許篈·1551
~1588)이 어린 황제를 배알한 적이 있었다. 그가 지은『하곡조천기(荷谷朝天
記)』에 이런 기록이 있다.

"황상은 강학(講學)에 열중했으며 3, 6, 9일에는 조정에 나가서 정무를

보지 않은 적이 없었고, 다른 날에는 날씨가 아무리 춥고 더워도 경연(經筵)을 중단하지 않았다고 한다. 사서(四書) 공부는 『맹자』를 읽고 있는 중이며, 강목(綱目)은 당기(唐紀)에 이르렀다. 매일 아침에 황상이 대전에 앉아 있으면, 강관이 서서 강론했다. 강관들은 강론을 끝낼 때면 각자 황상에게 시무(時務)를 진술했다.……아! 황상의 나이가 겨우 12세에 불과한데도 임금의 덕을 쌓고 있구나. 황상이 향후에도 계속 학문에 매진하고 성군의 길을 걷는다면, 사해(四海)의 백성들은 그의 은혜를 입을 것이다."

허봉은 그 유명한 허균(許筠)의 형이자 허난설헌(許蘭雪軒)의 오빠이다. 조선 선조 7년(1574) 신종의 생일을 축하하기 위해 서장관(書狀官)의 자격으로 명나라를 방문한 적이 있었다. 그는 '용안이 장대하고 목소리가 맑은' 어린 황제를 바라보고 감격해마지 않았다. 명나라 대신들은 그에게 황제가 얼마나 성군의 자질을 타고났는지 입에 침이 마르도록 자랑했을 것이다. 허봉은 그가 훗날 성군이 되면 그 혜택을 조선도 볼 수 있을 거라고 생각했다. 외국의 사신조차 어린 황제에게 거는 기대가 컸음을 알 수 있다.

신종은 친정을 시작하자마자 황제로서 권력과 위세를 높이기 위하여 '장거정의 치적'을 지워야했다. 신하의 권세가 높을수록 황제의 권세는 낮아지기 때문이다. 신종이 장거정에게 일종의 '열등감'을 느끼고 있었던 상황에서, 장거정 사후에라도 그를 타도하지 않으면 황제의 권세를 회복할 수 없다는 절박함이 있었다. 하지만 장거정 사후에 그에게 최고의 영예를 내린 신종이 그를 노골적으로 타도할 수는 없었다. 눈치 빠른 대신들이 황제의 마음을 꿰뚫고 장거정 타도에 나섰다.

장거정도 약점이 있었다. 그가 전권을 쥐고 개혁을 주도할 때 과감하게 정적들을 제거했다. 그와 정치적 입장을 달리한 관리들은 처벌을 받거나 쫓겨났다. 그의 큰아들이 '살아있는 염라대왕'이라 칭한 구시랑, 즉 구순

(丘橓)이 그들 가운데 한 명이었다. 구순은 성격이 강직하고 논쟁을 좋아하는 관리였다. 그가 융경 연간에 바른 말을 하다가 파직을 당했다. 만력 초기에 많은 언관들은 구순을 다시 조정으로 불러들여 중책을 맡겨야 한다고 주장했다. 장거정은 평소에 그를 좋아하지 않았기 때문에 끝내 중용하지 않았다. 신종은 장거정과 구순의 악연을 알고 있었다. 구순에게 장거정의 가산을 몰수하고 일족을 엄한 형벌로 다스리게 했다.

장거정이 또 유가의 관습을 중시하는 사대부들의 원한을 사게 된 일이 있었다. 이른바 '탈정(奪情)' 사건이다. 만력 5년(1577) 장거정의 부친이 고향 강릉(江陵)에서 병으로 사망했다. 유가의 관습에 따르면 관리가 부모의 상을 당하면 모든 관직을 내려놓고 고향으로 내려가 부모의 3년 상을 모셔야 했다. 이는 효도를 인륜의 가장 중요한 덕목 가운데 하나로 여기는 유가 사상에서 기인한다. 아무리 고관대작이라도 이 규범을 철저히 지켜야 했다. 다만 관리가 국가의 막중대사를 수행하고 있을 때는 복상(服喪) 기간을 황제의 윤허를 받고 27개월로 단축할 수 있었다. 특별히 국가에 중대한 변고가 생겼을 때는 아예 복상을 하지 않는 경우도 있었다. 이를 탈정이라고 한다. 하지만 봉건 시대에 이런 예외는 극히 드물었다.

장거정도 모든 관직을 내려놓고 고향으로 돌아야 할 처지였다. 그런데 당시 그가 전권을 쥐고 정치 개혁을 한창 주도하고 있었기 때문에, 부친의 사망은 여간 곤혹스러운 일이 아닐 수 없었다. 그가 예법에 따라 고향으로 돌아간다면 그 동안 추진하고 있었던 개혁이 물거품으로 돌아갈 수 있으며 동시에 그의 정치적 입지도 축소될지 모르는 위중한 상황이었다. 그는 환관 풍보와 결탁하여 탈정의 방법을 모색했다. 이부상서 장한(張瀚), 호부시랑 이유자(李幼滋), 어사 증사초(曾士楚) 등 장거정을 추종하는 관리들이 신종에게 장거정의 탈정을 연이어 주청했다. 신종은 이렇게 말했다.

"짐이 어린나이에 천자로 등극하여 아무 일도 할 수 없었으나 경의 노고 덕분에 천하의 안정을 얻을 수 있었소. 짐은 잠시라도 경의 곁을 벗어날 수 없는데 어찌 3년을 기다릴 수 있단 말이오? 하물며 경의 몸은 국가의 존망과 불가분의 관계를 맺고 있는데도, 또 어찌 병사의 무기 따위에 비교할 수 있겠소? 짐의 뜻을 성실히 받들어서 황고(皇考)께서 경에게 위탁한 막중한 임무를 저버리지 않기를 간절히 바라는 바이오."

이렇게 신종의 절대적인 신임을 확인한 장거정은 고향으로 돌아가지 않고 계속 조정에서 국사를 관장할 수 있었다. 하지만 그의 탈정은 명분을 중시하는 사대부들에게는 도저히 용납될 수 없는 일이었다. 그들은 국가에 위중한 일이 없는데도 장거정이 권력을 유지하기 위하여 어린 황제를 이용했다고 생각했다. 한림원편수 오중행(吳中行), 검토 조용현(趙用賢), 형부원외랑 애목(艾穆), 주사 심사효(沈思孝), 형부의 관리 추원표(鄒元標) 등이 연이어 장거정을 탄핵했다. 그가 '만고의 강상(綱常)'을 위배하고 '자리가 탐나 부친을 버린' 패륜아라고 비난했다.

장거정의 분노가 폭발했다. 대신들의 만류에도 불구하고 탄핵을 상소한 자들을 모조리 잡아들여 조정의 마당에서 곤장을 쳤다. 황제의 총애를 한 몸에 받고 있던 장거정은 두려울 게 없었다. 결국 오중행과 조용현은 삭탈관직당하고 애목, 심사효, 추원표 등은 모두 변방으로 유배를 당했다. 이 사건은 이렇게 끝났으나, 사대부들은 장거정을 탄핵하였다가 치욕을 당한 다섯 명을 '오직신(五直臣)'이라고 칭송했다. 장거정이 '패륜아'라는 비난을 감수하면서 개혁을 성공시켰지만 유가의 이념을 중시하는 사대부들을 무시하고 독단적으로 개혁을 단행한 것이, 사후에 자신의 가족이 몰락하는 빌미를 제공했다.

신종이 친정 체제를 구축한 이후, 조정 중신들은 장거정이 사후에 치욕을 당하는 모습을 보고 황제의 비위를 맞추는 데 급급하며 정사에 대해서는 복지부동의 자세로 일관했다. 그들에게 장거정 일가의 몰락은 일종의 '학습효과'였다. 괜히 장거정처럼 개혁에 앞장서다가 황제와 반대파의 노여움을 살 필요가 없었다.

장거정 사후에 내각수보에 오른 장사유(張四維·1526~1585)가 신종에게 장거정의 미움을 받고 쫓겨난 인사들을 대거 중용하고 아울러 장거정이 제정한 엄격한 형벌과 일련의 혁신 조치를 완화하여서 민심을 얻어야 한다고 주청했다. 신종도 평소에 장거정의 과도한 개혁 조치에 불만을 품고 있었던 터라 장사유의 주청을 받아들였다. 그 동안 장거정에게 탄압을 받았던 인사들이 조정에 진출하여 장거정 일당을 타도하기 시작했다. 이는 장거정이 생전에 조정 곳곳에 심어놓은 개혁 세력의 몰락을 의미했다. 이 때부터 신종의 일탈이 본격적으로 시작되었다.

만력 11년(1583) 장사유가 부친의 사망으로 관직을 내려놓고 낙향했다. 신시행(申時行·1535~1614)이 장사유의 후임으로 내각수보에 임명되었다. 원래 그는 가정 41년(1562)에 장원 급제한 이후 만력 연간에 이르러서 장거정의 신임을 받고 출세가도를 달렸다. 장거정의 '심복'이라고 할 수 있는 인물이다. 장거정이 사후에 치욕을 당하는 모습을 보고 고위 관리들과 원한을 사서는 절대 안 된다고 생각했다. 그도 장사유처럼 장거정에게 소외를 받았던 관리들을 중용하고 장거정 시대에 차단되었던 언관들의 언로를 열어주었다.

하지만 신시행이 베푼 '언론자유'는 뜻밖에도 그에게 화살이 되어 돌아왔다. 어사, 급사중 등 언관들이 장거정 시대의 폐해를 본격적으로 거론하면서 신시행도 책임을 면할 수 없다고 주장했다. 신시행은 겉으로는 자신을 비판한 언관들을 관용으로 대하는 척했지만 속으로는 분노가 골수에 사무쳤다.

이른바 '고계우안(高啓愚案)'은 신시행과 언관들이 충돌한 전형적인 사례였다. 장거정이 사망하기 전에 예부시랑 고계우가 남경에서 향시를 주관할 때, "순(舜)임금 사후에 천명에 따라 우(禹)가 황위를 계승하였다."는 논제를 시험 문제로 낸 적이 있었다. 그는 장거정과 같은 정치적 노선을 걷고 있는 관리였다. 장거정 사후에 어사 정차려(丁此呂)가 이 논제를 왜곡하여 고계우를 탄핵했다. 장거정을 천자로 옹립하려는 숨은 의도가 있었다는 것이다. 그의 주장은 황당했지만 이것을 빌미로 장거정 일파를 숙청하려는 음모였다. 신종은 내각 대신들에게 정차려의 탄핵을 처리하게 했다. 신시행이 아뢰었다.

"정차려는 황당무계한 추론으로 고계우가 죄를 저질렀다고 모함하고 있사옵니다. 만일 그의 허망한 주장을 용인한다면 향후 많은 거짓말들이 연이어 날조되어 나올 것이옵니다. 이는 정사를 바르게 다스려야 하는 조정에서 일어나서는 안 될 일이옵니다."

이부상서 양위(楊巍)도 신시행에 동조하여 정차려를 도성에서 쫓아내야 한다고 주장했다. 신종은 신시행과 양위의 주청을 받아들여 정차려를 지방 관리로 좌천시키려고 했다. 하지만 이번에는 이식(李植), 강동지(江東之), 왕사성(王士性) 등 언관들이 들고 일어났다. 그들은 신시행과 양위가 언로를 가로막는다고 주장하며 탄핵했다. 그들의 주장이 일리가 있다고 생각한 신종은 고계우를 파면하고 정차려를 유임시켰다. 또 이번에는 신시행과 양위가 사직의 배수진을 치고 정차려의 유임을 반대했다. 내각 대신 여유정(余有丁)과 허국(許國)도 신종을 압박했다.

조정 중신과 언관 간의 싸움에 신종은 줏대 없는 황제였다. 결국 이 사건은 정차려를 파면하는 것으로 일단락되었지만, 그 후에도 신시행을 우두머리로 하는 내각 대신들과 언관들의 갈등이 끊이질 않았다. 신종은 친정 체제를 구축하자마자 벌어진 신하들의 당파 싸움에 환멸을 느꼈다.

하루가 멀다 하고 올라오는 상소문에 지친 젊은 신종의 유일한 관심사는 성적 욕망의 추구였다. 만력 10년(1582) 3월 신종은 조부 세종이 그랬던 것처럼 하루 동안 비빈 9명을 책봉했다. 왕황후는 남편의 이런 엽색 행각에 기가 막혔지만 불만을 토로할 수 없었다. 행여 질투를 부리다가 성총을 잃으면 자신이 처지가 더 비참해질 수 있었기 때문이다.

왕황후가 관례에 따라 새로 책봉된 비빈 9명을 거느리고 태묘에 가서 역대 황제들에게 고할 때, 유독 한 비빈이 눈에 띄었다. 바로 정숙빈(鄭淑嬪)이었다. 그녀의 미모는 가히 경국지색이라 할 만 했다. 왕황후는 불안한 마음을 떨칠 수 없었다. 신종이 정숙빈의 미모에 홀리면 황후의 지위가 위협을 받을 수 있지 않을까 하는 불안감이었다. 아니나 다를까, 정숙빈의 색정적인 자태에 넋을 잃은 신종은 그녀에 처소에 들어가면 몇 달이 지나도록 나오지 않았다.

정숙빈은 신종을 성적으로 농락하는 데 천부적인 기교를 타고난 여자였다. 그녀가 요염한 미소를 지으면 신종은 너무 좋아서 어쩔 줄 몰라 했으며 눈을 흘기면 안절부절못했다. 그녀의 치마폭 안에서는 황제가 아니라 정욕에 눈이 먼 필부에 불과했다. 신종의 몸과 마음을 완전히 지배한 그녀는 하루빨리 아들을 낳아 왕황후를 밀어내고 황후의 자리를 차지할 음모를 꾸몄다.

만력 14년(1586) 정숙빈은 그녀의 간절한 바람대로 신종의 셋째아들 주상순(朱常洵 · 1586~1641)을 낳고 품계가 귀비로 승격되었다. 당시 신종에게는 궁녀 왕씨(王氏)와 간통하여 얻은 장남 주상락(朱常洛 · 1582~1620)이 있었다. 왕황후는 황위를 계승할 태자를 낳지 못했다. 신종은 궁녀와 한 순간의 '불륜'으로 태어난 장남을 자랑스럽게 생각하지 않았다. 신종과 정귀비는 주상순을 황태자로 책봉하기 위하여 온갖 술책을 마다하지 않았다.

하지만 장남 주상락이 엄연히 살아있는데도 셋째아들을 태자로 책봉하는 것은 장자 계승의 원칙을 따르는 유가의 예법에 맞지 않았다. 조정 중신들은 신종에게 하루빨리 주상락을 태자로 책봉하여 '국본(國本)'을 안정시켜야 한다고 주장했다. 신종이 거부하자, 그들은 정귀비가 요망하여 황제의 성총을 흐린다고 공격했다. 신종과 대신들 사이에 또 지루한 논쟁이 벌어졌다. 하루는 신시행이 신종의 비위를 맞추기 위하여 계책을 냈다.

> "관리들의 상소는 자신이 맡은 직책의 범위 안에서 한정되어 있사옵니다. 만약 직책의 범위를 벗어난 상소라면 망언을 늘어놓을 수 없게 해야 하옵니다. 각 부서의 관리들이 쓴 상소는 먼저 소속 상관에게 제출하고, 상관이 규정에 맞는 것을 선별한 후 황상께 올릴 수 있게 해야 하옵니다."

쉽게 말해서 황상의 비위에 거슬리는 하급 관리들의 상소는 각 부서의 장(長)이 사전에 차단하겠다는 것이었다. 신시행의 이러한 잔꾀는 신종을 기쁘게 했다. 그 후 정귀비를 비난하는 상소문은 더 이상 올라오지 않았다. 하지만 신종과 정귀비가 주상순을 태자로 책봉하려는 시도도 번번이 무산되었다. 만력 14년(1586)부터 만력 29년(1601)에 이르는 15년 동안, 신종과 주상락을 황태자로 책봉해야 한다고 주장한 대신들 사이에 일어난 갈등은 국정을 마비시킬 정도로 심각했다.

한편 신종의 총애를 잃은 왕황후의 처지는 날이 갈수록 비참했다. 명실상부한 황후였지만 신종의 냉대를 받으며 눈물과 원한으로 점철된 세월을 보냈다. 황제가 정귀비에게 홀려 황후를 홀대한다는 소문이 황궁 안팎에 퍼져 민심이 흉흉해졌다. 급사중 왕덕완(王德完)이 「공청독중궁소(恭請篤

中宮疏)」라는 상소문을 올려 신종의 과오를 지적했지만 삭탈관직을 당하고 쫓겨났다.

왕황후는 원래 성품이 나쁜 여자가 아니었다. 하지만 남편의 사랑을 받지 못하고 자기보다 품계가 낮은 정귀비에게 능멸을 당한 분노와 원한이 골수에 사무쳤다. 그녀가 황후로 재위한 42년 동안 그녀에 의해 몽둥이로 맞아죽거나 쫓겨난 궁녀들이 100명이 넘었다. 무고한 궁녀들이 그녀의 화풀이 대상이었던 것이다.

신종은 여색만 밝힌 게 아니었다. 미소년 환관들을 곁에 두고 잠자리를 함께 한 '동성연애자'였다. 당시 신종의 총애를 받은 미소년이 10명이었다. 그들을 '십준(十俊)'이라고 불렀다. 아편 흡입도 그의 일상사였다. 장거정 같은 자신의 사생활을 끊임없이 간섭하는 충신이 없으니 그의 일탈은 거침이 없었다.

신종은 이미 젊은 나이 때부터 몸이 망가지기 시작했다. 만력 14년(1586) 신종은 혈기가 한창 왕성할 나이인 24세 때 대신들에게 "일시에 머리가 어지럽고 눈이 침침하며 힘이 빠져 흥이 나지 않는다."고 말했다. 만력 18년(1590) 정월초하루에는 "허리가 아프고 다리가 풀려 걷기조차 불편하다."고 호소하기도 했다. 원래 몸이 허약했던 대다가 과도한 성생활과 지나친 음주가 그의 몸을 더욱 망가지게 했다. 신종은 이 시기부터 조정에 나가 정사를 처리하지 않고 '유지(諭旨)'를 통해 대신들에게 자신의 뜻을 간접적으로 전하는 통치 방식을 사용했다. 만력 17년(1589) 12월 대리시(大理寺)의 좌평사(左評事) 낙우인(雒于仁)이 신종의 일탈에 큰 우려를 느끼고 상소했다.

"신이 대리시에서 중책을 맡은 지 1년이 다 되었는데도 폐하를 겨우 세 번 뵈었을 따름이옵니다. 이밖에도 폐하의 옥체가 불편하시어 모든 일을 회피하신다고 들었을 뿐이옵니다. 심지어 폐하께서 친히 주관하셔야 할 종묘의 제사도 관리를 보내 대신 관장하게 하고 아울러 정사를 돌보시지 않으며 경연도 오래 전에 폐지되었사옵니다. 폐하께서 질병에 걸린 원인을 신은 알고 있사옵니다. 음주를 지나치게 좋아하면 내장이 썩으며 여색을 밝히면 심신을 해치며, 재물을 탐하면 의지를 상실하며 화를 잘 내면 수명을 단축한다고 신이 들었사옵니다."

신종이 질병에 시달려서 국사를 제대로 돌보지 못하는 원인을 술, 여색, 재물, 분노 등의 네 가지 요소에 있다고 지적하고 난 뒤, 심신을 파괴하는 이것들을 극복하는 방법을 잠언의 형식으로 일깨워주었다. 이는 낙우인의 유명한 상소문인 「주색재기사잠소(酒色財氣四箴疏)」핵심 내용이다. 그는 상소문의 말미를 이렇게 썼다.

"만약 충성의 마음을 품고 의리를 지키는 신하라면, 육신이 물이 펄펄 끓는 솥에 삶아지고 칼로 난도질을 당하는 극형에 처해지더라도 어찌 피하겠사옵니까? 지금 신이 감히 네 가지 잠언을 바치옵니다. 만약 폐하께서 신의 간언을 받아들이지 않으시려면, 당장 신을 주살하소서. 신은 죽임을 당해도 조금도 두렵지 않사옵니다. 신의 간언을 깊이 헤아려주시기를 거듭 간청하옵니다."

신종은 자신의 문제점을 조목조목 지적한 상소문을 읽고 분노했다. 즉시 내각 대신들을 소집하여 낙우인이 황제를 능멸한 죄를 다스리게 하려고 했으나, 마침 한 해가 끝날 무렵이라 어명을 내릴 수 없었다. 다음해 정월 초하루가 되자마자, 내각수보 신시행을 초치하여 상소문을 건네주고 낙우인을 처벌하게 했다. 신시행도 신종이 오랫동안 정사를 돌보지 않고 주색에 빠져 지내고 있음을 걱정하고 있었다. 어명을 받들어 낙우인을 처벌한다면 자신이 천하 사대부들의 웃음거리가 될 것이 분명했다. 그는 신종에게 이렇게 아뢰었다.

"낙우인의 상소문이 외부에 알려지면 백성들이 상소문의 내용이 모두 사실이라고 생각할까 두렵사옵니다. 신이 대리시경(大理寺卿)에게 황상의 성지를 전하여 낙우인을 파직하게 하겠사옵니다."

신시행은 형벌을 관장하는 대리시의 최고 우두머리인 대리시경을 통하여 낙우인을 파직하는 선에서 사건을 조용히 끝내고 싶었다. 신종도 윤허하지 않을 수 없었다. 며칠 후 낙우인은 병을 핑계로 사직을 청했다. 평민으로 강등을 당한 그는 고향에서 은거하다가 죽었다. 충신의 간언이 오히려 삭탈관직을 당한 원인이 되었음을 지켜본 조정 대신들은, 그 후 전국 각지에서 신종의 일탈과 무능을 지적하는 상소문이 조정에 쇄도해도 쌓아두기만 할뿐 아뢰지 않았다. 신종이 친정을 시작한 이후 30여 년 동안 신하가 황제를 직접 배알하여 국사를 의논하는 일은 거의 없었다. 신종은 오로지 구중궁궐에서 향락에 젖어 지낸 것이다.

중국 역사상 신종만큼 사치스러운 생활을 즐긴 황제는 드물었다. 재위 48년 동안 호화로운 궁실의 건축이 끊이질 않았으며 자신의 황릉인 정릉(定陵) 건설에만 은자 800만 냥을 소모했다. 그의 사치 욕구를 충족시키기 위해서는 황궁의 내탕고에 비축한 양으로는 부족했으며 막대한 금은보화가 더 필요했다. 신종은 전국 각지에 광감(礦監)을 파견하여 광산개발을 통해 얻은 막대한 이익을 거두어들였다. 『만력소초(萬曆疏鈔)』의 내용에 의하면, 당시 "세금을 징수하고 전매하는 사자(使者)의 재촉이 유성(流星)처럼 급했으며, 백성의 재물을 갈취하는 법령이 소털처럼 촘촘했다."

특산물이 나오거나 경제적으로 번영한 지방에는 환관을 파견하여 온갖 세금을 징수했다. 이를테면 광주(廣州)에서는 진주(珍珠), 천진에서는 점포, 회남(淮南)과 회북(淮北)에서는 소금, 호구(湖口)와 절강(浙江)에서는 선박, 성도(成都)에서는 소금과 차, 중경(重慶)에서는 나무 등, 지방 특산물에 일일이 다 열거할 수 없을 정도로 많은 세금을 부과했다. 심지어는 오두막, 집에서 기르는 가축들도 모두 징수 대상이었다.

만력 27년(1599)에는 이런 일도 있었다. 호북성 흥국주(興國州)에 거주하는 칠유광(漆有光)이라는 자가, 마을사람 서정(徐鼎)이 당나라 때 재상이었던 이임보(李林甫)의 아내 양씨(楊氏)의 무덤을 발굴하여 엄청난 양의 황금을 얻었다고 조정에 아뢰었다. 이 소식이 신종의 귀에 들어가자, 즉시 환관 진봉(陳奉)을 파견하여 황금을 가지고 오게 했다. 그런데 무덤 주인은 양씨가 아니라 원나라 위국공(衛國公)의 아내였다. 무덤에서 발굴했다는 황금도 얼마 되지 않았다. 진봉은 빼돌린 황금을 내놓으라고 주민들을 잔혹하게 고문했지만 소득이 없자, 호광(湖廣: 지금의 호북성과 호남성) 지방에 산재한 고분들을 도굴하는 만행을 저질렀다.

진봉은 또 황제가 파견한 세감(稅監)의 신분으로서 호광 일대를 돌아다니며 닥치는 대로 세금을 거두어들였다. 지방 관리들이 할당량을 채우지 못하면 그들에게 매질을 가하기 일쑤였으며, 그의 수하들은 임산부의 배를 가르고 갓난아이를 강물에 던져 죽이는 극악무도한 악행도 서슴지 않았다. 신종은 자신의 내탕고를 채우기 위하여 금은보화를 수탈하는 진봉의 만행을 묵인했다.

만력 28년(1600) 우첨도어사 이삼재(李三才)가 명태조 주원장의 고향, 봉양현(鳳陽縣) 일대를 시찰하면서 도탄에 빠진 백성들의 참상을 목격하고 상소했다.

"폐하께서는 주옥(珠玉)을 좋아하시는데 백성도 등 따뜻하고 배부른 생활을 간절히 바라옵니다. 폐하께서는 자손을 사랑하시는데 백성도 처자식을 그리워하옵니다. 폐하께서는 막대한 재물을 모으려하시면서 어째서 백성이 생존에 필요한 조금의 양식을 얻고자 하는 것도 못하게 하시옵니까? 폐하께서는 만년의 부귀영화를 누리시고자 하시면서 백성이 하루의 즐거움을 얻고자 하는 일도 못하게 하시옵니까? 자고로 조정의 법령이 없었던 적은 없었는데도, 지금 천하의 형세가 이 지경에 이르렀습니다. 어찌 반란이 일어나지 않기를 바라겠습니까? 조정의 정치는 비루하기 이를 데 없으며, 폐하의 고질병은 재물에 빠진 것에 있사옵니다. 폐하께서 선량한 마음을 쓰시어 천하의 광세(鑛稅)를 폐지하시기를 간절히 바라옵니다. 폐하께서 탐욕의 마음을 일소하시면, 조정의 정치는 잘 다스려질 것이옵니다."

이대로 가다가는 명나라 천하가 망할 수도 있다는 무서운 경고였으나, 신종은 아무런 반응도 보이지 않았다. 이삼재가 다시 상소하여 신종의 개과천선을 강력하게 촉구했지만, 신종은 여전히 묵묵부답으로 일관했다. 오직 구중궁궐의 은밀한 곳에서 궁녀, 내시들과 음란한 짓을 일삼을 뿐이었다. 입각한 대신들은 황제의 용안이 어떻게 생겼는지도 모르는 기가 막히는 일이 벌어지기도 했다.

조선 선조 31년(1598) 우의정 이항복(李恒福 · 1556~1618)이 진주사(陳奏使)로 명나라에 가서 신종을 알현한 적이 있었다. 그가 지은 『조천기문(朝天紀聞)』에 이런 기록이 있다.

"조선에서 왜군을 토벌한 이후에 국고가 텅 비어버렸는데도 건청궁(乾清宮), 곤녕궁(坤寧宮) 등 궁궐은 그 호화로움이 극을 다했다. 용뇌(龍腦), 침향(沈香), 단향(檀香) 등 희귀한 향가루를 산초가루에 섞어서 궁궐의 벽에 발랐다. 또 관리를 진주를 매매하는 시장으로 보내 진주를 모조리 바치게 하여, 그것들 가운데 큰 것만을 골라 장자(障子: 방과 방 사이의 칸막이)를 만들었다. 또 태감을 나라 밖으로 보내 진주를 채취해 오게 했다. 남방에서 공물로 바친 진주의 무게가 4냥이나 되었는데 천하에서 바친 것 중에 이보다 더 큰 것은 없었다."

이항복은 임진왜란이 종식된 직후에 명나라를 방문했다. 당시 명나라는 조선 출병에 막대한 재화를 소모하여 국가의 재정이 파탄에 이르렀다. 하지만 신종은 황궁을 호화롭게 꾸미고 사치를 일삼았다. 이항복은 신종이 원병을 보내 조선을 도와준 은혜를 잊지 않았지만, 신종이 얼마나 사치스러운 생활을 했는지 은연중에 비판했다.

신종의 방탕한 생활과 무능은 명나라가 만력 중기이후부터 사실상 '국가 해체'의 지경에 빠지게 했다. 특히 중앙과 지방의 관직에 오랫동안 관리를 임명하지 않았기 때문에 통치 조직이 붕괴되는 지경에 이르렀다. 정상적인 편제에 의하면 북경과 남경, 양경(兩京)의 육부(六部)에는 상서가 12명, 시랑이 24명이 있어야 했다. 하지만 만력 30년(1602)에 이르러서는 양경(兩京)에는 상서(尚書) 3명, 시랑(侍郎) 10명이 공석이었다. 또 전국 각지에는 순무(巡撫) 3명, 포정사(布政使), 안찰사(按察使) 등 66명, 지부(知府) 25명이 공석이었다. 만력 40년(1612) 남경 각 도(道)의 어사들이 연명으로 올린 상소를 보면 더욱 충격적이다.

"국가의 중추 기관인 중서성, 문하성, 상서성 등은 텅 비어있으며 모든 업무가 폐기처분되었는데도, 황상께서는 구중궁궐에서 심거(深居)한 지 20여 년 동안, 한 번도 대신을 접견하신 적이 없사옵니다. 장차 명나라 천하가 망하지 않을까 두렵사옵니다."

황제에게 당신의 천하가 곧 망할 것이라는 극단적인 충고를 해도, 신종은 여전히 무대응으로 일관했다. 만력 45년(1617)에 이르러서는 "부(部)와 시(寺)의 고위관직 10석 가운데 6~7석이 공석이며, 감찰을 담당하는 어사와 북경, 남경 등 중요한 도성의 관청이 여러 해 동안 비어있으며, 6과(科) 중에는 겨우 4명만이 남아있고 13도(道) 중에는 5명만이 남아있었다." 가히 국가의 주요 관공서들이 거의 해체되는 지경에 이르렀던 것이다.

"조정의 정치에 간여하지도 않고, 교외로 행차하지도 않고, 종묘에 가지도 않고, 조정에 나가지도 않고, 대신들을 만나지도 않고, 각종 공문에 결재도 않고, 심지어는 아무런 말도 하지 않았다."는 신랄한 비판이, 만력 17년(1589)부터 만력 48년(1620) 신종이 붕어할 때까지 30여 년 동안 그에 대한 총체적 평가였다.

만력 48년(1620) 7월 중국 역사상 가장 무능한 황제 중의 한 명이었던 신종이 나이 58세, 재위 48년 만에 붕어했다. 원래 몸이 허약했고 주색잡기에 빠져 살았던 그가 요절하지 않고 반백년을 넘은 나이까지 살았다는 것은 역설적으로 꽤 장수한 황제였다고 볼 수 있다. 조선이 일본의 침략으로 풍전등화의 위기에 처해 있을 때, 신종이 조선을 구원했으므로 조선 선조는 이른바 '재조지은(再造之恩)'이라는 표현으로 그의 공덕을 찬양했지만, 그는 어리석고 탐욕이 많은 군주에 불과했다.

4. 만력삼대정(萬曆三大征)과 살이호(薩爾滸) 전투

봉건왕조 시대에 임금이 황음무도한 생활에서 헤어나지 못하고 무능하면, 관리는 부패하기 마련이며 백성은 도탄에 빠져서 결국 천하 대란이 일어난다. 만력 연간이 전형적인 예가 된다.

만력 20년(1592) 2월 부총병의 직책을 맡았던 발배(哱拜 · 1526~1592)가 서북방 영하(寧夏) 지역에서 그의 아들 발승은(哱承恩), 수양아들 발운(哱雲) 등과 세력을 규합하여 반란을 일으켰다. 원래 발배는 몽골 달단(韃靼)의 장수였다. 가정 연간에 달단의 왕이 부친과 형을 죽이자, 영하의 명나라 군영으로 투항했다.

당시 명나라는 북방의 만리장성을 따라 군사 주둔지를 아홉 곳에 설치했다. 그곳들을 구진(九鎭)이라 했다. 영하에는 몽골 침략을 방어하기 위하여 영하진(寧夏鎭)과 고원진(固原鎭), 두 곳을 설치했다. 몽골은 명나라의 숙적이었다. 명나라 황제 영종(英宗)이 몽골에 끌려가 치욕을 당한 일을 결코 잊을 수 없었던 명나라 조정은 뜻밖에도 발배가 투항하자 그를 우대했다. 이이제이(以夷制夷)의 전법으로 몽골의 세력을 억제할 속셈이었다. 조정의 의도대로 발배는 전공을 쌓아 도지휘로 승진했으며, 만력 연간에 이르러서는 유격장군, 부총병 등의 직책을 맡으며 승승장구했다. 만력 17년(1589)에는 발배의 직책을 발승은이 세습했다. 발배 부자는 몽골에서 망명한 부족을 은밀히 규합하여 사병을 양성했다. 명군의 군기가 문란한 것을 보고 반란의 마음을 품었다.

만력 20년(1592) 2월 발배가 마침내 자신과 의형제를 맺은 한족 유동양(劉東暘), 허조(許朝) 등과 반란을 일으켜 영하순무 당형(黨馨)을 살해하고 총병 장유충(張維忠)의 관인을 탈취했다. 발배는 하투(河套: 지금의 내몽고 서부와 영하) 지역에 주둔하고 있는 몽골군과 연합하여 영하 지역에 독립 정권을 세우고자 했다. 반란군은 하서(河西) 지역의 47개 보(堡)를 점령하고 황하를 건너 하투 지역으로 진출하여 섬서성(陝西省) 전 지역을 공포의 도가니로 몰아넣었다. 고변을 접한 신종은 대신들에게 반란을 진압할 계책을 요구했다.

신종은 조정에 나가 정사를 돌보지 않고 음탕하고 난잡한 생활을 즐기고 있었지만, 종묘사직의 존망이 걸린 일에 대해서만큼은 아주 민감하게 반응했다. 다만 대신들을 직접 대면하여 계책을 논의하지 않았을 뿐이지, 조칙(詔勅)을 내리는 방식으로 정국의 상황을 통제했다.

병부상서 석성(石星)은 황하의 제방을 일시에 터뜨려서 반란군의 핵심 근거지인 영하성 안의 반란군들을 모조리 물고기 밥으로 만들어야 한다고 주장했다. 영하성은 황하 유역에 위치하고 있었기 때문에 수공 작전으로 성을 함락할 수 있다고 생각했다. 어사 매국정(梅國楨)은 백전노장 이성량(李成梁 · 1526~1615)을 영하로 보내 반란군을 토벌해야 한다고 주장했다.

조상이 조선 사람인 이성량은 여진족을 토벌한 공로로 요동 지방의 최고사령관에 해당되는 요동총병으로 승진했다. 그는 요동 지방의 실질적인 지배자였다. 번왕에 버금가는 위세를 부리고 사치와 향락을 일삼다가, 만력 19년(1591)에 언관의 탄핵을 받고 파면 당했다. 하지만 그가 여진족과 싸운 수많은 전투를 승리로 이끌어 요동 지방을 30여 년 동안 굳건히 지켰기 때문에, "200년 이래로 이성량처럼 많은 무공을 세운 장수가 없었다."는 찬사를 받은 명나라 최고의 장수였다.

급사중 왕덕완(王德完)이 이성량의 복직을 완강히 반대했다. 너무 부패했고 나이가 많다는 이유에서였다. 그렇지만 이성량이 거느렸던 요동 군사의 막강한 전투력이 절실히 필요했던지라, 이성량 대신에 그의 아들 이여송(李如松 · 1549~1598)을 총병으로 임명하고 영하로 보냈다. 감숙순무 엽몽태(葉夢態)도 군사를 이끌고 영하로 출정했다.

만력 20년(1592) 6월 위학증의 지휘 아래, 매국정, 엽몽태, 이여송 등이 이끄는 대군이 영하성을 포위했다. 하지만 한 달이 다 지나도록 반란군을 진압하지 못했다는 소식을 들은 신종이 분노하여 위학증을 파면하고 엽몽태에게 지휘권을 넘기면서 수공 작전을 펴게 했다. 엽몽태는 영하성 주위에 물샐틈없는 긴 제방을 쌓고 난 뒤 황하의 물을 끌어들여 성안으로 쏟아지게 했다. 이여송도 하투에서 구원하러 온 몽골 기병을 물리쳤다. 성안의 반란군은 양식이 떨어지고 독안에 든 쥐 신세가 되었지만, 명군은 쉽게 성을 함락시키지 못했다. 마침 이때 기름장수 이등(李瞪)이라는 자가 거리에서 기름통을 메고 가면서 이런 노래를 불렀다.

"종기가 났는데도 짜지 않는 것은 종기에 익숙해졌기 때문이라네, 높은 곳에 있는 새집을 뒤엎지 못하면서 올빼미를 쉬게 한다네."

발배의 반란군을 진압할 계책이 있는데도 아무도 자신의 깊은 뜻을 모르고 있다는 은유적 표현이었다. 매국정은 이등이 흥얼거리는 노래 소리를 듣고 그가 평범한 사람이 아님을 한 눈에 알아보았다. 즉시 그를 군영으로 초대하여 서찰 세 통을 써주고 성안으로 들어가게 했다. 이등은 행색이 초라한 장사꾼이고 더구나 한쪽 다리를 절고 애꾸눈이었다. 아무도 그의 잠행에 신경을 쓰지 않았다. 그는 성안으로 들어가 발승은을 만나 서찰 한 통을 전해주고 말했다.

"발씨 가문이 명나라 조정에 큰 공을 세웠는데도 반란에 연루된 일을, 매국정 선생이 심히 애석하게 생각하고 있소. 유동양을 죽여서 명나라 조정에 대한 충성을 보여주기 바라오."

이등은 또 유동양과 허조를 몰래 만나 서찰을 전해주고 넌지시 말했다.

"반란군의 수괴는 발씨인데 어찌하여 한인(漢人) 출신 장수들이 그를 대신하여 고초를 겪는단 말이오?"

전형적인 이간계였다. 결국 발승은이 유동양과 허조를 죽이고 명군에 투항했으며 발배는 자살했다. 만력 20년(1592) 9월 발배의 반란은 이렇게 평정되었다. 이 반란 평정을 '영하지역(寧夏之役)'이라고 한다.

한편 명나라 조정이 발배의 반란군 진압에 여념이 없었을 때인 만력 20년(1592) 4월 13일에, 일본의 풍신수길(豊臣秀吉)이 16만 대군을 조선에 출병시켜 침략 전쟁을 개시했다. 조선 건국 후 200여 년 동안 전란에 휩싸인 적이 없었던 조선은 속수무책으로 당했다. 같은 해 6월 13일에 평양성이 함락되었다. 부산진성이 왜군의 수중에 들어간 지 두 달 만에 평양성도 함락된 것을 보면, 조선이 왜군의 침략에 얼마나 무방비 상태였고 백척간두의 위기에 빠져있었는지 알 수 있다.

선조 이연(李昖 · 1552~1608)은 도성을 버리고 의주(義州)로 몽진했다. 선조가 일본의 침략을 저지하기에는 너무나 무능한 임금이었다. 그가 기댈 곳은 조선이 '천조(天朝)'으로 섬기는 명나라뿐이었다. 일본이 조선을 침략하기 전에, 조선인이 조선 국왕으로 변장하여 왜군을 이끌고 요동 지방을 침략할 것이라는 소문이 무성했다. 요동순안어사 이시자(李時孳)가 소문의 진위를 파악하기 위해 고심했다. 마침 송국신(宋國臣)이라는 관리가 만력 10년(1582년)에 명나라 사신 왕경민(王敬民)을 따라 조선을 방문하여 선조를 배알한 인연이 있었다.

이시자는 송국신을 조선으로 보내 조선 국왕의 진위 여부를 판단하게 했다. 송국신이 평안도 선천에서 선조를 만난 뒤에야 전황이 얼마나 위급한지 파악하게 되었다. 이른바 '정명가도(征明假道)'가 한낱 허풍이 아님을 깨달은 것이다.

명나라의 의구심을 푼 선조는 중추부동지사 이덕형(李德馨)을 청원사(請援使)로 임명하고 요동으로 보내 구원병을 요청했다. 이덕형이 밤낮을 가리지 않고 요양(遼陽)으로 달려가서 요동순무 학걸(郝杰)을 만나 '천병(天兵)'의 출병을 애원했다. 학걸이 명나라 조정에 조선의 자문(咨文)을 보냈으나 회신이 오지 않았다. 이덕형도 황제에게 구원병을 요청하는 상소를 무려 여섯 차례나 북경에 보냈지만 여전히 무소식이었다. 이덕형의 마음이 새카맣게 타들어갔다. 북경의 황궁까지 직접 가기에는 시간이 너무 촉박했다. 학걸의 군영으로 달려가 방성대곡하며 매달렸다. 당장 요동의 군사를 조선으로 출병시켜달라는 간절한 애원이었다.

이덕형의 애원에 감동을 받은 학걸은 더 이상 조정의 명령을 기다리지 않고 출병을 결정했다. 부총병 조승훈(祖承訓)에게 병사 5천여 명을 거느리고 출병하게 했다. 같은 해 7월 17일 조명연합군이 평양성 공략에 나섰다. 전투가 벌어지기 전에 병조판서 이항복(李恒福·1556~1618)은 조승훈이 왜군을 얕잡아 보고 경솔하게 행동하는 것에 실망했다.

"조 장군이 성미가 조급하고 지모가 부족한 걸로 보아, 이 번 전투가
패배로 끝나지 않을까 두렵소."

도체찰사 유성룡(劉成龍·1542~1607)도 조승훈에게 왜군을 무시하지 말라고 충고하자, 조승훈이 오만방자하게 말했다.

"내가 예전에 정예기병 3천 명으로 달단족 10만여 명을 격파한 적이
있소. 왜병 따위야, 무슨 겁낼 필요가 있겠소."

명군이 처음으로 참전한 평양성 전투는 왜군의 유인책에 걸려들어 대패하고 말았다. 조명연합군의 패배는 조선 조정은 말할 것도 없고, 명나라 조정도 큰 충격에 휩싸였다. 풍신수길이 일본 전역을 통일하여 일본의 실질적인 지배자가 되었지만, 명나라 조정에서 볼 때는 그가 조선에 파병

한 왜군을 명나라 건국 초기부터 동남 해안에서 노략질이나 일삼던 왜구의 세력 정도로 보고 요동 지방의 군사를 동원하면 쉽게 토벌할 수 있다고 생각했기 때문이다. 신종은 천조의 황제로서 속국 가운데 우호 관계가 가장 돈독했던 조선의 패망을 수수방관할 수 없었다.

신종은 즉시 조선에 칙사를 파견하여 10만 대군의 파병을 약속했다. 아울러 병부좌시랑 송응창(宋應昌)을 경략(經略)으로 임명하고 난 뒤, 그에게 대규모 군사 동원을 지시하고 군권을 일임했다. 송응창은 산동순무로 재직할 때 왜군의 침략을 예견하고 일종의 병서인 『해방요략(海防要略)』을 저술하여 왜군을 격퇴할 방안을 수립한 군사 전략가였다. 이런 이유로 그를 조선 출병의 최고사령관에 임명한 것이다. 신종은 또 발배의 반란을 진압하는 데 결정적인 공을 세운 섬서총병 이여송에게 조선 출정을 명령했다. 당시 이여송의 군사가 명나라 제일의 정예군이었을 뿐만 아니라 그의 조상이 조선인이었던 사실도 감안하여, 그를 보내면 반드시 왜군을 격퇴할 수 있을 거라는 확신이 있었다.

신종은 대규모 군사 동원과 동시에, 일본 사정에 밝은 절강성 가흥(嘉興) 출신의 상인 심유경(沈惟敬)을 유격장군으로 임명하고 평양성의 소서행장(小西行長) 군영으로 보내 왜군의 군정을 살피고 화의를 은밀히 진행하게 했다. 일본과 협상을 통하여 왜군을 철군시킬 수 있다면 굳이 대병력을 동원하여 국력을 낭비할 이유가 없었던 것이다.

신종이 파병 약속을 한 뒤 4개월이 지난 후에야, 이여송이 4만3천여 명의 군사를 이끌고 압록강을 건너왔다. 만력 21년(1563) 1월 초 이여송의 명군과 조선 도원수 김명원(金命元) 휘하의 8천 명이 연합하여 평양성 탈환 작전을 개시했다. 본격적인 전투가 벌어지기 전에 유성룡이 평양지도를 이여송에게 보여주며 지형을 설명했다. 이여송이 말했다.

"왜적은 조총에 의지하여 싸울 뿐이오. 우리 군사가 보유한 대포는 사정거리가 5~6 리(里)를 넘는데, 왜적이 어찌 대적할 수 있겠소?"

마침내 양군이 3일 동안 밤낮을 가리지 않고 치열한 공방전을 벌인 끝에 왜군을 완전히 제압했다. 화포로 성안을 초토화한 작전이 성공하였으니, 과연 이여송의 말이 허언은 아니었다. 조명연합군은 승리의 여세를 몰아 개성을 탈환하고 평안도, 황해도, 경기도, 강원도 등 곳곳에서 연이어 왜군을 몰아내는 승리를 거두었다.

하지만 승리에 도취한 이여송이 한성(漢城)을 수복하기 위하여 성급하게 나섰다가, 경기도 벽제관(碧蹄館)에서 석전삼성(石田三成), 우희다수가(宇喜多秀家) 등이 이끄는 왜군에게 패배하고 개성으로 퇴각하고 말았다. 이 시기부터 명나라는 일본과 강화 협상을 벌였다. 양국 간의 협상이 4년 동안 지속되면서 전황이 소강상태에 접어들었지만, 조선 의병의 활약과 이순신 장군의 해상에서의 연이은 승전보가 끊이질 않았다.

만력 24년(1596) 9월 명나라 책봉 사절단이 일본 대판성(大阪城)에서 풍신수길을 만나 명나라 황제 신종이 그를 일본 국왕으로 책봉한다는 고칙(誥勅)을 전했다. 하지만 풍신수길이 원한 '화의 7개조'에 대하여 단 한 마디의 언급도 없었던 까닭에 양국 간의 협상이 완전히 깨졌다. 만력 25년(1597) 1월 풍신수길은 또 14만여 명의 대군을 조선에 출병시켜 다시 침략 전쟁을 일으켰다. 풍신수길은 임진년(1592)의 조선 침략이 실패한 이유가 전라도 수군의 강력한 저항과 곡창 지대인 전라도를 점령하지 못한 데 있었다고 판단하고, 전라도를 반드시 공략하여 전라도민을 하나도 남김없이 죽이라고 명령했다.

예로부터 경상도에서 전라도로 넘어오는 길에 있는 가장 큰 고을은 남원(南原)이다. 조선 시대에 경상도 남해안 지역에서 한성으로 가려면 반드시 전라도의 관문인 남원을 지나 전주를 거쳐 북상해야 했다. 풍신수길은 전략적 요충지인 남원성 공략에 심혈을 기울였다. 만력 26년(1598) 8월 우휘다수가, 소서행장 등이 이끄는 왜군 5만6천여 명이 남원성 근처로 집결했다. 남원성 안에는 관군, 의병, 승병 등 5천여 명과 부총병 양원(楊元)이 이끌고 온 명군 3천여 명이 있었다. 총사령관 양원은 조선군이 제의한 교룡산성 수비 전략을 무시하고 남원성에서 싸우겠다고 고집을 피웠다. 그는 요동 지방의 대평원에서 기마전을 벌이는 데 익숙한 장수였다. 그에게는 조선의 산악 지형이 아주 낯설었다. 오히려 교룡산성을 파괴하고 모든 물자를 남원성 안으로 옮기게 했다. 조명연합군과 왜군은 8월 13일부터 16일까지 나흘간 치열한 공방전을 벌였다. 결국 조명연합군은 중과부적으로 패배했다. 양원은 병졸 50여 명을 데리고 탈출했다. 병사 이복남, 별장 신호, 남원부사 임현, 구례현감 이원춘 등은 모두 항복을 거부하고 장렬하게 전사하거나 자결의 길을 택했다.

왜군이 남원성을 함락하고 전주성을 무혈입성하고 난 뒤 북상할 때인 8월에, 조선 침략의 원흉 풍신수길이 죽었다는 소식이 전해졌다. 그의 속박에서 벗어난 왜장들은 더 이상 무모한 전쟁을 지속할 이유가 없었으므로 서둘러 철군을 준비했다. 명나라 총병 유정(劉綎)이 소서행장에게 뇌물을 받고 퇴로를 열어 주었지만, 원한이 뼈에까지 사무친 삼도수군통제사 이순신은 서남해의 고금도(古今島)에서 최후의 결전을 준비하고 있었다.

만력 26년(1598) 7월 명나라 수사도독(水師都督) 진린(陳璘)이 수군 5천여 명을 이끌고 고금도(古今島)에 당도하여 조선 수군과 합류했다. 진린은 명나라 서남부 광동(廣東) 출신으로 지략이 뛰어나고 용병에 능해 서남부 지역에서 일어난 반란을 여러 차례 진압한 용장이었다. 그는 신종의 어명을 받들고 광동 출신 수군 1만3천여 명과 함선 4백여 척을 거느리고 조선의 충청도와 전라도의 해안 방어를 맡았다.

진린은 아주 오만방자하고 포악하기 그지없는 인물이었다. 진린 군사의 출정에 앞서, 선조가 중신들을 대동하고 한성 청파역(靑波驛)에서 그를 위해 전별연을 벌일 때, 조선의 하급 관리 이상규(李尙規)가 실수로 진린의 갑옷에 물을 묻혔다. 사소한 일이 있었는데도 진린은 불같이 화를 내며 그의 목에 밧줄을 걸고 피투성이가 될 때까지 끌고 다녔다. 옆에서 그 광경을 지켜 본 유성룡이 만류했지만 막무가내였다. 유성룡이 한탄했다.

> "아! 저런 자의 지휘를 받으면 이순신이 반드시 패배하겠구나. 진린과 함께 일을 도모하면, 그는 병권을 제멋대로 행사하고 병사들을 능멸할 것이오. 그의 군령을 거역하면 그가 불에 기름을 끼얹는 행동을 막을 수 없고 순종하면 그의 욕심이 한도 끝도 없을 텐데, 이순신이 어찌 패배하지 않겠는가?"

이순신도 진린이 포악한 장수라는 얘기를 들었다. 왜군과 최후의 일전을 앞두고 먼저 그의 마음을 사로잡아야 했다. 조선 수군이 벤 왜군의 수급 40여 개를 진린의 진영으로 보내 진린 장군의 공적으로 돌리자, 진린은 크게 기뻐했다. 또 고금도에서 만났을 때도 물자가 극히 부족한 상황이었지만, 진린을 위해 성대한 연회를 베풀었다. 진린은 "나를 진심으로 알아주는 자는 이순신 장군이구나."라고 말하며 이순신을 존경하기 시작했다. 두 사람이 각자 가마를 타고 움직일 때, 진린은 이순신보다 먼저 앞서가는 법이 없었을 정도로 이순신을 예우했다. 조선의 해협에 문외한이었던 진린은 매사에 이순신과 상의하는 태도로 일관했다. 두 수군제독 간의 끈끈한 연대는 조명연합군의 일사불란한 합동작전 체제를 구축했다.

만력 26년(1598) 11월 18일 조명연합군이 남해의 노량해협에서 일본 함선 200여 척을 격침하는 대승을 거두었다. 이 해전을 승리로 조명연합군이 일본군의 침략에 맞서 7년 동안 싸운 전쟁이 끝나게 되었다. 이 동북아 삼국간의 전쟁을 우리는 '임진왜란'이라고 정의하며, 중국은 '조선지역 (朝鮮之役)'이라 칭하고 있다.

만력 26년(1598) 왜군이 조선에서 전의를 상실하고 일본으로 퇴각할 무렵에, 명나라 서남 지방 파주(播州: 지금의 귀주성 준의·遵義)에서 파주선위사(播州宣慰司) 양응룡(楊應龍·1551~1600)이 반란을 일으켰다. 명나라의 역대 조정은 서남 지방에 거주하는 소수 민족을 효과적으로 통치하기 위해 파주에 선위사(宣慰司)를 설치했다. 일반적으로 선위사의 우두머리, 선위사(宣慰使)는 소수 민족의 족장을 임명했다. 이는 소수 민족을 회유할 목적이었다.

파주의 선위사는 지역 추장 양씨(楊氏) 일족이 대대로 세습했다. 그들이 중앙 정부를 대신하여 파주 지역의 통치를 시작한 시기는 당(唐)나라 말기까지 거슬러 올라간다. 당(唐) 대력(大曆) 5년(770) 산서성 태원(太原) 출신 양단(楊端)이 파주에서 할거한 이래, 양씨 일족이 무려 송(宋), 원(元), 명(明)에 이르는 29 대(代) 800여 년 동안 관직을 세습하며 지역 패자로 군림했다.

융경 5년(1571) 양응룡이 부친 양렬(楊烈)의 관직을 세습했다. 그는 의심이 많고 교활한 인물이었다. 만력 14년(1586) 그가 거목 70그루를 조정에 바쳤다. 황궁 건축의 목재로 쓰기에 더없이 아름답고 좋은 나무였다. 신종은 그의 충정을 가상히 여기고 '비어복(飛魚服)'을 하사했다. 비어복이란 금의위의 관복이다. 이것을 입은 자는 황제를 호위하는 측근임을 의미했다. 그런데 양응룡은 비어복에 만족하지 않고 자기 조상 양빈(楊斌)을 예로 들면서 '망의(蟒衣)'를 하사해주기를 바랐다. 망의란 이무기의 무늬가 그려진 관복이다. 황제의 총애를 받는 중신만이 입을 수 있는 옷이다. 신종은 그의 간청을 들어주고 도지휘사의 직함도 하사했다. 신종이 양응룡에게 파격적인 대우를 해준 까닭은, 그의 공적을 인정해서가 아니라 변방 소수 민족 추장에 대한 회유책의 일환이었다.

양응룡은 서남 지방의 관군들이 군기가 빠지고 전투 경험이 없는 약졸임을 간파하고 그들을 멸시했다. 언젠가는 스스로 독립하여 서남 지방의 군주로 군림하겠다는 야망을 품었다. 그의 저택은 왕궁을 흉내 내어 호화롭기 그지없었다. 심지어는 수하에 환관을 두고 왕처럼 위세를 부렸다. 그는 걸핏하면 사람을 죽여 위세를 과시했으며 다른 토호들을 억압했다. 한번은 그가 애첩이 이간질한 말을 곧이듣고 처와 장모를 살해하는 만행을 저질렀다. 처숙부 장시조(張時照)가 양응룡의 만행을 견디다 못해 조정에 양응룡이 모반을 꾸미고 있다고 고변했다.

만력 27년(1599) 귀주순무 강동지(江東之)가 도지휘사 양국주(楊國柱)에게 관군 3천여 명을 이끌고 가서 양응룡을 토벌하게 했다. 양응룡은 위계로 관군을 삼백락(三百落)으로 깊숙이 끌어들여 전멸시켰다. 그 후 승리의 여세를 몰아 기강(綦江: 지금의 사천성 중경시 남부)을 공격했다. 유격 장량현(張良賢)이 기강성 사수를 결심했지만, 이미 8만여 명이 넘는 반란군을 막기에는 중과부적이었다. 성안의 백성들은 모조리 살해당하고 시산혈해(屍山血海)를 이루었다. 양응룡은 한족에 반감을 품은 묘족(苗族)과 결탁하여 사천 지방을 휩쓸었다.

양응룡의 반란 세력이 날이 갈수록 커지자, 신종은 크게 당황했다. 마침 명군이 조선에서 왜군을 물리치고 속속 귀국하고 있었다. 신종은 그들에게 양응룡 토벌을 명령했다. 만력 28년(1600) 호광(湖廣)과 천귀(川貴) 총독 이화룡(李化龍)의 총지휘 아래, 20여만 명의 대군이 8개 방면에서 출정했다. 조선에서 전투 경험이 많았던 총병 유정(劉綎)의 군사가 선봉에 섰다. 유정은 별명이 '유대도(劉大刀)'였는데 반란군에게는 공포의 대상이었다. 반란군은 유대도가 나타났다는 소리만 들어도 도망가기 일쑤였다.

양응룡은 천혜의 요새인 누산관(婁山關: 지금의 귀주성 귀주시)에서 방어선을 구축하고 있었다. 양군이 2개월 동안 치열한 공방을 벌인 끝에, 유정의 군사가 반란군을 완전히 제압했다. 양응룡은 애첩 주씨(周氏), 하씨(何氏)와 함께 자결했다. 이로써 양씨 일족의 29대 800년 세습 통치가 종말을 고했다. 이 반란 진압을 '파주지역(播州之役)'이라 칭하고 있다. 만력 연간에 일어난 영하지역(寧夏之役), 조선지역(朝鮮之役), 파주지역(播州之役)을 '만력삼대정(萬曆三大征)'이라고 칭한다. 이는 모두 명나라의 승리로 끝났지만 막대한 군비 지출로 인하여 국가의 재정에 엄청난 부담을 주었다. 『명사』에 이런 기록이 있다.

> "영하에서 군사를 부리는 데 내탕금 200여만 량을 소모했다. 그 해 겨울 조선에서 전후 8년 동안 내탕금 700여만 량을 소모했다. 만력 27년 (1599) 파주에서 또 내탕금 2~300여만 량을 소모했다. 만력 연간에 3대 정벌이 연이어 일어났던 까닭에 국가의 재정이 고갈했다."

『대명회전(大明會典)』의 기록에 의하면, 만력 6년(1578) 국가의 조세 수입이 총 2,000여만 냥이었다. 명나라가 이 3대 전쟁을 치르면서 얼마나 많은 재화를 소모했는지 짐작할 수 있다. 신종의 방탕과 연이은 전쟁은 결국 명나라를 망국의 길로 접어들게 했다. 『명사』에서는 "명나라는 실제로 신종 때 망했다."라고 악평한 것이다.

가정(嘉靖) 38년(1559) 2월 건주(建州) 여진족의 거주지, 혁도아랍(赫圖阿拉 · 지금의 요녕성 신빈현 · 新賓縣)에서 '봉황의 눈에 큰 귀를 가지고 있고 얼굴이 관옥 같은' 한 아이가 태어났다. 그가 훗날 한족 중심의 중국 역사를 바꿀 누르하치(1559~1626)였다. 그의 조부 교창가는 명나라로부터 건주좌위(建州左衛)의 도지휘사에, 부친 타쿠시는 지휘사의 직책을 제수 받고 부족을 다스리고 있었다. 이때만 해도 누르하치의 부족은 명나라로부터 철저하게 통제를 받았다.

당시 요동 지방의 실질적인 지배자는 명나라 장수 이성량(李成梁)이었다. 예로부터 중원의 한족들은 "여진족은 그 수가 만 명이 넘으면 그들을 감당하지 못한다."고 말했을 정도로 여진족의 호전성을 두려워했기 때문에, 그들을 이간시켜 분할 통치했다.

원래 누르하치는 이성량의 부하였다. 조부와 부친이 명군에 살해당한 원한을 품고, 25세 때인 만력 11년(1583)에 부친이 남긴 갑옷 13벌로 여진족의 통일과 반명(反明)의 기치를 내걸고 병사를 일으켰다. 그 후 팔기병(八旗兵)을 창설하여 군사력을 강화하고 난 뒤, 명나라의 이간책에 의해 오랫동안 사분오열되었던 건주 여진족을 통일했다. 만력 44년(1616) 혁도아랍에서 대금(大金: 역사상 후금·後金이라고 함)을 건국하고 '칸'의 지위에 올랐으며 연호를 천명(天命)으로 정했다.

후금이 욱일승천의 기세로 세력을 확장하고 있을 때, 명나라는 신종의 방탕과 무능 그리고 관리들의 부패로 국정이 거의 마비되는 지경까지 이르렀다. 명나라의 국정 붕괴는 누르하치가 중원으로 진출할 수 있는 절호의 기회를 제공했다.

천명 3년(1618) 누르하치는 명나라에 대한 '칠대한(七大恨)'을 선포하고 복수를 맹세했다. 다음 해 정월 그는 친히 대군을 거느리고 명나라의 지원을 받고 있었던 여진의 엽혁(葉赫) 부족을 정벌하여 성채 20여 곳을 빼앗았다. 엽혁 부족의 구원 요청을 받은 명나라 조정은 비로소 사태의 심각성을 깨닫고 병부좌시랑 양호(楊鎬)를 요동경략에 임명하여 누르하치를 정벌하게 했다.

양호는 심양(瀋陽)에 머무르면서 장수들에게 네 갈래 방향을 택하여 혁도아랍으로 진격하게 했다. 좌익북로는 총병 마림(馬林)이 맡아 북쪽으로, 좌익중로는 총병 두송(杜松)이 맡아 서쪽으로, 우익중로는 총병 이여백(李如柏)이 맡아 남쪽으로, 우익남로는 총병 유정(劉綎)이 맡아 동남쪽으로 각각 진격했다. 당시 명나라의 요구에 어쩔 수 없이 참전하게 된 강홍립(姜弘立)이 이끈 조선군 1만여 명이 유정의 부대에 소속된 역사적 사실도 있다.

명나라는 총 47만의 대군을 동원했다고 허풍을 떨며 누르하치를 협박했지만, 사실 병력은 8만8천여 명이었다. 그들은 누르하치를 얕잡아보고 단숨에 혁도아랍으로 진격할 태세였다. 특히 두송은 평생 동안 몸에 무수히 난 칼자국을 남에게 자랑이나 하는 거칠고 경솔한 술주정뱅이 장수였다. 그가 3만여 명의 군사를 거느리고 무순(撫順)에서 살이호(薩爾滸: 혼하 · 渾河와 소자하 · 蘇子河가 합류하는 지역)로 진격하여 진영을 구축하고 군사 1만여 명으로 계번산(界藩山)을 공격했다. 계번산에는 후금의 기병 400여 명과 성을 쌓는 인부 1만5천여 명이 있었다. 두송은 사방을 포위하고 맹렬하게 공격했으나 함락시키지 못했다.

명군이 네 갈래 방향에서 공격해온다는 첩보를 들은 누르하치는 병력을 분산해 대응하는 것보다는 병력을 총동원하여 한곳을 집중 공격하기로 결정했다. 정예 팔기병 6만여 명이 살이호에 진을 치고 있는 두송의 주력 부대를 집중 공격했다. 두송의 부대가 화포를 쏘며 대항했지만 전멸당했다. 누르하치는 계속해서 마림이 이끈 좌익북로의 부대와 유정이 이끈 우익남로의 부대를 섬멸했다. 명군은 성능이 뛰어난 대포를 보유하고 있었다. 하지만 조직적이고 신속하게 움직이는 팔기병 앞에서는 무용지물이었다. 양호는 삼로(三路)의 군대가 전멸 당했다는 소식을 듣고 황급히 이여백의 우익중로를 심양으로 퇴각시켰다.

이 싸움이 중국 역사상 유명한 '살이호 전투'이다. 이때 명나라는 관리와 장수 300여 명과 병사 4만5천여 명을 잃었으며 변경의 방어선이 무너졌다. 이와 반면에 후금은 명나라 군사가 오합지졸이라는 것을 간파하고 중원으로 진출할 수 있는 자신감을 얻었다.

이 싸움이 끝난 지 17년만인 천총(天聰) 9년(1636)년에 누르하치의 여덟째

아들 황태극(皇太極)이 더 이상 '칸'의 칭호를 쓰지 않고 중국의 칭호인 황제를 칭했다. 또 국호를 대금에서 대청(大淸)으로 바꾸고 민족 명칭도 여진에서 만주(滿州)로 바꾸고 연호를 숭덕(崇德)으로 정했다. 이 시기부터 중원의 주인은 점차적으로 한족의 명나라에서 만주족의 청나라로 바뀌기 시작했다.

제 **14** 장

태창제(泰昌帝) **광종**(光宗) **주상락**(朱常洛)

태창제泰昌帝 광종光宗 주상락朱常洛

1. 국본(國本)의 논쟁: 태자 책봉에 대한 임금과 신하간의 갈등

제14대 황제 광종 주상락(1582~1620)은 신종의 장남으로 태어났다. 부친 신종과 마찬가지로 신분이 미천한 궁녀 소생이다. 만력 48년(1620) 7월 신종이 붕어하자, 주상락이 즉위하여 연호를 태창(泰昌)으로 정했다. 그는 즉위하자마자 은자 백만 냥을 변경 지방에 보내 군사를 위로했다. 또 만력 연간에 온갖 폐해를 야기했던 광세(鑛稅), 각세(榷稅) 등을 폐지하고 조정을 기강을 바로잡는 데 노력했다. 하지만 그도 단약을 상복하여 몸이 나날이 쇠약해졌다. 그는 재위한 지 한 달 만에 39세를 일기로 붕어했으므로, 후세 사람들은 그를 '한 달 천자'라고 부른다.

신종의 정실부인 왕황후(王皇后)는 아들을 낳지 못했다. 만력 9년(1581) 겨울 어느 날, 신종이 모후 이태후를 배알하러 자녕궁(慈寧宮)에 간 일이 있었다. 마침 이태후가 외출 중이었을 때, 시중을 들던 궁녀 왕씨(王氏)와 한 순간의 욕정을 참지 못하고 운우지정을 나누었다. 신종은 그녀에게 머리 장신구를 하사하고 간통을 비밀에 부쳤다. 황제로서 체면이 손상되는 일이 알려지지 않기를 바란 것이다.

다음 해에 황궁에 이상한 소문이 돌았다. 궁녀 왕씨가 황제의 은총을 입어 회임했다는 얘기였다. 소문은 꼬리에 꼬리를 물고 마침내 이태후의 귀에까지 들어갔다. 그녀가 신종을 초치하여 사실여부를 묻자 얼굴이 빨개진 신종은 묵묵부답이었다. 그녀는 내시에게 『내기거주(內起居注)』를 가지고 오게 했다. 황제의 일거수일투족을 정확히 기록한 문서였다. 뜻밖에도 이태후가 기쁨을 감추지 못했다.

"나도 늙었는데 아직 손자가 없구려. 왕씨가 아들을 낳아준다면 종사 (宗社)의 기쁨이 될 것이오. 어미는 아들에 의해서 귀해지는 법이니, 왕씨 가 궁녀라고 해서 무슨 귀천을 따지겠소?"

할머니가 손자를 바라는 마음이야, 어찌 고금이 다를까. 더구나 대명천하의 종묘사직을 수호할 원손(元孫)의 탄생을 얼마나 학수고대했던가? 이태후도 신분이 미천한 궁녀 출신이었다. 왕씨가 원손을 낳아준다면 궁녀라고 해서 냉대할 이유가 없었다. 신종은 지엄한 모후의 말을 거역할 수 없었다. 만력 10년(1582) 6월 왕씨가 회임한 채로 공비(恭妃)로 책봉되었으며, 같은 해 8월에 과연 신종의 장남 주상락을 낳았다. 하지만 왕공비는 정숙빈(鄭淑嬪)에게 홀린 신종의 총애를 받지 못하고 주상락과 함께 별궁에서 긴 세월 동안 숨을 죽이고 살아야만했다.

신종은 여러 비빈들 가운데 유독 정숙빈을 총애했다. 그녀는 신종의 둘째아들 주상서(朱常溆)를 낳았지만 주상서가 요절하고 말았다. 신종은 여전히 그녀를 총애했다. 황제의 사랑에 보답이라도 하듯, 만력 14년(1586) 또 셋째아들 주상순(朱常洵)을 낳았다. 신종은 평소에 자기가 지극히 총애하고 더군다나 후사를 생산한 그녀가 너무 사랑스러워 어쩔 줄 몰랐다. 그녀의 품계를 귀비(貴妃)로 올려주었다.

미천한 궁녀에서 귀비까지 품계가 올라간 정귀비는 흥분했다. 이제 아들 주상순을 태자로 옹립하고 난 뒤 훗날 아들이 황제의 대업을 이어받는 날에는, 태후로서 세상의 모든 부귀영화와 권력을 움켜쥘 수 있다고 생각하니 들뜬 마음에 잠을 이루지 못할 정도였다. 그런데 신종의 장남 주상락이 엄연히 살아있는 상황에서 셋째아들을 태자로 옹립하는 일은 법도에 맞지 않았다. 하지만 그녀는 신종이 주상락을 미워하고 있기 때문에 황제만 잘 구슬리면 서열을 무시한 태자 옹립도 가능하다고 생각했다. 자기 치마 속에 있는 황제를 마음대로 다루는 일은 식은 죽 먹기라고 생각했다. 그녀는 신종에게 아들을 태자로 옹립해달라고 애원했다. 아들이 태자가 되면 그녀는 자연히 황후가 된다. 그녀의 애교 섞인 애원에 신종의 마음이 움직였다. 두 사람은 황궁의 서북쪽에 있는 대고현전(大高玄殿)에서 부처님에게 예불을 할 때, 신종은 그녀가 낳은 아들을 태자로 책봉하겠다는 밀약을 했다.

신종이 주상순을 태자로 책봉하려고 한다는 소문은 조정 대신들에게 일말의 불안감을 안겨주었다. 그들은 장자 계승의 원칙에 따라 주상락이 태자가 되어야 한다고 생각했다. 봉건 시대에 태자는 차기 황권을 이을 미래의 황제이므로 국가의 근본에 해당할 만큼 절대적으로 중요한 인물이다. 만약 태자 자리를 오랫동안 비워두면 황제의 유고시 변란이 일어날 수 있는 심각한 문제였다.

조정 대신들은 요망한 정숙빈이 자기 아들을 태자로 옹립하기 위하여 어떤 음모를 꾸미지 않을까 두려워했다. 주상락을 서둘러 태자로 책봉해야 만이 분란을 미연에 방지할 수 있다. 내각수보 신시행(申時行)이 주상락을 태자로 책봉해야 한다고 주청했다. 신종은 주상락의 나이가 어리다는 이유를 들어 거절했다. 그는 오히려 정숙빈의 품계를 귀비(貴妃)로 올렸다. 대신들은 정귀비의 품계가 부당하다고 상소했다. 귀비는 공비보다 품계가 높으므로 정귀비가 낳은 셋째아들 주상순이 왕공비가 낳은 맏아들 주상락보다 서열이 높은 문제점을 지적한 것이다.

　대신들은 신종이 정숙빈을 귀비로 책봉한 노림수를 알아차렸다. 어차피 왕황후는 아들을 낳지 못했으므로 태자 책봉에 아무런 역할도 할 수 없는 유령 같은 존재였다. 반면에 자신이 총애하고 있는 정숙빈을 귀비로 책봉하여 왕공비보다 품계를 높인 뒤, 기회를 봐서 정귀비의 소생을 태자로 책봉하겠다는 꼼수였다. 대신들은 맏아들을 낳은 왕공비가 당연히 귀비로 책봉되어야 한다고 주장했다. 정씨가 이미 귀비로 책봉된지라 서둘러 주상락을 태자로 옹립하고자 했다. 급사중 강응린(姜應麟)이 상소했다.

　　"정귀비가 황상의 셋째아들을 낳은 뒤 마치 황후의 자리에 정식으로 오른 것처럼 행동합니다. 이와 반면에 왕공비는 황상의 맏아들을 낳았지만 오히려 품계가 정귀비보다 한 등급 낮사옵니다. 이는 삼강오륜에 위배되는 일이며 민심을 불안하게 하옵니다. 민심을 안정시키려면 황상께서 어명을 거두어들여야 하옵니다. 황상께서 인정을 억누를 수 없으면 먼저 왕공비를 황귀비로 책봉한 연후에 다시 정귀비를 책봉하면 되옵니다. 이렇게 해야 만이 예법에 어긋나지 않으며 아울러 인정에 부합하는 일이옵니다. 또 황상께서 대의명분을 지키고자 한다면 맏아들을 태자로 책봉하여 천하의 근본을 안정시키고 백성의 마음을 위로하여 종묘사직이 영원하게 해야 하옵니다."

　정씨를 귀비로 책봉한 것을 취소할 수 없다면, 왕공비도 당연히 정씨와 같은 품계로 책봉해야 만이 그나마 법도와 인정에 부합한다는 논리이다. 강응린이 올린 상소문의 핵심은 역시 장남 주상락을 태자로 책봉하여 국본을 바로 세워야 한다는 것이다. 대의명분을 중시하는 신하들은 모두 강응린의 생각과 같았다.

신종은 강응린이 황제를 의심하고 공명심에 사로잡혔다고 분노했다. 신종의 노여움을 산 강응린은 대동(大同)의 광창전사(廣昌典史)로 쫓겨났다. 그 후 신종은 대신들이 태자 책봉을 거론할 때마다 온갖 이유를 들어 회피했다. 만력 14년(1586)부터 만력 29년(1601)에 이르는 15년 동안, 신종과 주상락을 태자로 책봉해야 한다고 주장한 대신들 사이에 일어난 갈등은 국정을 마비시킬 정도로 심각했다.

주상락은 신종의 장남이었음에도 불구하고 모친이 부황의 총애를 받지 못했기 때문에, 어린 시절부터 모친과 별궁에서 전전긍긍하며 살아야 했다. 그를 눈엣가시 같은 존재로 여긴 정귀비는 그를 죽이려고 끊임없이 음모를 꾸몄다. 주상락이 죽어야 만이 자기 아들이 황위를 계승할 수 있었다. 신종은 장남에게 애정을 쏟지 않았다. 오히려 주상락이 병고로 죽기를 바랐는지도 모른다. 장남이 죽으면 셋째아들 주상순이 자연스럽게 태자가 된다. 둘째아들 주상서(朱常溆)가 요절했기 때문이다.

대신들은 황제의 장남이 아무런 교육을 받지 못하고 경양궁(景陽宮)에서 숨어 지내는 것에 강한 불만을 토로했다. 장차 황위를 계승할 주상락에게 제왕의 도를 가르치지 않는다면, 대명 천하가 대란의 소용돌이로 빠져들게 분명했다. 대신들의 연이은 상소에 시달린 신종은 마지못해 주상락이 13세가 되었을 때 그에게 강학(講學)을 윤허했다. 하지만 신종은 태자 교육의 규정에 맞게 강학을 진행하는 것을 허락하지 않았다.

엄동설한에 주상락이 스승의 가르침을 받으러 출궁할 때면 너무 추워 온 몸을 사시나무 떨듯했는데도, 그를 수행한 내시들은 밀실에서 화롯불을 한가롭게 쬐고 있었다. 그 광경을 지켜 본 강관(講官) 곽정역(郭正域)이 불같이 화를 내고 꾸짖은 연후에야, 내시들이 주상락에게 화롯불을 쬘 수 있게 할 정도로 주상락은 업신여김을 당했다. 이런 얘기가 신종의 귀에 들어갔으나 조금도 동정의 기색을 나타내지 않았다. 하루는 정귀비가 신종에게 모함을 했다.

"주상락이 하루 종일 궁녀들과 놀아나 이미 동정을 잃었다고 하옵니다."

신종이 왕공비와 주상락이 거주하는 경양궁으로 환관을 보내 사실 여부를 확인하게 했다. 왕공비가 비통해하며 말했다.

"지난 13년 동안 나는 줄곧 아들과 함께 지내면서 잠시도 그의 곁을 떠난 적이 없소. 평소에 모함을 당할까 두려워하여 근신하며 살았는데도 뜻밖에 오늘 같은 날이 있구나."

두 모자에게 어떤 꼬투리도 잡을 수 없었다. 정귀비의 모함은 실패로 끝났다. 사실 두 모자가 정귀비의 끊임없는 살해 위협에도 불구하고 목숨을 부지할 수 있었던 결정적인 이유는 신종의 모후 이태후의 은밀한 보살핌 덕분이었다. 이태후는 자기처럼 궁녀 출신인 왕공비에게 일종의 동정심을 느끼고 있었다. 왕공비가 원손을 낳은 뒤에는 더욱 그녀를 총애했다. 만력 29년(1601) 정월 신종이 자녕궁으로 가서 모후를 배알할 때, 이태후가 물었다.

"상락의 나이가 이제 20세가 되었는데도, 황상은 어찌 태자 책봉을 미루고 있소?"

신종의 장남을 태자로 책봉해야 한다는 대신들의 여론을 이태후도 여러 해 동안 듣고 있었던 터라 새해를 맞이하여 신종에게 태자 책봉을 촉구한 것이다. 신종이 우물쭈물 망설이다가 마지못해 대답했다.

"상락은 도인(都人)의 소생이라……."

이태후가 버럭 소리를 질렀다.

"황상도 도인의 소생이 아닌가?"

'도인'이란 궁녀의 이칭이다. 이태후도 도인 출신이었기 때문에 아들의 사려 깊지 못한 언행에 분노했다. 15년 동안 끌어왔던 태자 책봉 문제는 이렇게 이태후에 의해 해결되었다. 같은 해 10월 주상락은 태자로 책봉되고, 주상순은 낙양(洛陽) 일대를 영지로 하는 복왕(福王)으로 책봉되었다. 번왕이 된 주상순은 영지로 떠나지 않고 계속 황궁에 머물렀다. 신종과 정귀비가 그를 태자로 옹립할 속셈을 끝까지 포기하지 않았던 것이다.

왕공비가 오매불망 바라던 아들의 태자 책봉이 이루어졌지만 신종은 여전히 그녀를 냉대했다. 그녀가 거처를 영희궁(迎禧宮)으로 옮긴 후, 신종은 두 모자를 만나지 못하게 했다. 모자간의 생이별은 너무나 큰 고통이었다. 왕공비는 눈물로 세월을 보내다가 급기야 두 눈이 실명하고 말았다. 만력 33년(1605) 왕공비의 장손 주유교(朱由校)가 태어난 이후에야, 신종은 대신들의 열화 같은 압력에 못 이겨 그녀를 정귀비보다 20년 늦게 귀비로 책봉했다.

만력 39년(1611) 왕귀비가 오랜 우울증에 시달린 끝에 병석에서 일어나지 못했다. 한 평생 남편의 사랑을 받지 못하고 살해 위협에 끊임없이 시달렸던 그녀의 유일한 희망은 아들이 황제로 등극하는 날을 손꼽아 기다리는 일이었다. 하지만 신종과 정귀비의 간계로 오랜 세월 동안 아들의 얼굴조차 볼 수 없었으니 원한이 골수에 사무쳤다. 모후의 병세가 위중하다는 소식을 들은 주상락은 신종에게 애원하여 겨우 모후를 배알할 수 있었다. 해골처럼 변해버린 모후를 보고 통곡했다. 왕귀비가 꿈에 그리던 아들의 목소리를 듣고 숨을 몰아쉬며 말했다.

"내 아들이 이제 어른이 되었으니 내가 죽어도 무슨 한이 있겠느냐?"

왕귀비 사후에 대학사 엽향고(葉向高)가 태자 모후의 신분으로 후하게 장례를 치러야 한다고 주청했으나, 신종이 윤허하지 않아 서산 들녘의 초라한 무덤에 묻혔다. 정귀비가 농간을 부렸기 때문이다. 주상락은 훗날 황위를 계승할 태자였지만 언제 어떻게 살해될지 모르는 불안감에 시달렸다. 모후가 죽고 3년 후인 만력 42년(1614)에는 그의 든든한 바람막이였던 이태후도 서거했다. 그는 더욱 고립무원의 처지에 빠졌다. 두려움과 외로움이 번갈아가며 그의 정신세계를 황폐화시켰다.

2. 정격안(梃擊案): 태자 피습 사건

주상락은 만력 29년(1601)에 태자로 책봉된 후 북경 출신 곽씨(郭氏)를 태자비로 맞이했다. 곽씨가 주상락의 정실부인이다. 그녀는 아들을 낳지 못했다. 만력 41년(1613) 그녀도 남편과 시아버지 사이의 팽팽한 긴장감과 정귀비 모자의 질시 속에서 태자비로서 제대로 대우를 받지 못하고 젊은 나이에 쓸쓸하게 생을 마감했다. 만력 32년(1604) 주상락은 또 북경 출신 왕선시(王選侍)를 재인(才人)으로 맞이했다. 재인이란 비빈보다 품계가 낮은 호칭이다. 왕재인이 다음 해에 주상락의 장남 주유교(朱由校)를 낳았다. 주유교가 훗날 15대 황제 희종(熹宗)이다. 만력 38년(1610)에도 주상락의 숙녀(淑女) 유씨(劉氏)가 주유검(朱由檢)을 낳았다. 숙녀란 태자의 소실들 가운데 품계가 가장 낮은 호칭이다. 주유검이 훗날 명나라 마지막 황제 숭정제(崇禎帝) 사종(思宗)이다.

주상락은 모후가 타계할 무렵에 이미 다섯 아들을 두었다. 그가 신종의 관심 밖에 있었음에도 불구하고 태자비와 여러 소실들을 거느리고 다섯 아들을 둘 수 있었던 까닭은 조모 이태후의 비호 덕분이었다. 그녀가 신종이 친정을 시작한 후에 국정에 대해서는 간섭하지 않았지만, 자손들의 혼례만큼은 철저하게 자신의 뜻대로 처리했다. 장손 주상락이 하루라도 빨리 증손자를 낳아주기 바라는 마음으로 그의 혼례를 직접 주관했다. 사악한 정귀비도 이태후는 넘을 수 없는 벽이었다.

하지만 이태후 사후에는 태자가 거주하는 자경궁(慈慶宮)은 외로운 섬처럼 고립되었다. 자경궁 수비는 허술하기 짝이 없었으며 환관들도 태자를 소극적으로 대했다. 만약 태자와 친하다는 소문이 정귀비의 귀에 들어가면 무슨 비참한 꼴을 당할지 모르는 상황이었다. 만력 43년(1615) 5월 4일 저녁 무렵, 몽둥이를 든 한 건장한 사내가 자경궁 처마까지 난입하여 내시들을 가격하고 태자를 해치려고 했다. 그 사내가 태자의 거처로 뛰어드는 순간, 내시 한본용(韓本用)이 다른 내시들과 함께 민첩하게 대응하여 그를 가까스로 제압했다.

괴한이 황궁의 삼엄한 경계를 뚫고 들어와 태자를 시해하려고 했던 이 사건은 순식간에 조정을 떠들썩하게 했다. 다음 날 신종은 어사 유정원

(劉廷元)을 보내 괴한을 심문하게 했다. 그 괴한은 계주(薊州) 정아곡(井兒峪)에 사는 장차(張差)라는 자로 밝혀졌다. 그는 말을 횡설수설하며 미치광이처럼 행동했다. 여러 차례 문초했지만 사건의 진위를 파악할 수 없었던 유정원을 그를 형부로 넘겼다. 며칠 후 형부낭중 호사상(胡士相)이 혹독한 고문을 가하자 그가 이렇게 대답했다.

> "내가 고향 마을 사람들에게 능욕을 당했소. 그들이 내 땔감을 모조리 불태워버렸소. 너무 억울하고 분하여 도성에 와서 억울함을 호소할 생각으로 4월 중순 경 도성에 도착하여 동문을 통해 성안으로 들어왔소. 하지만 길을 몰라 헤매다가 우연히 두 사람을 만났소. 그들이 나에게 대추나무 몽둥이를 주면서 그것을 들고 가면 억울함을 호소할 수 있다고 말했소. 내가 그만 길을 잘못 들어 자경궁으로 들어갔다가 붙잡히고 말았던 거요."

호사상은 그의 얼토당토않은 말을 듣고 어안이 벙벙했다. 여러 차례 매질을 가했어도 여전히 횡설수설하는 그를 미치광이로 단정하고 신종에게 아뢰었다. 당시 형법에 의하면 궁전 앞에서 활이나 탄환을 쏘거나 기왓장이나 돌을 던져서 사람을 해친 자는 참수형으로 다스렸다. 사건이 더 이상 확대되는 것을 원치 않은 호사상은 장차를 참수형으로 죽이려고 했다.

호사상이 사건 확대를 원치 않은 데에는 까닭이 있었다. 만력 연간에 조정은 동림당(東林黨)과 절당(浙黨) 간의 당파 싸움이 치열했다. 고헌성(顧憲成), 엽향고(葉向高) 등 동림당 계열의 대신들은 유가의 대의명분을 중시하여 태자 주상락을 옹호했다면, 심일관(沈一貫), 방종철(方從哲) 등 절당 계열의 대신들은 은밀하게 정귀비와 주상순에게 선을 대고 있었다. 호사상은 절당 소속이었으므로 정귀비가 연루될 수 있는 이 사건을 유야무야 끝내려고 했다. 하지만 태자의 안위를 걱정한 동림당 대신들은 필시 절당의 음모가 도사리고 있다고 생각했다. 형부제뢰주(刑部提牢主) 왕지채(王之寀)가 감옥에 가서 장차를 만나 음식을 차려놓고 말했다.

"사실대로 말하면 밥을 주겠으나 또 거짓말하면 굶어죽이겠다."

왕지채가 볼 때 장차는 미치광이가 아니었다. 뭔가 사실을 숨기고 있다고 확신하여 음식으로 협박과 유혹을 동시에 했다. 장차가 이렇게 말했다.

"내 아명은 장오아(張五兒)이오. 아버지 장의(張義)는 병으로 일찍 세상을 떠났고, 마삼구(馬三舅), 이외부(李外父) 등 가까운 친척과 살면서 땔감 장사와 사냥으로 생계를 꾸렸지요. 한 달 전에 제주(濟州)에서 땔감을 팔아 번 돈으로 도박을 하다가 돈을 다 잃고 말았어요. 그런데 우연히 한 태감을 만났습니다. 그가 자기 요구를 들어주면 일이 끝난 후 소인에게 토지 30이랑을 준다고 그랬어요. 그래서 그를 따라서 도성의 대저택으로 왔는데 그곳에서 또 나이 든 태감 한 사람을 만났어요. 그가 나에게 술과 고기를 제공했지요. 며칠 후 그분을 따라 황궁으로 들어갔지요. 그가 나에게 나무 몽둥이를 건네주고 술을 마시게 했어요. 그를 따라 자경궁에 들어갔을 때, 그가 나에게 이렇게 부탁했어요. '네가 먼저 궁 안으로 뛰어 들어가서 마주치는 사람들은 모두 몽둥이로 때려라. 죽여도 무방하다. 특히 황포(黃袍)을 입은 자를 보면 당장 때려죽여라! 그는 간사한 자이므로 그를 죽이면 후한 상을 내리겠다. 네가 잡혀도 우리가 너를 구해줄 거야.'"

장차가 환관의 지령을 받고 태자를 죽이려고 했음이 분명했다. 하지만 장차는 자기가 만난 환관이 구체적으로 누구인지는 끝내 모른다고 했다. 왕지채가 조서(調書)를 꾸며 올리자, 조정이 다시 발칵 뒤집혔다. 신종은 원외랑 육몽룡(陸夢龍)에게 재조사하게 했다. 황궁에 들어온 경로와 만난 사람의 이름을 말하면, 죄를 사면해줄 뿐만 아니라 불탄 땔나무 값도 보상해주겠다고 육몽룡이 장차를 꼬드겼다. 장차가 그의 말을 사실로 믿고 마침내 자백했다.

"내 친척 마삼구의 이름은 삼도(三道)이고, 이외부의 이름은 수재(守才)이오. 그들은 계주 정아곡에 살고 있어요. 지난 번 내가 이름을 모른다고 한 태감은 철와전(鐵瓦殿)을 수리하는 방보(龐保)이고, 대저택에서 만난 태감은 유성(劉成)입니다. 삼도와 수재는 방보가 거주하는 곳에 숯을 공급하는 일을 하고 있어요. 방보와 유성이 옥황전(玉皇殿)에서 음모를 꾸몄어요. 얼마 후 그들과 내 친척이 나에게 몽둥이를 들고 자경전으로 돌진하라고 협박했어요. 태자를 때려죽이면 먹을 것, 입을 것 등이 생길 거라고 말했어요. 내 매형 공도(孔道)도 그들과 공모했어요."

장차는 또 황궁으로 난입한 경로를 종이에 자세히 그렸다. 사건의 주모자는 방보와 유성, 두 환관으로 압축되었다. 그의 말이 신빙성이 있다고 판단한 육목룡은 즉시 혐의자들을 잡아들여 문초한 결과, 과연 장차의 자백이 사실로 들어났다. 그런데 방보와 유성은 지위가 낮은 환관이었다. 누군가의 사주를 받지 않고 그처럼 대담하게 일을 저질렀을 리가 없었다. 두 환관은 정귀비 수하의 내시가 아닌가? 동림당 대신들은 정귀비가 태자 주상락을 죽이고 자기 아들 복왕 주상순을 태자로 옹립하고자 음모를 꾸몄다고 생각했다. 정귀비의 조카 정국태(鄭國泰)가 모든 일을 계획하고 실행에 옮긴 주범이라고 비난했다. 당시 정국태는 도지휘사의 직위에 있으면서 정귀비의 비호 아래 전횡을 일삼은 자였다.

대신들은 정국태를 당장 체포하여 문초해야 한다는 상소를 연이어 올렸다. 신종은 참으로 난감했다. 정국태를 문초하면 자기가 사랑하는 정귀비의 연루 사실이 들어날 게 분명했기 때문이다. 궁지에 몰린 정귀비도 신종에게 누명을 쓰고 있다고 말하며 울면서 매달렸다. 사실은 그녀가 주범이었지만 그녀에게 빠진 신종에게 거짓말을 늘어놓는 일은 식은 죽 먹기나 다름이 없었다. 설사 신종이 사건의 전말을 알게 되었더라도 사랑하는 여자를 어떻게 죽일 수 있겠는가?

신종은 정귀비가 연루되는 것을 막기 위해 고민 끝에 묘안을 냈다. 시해를 당할 위기에 처했던 태자 주상락이 직접 나서서 정귀비를 변호하면, 대신들이 아무리 뭐라고 떠들어대도 그만이라고 생각했다. 어쨌든 정귀비는 주상락에게는 어머니뻘이다. 주상락이 모자 관계를 운운하며 그녀의 무고를 주장하면, 대신들의 탄핵 소동은 공허한 메아리로 끝날 수 있었다.

신종은 정귀비에게 태자를 직접 만나 억울함을 호소하라고 했다. 정귀비는 태자를 배알하고 자신은 그 사건과 어떤 관계도 없다고 눈물로 호소하며 무릎을 꿇고 큰절을 올렸다. 태자도 맞절을 하며 눈물을 흘렸다. 주상락이 그토록 오랜 세월 동안 자신을 죽이려고 했던 사악한 정귀비의 본심을 어찌 몰랐겠는가? 하지만 그는 부친에게 인정받지 못한 태자로서 부친이 총애하는 정귀비의 음모를 까발린다면 오히려 부친에게 더욱 미움을 살 수 있고 자칫하면 폐위를 당할 수도 있었다. 그래서 정귀비의 가식으로 가득 찬 연극을 진심으로 이해하는 척 했을 것이다.

이제 대신들 앞에서 마지막 연극이 필요했다. 신종은 태자와 황손들을 거느리고 자경궁의 이태후 영전으로 행차하여 대신들에게 말했다.

명나라 역대 황제 평전

"너희들 모두 두 눈으로 똑바로 보았겠지? 너희들은 짐이 태자를 총애
하지 않는다고 말하고 있는데, 너희들도 이처럼 장성한 아들이 있으면
어찌 사랑하지 않겠는가?"

신종은 또 황손들을 대신들에게 보여주면서 말했다.

"짐의 황손들이 이렇게 성장했는데 또 무슨 할 말이 있느냐?"

자기는 태자 주상락과 황손들을 총애하고 있는데도, 대신들이 유언비
어를 퍼뜨려 황실 가족을 이간시킨다는 불만이었다. 신종은 태자에게도
말했다.

"너도 할 말이 있으면 거리낌 없이 말해라!"

태자가 대신들에게 말했다.

"장차는 미친놈이오. 그를 처단하면 될 일이지 다른 사람을 연루시킬
필요 없소. 황상과 나는 부자의 정이 참으로 각별하오. 하지만 외정(外廷)
에서 이러쿵저러쿵 말이 많소. 너희들은 황상을 제대로 모시지 못하면서
나를 불효자로 만들고 있소."

태자가 이렇게 신종을 감싸고 나오니, 대신들도 더 이상 할 말이 없었
다. 결국 이 사건은 장차를 능지처참하는 것으로 일단 종결되었다. 방보
와 유성은 정귀비를 믿고 끝까지 무죄를 주장하여 태자의 하명으로 풀려
났지만, 신종이 비밀리에 환관을 보내 그들을 죽였다. 그들을 살려두면

또 정귀비의 연루가 드러나지 않을까 두려워서 그랬다. 이 사건을 '정격안(梃擊案)'이라고 칭한다. 주상락은 용기도, 지략도 없는 태자였다. 단지 목숨을 부지하기 위하여 현실에 순응하며 하루하루를 근근이 살아간 것이다.

3. 홍환안(紅丸案): 광종의 급작스런 의문의 죽음

만력 48년(1620) 7월 말도 많고 탈도 많았던 신종이 국정을 마비시키고 백성을 도탄에 빠트린 채, 나이 58세 재위 48년 만에 붕어했다. 같은 해 8월 초하루 신종이 그토록 냉대했던 태자 주상락이 39세 때 황위를 계승했다. 그는 연호를 태창(泰昌)으로 정하고 대사면을 반포했다. 국운이 이미 기울대로 기울어 더 이상 민생을 방치할 수는 절박한 상황이었다. 황제로 등극하자마자 선황제 신종이 저질러놓은 온갖 폐단을 한시라도 빨리 바로잡아야 했다. 만력 연간에 온갖 폐해를 일으킨 광세(鑛稅)와 세사(稅使) 파견을 폐지하는 조서를 반포하여 일시에 조야의 민심을 얻었다. 내탕금 160만 냥을 풀어 변방을 지키는 군사를 위로하고, 충언을 했다가 쫓겨난 대신들을 다시 조정으로 불러들여 중책을 맡겼다.

하지만 광종이 황제의 옥좌에 오른 지 불과 한 달 만에 죽게 될지, 누가 예측이나 했겠는가? 후세 사람들은 그를 '한 달 천자'라고 부른다.

왜 광종은 자신의 포부를 펴보지도 못하고 급작스러운 죽음을 맞이하였을까? 그의 죽음에는 또 정귀비의 어두운 그림자가 짙게 깔려있었다. 신종은 임종 전에 주상락에게 정귀비를 황후로 책봉하라고 유언했다. 주상락은 대신들에게 이런 조칙을 내렸다.

"'너의 모친 정귀비는 수십 년 동안 짐을 지극정성으로 섬긴 공이 크므로 황후로 책봉하라.'는 유언을 내렸도다. 나는 선황제의 유지를 받들어 정귀비를 황후로 책봉하겠으니, 경들은 나의 뜻을 예부에 전하여 전례에 따라 실행하기 바라노라."

  광종은 자신을 죽이고자 했던 정귀비를 처단하지 못하고 오히려 신종의 뜻을 받들어 황후로 책봉하려고 했다. 이는 그가 선친에 대한 효성의 발로에서 나왔는지는 모르겠으나, 정적을 과감하게 제거하지 못한 과오를 범하고 말았다. 그는 정귀비를 여전히 두려워하고 있었다. 당시 신종의 정실부인 왕황후와 광종의 생모 왕귀비가 모두 세상을 떠났다. 따라서 정귀비를 황후로 책봉하면 그녀의 신분이 태창 연간에는 자연스럽게 태후로 격상되어 황실의 최고 어른이 될 수 있었다. 광종으로서는 원수를 어머니로 모시는 꼴이 된다.

  실무를 맡은 예부우시랑 손여유(孫如游)가 "신이 역대 왕조의 전고(典故)를 자세히 살펴보았지만, 이런 전례는 없었사옵니다."고 상소하여, 정귀비의 황후 책봉을 강하게 반대했다. 정귀비의 발호를 우려한 대신들의 반발에, 광종은 어명을 철회하는 수밖에 없었다.

  신종의 죽음은 정귀비에게 큰 타격이었다. 더 이상 호가호위할 수 없는 처지로 전락한 그녀는 광종이 복수하지 않을까 두려워했다. 수단과 방법을 가리지 않고 살길을 찾아야 했다. 광종에게는 그의 조상이 그랬던 것처럼 여색을 지나치게 밝히는 약점이 있었다. 이 점을 간파한 정귀비가 광종에게 미녀 8명을 바치자, 광종은 두말 않고 받아들였다. 낮에는 정무를 관장했지만 밤에는 미녀들과 난잡한 성생활을 즐겼다. 원래 그는 몸이 허약했다. 선친이 마비시킨 국정을 바로잡느라 여념이 없었던 상황에서 과도한 엽색 행각은 몸을 날로 쇠약하게 했다.

광종이 등극한 지 10여일 만에 갑자기 쓰러지고 말았다. 그런데 뜻밖에도 병석에 누운 황제를 진찰한 사람은 태의원(太醫院)의 어의가 아니라 정귀비의 시중을 들던 환관 최문승(崔文升)이었다. 정귀비가 최문승에게 대황(大黃)으로 제조한 지사제(止瀉劑)를 제조하여 광종에게 바치게 했다. 광종은 최문승이 조제한 약을 먹고 복통과 설사를 견디다 못해 혼절했다가 가까스로 깨어났다. 동림당 대신들은 의술을 모르는 최문승의 약 처방에는 필시 음모가 있다고 생각했다. 급사중 양련(楊漣)이 상소했다.

"적신(賊臣) 최문승이 의술을 모르면서 함부로 약을 지어 시험했사옵니다. 만약 그가 의술을 이해했다면 당연하게도 '남는 것은 배설하고 부족한 것은 보충한다.'라는 의가(醫家)의 이론에 따라 약을 처방했어야 하옵니다. 근래에 황상께서는 선황제의 붕어에 마음이 크게 상하시었고 하루에도 만기친람하시어 옥체가 쇠약해졌기 때문에 원기를 북돋우는 약제를 처방했어야 함에도, 문승은 오히려 상반되는 처방을 하였으니 그의 속셈을 헤아릴 수 없사옵니다."

광종은 대신들을 침소로 불러들여 이렇게 당부했다.

"국정이 중요하니 경들은 마음을 다하여 나랏일을 보살피기 바라오. 짐은 쇠약해진 몸을 회복하는 데 힘쓰겠소."

또 양련을 가리키며 "경은 참으로 임금에게 충성하는 신하이오."라고 말하며 그의 충정을 칭찬했다. 결국 최문승은 황궁에서 쫓겨나고 양련은 고명대신에 임명되었다. 며칠 후 수명이 거의 다했음을 직감한 광종은 내각수보 방종철(方從哲)에게 나랏일을 부탁하고 사후에 들어갈 황릉 공사의 진척 사항을 물었다. 황제의 유칙(遺勅)이나 다름없는 칙어를 들은 방종철은 잔뜩 긴장하며 아뢰었다.

"황상께서는 옥체가 허약할 따름일 뿐이라고 태의원 어의가 아뢰었습니다. 어찌 하늘이 무너지고 땅이 갈라지는 일이 있겠사옵니까?"

그는 이미 어의를 통해 황제의 병세가 회복될 수 없는 지경에 이르렀음을 알고 있었지만 지존의 면전에서 사실대로 아뢸 수는 없었다. 광종과 방종철의 대화 내용은 이러했다.

"태의원의 어의들은, 짐이 믿을 수 없소."

"황상께서 그들을 믿지 못하시면 신이 천하에 격문을 띄워 명의들을 불러 모으겠사옵니다."

"홍려시(鴻臚寺)의 관리가 짐을 위해 선약(仙藥)을 진상했다고 들었는데 어찌 아직까지 진상하지 않는가?"

홍려시는 조회(朝會), 종묘 제사, 경연(經筵), 책봉(冊封) 등 궁궐의 크고 작은 일들을 관장하는 황실 직속의 관청이다. 이곳에서 단약을 제조하여 진상했다는 얘기를 들은 광종은 죽음을 앞두고 단약에 마지막 희망을 걸었다. 방종철이 대답했다.

"홍려시승(鴻臚寺丞) 이가작(李可灼)이 황상의 병을 치유할 수 있는 선방(仙方)이 있다고 아뢴 적이 있사옵니다. 신과 내각 대신들의 의론 끝에 그의 말을 믿을 수 없다고 생각하여 그를 내쳤사옵니다."

광종이 노기를 띠며 말했다.

"어의들은 쓸모없고 선방 또한 믿을 수 없다면, 짐은 앉아서 죽음이나
기다리라는 말인가?"

방종철이 머리를 조아리며 선약 복용의 위험성을 거듭 아뢰었지만, 광
종은 요지부동이었다. 황실에서는 오래전부터 도교의 허무맹랑한 신선술
을 숭상하고 불로장생을 희구하는 풍조가 배어있음을 방종철도 잘 알고
있었다. 광종은 태감을 체인각(休仁閣)으로 보내 방종철에게 이가작이 제조
한 선약을 가져오도록 누차 하명했다. 방종철도 더 이상 어명을 거역할
수 없었다. 이가작을 데리고 황제의 침실로 들어갔다. 정말로 이가작은
신선처럼 생긴 풍채를 지닌 노인이었다. 그가 진상한 선약은 아주 고풍스
러운 비단 상자에 포장되어 있었다. 젊었을 적에 아미산(峨眉山)에서 약초
를 캘 때 우연히 어떤 도인을 만나 이 선약을 얻었다고 아뢰었다.

방종철은 광종에게 선약 복용을 다시 한 번 심사숙고하라고 아뢰었다.
그와 함께 들어간 조정 대신들도 불안한 기색을 감추지 못하자, 이가작
이 얼른 한 알을 삼켰다. 광종과 대신들 앞에서 선약을 먹어도 아무런 문
제가 없음을 보여주기 위한 행동이었다. 이에 고무된 광종도 시종들의 부
축을 받으며 한 알을 겨우 삼켰다. 잠시 후 흙빛이 돌던 용안에 화색이 돌
고 두 눈이 갑자기 밝아지기 시작했다. 광종은 흥분했다. 순식간에 건강
을 되찾은 듯했다. 그는 혼자 힘으로 용상에서 일어나 이가작을 크게 치
하하고 다시 선약을 진상하게 했다. 이가작은 3일 후에 두 번째 선약을
복용해야 효과가 있다고 말했다. 3일 후면 완치될 수 있다고 확신한 광종

은 기쁨에 넘쳤다. 두 번째 선약을 기다리는 동안 옥좌에 앉아있기도 했고 두 번이나 궁궐 대문 밖으로 나가기도 했다.

하지만 방종철은 불안했다. 황제가 일시에 건강을 회복한 것은 심리적 효과일 뿐이지 선약의 신통한 효험 덕분이 아니라고 보았다. 그를 따르는 대신들도 같은 생각이었다. 그들은 이가작의 궁궐 출입을 막으려고 했다. 특히 태의원 어의들의 반대가 심했다. 이가작이 또 단약을 진상하면 모두 사직하겠다고 버텼다.

3일째 되는 날 아침부터 광종은 방종철에게 보낸 조서에서 왜 선약을 빨리 진상하지 않느냐고 다그치고, 만약 지체할 경우에는 임금을 능멸한 죄를 국법으로 엄히 다스리겠다고 말했다. 방종철은 어쩔 수 없이 이가작을 데리고 광종을 배알했다. 광종은 이가작이 가지고 온 홍환(紅丸)을 먹고 난 그 날, 태창 원년(1620) 9월 초하루 저녁에 급사했다.

광종이 갑자기 붕어하자 조정 대신들은 벌떼처럼 일어나 홍환을 먹고 급사한 배경에는 필시 황제를 시해하려는 음모가 있었다고 성토했다. 광종에게 설사약을 복용케 하여 건강을 잃게 한 내시 최문승이 원래 정귀비의 몸종이었던 사실을 거론하며 정귀비를 규탄했다. 동시에 방종철도 연루가 되었을 것이라고 공공연하게 주장했다. 방종철은 일시에 임금을 시해한 대역죄의 누명을 쓸 위기에 빠졌다.

이른바 '홍환안(紅丸案)'이 터진 것이다. 방종철은 광종이 선약을 먹고 변고를 당하면 그 책임이 자신에게 돌아올 걸로 예측했다. 미리 대책을 마련해두었다. 명나라 조정의 관례에 의하면 천자가 붕어하면 그 유칙(遺勅)의 초안을 내각수보가 작성하게 되어 있었다. 방종철은 광종이 선약과 이가작의 말을 맹신했기 때문에 붕어했다는 내용을 유칙에 넣었다. 광종의 장남 희종(熹宗) 주유교(朱由校)가 황위를 계승한 뒤에도 풍파가 가라앉지 않았다. 예부상서 손신행(孫愼行)이 방종철을 탄핵했다.

"종철이 설사 임금을 시해할 마음이 없었더라도 오히려 임금을 시해한 죄가 있사옵니다. 그가 임금을 시해했다는 소문을 피하고자 해도 실제로 시해와 관련되어있음을 피하기 어렵사옵니다."

방종철은 고민 끝에 희종에게 장문의 상소문을 올려 억울함을 호소하고 관직을 버리고 도성을 떠나 은거하겠다는 소망을 밝혔다. 희종은 그의 간청을 들어주었다. 방종철이 도성을 떠난 후, 희종은 최문승과 이가작의 죄를 묻게 했다. 천계 2년(1622) 최문승은 남경으로 유배를 보내고 이가작은 변방으로 쫓아내는 것으로 광종의 갑작스러운 죽음에 대한 의혹을 거두었다. 사실 이 사건은 당시 명나라 조정에서 벌어진 동림당과 절당 간의 당파 싸움에서 시작되었으며, 끝내 그 진상을 밝히지 못하고 천고의 수수께끼로 남은 것이다.

천계제天啓帝 희종熹宗 주유교朱由校

1. 성장 배경과 황위 계승 과정

15대 황제 희종 주유교(1605~1627)는 광종 주상락의 장남으로 태어났다. 만력 41년(1613) 주상락이 태자였을 때, 그의 정실부인 곽씨(郭氏)가 아들을 낳지 못하고 사망하자 다시 태자비를 책봉하지 않았다. 그는 정귀비의 살해 위협에 시달렸다. 그래서 측실 부인들 가운데 한 명을 태자비로 책봉할 엄두가 나지 않았다. 그의 곁에는 재인(才人), 선시(選侍), 숙녀(淑女) 등 품계가 낮은 측실들이 있었을 뿐이었다.

만력 33년(1605) 재인 출신 왕씨(王氏)가 주상락의 장남 주유교(朱由校)를 낳았는데 만력 47년(1619)에 사망했다. 신종은 장남 주상락을 냉대했다. 주상락의 생모 왕공비가 신분이 천한 궁녀 출신이라고 싫어했다고 하지만, 사실은 간사한 정귀비의 간계에 놀아났기 때문에 장남을 멀리했다. 신종의 장손으로 태어난 주유교도 조부의 관심 밖에 있었다. 아들이 미워도 손자는 예뻐하는 게 인지상정인데도, 신종은 그렇지 않았다.

역시 정귀비가 걸림돌이었다. 주유교는 부친과 마찬가지로 정귀비의 살해 위협에 시달리면서 어린 시절을 불안하게 보냈다. 장차 황위를 계승할 황제의 장손이었지만 유령 인간처럼 살면서 교육을 제때 받지 못했기 때문에 거의 문맹에 가까웠다. 나이 어린 주유교가 음모와 모략이 판치는 음산한 궁궐에서 유일하게 즐긴 일은 목공예였다. 나무로 각종 공예품을 만들고 옻칠하는 일만이 그의 울적한 마음을 달래주었다. 훗날 그가 황제로 등극한 이후에도 평생 이 취미를 버리지 못했다.

주상락이 황위를 계승하기 전에 측실들 가운데 이(李)씨 성을 가진 선시가 두 명이었다. 한 명은 동쪽에 거주한다고 해서 동리(東李), 다른 한 명은 서쪽에 거주한다고 해서 서리(西李)로 불렀다. 동리가 서리보다 지위가 조금 높았지만, 서리가 주상락의 총애를 받았다. 주상락은 서리에게 생모를 잃은 장남을 키우게 했다.

주상락이 황제로 등극한 직후에, 정귀비는 광종의 총애를 받는 서리에게 접근했다. 자기 못지않게 정치적 야심이 많은 서리를 황후로 추대하면, 서리가 자신을 태후로 밀어줄 것이라고 확신했다. 두 사람은 한통속이 되었다. 하지만 태창 원년(1620) 8월 환관 최문승의 배후로 지목된 정귀비가 대신들의 탄핵을 받아 건청궁에서 쫓겨났고, 9월 초하루에는 광종이 급사하는 변고가 일어났다. 졸지에 미망인이 된 서리는 황위를 계승할 주유교를 통제하고 나섰다. 그녀가 생모는 아니었지만 그를 키운 공로로 태후 행세를 하며 수렴청정을 시도했다. 이때 사례감의 우두머리 장인태감 왕안(王安)이 그녀의 음모를 알아차리고 대신들에게 밀고했다. 고명대신 양련이 분노를 참지 못하고 말했다.

"어찌 부녀자에게 천하를 맡길 수 있겠는가?"

그는 대신들에게 즉시 건청궁으로 가서 주유교를 모셔오자고 주장했다. 주유검은 서리의 통제 아래 건청궁에 머무르고 있었다. 대신들이 광종의 붕어를 애도한다는 명목으로 건청궁으로 몰려갔다. 건청궁을 지키고 있던 환관들이 궁문을 봉쇄하자 양련이 소리를 질렀다.

"황상께서 붕어하시고 황위를 계승할 황장자(皇長者)가 아직 어린데도,
너희들이 궁문을 막고 들어가지 못하게 하는 저의가 무엇이냐?"

양련의 기세에 눌린 환관들이 안절부절못하고 있을 때, 왕안이 주유교를 모시고 나왔다. 대신들은 만세를 연호하며 그를 가마에 태우고 문화전(文華殿)으로 갔다. '만세'는 오직 황제를 향해서만 부르는 소리이다. 대신들이 만세를 외친 까닭은 주유교를 황제로 추대하겠다는 뜻이었다. 그들은 주유교에게 즉시 황제로 등극하기를 권유했으나, 주유교가 망설였다. 16세의 젊은 청년이 한 순간에 천하의 대권을 거머쥐기에는 너무나 두렵고 떨렸다. 더구나 그는 목공예에만 심취했을 뿐, 천하를 다스리는 어떤 제왕학도 배우지 못했지 않은가?

하지만 의리와 명분을 중시하는 대신들은 그렇게 생각하지 않았다. 주유교가 일자무식이라도 어쨌든 광종의 장남이므로 황위 계승의 영순위로 보았다. 그들은 일단 주유교를 자경궁으로 모시고 갔다. 먼저 건청궁에서 버티고 있는 서리를 쫓아내는 일이 시급했다. 어사 좌광두(左光斗)가 상소했다.

"건청궁에는 오로지 천자만이 거주할 수 있으며, 정실부인 황후는 천
자와 함께 있을 때만이 거주할 수 있습니다. 다른 비빈들은 순서에 따라
건청궁으로 들어가서 천자와 잠자리를 같이 할 수 있지만 계속 머무를

수는 없습니다. 이는 비빈들이 오해받는 일을 피하기 위해서일 뿐만 아니라, 존귀함과 천함을 구별하기 위해서이기도 합니다. 서리는 전하의 적모(嫡母)도 아니고 또한 생모도 아닌데도 정궁인 건청궁에 엄연히 거주하고 있습니다."

"이와 반면에 전하께서는 건청궁에 거주해야 하는데도 도리어 자경궁에 물러나 있으면서 선황제의 제사를 모시지 못하고 또한 대례(大禮)를 행하지도 못하고 있으니 명분을 어떻게 세우겠습니까? 서리는 선황제를 바르게 모신 덕행이 없으며 전하에게도 양육의 은혜를 베풀지 않았습니다. 이런 부도덕한 여자에게 어찌 천하의 일을 맡길 수 있겠습니까?"

"전하의 보령은 이미 16세이옵니다. 내정에는 전하를 보필할 충직한 노신들이 있으며 외정에는 공경대부들이 있는데도, 어찌 사람이 부족하다고 걱정하여 젖을 먹여준 서리의 품에 안기려고 합니까? 전하께서 성지(聖旨)를 처음으로 펼 때에는 여색을 멀리해야 하는데도, 하필이면 국정을 부녀자의 손에 맡기고자 합니까? 지금 당장 결단을 내리지 않으면, 서리가 전하를 양육했다는 것을 명목으로 삼아 권력을 휘두를 것입니다. 당나라 때 무측천(武則天)의 재앙이 오늘 다시 출현하면 말로 표현할 수 없는 불행이 닥칠 것입니다."

좌광두의 상소문을 읽고 분노한 서리는 주유교를 압박하여 좌광두를 문초하려고 했다. 주유교는 대신들의 일사불란한 행동에 안심하고 그녀의 말을 듣지 않았다. 동림당 대신들이 이구동성으로 서리의 잘못을 지적하고, 환관의 우두머리 왕안도 서리에게 압력을 가했다. 서리는 어쩔 수 없이 건청궁에서 나올 수밖에 없었다. 그들이 서리를 건청궁에서 몰아낸 사건을 '이궁안(移宮案)'이라고 한다. 자기 세력이 없었던 서리가 주유교를 키운 인연으로 수렴청정을 시도했으나 실패한 것이다. 태창 원년(1620) 9월 6일 마침내 희종(憙宗) 주유교가 15대 황제로 등극했다. 같은 해 8월 이후의 연호를 태창(泰昌)이라 정하고, 다음 해를 천계(天啓) 원년으로 정했다.

2. 희대의 간신: 환관 위충현(魏忠賢)의 국정 농단

광종의 급작스러운 죽음으로 16세의 나이에 느닷없이 황제가 된 희종은 조부 신종이 망친 국정을 쇄신할 능력이 전혀 없었다. 그의 관심사는 여전히 목공예였다. 황제가 궁궐 건축 현장에 불쑥 나타나 십장처럼 목수들을 진두지휘했다. 친히 대패질하고 가구를 만드는 솜씨가 타의 추종을 불허할 정도로 뛰어났다. 또 틈만 나면 '귀뚜라미 싸움'을 즐겼다.

황제가 무식해도 능력이 뛰어나고 어진 신하를 중용하면 조정의 정치는 그럭저럭 굴러갈 수 있는 법이다. 그래서 '인사가 만사'라는 얘기가 있다. 하지만 희종은 무식했을 뿐만 아니라 정치에 도무지 관심이 없었다. 황제의 이런 약점을 파고들어 실제로 황제 노릇을 한 자가 희대의 간신, 환관 위충현(1568~1627)이었다.

위충현은 하간부(河間府) 숙녕현(肅寧縣: 지금의 하북성 창주 · 滄州)의 한 빈농 가정에서 태어났다. 원래 이름은 알려진 바 없다. 젊었을 적에 집안이 너무 가난하여 글을 깨우치지 못하고 야바위꾼 노릇을 하며 살았다. 일자무식이었으나 담력이 있고 윗사람에게 아부를 잘했다. 하루는 시정의 불량배와 도박을 하다가 판돈을 잃고 치욕을 당했다. 당장 분풀이를 하고 싶었으나 무식하고 가진 게 아무 것도 없는 그가 할 수 있는 일이 없었다. 이렇게 한 평생 남에게 무시를 당하며 비렁뱅이로 살 바에야 차라리 환관이 되어 황궁으로 들어가 부귀영화를 누리겠다고 결심했다.

하지만 환관은 아무나 되는 게 아니었다. 성인이 환관이 되려면 고환을 훼손해야 하는 엄청난 고통을 겪어야 했다. 그는 목숨을 걸고 자기 손으로 고환을 훼손했다. 만력 17년(1589) 사례병필태감(司禮秉筆太監) 손섬(孫暹)의 수하로 들어갔다. 이때 이름을 진충(進忠)으로 개명했다. 무식했지만 머리가 비상하고 잔꾀를 부리며 윗사람의 눈치를 잘 살폈다. 얼마 후 손섬의 눈에 띠어 황궁의 창고, 갑자고(甲字庫)를 관리하는 책임을 맡았다. 그런데 그는 황궁의 창고지기에 만족할 인물이 아니었다.

당시 환관의 우두머리는 왕안(王安)이었다. 주유교를 황제로 추대하는 데 결정적인 공을 세운 환관이었다. 성품이 강직하고 정의감이 있었던 까닭에, 양심적인 동림당 계열의 대신들은 그가 환관이었음에도 불구하고 그를 진심으로 존경했다. 이런 신망이 두터운 왕안에게 인정을 받을 수 있다면 황실 내부로 한 걸음 더 내딛을 수 있었다. 진충은 먼저 왕안의 측근 위조(魏朝)에게 아부하여 결의형제를 맺었다. 그 뒤 위조의 천거로 왕안의 문하로 들어간 진충은 왕안의 눈에 잘 보여서 주유교의 생모, 왕재인(王才人)의 음식 수발을 드는 전선(典膳)의 직책을 맡았다.

진충은 왕재인에게 모든 인생을 걸었다. 그녀가 신분이 낮은 재인 출신이었지만 어쨌든 신종의 장손, 주유교의 생모가 아닌가? 훗날 주유교가 황위를 계승하는 날에는 왕재인이 태후로 등극할 가능성이 있었으므로 그녀의 환심을 사기 위해서는 무슨 일도 마다하지 않았다.

진충은 또 주유교의 유모, 객씨(客氏)에게 접근했다. 주유교는 어린 시절에 객씨의 풍만한 젖가슴을 만지며 자랐다. 그녀에게 유모 이상의 미묘한 감정을 품고 있었다. 눈치 빠른 진충이 두 사람의 관계를 감지했다. 객씨는 위조와 '대식(對食)' 관계를 맺고 있었다. 대식의 유래는 이렇다. 당직을 서는 환관은 궁중에서 밥을 지어먹을 수 없었기 때문에, 본인이 가지고 온 차가운 음식을 먹을 수밖에 없었다. 그런데 궁녀는 궁궐에서 불을 지필 수 있었으므로, 환관들이 평소에 친한 궁녀에게 음식을 데워달라고 부탁하고 함께 음식을 먹었다. 남녀가 오랫동안 함께 밥을 먹으면 부부처럼 친해지기 마련이다. 환관과 궁녀 간의 이러한 '은밀한 부부놀이'를 대식이라고 칭한다.

명초(明初)에는 은밀히 행해졌으나 만력 이후부터는 공개적으로 이루어졌다. 어차피 환관은 정상적인 성행위를 할 수 없는 불구자였고, 궁녀도 절대 결혼할 수 없는 처지였다. 그들의 불행한 처지를 감안하여 함께 부부처럼 어울리는 행동을 궁궐에서 묵인했다. 또 임금의 '성은(聖恩)'을 한 번도 받지 못한 궁녀들끼리 일종의 동성애를 즐기는 행위도 대식이라고 한다.

위조는 왕안과 주유교를 섬기느라 객씨를 돌볼 겨를이 없었다. 진충이 그 틈을 노리고 원래 위조의 여자였던 객씨의 몸과 마음을 사로잡았다. 훗날 그는 황제의 어명을 가탁하여 자신을 물심양면으로 도와준 결의형제, 위조를 귀양 보내 죽이는 비열함을 드러냈다.

태창 원년(1620) 9월 광종의 급작스러운 사망으로 졸지에 황위를 계승한 주유교는 객씨를 향한 연모의 감정이 꿈틀거렸다. 이제 더 이상 남의 눈치를 볼 필요가 없는 황제가 되었다. 자기가 결정한 것이면 그것이 곧 국법이 되는 세상이었다. 황제로 등극한 지 한 달도 못되어 객씨를 봉성부인(奉聖夫人)으로 책봉했다. 객씨 일족은 하루아침에 부귀영화를 누리게 되었다.

객씨의 정부(情夫) 진충도 출세의 가도를 달렸다. 궁궐의 땔감을 관장하는 석신사(惜薪司)에서 사례감(司禮監)의 병필태감(秉筆太監)으로 승진했다. 이 직책은 각 부 대신들이 올린 각종 공문들을 선별하여 황제에게 아뢰는 일과 어명을 대신들에게 구두로 전달하거나 문서로 작성하여 알리는 일을 도맡았다. 오늘날 '대통령 비서실장'과 비슷한 업무를 담당하고 있었다. 환관임에도 불구하고 그의 권력이 막강했다. 원래 그는 낫 놓고 기역 자도 모르는 무식쟁이였으므로 황제의 공문서를 처리하는 병필태감이 될수 없었다. 하지만 객씨가 막후에서 은밀히 영향력을 행사했던 까닭에, 그는 파격적인 승진을 할 수 있었다. 마침내 그는 희종의 눈과 귀가 되어 자기에게 불리한 정보는 철저하게 차단하고 오로지 희종이 향락에 빠져 지낼 수 있게 했다.

천계 원년(1621) 희종은 객씨 집안의 제사를 받들게 하고 토지를 하사했으며 진충이 선황제의 황릉을 중수한 공로를 기록에 남기게 했다. 두 사람에 대한 희종의 지나친 총애가 국정 혼란을 일으킬 수 있음을 우려한 어사 왕심일(王心一)이 그 부당함을 지적하여 간언을 올렸지만 희종은 끝내 듣지 않았다.

천계 2년(1622) 희종은 진충에게 '충현(忠賢)'이라는 이름을 하사했다. 참으로 충성스럽고 현명한 신하라는 뜻이다. 이때부터 어리석은 군주와 교활한 간신의 불행한 변주곡이 본격적으로 시작되었다. 황제의 총애를 등에 업은 위충현과 객씨는 자기들에게 위협이 되는 자들을 모조리 제거하기로 결심했다. 먼저 충신 왕간이 도마 위에 오른 물고기 신세였다.

희종은 즉위하자마자 왕간에게 사례감을 계속 관장하게 했다. 하지만 왕간은 자신은 선황제 시절에 사례감을 맡았기 때문에, 새 황제의 등극에 따라 마땅히 사직해야 한다고 말하며 고사했다. "새 술은 새 부대에 담아야 한다."는 충언이었다. 그의 강직한 성품은 오히려 그를 해치고자 한 위충현과 객씨에게 절호의 기회가 되었다. 객씨가 희종에게 왕안의 사직 청원이 법도에 맞는다고 아뢰었다. 희종도 윤허하지 않을 수 없었다. 객씨는 위충현에게 왕안을 당장 살해하자고 말했다. 위충현이 망설이자 객씨가 말했다.

"당신과 내가 서리(西李)와 같은 처지라면, 어찌 후환을 남겨둘 필요가 있겠어요?"

광종의 후궁, 서리가 주유교를 농락하여 수렴청정을 시도하다가 쫓겨난 일을 객씨가 위충현에게 상기시킨 것이다. 두 사람은 급사중 곽유화(霍維華)에게 왕안을 모함하게 하여 황실의 수렵장인 남해자(南海子)의 정군(淨軍)으로 몰아냈다. 정군이란 환관들로 구성된 군인을 말한다. 그 후 위충현은 유조(劉朝)를 남해자의 책임자로 보내 왕안을 살해하게 했다. 명나라 역사상 환관들 가운데 보기 드물게 충직했던 왕간은 한때 자기 수하에 있었던 위충현과 객씨의 음모에 의해 희생되었다. 곽유화는 진사 출신의 관리였음에도 불구하고 비열하게 위충현에게 빌붙어 그의 앞잡이가 되어 양심적인 동림당 인사들의 탄압에 앞장섰다. 출세를 위해서라면 어떤 비굴한 짓도 서슴지 않는 지식인의 전형이었다.

천계 2년(1622) 희종은 위충현이 광종의 황릉, 경릉(慶陵)을 완공한 공로를 인정하여 위충현의 조카를 금의위의 지휘첨사로 임명했다. 지휘첨사는 천자를 호위하고 황궁을 지키는 금위군의 책임자로서 천자의 측근에서 막강한 권력을 행사할 수 있는 직책이었다. 이때부터 위충현은 금위군을 장악하기 시작했다. 그는 대담하게도 희종을 속이고 황궁에서 사병 1만여 명을 조련했다. 천자에게 충성하는 금위군의 전력 강화를 위한다는 핑계를 댔지만, 사실은 친위대를 조직하여 자기에게 조금이라도 위협이 될 만한 인사들을 제거하는 데 활용했다.

천계 3년(1623) 겨울 희종은 위충현에게 동창(東廠)을 관장하게 했다. '호랑이'에게 날개를 달아준 셈이다. 감찰과 정보 기능을 수행하는 동창은 관리들뿐만 아니라 일반 백성들에게도 공포의 대상이었다. 동창에 끌려가면 모진 고문을 당하고 시신이 되어 나오는 일이 다반사였다. 이른바

'백색공포'가 조정에 엄습했다.

천계 4년(1624) 위충현의 만행과 국정 농단에 울분을 품은 동림당 인사들이 분연히 일어났다. 어사 이응승(李應升)은 위충현이 궁궐에서 사병을 불법으로 조련한 죄를 희종에게 간했다. 급사중 곽수전(霍守典)은 위충현이 희종에게 자기 집안 사당에 편액을 하사해달라고 요청한 죄를 간했다. 또어사 유정좌(劉廷佐)는 위충현이 음관(蔭官)을 남발한 죄를 고발했고, 급사중 심유병(沈惟炳)은 위충현이 입가(立枷)의 형벌을 가한 죄를 고발했다. 입가란 사람을 세운 채로 나무형틀에 가두어 꼼짝달싹 못하게 하는 잔혹한 형벌이다.

희종은 대신들의 간언에 묵묵부답이었다. 대신들의 반격에 놀란 위충현이 희종의 조서를 위조하여 그들을 잡아들여 잔혹한 고문을 가했다. 양심적인 대신들이 줄줄이 잡혀가 고문을 당하는 모습을 지켜본 부도어사(副都御史) 양련이 목숨을 걸고 위충현의 24가지 대죄를 상세히 밝힌 상소문을 올렸다. 조정의 분위기가 일시에 위충현을 탄핵하는 분위기로 쏠리자, 위충현은 희종에게 달려가 울면서 억울함을 호소했다. 객씨도 곁에서 그를 옹호하고 나섰다. 어리석은 희종은 위충현의 가증스러운 눈물 연기에 속아 넘어갔다. 오히려 그를 두둔하고 비답(批答)을 내려 양련을 꾸짖고 파직시켰다.

대신들이 또 들고 일어났다. 급사중 위대중(魏大中), 진량훈(陳良訓), 허예경(許譽卿), 무녕후(撫寧侯) 주국필(朱國弼), 남경의 병부상서 진도형(陳道亨) 등 대신 70여 명이 위충현을 탄핵하는 상소문을 연이어 올렸지만, 희종은 여전히 요지부동이었다. 당시 위충현의 국정 농단에 목숨을 걸고 싸운 인사들은 대부분 동림당 계열의 사대부였다. 대체적으로 그들은 대의명분을 목숨처럼 소중히 여기고 유가의 위민 사상에 투철한 신념을 가지고 있었다. 일개 환관 따위가 국정을 마음껏 유린하는 악행을 도저히 참을 수 없었다.

하지만 정치란 언제나 반대 세력이 있기 마련이다. 동림당 인사들에게 불만을 품은 대신들은 사대부로서의 자존심을 버리고 환관 위충현에게 빌붙어 그들을 타도하고자 했다. 위충현도 대신들 간의 갈등을 이용하여 눈엣가시 같은 동림당 인사들을 제거하기로 결심했다. 예부상서 고병겸(顧秉謙)은 참으로 후안무치하고 비열한 자였다. 예부상서라면 예의와 도덕을 가장 숭상하고 인격적으로 만인의 존경을 한 몸에 받는 당대 최고의 지성인이 맡는 직책이다. 고병겸은 양심적인 동림당 출신의 대신들을 몰아내고 조정의 요직을 독차지하기 위하여 스스로 위충현의 바짓가랑이 밑으로 기어들어갔다.

고병겸이 예부상서의 직책에 있을 때 이미 고희를 넘긴 나이였다. 관직을 내려놓고 고향으로 돌아가 은거해야 할 처지였다. 위충현이 권력을 장악하자 그에게 굴종하면 죽을 때까지 부귀영화를 누릴 수 있다고 생각했다. 하루는 그가 아들을 데리고 위충현에게 찾아가서 큰절을 올리며 이렇게 말했다.

"제가 어르신을 아버님으로 받들고자 하옵니다. 어르신께서 이 늙은이를 아들로 삼는 것을 좋아하시지 않을까 걱정하여 제 어린 아들을 데리고 왔사오니 손자로 삼아주시옵소서."

나이가 자기보다 18세나 아래인 환관 위충현을 아버지로 모시겠다는 추악한 행위였다. 위충현으로서는 그를 내칠 이유가 없었다. 그를 앞잡이로 삼으면 동림당 인사들을 일거에 때려잡을 수 있었다. 고병겸은 엄당(奄黨)으로 들어가 위충현의 비호로 내각의 최고 직위인 내각수보에 올랐다. 동림당 인사들은 위충현을 따르는 환관과 대신들의 정치 조직을 '엄당'이라고 불렀다. 고자들이 만든 정당이라는 뜻이다.

고병겸은 동림당 인사들의 명단을 은밀히 작성하여 위충현에게 건네주었다. 명단에 오른 사람들은 모두 쫓아내거나 때려죽여야 한다는 무서운 음모였다. 이부상서 조남성(趙南星), 좌도어사 고반룡(高攀龍), 이부시랑 진우정(陳于廷) 등, 충신 수십 명이 관직에서 쫓겨났으며, 공부랑중 만경(萬燝)과 어사 임여저(林汝翥)는 혹독한 고문을 이기지 못하고 옥사했다.

위충현에게 빌붙어 출세의 가도를 달린 사대부는 고병겸 뿐만이 아니었다. 최정수(崔呈秀)라는 자는 뇌물을 받은 죄로 탄핵을 당할 위기에 처해 있을 때, 위충현에게 찾아가 머리를 조아리고 눈물을 흘리며 양아들이 되겠다고 구걸한 인물이다. 그는 동림당 인사와 비동림당 인사의 명단을 별도로 작성한 『천감록(天鑑錄)』과 『동지제록(同志諸錄)』을 만들어 위충현에게 바치고 동림당 인사들을 제거하는 데 앞장섰다. 나중에 위충현의 천거로 국방의 최고 책임자인 병부상서의 직책을 맡았다.

왕소휘(王紹徽)란 자도 만력 연간에 탄핵을 받고 쫓겨났으나, 천계 4년(1624)에 위충현의 부름을 받고 예부상서가 되었다. 위충현은 그가 동림당 인사들과 적대 관계임을 알고 그를 중용했다. 왕소휘는 『수호전(水滸傳)』을 모방하여 동림당 인사 108명의 명단을 수록한 『점장록(點將錄)』을 만들어 위충현에게 바쳤다. 이 명단에 오른 인물들 가운데 양련(楊漣), 좌광두(左光斗), 원화중(袁化中), 위대중(魏大中), 주조서(周朝瑞), 고대장(顧大章) 등 이른바 '동림육군자(東林六君子)'가 위충현 일당에게 가장 혹독한 박해를 당하고 죽었다.

동림당은 명나라 말기에 활동한 양심적인 사대부들의 정치 결사체이다. 그들은 대부분 강남 출신의 과거 급제자로 구성되었다. 만력 32년(1604) 고헌성(顧憲成), 고반룡(高攀龍) 등 사대부들이 송(宋)나라 때 양시(楊時)가 강학하던 동림서원(東林書院: 지금의 강소성 무석·無錫에 소재)을 중수하고 난 뒤,

"학문을 강론하고 배우면서 여유가 있으면 종종 조정의 정치를 비평하고 인물을 평가한다."는 기치를 내걸었다. 그들은 의론은 '청의(淸議)'라고 칭했을 정도로 양심적인 사대부들의 많은 호응을 받았다. 그들은 정계에 진출하여 기울어져 가는 국운을 바로잡기 위하여 혼신의 노력을 다했으나 위충현이 주도한 엄당 세력에게 무자비한 탄압을 받았다.

동림육군자 가운데 양련은 당시 명나라에서 가장 청렴한 관리였다. 천계 4년(1624) 위충현의 죄상을 낱낱이 밝혔다가 모함을 당하고 옥사했다. 그가 남긴 「옥중혈서(獄中血書)」 전문의 내용은 이렇다.

"아! 양련은 오늘 곤장을 맞고 죽는구나. 일편단심으로 임금에게 보답했지만, 우직한 성격 때문에 간신의 원수가 되었다네. 오랜 세월 동안 칠척(七尺)의 몸으로 험난한 세월을 견디면서 내 자신의 안위를 걱정하지 않았도다. 한(漢)나라 때 장검(張儉)이 환관 후람(侯覽)의 죄상을 밝혔다가 모함을 받고 달아났지만, 나는 달아나지 않았다네. 또 양진(楊震)이 환관 번풍(樊豐)의 모함을 받고 귀양길에 음독자살했지만 나는 그렇게 하지 않았도다. 내 목숨을 조정에 바치기를 바랄 뿐, 사후에 처자식들이 내 시신을 둘러싸고 통곡하는 것을 기대하지 않을 따름이오. 잔혹한 고문을 당하고 뇌물죄를 뒤집어썼다네. 저들이 나를 죽여서 환관 위충현에게 아부하기 위하여 날마다 모진 형벌로 뇌물죄를 추궁하는데, 임금의 엄한 성지는 빨리 나를 처단하라고 한다네."

"집안은 망하고 고향 길은 멀며 선비들과의 교유는 이미 단절되었다네. 내 육신은 쇠와 돌처럼 단단하지 않으며 겨우 목숨만이 붙어있을 뿐이네. 신하에 대한 처벌과 포상은 임금의 은혜가 아닌 것이 없다네. 한평생 의로운 삶을 살았지만, 지금 어명에 따라 감옥에서 죽음을 맞이하게 되었다네. 내 억울한 죽음을 밝히기는 어렵겠지만, 어찌 하늘을 원망하며 사람에게 원한을 품겠는가?"

"나는 좌도부어사의 직책을 수행하면서 선황제의 고명(顧命)을 받았도다. 옛날에 공자가 '나이 어린 임금을 맡길 만하고 대의를 위해 목숨을 바치는 군자'를 거론한 적이 있었도다. 이 말을 평생의 신념으로 삼고 지금까지 살아왔다네. 이제 선황제(광종)를 하늘에서 뵐 수 있고 역대 황제, 천지신명과 백성들에게도 부끄럽지 않은 절개를 보여줄 수 있게 되었네. 아! 참으로 가소롭고 또 가소롭구나. 간신배가 칼로 내 목을 친다한들 무슨 두려움이 있겠는가?"

양련은 형장의 이슬로 사라지면서도 끝내 임금을 원망하지 않고 절개를 지켰다. '하늘의 이치를 보존하고 사람의 사사로운 욕망을 없애는' 성리학에 정통한 선비의 올곧은 삶의 자세를 보여주었다. 좌첨도어사 좌광두도 양련과 함께 위충현에게 대항하다가 끔찍한 형벌을 피할 수 없었다. "알몸으로 끌려와서 손가락을 짓이기는 형벌, 주리를 트는 형벌, 곤장을 때리는 형벌 등 온갖 잔혹한 형벌을 받고 난 뒤, 꿇어앉거나 일어날 수 없어서 누운 채로 심문을 받았다." 좌광두가 옥사하기 전에 제자 사가법(史可法 · 1601~1645)이 옥리를 몰래 매수하여 그를 찾아뵙자, 그가 불같이 화를 내며 제자를 쫓아냈다. 친아들처럼 사랑한 제자가 스승의 옥사(獄事)에 연루되어 화를 당하지 않을까 두려워해서 그랬다. 훗날 사가법은 홍광(弘光) 원년(1645)에 청군이 강소성 양주(揚州)에서 10일 동안 대학살을 자행할 때, 끝까지 저항하다가 순국한 천고의 충신이 되었다. '그 스승에 그 제자'라는 전형적인 예이다.

급사중 주조서는 위충현과 객씨의 간계에 놀아나는 희종에게 간언을 했다가 옥사했고, 어사 원화중도 희종에게 시정(時政)의 8가지 일을 논한 상소문을 올렸다가 위충현의 미움을 사서 옥사했다. 급사중 위대중은 뇌물 3,000냥을 받았다는 누명을 쓰고 옥사했다. 그가 북경의 감옥으로 끌려갈 때, 사대부와 백성 수천여 명이 연도에 몰려나와 눈물을 흘리며 서러워했다고 한다. 섬서안찰사 고대장은 요녕 지방의 광녕성(廣寧城)을 청나라 군사에게 빼앗긴 왕화정(王化貞)의 책임을 묻는 상소를 올렸다. 그런데 왕화정이 엄당 소속이었고 위충현의 비호를 받고 있었기 때문에, 고대장도 누명을 쓰고 옥에서 자살했다.

동림육군자에게는 몇 가지 공통점이 있었다. 먼저 산동성 출신 원화중을 제외하고는 모두 강남 지방의 사대부 출신이다. 그들은 모두 과거 급제를 통하여 정계에 진출했으며 성리학을 신봉하는 학자이기도 했다. 그들은 모두 대의명분을 목숨처럼 여기고 청렴한 관리들이었다. 그들이 모두 엄당의 수괴 위충현에게 희생된 것은, 사실 망해가는 명나라의 국운을 더 이상 돌이킬 수 없는 상징적 사건이었다.

동림당 인사들의 몰락은 조정을 무법천지로 변하게 했다. 위충현에게 충성을 맹세한 무리가 요직을 완전히 장악했다. 그들의 황제는 희종이 아니라 위충현이었다. 위충현의 말 한 마디면 어떤 사악한 짓도 서슴지 않았다. 특히 동창 말단 관리들의 횡포가 극에 달했다. 동창에 끌려온 사람들은 지위고하를 막론하고 살점이 뜯겨 나갈 정도로 혹독한 고문을 당했다.

척신(戚臣) 이승은(李承恩)은 영안공주(寧安公主)의 아들이다. 영안공주는 희종의 고조(高祖), 즉 세종(世宗) 주후총(朱厚熜)의 셋째 딸이다. 이승은은 어머니가 생전에 물려준 황궁의 기물을 보관하고 있었다. 그 기물을 탐낸 위충현은 이승은이 황제의 수레와 의복을 훔쳤다고 모함하여 그를 죽이게 했다. 황실의 척신도 위충현의 눈 밖에 나면 살아남을 수 없었다.

중서(中書)의 직책을 맡은 오회현(吳懷賢)은 양련의 상소문을 읽고 그 충정에 손뼉을 치며 감탄했다. 그 모습을 지켜본 머슴이 동창에 밀고했다. 위충현을 비난한 자를 고발하지 않으면 자기 목숨이 위태로웠기 때문이다. 위충현은 즉시 그를 잡아들여 때려죽이고 그의 가산을 몰수했다. 백성들 가운데 위충현에 관한 소문을 쑤군거리다가 걸려서 혀가 잘려 죽은 자들이 이루 다 헤아릴 수 없을 정도로 많았다. 사람들의 분노가 극에 달했지만 보복이 두려워 감히 말하지 못했다.

천계 6년(1626) 어느 날 요양(遼陽)에 사는 무장춘(武長春)이라는 사내가 기방(妓房)에 놀러가서 망언을 늘어놓았다. 기녀의 밀고로 동창에 끌려온 그는 모진 고문을 당했다. 사실 그 사내는 술에 취하여 허풍을 떨었을 뿐 조정을 비난한 어떤 혐의도 없었다. 하지만 동림육군자를 잔혹한 고문으로 살해한 도지휘첨사 허현순(許顯純)이 취조 내용을 조작하여 희종에게 아뢰었다.

"장춘은 적의 첩자이옵니다. 그 자를 생포하지 않았다면 화를 입을 뻔
했사옵니다. 동창의 신하들이 충성과 기지를 발휘하여 탁월한 공적을 세
운 덕분이옵니다."

동창은 위충현의 하수인들이 장악하고 있었다. 허현순은 위충현에게 아부하기 위하여 거짓말을 늘어놓은 것이다. 희종은 위충현의 조카 위량경(魏良卿)을 숙녕백(肅寧伯)에 책봉하고 저택과 전답뿐만 아니라 철권(鐵券)도 하사했다. 철권이란 황제가 국가에 지대한 공을 세운 공신에게 하사하는 상훈 문서이다. 이것을 하사받은 자는 범죄를 저질러도 형벌을 면할 수 있으며 대대손손 부귀영화를 누릴 수 있었다.

위충현에게 아부하여 이부상서가 된 왕소휘(王紹徽)가 희종에게 위충현

의 조상을 추증(追贈)해야 한다고 아뢰었다. 희종은 위충현의 사대(四代) 조상에게 위충현과 같은 작위를 하사했다. 당시 위충현의 위세가 얼마나 대단했던 지, 절강순무 반여정(潘汝楨)은 그를 숭배하는 사당을 지어야 한다고 희종에게 요청하기도 했다. 살아있는 사람을 위한 사당 건축은 전례가 없는 일이었음에도 희종의 윤허를 받았다. 이때부터 전국 각지에서 위충현의 사당을 짓는 열풍이 일어났다. 관리들이 다투어 사당을 건립하여 그에게 충성의 맹세를 했다.

명나라 천하는 가히 위충현의 천하라고 할 수 있었다. 왕체건(王體乾), 이조흠(李朝欽), 왕조보(王朝輔) 등 위충현을 추종하는 환관 30여 명이 황제 주변을 완전히 장악하여 인의 장막을 쳤다. 문관 최정수(崔呈秀), 전길(田吉), 오순부(吳淳夫), 이기룡(李夔龍), 예문환(倪文煥) 등 '오호(五虎)'가 위충현을 위해 온갖 사악한 음모를 꾸미면, 무관 전이경(田爾耕), 허현순(許顯純), 손운학(孫雲鶴), 양환(楊寰), 최응원(崔應元) 등 '오표(五彪)'가 음모에 걸려든 자들을 잔혹하게 살해했다. 또 '십구(十狗)', '십해아(十孩兒)', '사십손(四十孫)' 등, 위충현의 앞잡이들이 자행한 악행은 말로 표현할 수 없을 정도로 잔인했다. 조정의 내각, 육부에서 전국 각지의 총독, 순무에 이르기까지 위충현 일당의 세력이 뻗치지 않은 곳이 없었다.

천계 7년(1627)에 이르러서는 위충현의 공덕을 칭송하기 위하여 사당을 짓는 풍조가 극을 달했다. 고위 관리들은 말할 것도 없고 무인, 상인, 심지어는 불량배조차도 사당을 짓기 위하여 혈안이 되었다. 그들이 백성의 가택과 전답을 빼앗고 무덤 주변의 나무를 벌목해도 감히 관아로 가서 억울함을 호소하는 자가 없었다. 심지어 국자감 학생 육만령(陸萬齡)은 사당에서 위충현을 공자와 동급으로 배향(配享)하고, 그의 아버지를 공자의 부친 계성왕(啓聖王) 숙량흘(叔梁紇)과 동급으로 배향하는 작태를 벌이기도 했다. 이와 반면에 계주도(薊州道) 참정(參政) 호사용(胡士容)은 위충현 사당의 건립 현황을 보고하지 않았다는 죄명으로, 준화도(遵化道) 병비부사(兵備副使) 경여기(耿如杞)는 사당에 들어가 참배하지 않았다는 죄명으로 하옥되어 사형을 언도받았다.

조정 대신들이나 지방 관리들이 희종에게 상주문을 올릴 때면 반드시 위충현의 공덕을 칭송하는 내용을 써야했다. 그들은 상주문에 감히 위충현의 이름을 쓰지 못하고 '창신(廠臣)'이라고 표현했다. 창신이란 명나라의 양대 정보기관인 동창(東廠)과 서창(西廠)을 관장하는 신하라는 뜻이다. 위충현이 이 두 곳을 장악하여 황제에 버금가는 권력을 누렸기 때문에 그렇게 표현했다. 황제를 보좌하는 내각의 대학사 황립극(黃立極), 시봉래(施鳳來), 장서도(張瑞圖) 등도 희종의 조서를 대신 작성할 때, 위충현의 이름을 직접 거명하지 못하고 반드시 '짐(朕)과 창신(廠臣)'이라고 썼다. 이는 그들이 위충현을 희종과 거의 같은 반열에 올려놓았음을 의미했다. 하루는 산동성에 기린이 출현하자, 산동순무 이정백(李精白)이 그것을 그림으로 그려 조정에 알렸다. 이에 황립극은 희종의 조서에 "창신이 어진 덕을 쌓은 덕분에 어진 짐승이 출현하였도다."라는 문구를 써서 위충현에게 아부했다.

천계 7년(1627)에는 위충현의 조카 위량경(魏良卿)이 천자를 대신하여 제천의식을 거행하고 태묘(太廟)에서 제사를 지내는 일까지 벌어졌다. 그 광경을 지켜본 백성들은 위충현이 황위를 찬탈하지 않았나 의심하기도 했다. 위충현이 황제처럼 수많은 시종들을 거느리고 행차할 때면, 거리로 몰려나온 사대부들이 엎드려 절을 하며 '구천세(九千歲)'를 외쳤다. 사실상 황제는 희종이 아니라 위충현이었던 것이다. 위충현의 국정 농단과 황제 노릇은 같은 해 8월에 희종의 죽음으로 인해 비로소 종말을 맞이한다. 희종의 이복동생, 숭정제 주유검(朱由檢)이 명나라의 마지막 황제로 등극한 후 가장 먼저 위충현을 제거했다. 가흥(嘉興)의 공생(貢生), 전가징(錢嘉徵)이 위충현을 탄핵하는 상소를 올렸다. 그가 지적한 위충현의 10대 죄상은 이렇다.

"첫째 천자와 나란히 한 죄, 둘째 황후를 능멸한 죄, 셋째 함부로 군사를 동원한 죄, 넷째 역대 천자를 무시한 죄, 다섯째 번왕들의 봉토를 가로챈 죄, 여섯째 공자 등의 성인을 무시한 죄, 일곱째 작위를 남발한 죄, 여덟째 변방 장졸의 공적을 숨긴 죄, 아홉째 백성의 가산을 빼앗은 죄, 열째 뇌물을 받고 관직을 판 죄."

숭정제는 즉시 위충현을 소환하고 내시에게 전가징의 상소문을 읽게 했다. 숭정제의 질책을 두려워한 위충현은 숭정제를 섬긴 태감 서응원(徐應元)에게 많은 금은보화를 주고 구명을 요청했다. 숭정제는 서응원이 예전에 위충현과 도박을 하며 어울린 사실을 알고 있었다. 서응원을 심하게 질책했다. 같은 해 11월 위충현은 문초를 받으러 가던 중에 부성(阜城)에서 목을 매고 자살했다. 숭정제는 그의 시신을 갈기갈기 찢고 수급을 위충현의 고향 하간(河間)의 저잣거리에 걸어놓게 했다. 천계 7년 동안 명나라를 망국의 구렁텅이로 몰아넣은 위충현의 말로는 그렇게 비참하게 끝났다.

위충현이라는 희대의 간신이 국정을 농락할 수 있었던 원인은 희종 주유교의 상식을 초월하는 무능과 정치적 무관심에 있었다. 희종은 어려서부터 각종 공구로 가구를 제작하고 옻칠하는 일을 너무나 좋아했다. 황제로 등극한 이후에도 마찬가지였다. 먹줄을 긋고 대패질을 할 때마다 위충현의 무리가 찾아와 일을 아뢰면, 희종은 언제나 짜증을 내며 말했다.

"짐이 이미 다 알고 있는 일이오. 너희들이 알아서 잘 처리하기 바라오."

이런 황제 밑에서 어찌 위충현 같은 간신이 나오지 않기를 바랄 수 있었겠는가?

3. 희종(熹宗)의 두 여인: 유모 객씨(客氏)와 황후 장언(張嫣)

원래 객씨는 하북성 정흥현(定興縣)에 사는 농부 후파아(侯巴兒)의 아내였다. 용모가 요염하게 생기고 천성이 잔인하고 음탕한 여자였다. 18세 때 궁녀로 선발되어 황태손 주유교의 유모가 되었다. 그녀는 태감 위조(魏朝)와 대식(對食) 관계를 맺고 있었다. 태창 원년(1620) 9월 광종이 즉위한 지 한 달 만에 급서하자, 문맹에 가까운 주유교가 엉겁결에 황위를 계승했다. 동림당 대신들이 적장자 계승의 원칙에 따라 그를 황제로 추대한 덕분이었다.

희종의 등극은 객씨에게는 엄청난 행운이었다. 어린 나이에 생모 왕씨를 여읜 희종은 유모 객씨에게 연정을 품었다. 하지만 객씨가 희종에게는 엄연히 어머니뻘이 되는 여자였으므로 자신의 후궁으로 맞이할 수는 없었다. 희종이 즉위하자마자 객씨가 선황제 광종을 섬긴 공로를 인정하여 그녀를 봉성부인(奉聖夫人)으로 책봉했다.

천계 원년(1621) 희종은 하남성 개봉 상부현(詳符縣) 출신, 장언을 황후로 맞이하는 대혼을 치렀다. 장언의 부친, 생원 장국기(張國紀)는 태강백(太康伯)의 작위를 하사받았다. 장언은 희종의 배필을 구하기 위하여 전국에서 선발한 미인 5,000여 명 가운데 1등으로 뽑힌 절세의 미인이었다. 15세 때 황후로 책봉된 후, 대신들이 객씨의 출궁을 주장했다. 장언이 국모이자 황궁의 안주인인 황후로 책봉되었으므로, 선황제의 궁녀 출신인 봉성부인 객씨는 당연히 황궁에서 나가야 한다는 논리였다. 그들은 그녀의 국정 농단을 우려하여 쫓아내려고 했다. 대학사 유일경(劉一燝)이 이 문제를 거론하자 희종이 말했다.

"황후가 아직 어리기 때문에 나이 든 봉성부인의 보살핌이 필요하오. 신종 황제의 3년 상이 끝난 후에 다시 논의하겠소."

어린 황후를 보살펴야 한다는 핑계를 대고 객씨를 내치지 않았다. 하지만 어사 유란(劉蘭)이 또 황실의 법도에 따라 객씨의 출궁을 거듭 주장했다. 동림당 대신들의 불같은 성화에 희종도 어쩔 수없이 객씨를 황궁 밖으로 내보내지 않을 수 없었다. 얼마 후 희종이 대신들에게 말했다.

"객씨가 아침저녁으로 짐을 성실하게 보살피면서 하루도 짐의 곁을 떠난 적이 없었소. 객씨가 출궁한 후로부터는 점심, 저녁에 수라조차 제대로 먹을 수 없소. 날이 저물어 잠자리에 들면 새벽에 이르기까지 가슴이 먹먹하고 눈물이 나오. 비통한 마음이 들고 쉬어도 편하지 않으며 머리가 어지럽소."

나이 16세의 혈기왕성한 희종이 얼마나 객씨 생각에 넋이 빠져 있는지 알 수 있는 말이다. 지독한 상사병에 걸린 것이다. 어린 황제의 치기어린 투정에, 대신들도 그녀의 환궁을 묵인할 수밖에 없었다.

그 후 객씨는 위충현과 대식 관계를 맺고 황궁의 실권을 장악하면서 희종과 음란한 짓을 일삼았다. 황제의 총애를 등에 업은 그녀가 행차할 때마다 그녀를 호위하는 행렬의 규모가 황제에 버금갔으며, 지나가는 길에는 향불 연기가 피어오르고, '천세'를 연호하는 소리가 천지를 진동했다. 그녀는 장황후와 후궁들이 희종의 아들을 낳지 않을까 두려워했다. 희종의 아들이 태어나면 희종의 총애를 잃을 수 있었기 때문이다.

객씨와 위충현은 무서운 음모를 꾸몄다. 희종의 후사를 완전히 끊어버리기로 했다. 장황후가 출산이 임박하다는 소식을 듣고 궁녀들에게 그녀의 배를 안마하게 했다. 순산을 위해서라고 말했지만, 사실은 태아를 죽이고 그녀를 석녀로 만들 음모였다. 장황후가 출산의 고통을 느낄 때, 궁녀들의 사나운 손길은 희종의 장남 주자연(朱慈燃)을 태어나자마자 죽게 했다. 그 후 장황후는 더 이상 출산하지 못했다. 범귀비(范貴妃)가 낳은 둘째 아들 주자육(朱慈焴)과 임귀비(任貴妃)가 낳은 셋째아들 주자경(朱慈炅)도 객씨의 마수에 걸려들어 모두 요절했다. 회임한 장유비(張裕妃)의 처지는 더욱 비참했다. 객씨와 위충현이 희종의 조서를 위조하여 그녀를 별궁에 유폐시키고 굶겨 죽였다.

희종의 세 공주도 모두 요절하고 말았다. 희종의 둘째 공주, 주숙모(朱淑嫫)를 낳은 이성비(李成妃)는 딸을 잃고 난 뒤에도 객씨가 자신을 굶어죽이지 않을까 두려워하여 미리 음식물을 숨겨두었다. 아니나 다를까, 객씨가 그녀를 보름 동안 유폐시킨 일이 있었다. 이성비는 숨긴 음식물을 먹고 겨우 살아날 수 있었다.

이처럼 객씨와 위충현이 희종의 '씨'를 말렸기 때문에 훗날 희종이 붕어했을 때, 그의 이복동생 주유검(朱由檢)이 황위를 계승했다. 또 궁빈(宮嬪) 풍귀인(馮貴人), 태감 왕국신(王國臣), 유극경(劉克敬), 마감(馬鑑) 등, 궁궐에서 객씨와 위충현의 농간에 협조하지 않은 많은 사람들이 살해당했다. 두 사람의 음모는 철저하게 비밀리에 진행되었다. 그들의 마수에 걸려든 사람들은 흔적도 없이 사라졌다. 희종은 황궁에서 연이어 벌어지는 의문의 죽음에도 아랑곳하지 않고 여전히 객씨와 위충현을 총애했다.

천계 7년(1627) 8월 희종의 죽음은 위충현뿐만 아니라 객씨도 몰락의 길을 걸었다. 숭정제가 즉위한 뒤 그녀는 완의국(浣衣局)으로 끌려가 몽둥이로 맞아죽었다.

　장황후는 중국 고대에 절세의 미인 황후 5명 가운데 한 명으로 거론될 정도로 아름다운 황후였다. 15세의 어린 나이에 황후로 책봉되었지만 성격이 엄정하고 사리를 분별할 줄 아는 현명한 여자였다. 위충현과 객씨의 야합과 국정 농단을 증오한 그녀는 희종에게 두 사람을 멀리하지 않으면 화를 당할 수 있다고 끊임없이 충고했다. 그녀는 위충현과 객씨에게는 당장 제거해야 할 눈엣가시였다. 하지만 그녀가 여느 비빈들과는 신분이 다른 황후였으므로 약점을 잡아 제거하기가 쉽지 않았다. 유언비어를 퍼뜨려 제거하는 방법을 썼다. 장황후가 장국기의 딸이 아니라 범죄자 손이(孫二)의 딸인데 손이가 사형을 당하기 전에 딸을 장국기에게 맡겨 키우게 했으며, 장국기는 이런 사실을 숨긴 채 범죄자의 딸을 황후가 되게 했다는 충격적인 소문을 퍼뜨렸다. 이 소문이 사실이면 장국기는 임금을 능멸한 대역죄를 범한 것이다.

　순천부(順天府) 부승(府丞) 유지선(劉志選)과 어사 양몽환(梁夢環)이 장국기를 탄핵하는 상소를 연이어 올렸다. 두 사람은 장국기를 탄핵하는 길이 출세의 기회라고 생각했다. 유지선은 고희를 넘긴 나이에 위충현에게 빌붙어 우검도어사가 된 간신이다. 양몽환도 위충현의 의붓아들이 되어 "위충현의 인덕은 세상을 덮고, 공훈은 백대에 걸쳐 드높다."고 위충현을 극찬한 간신이다.

　그런데 어리석은 희종도 그들이 올린 상소의 내용이 황당무계한 주장임을 알고 있었다. 더구나 그는 장황후를 싫어하지 않았으므로 폐위시킬 이유가 없었다. 결국 위충현과 객씨의 음모가 실패로 끝났다. 하루는 희종이 책을 읽고 있는 장황후를 보고 물었다.

　　"무슨 책을 읽고 있소?"

"『조고전(趙高傳)』을 읽고 있사옵니다."

조고가 누구인가. 진시황제가 세운 중국 최초의 통일국가, 진나라를 하루아침에 망하게 한 환관이 아닌가? 장황후는 위충현이 조고 같은 희대의 간신이므로 그를 제거하지 않으면 명나라의 종묘사직을 지킬 수 없음을 지아비 희종에게 간접적으로 충고했다. 희종이 아무리 무식했어도 중국 역사에서 간신의 상징 인물인 조고를 몰랐을 리가 없었을 것이다. 희종도 장황후의 속마음을 알고 있었지만 아무 말도 하지 않았다. 어쩌면 그가 황제임에도 위충현을 두려워해서 아무런 반응을 보이지 않았는지도 모른다.

위충현이 또 음모를 꾸몄다. 황제가 거주하는 편전(便殿)에서 무기를 소지한 자들이 희종의 눈에 띄게 했다. 편전에서는 누구도 몸에 무기를 지닐 수 없었다. 놀란 희종은 즉시 그들을 생포하여 동창으로 넘겨 심문하게 했다. 동창을 관장하고 있는 위충현이 장국기가 임금을 시해하고 난 뒤에 신왕(信王) 주유검(朱由檢)을 황제로 옹립하려는 음모를 꾸몄다고 아뢰었다. 이 음모가 성공하면 위충현으로서는 장국기와 장황후 그리고 주유검, 이 세 사람을 일거에 제거할 수 있었다. 그런데 환관 왕체건(王體乾)이 위충현에게 이렇게 말했다.

"주상은 매사를 어리석게 처리하지만, 부부와 형제간의 일만큼은 야박하게 처리하지 않습니다. 우리가 경솔하게 행동하면 모두 살아남지 못할 수도 있습니다."

희종이 아무리 어리석은 임금이라도 부인 장황후와 이복동생 주유검을 아끼므로 그들에 관련된 일만큼은 절대 함부로 처리하지 않을 것이라는 애기였다. 자기 하수인에게 이런 권고를 들은 위충현도 두려움을 느끼지 않을 수 없었다. 결국 그는 관련자들을 모조리 죽이고 사건을 은폐했다. 천계 7년(1627) 여름 어느 날, 희종이 객씨, 위충현 등 측근들을 대동하고 서원(西苑)에서 뱃놀이를 즐기다가 그만 물에 빠졌다. 다행히 목숨은 건졌지만 몸이 날이 갈수록 쇠약해졌다. 이제 죽을 날이 얼마 남지 않았음을 직감한 희종이 장황후에게 말했다.

"후궁 두 명이 회임했다고 충현이 짐에게 아뢰었소. 사내아이가 태어나면 황제로 추대하겠소."

하지만 설사 황제의 아들이 태어난다고 해도 당장 갓난아이를 황제로 책봉할 수는 없다. 장황후는 희종이 후사가 없으므로 그의 이복동생, 신왕 주유검이 황위를 계승해야한다고 아뢰었다. 장황후로서는 주유검 이외에는 대안이 없었다. 위충현과 객씨가 또 막후에서 장난을 치면 그녀가 가장 먼저 살아남을 수 없었다. 장황후의 뜻에 공감한 희종이 주유검을 초치하여 황위 계승을 당부했다. 뜻밖에도 주유검이 주저거리자, 장황후가 병풍 뒤에서 나와 말했다.

"황숙께서는 대의에 따라 사양해서는 안 됩니다. 일이 긴박하게 돌아가는 상황에서 무슨 변고가 일어나지 않을까 두렵습니다."

주유검은 장황후의 간청에 따르기로 결심했다. 희종이 임종 직전에 주유검에게 이렇게 당부했다.

"중궁(中宮)은 짐과 7년의 세월을 함께 하면서 언제나 바른말로 간언을 하여 많은 잘못을 고칠 수 있었소. 짐이 죽은 뒤에 중궁은 젊은 나이에 홀로 살아야 하니 참으로 가련한 신세이오. 신왕이 중궁을 잘 보살피기를 바라오."

주유검은 황제로 등극한 후에 장황후를 의안황후(懿安皇后)로 높이 받들고 존경했다. 장황후가 위충현과 객씨의 음해 공작에도 불구하고 끝까지 자신을 지지한 보답이었다.

숭정(崇禎) 17년(1644) 3월 이자성(李自成)의 농민군이 북경성을 함락하여 명나라가 역사 속으로 사라질 때, 의안황후는 절개를 지키고자 목을 매고 자살했다. 훗날 청나라 순치제(順治帝)가 그녀의 절개를 기리기 위해, 시신을 희종의 황릉인 덕릉(德陵)에 합장하게 했다. 그녀가 망국의 황후였지만 죽는 순간까지 황후로서 위엄을 지키고 부덕(婦德)의 모범을 몸소 실천한 공로를 인정했기 때문이다.

제 **16** 장

숭정제(崇禎帝) 사종(思宗) 주유검(朱由檢)

숭정제崇禎帝 사종思宗 주유검朱由檢

1. 성장 배경과 황위 계승 과정

명나라 최후의 황제 주유검(1610~1644)은 만력 37년(1610)에 신종의 장남 주상락의 다섯째 아들로 태어났다. 생모는 숙녀(淑女) 유씨(劉氏)이다. 숙녀 란 태자의 소실들 가운데 품계가 가장 낮은 호칭이다. 부친이 모친을 총 애하지 않았고, 주유검이 소실의 소생이라는 이유로 부친의 사랑을 받 지 못했다. 만력 42년(1616) 주유검이 7세 때, 생모 유씨가 갑자기 사망했 다. 『명사』에서는 그녀가 "광종의 마음에 들지 않았기 때문에 쫓겨나 죽었 다."고 기록했다.

당시 정귀비의 끊임없는 살해 위협에 시달린 주상락은 일종의 정신 질 환을 앓고 있었다. 가끔 발작 증세가 나타나면 평소에 미워하는 유씨에게 미치광이처럼 달려들어 횡포를 부렸다. 그녀의 급작스러운 사망은 곧 주 상락의 발작 증세와 관련이 있었던 것이다. 신종과 정귀비가 유씨의 사망 원인을 알았다면, 태자 주상락은 당장 폐위를 당하고 쫓겨났을 것이다. 왜냐하면 신종과 정귀비가 틈만 나면 신종의 셋째아들이자 정귀비의 소생인 주상순을 태자로 책봉하려고 했기 때문이다.

주상락은 신변의 내시와 궁녀들을 뇌물로 매수하여 유씨가 병사했다고 꾸미고 입단속을 철저하게 시켰다. 그녀의 시신은 궁녀의 신분으로 서산(西山)에 매장했다. 서산은 환관이나 궁녀가 죽으면 매장하는 곳이다. 생모를 잃은 주유검은 서리(西李)와 동리(東李)의 손에 맡겨져 어린 시절을 보냈다.

주유검의 이복형 주유교가 황제로 등극한 후인 천계 2년(1622)에, 주유검은 12세의 나이에 신왕(信王)으로 책봉되었다. 그는 아련한 기억 속의 잔영으로 남아있는 생모를 그리워했다. 하지만 생모의 죽음이 철저하게 비밀에 부쳐졌기 때문에 무덤의 정확한 위치를 알 수 없었다. 그가 욱근궁(勖勤宮)에 거주할 때 시종과 나눈 대화는 이랬다.

"서산에 신의왕(申懿王)의 무덤이 있는가?"

"있사옵니다."

"그 옆에 유귀비의 무덤도 있는가?"

"있사옵니다."

신의왕은 명나라 제8대 황제 헌종(憲宗)의 14번째 아들, 주우해(朱祐楷)를 말한다. 누구도 감히 공개적으로 주유검에게 생모의 무덤이 어디 있는지 알려주지 않았다. 자나 깨나 생모를 그리워하는 그를 가엾게 생각한 어떤 이가 신의왕 무덤 옆에 생모의 무덤이 있다고 몰래 알려주었을 것이다. 주유검은 시종에게 은자를 내어주면서 무덤을 새롭게 단장하고 제사를 지내달라고 부탁했다. 직접 달려가 제사를 성대히 지내고 어머니의 원한을 풀어주고 싶었지만 무슨 오해를 살지 모르는 불안한 처지였기 때문에 나설 수 없었다.

천계 7년(1627) 8월 희종이 붕어한 직후에 황위를 계승한 숭정제 주유검은 생모 유씨를 효순황태후(孝純皇太后)로 추증하고 시신을 광종의 경릉에 합장했다. 원한을 품고 죽은 유씨가 아들이 황제가 된 덕분에 사후에라도 태후의 자리에 오른 것이다. 숭정제는 외조모가 아직 생존해있다는 소식을 듣고 그녀를 궁궐로 모시고 와서 영국태부인(瀛國太夫人)의 작위를 하사했다. 그 동안 핍박을 당한 외척들을 우대하여 생모의 한을 풀어주고 싶었던 것이다.

숭정제는 생모가 너무 그리웠다. 하지만 너무 어린 나이에 이별한 까닭에 생모의 얼굴조차도 떠오르지 않았다. 생모와 함께 지낸 사람들의 기억을 더듬어 초상화를 그리게 했다. 초상화가 장엄한 의식 속에서 정양문(正陽門)을 통해 황궁으로 들어올 때, 숭정제는 오문(午門)에서 눈물을 흘리며 무릎을 꿇은 채로 초상화를 맞이했다. 그의 지극한 효성에 감동한 신하들도 따라서 울었다.

숭정제는 이복형 희종과는 많이 달랐다. 강학에 열중하고 경전을 즐겨 읽었으며, 역대 성군과 현신들의 어진 정치와 가르침을 진정으로 배우고자 했다. 문화전(文華殿), 무영전(武英殿) 등 궁궐 곳곳에 그들의 초상화와 잠언을 걸어놓고 귀감으로 삼았다. 또 치국의 도를 이해하고 그것을 실천하려는 의지가 강했다. 다만 그에게는 의심이 많은 결점이 있었다.

명나라 역대 황제 평전

2. 엄당(奄黨)의 몰락과 동림당(東林黨)의 부활

천계 7년(1627) 8월 희종 주상락이 붕어한 직후, 주유검이 18세의 나이에 황위를 계승하고 다음 해부터 연호를 숭정(崇禎)으로 정했다. 희종이 임종 전에 주유검에게 이런 당부를 했다.

"충현은 매사에 신중하며 절개가 곧은 충신이오. 그와 더불어 국가의 대사를 논의하기 바라오."

정말로 희종은 죽는 순간까지도 위충현이 얼마나 철저하게 자신을 농락하고 국정을 도탄에 빠트린 장본인임을 알지 못한 어리석은 군주였다. 주유검이 희종 앞에서 고개를 끄덕였지만 그의 속마음은 전혀 아니었다. 천계 연간에 국정 농간의 주범이었던 위충현의 엄당을 발본색원하지 않으면 황권을 지킬 수 없음을 누구보다도 잘 알고 있었다.

위충현은 조정의 조직을 능가하는 엄당의 영수였다. 엄당 출신의 관리들이 내각, 육부뿐만 아니라 비밀 정보기관인 동창과 서창 그리고 황실 호위를 맡는 금의위, 황제의 일거수일투족을 관장하는 환관 조직도 모두 장악하고 있었다. 더구나 위충현의 하수인, 병부상서 최정수(崔呈秀)가 병권을 쥐고 있었기 때문에, 숭정제는 섣불리 엄당 세력을 제거할 수 없었다.

숭정제는 즉위 직후부터 밤잠을 이루지 못했으며 환관이 진상하는 수라도 먹지 못할 정도로 위충현을 두려워했다. 그는 일단 위충현과 객씨를 우대했다. 그들을 안심시키기 위한 책략이었다. 두 사람에게 호의를 베푸는 척하면서 다른 한편으로는 신왕부(信王府) 시절에 자신을 섬긴 환관과 측근들을 황궁으로 속속 불러들였다. 자신의 신변 보호를 위한 조치였다.

불안하기는 위충현도 마찬가지였다. 숭정제가 희종과는 다르게 군서를 박람하고 지략이 뛰어나다는 소문을 들었기 때문에 함부로 음모를 꾸밀 수 없었다. 불현듯 명나라 역대 황제들이 대부분 여색에 빠지고 최음제를 상복한 일이 떠올랐다. 숭정제를 미인계로 농락하기로 결심했다. 특별히 선발한 미녀 4명을 숭정제에게 진상했다. 숭정제는 두 말 않고 받아들였다. 사실 그는 여색을 밝히는 황제가 아니었다. 하지만 그녀들을 받아들이지 않으면 위충현의 의심을 살까 두려워했기 때문에 그렇게 행동했다. 그런데 미녀들의 치마폭에는 '미혼향(迷魂香)'이라는 작은 알약이 달려있다. 향을 맡으면 성욕이 일어나는 최음제였다. 숭정제가 최음제에 취하여 난잡한 성교로 몸을 망치기를 바란 것이다.

숭정제가 속아 넘어가지 않자, 위충현이 또 어린 환관을 황제의 침전으로 보내 몰래 미혼향을 피우게 했다. 위충현의 간계를 알아차린 숭정제가 탄식했다.

"황고(皇考:광종)와 황형(皇兄: 희종)이 이것 때문에 몸을 망쳤구나."

위충현이 아무리 간교한 계략을 써도 숭정제는 걸려들지 않았다. 오히려 그를 만날 때면 언제나 온화한 미소를 지으며 호의를 베풀었다. 그가 방심할 때를 기다려 일격을 가할 생각이었다. 숭정제가 위충현 일당을 일망타진할 기회를 엿보고 있을 때, 어사 양유원(楊維垣)이 병부상서 최정수를 탄핵하는 상소를 올렸다.

"광신(廣臣: 위충현)은 공정했지만 정수는 사사로운 이익을 추구했으며, 광신은 재물을 좋아하지 않았지만 정수는 재물을 탐했사옵니다. 광신은 국가와 백성을 위하는 방법을 알았지만, 정수는 오로지 권력을 믿고 재물을 긁어모으는 방법만을 알았사옵니다."

양유원은 천계 연간에 위충현에 빌붙어 동림당 인사들을 제거하는 데 앞장섰던 간신이다. 뜻밖에도 그가 같은 당의 최정수를 탄핵했다. 시대의 흐름에 민감한 간신들은 위충현의 음모가 숭정제에게 통하지 않은 것을 보고 위충현의 시대도 종말을 고했다고 생각했다. 새 시대에 살아남기 위해서는 위충현을 탄핵해야 했다. 하지만 그를 직접 탄핵하면 오히려 반격을 당할 위험이 있었다. 그래서 위충현을 충신으로 묘사하는 척하면서 그의 하수인 최정수를 탄핵하여서 숭정제가 위충현의 세력을 제거하는 데 일조하려고 했다.

최정수는 위충현의 오른팔이나 다름없는 자였다. 그의 아들 최탁(崔鐸)이 일자무식이었지만 과거에 급제했다. 위충현의 비호가 아니면 불가능한 일이었다. 숭정제는 회심의 미소를 지었다. 먼저 병권을 장악한 최정수를 파면시켜서 위충현의 손발을 묶었다. 최정수가 파직을 당하고 낙향하자, 위충현을 탄핵하는 상소가 연이어 올라왔다.

숭정제는 가흥(嘉興)의 공생(貢生), 전가징(錢嘉徵)의 상소를 빌미로 위충현을 명태조 주원장의 고향, 봉양현(鳳陽縣)의 황릉을 관리하는 사향(司香)의 직책을 맡게 했다. 사실상의 좌천이었는데도 위충현은 호위병 1,000여 명과 거대한 마차 40여 대를 이끌고 위세를 부리며 봉양현으로 떠났다. 위충현이 황제의 순행을 능가하는 행렬을 이루고 떠났다는 소식을 듣고 분노한 숭정제는 즉시 그를 잡아들이게 했다. 결국 위충현은 문초를 받으러 가던 중에 부성(阜城)에서 목을 매고 자살했다.

위충현의 자살은 엄당의 급격한 몰락과 피의 보복을 의미했다. 위충현과 함께 국정 농단의 주범이었던 객씨는 완의국(浣衣局)으로 끌려가 몽둥이로 맞아죽었다. 그녀의 아들 후국흥(侯國興), 남동생 객광선(客光先) 그리고 위충현의 조카 위량경(魏良卿)도 참수형을 당했다. 천계 7년(1627) 11월부터 숭정 2년(1629)에 이르는 기간에, 엄당과 관련이 있는 관리 260여 명이 사형을 당하거나 파직을 당했다. 숭정제는 전국 각지에 있는 위충현의 사당을 모두 파괴하게 했으며 천계 연간에 각 지방으로 파견된 환관들을 전부 황궁으로 불러들였다. 환관들이 백성의 재물을 착취하고 군사에 개입하여 변방의 방위를 불안하게 한 요인을 없애기 위해서였다.

숭정제의 등장은 천계 연간에 위충현에게 박해를 당했던 동림당 인사들의 부활을 의미했다. 이미 사망한 동림육군자가 억울한 누명을 벗고 복권되었다. 숭정제는 쫓겨난 동림당 인사들을 조정으로 불러들여 중책을 맡겼다. 이때 요동 지방에서 청나라 군사와 싸워 혁혁한 공을 세웠지만 엄당의 박해를 받고 쫓겨난 원숭환(袁崇煥·1584~1630)이 병부상서에 기용되었다. 숭정제는 특별히 그에게 '상방보검(尙方寶劍)'을 하사하며 요동 수복을 당부했다.

숭정제는 엄당 세력을 척결하고 동림당 인사들을 중용하여 조정에 새로운 바람을 일으켰다. 거의 붕괴 지경에 이른 국가의 조직은 다시 정비되었고 민생 안정을 위한 일련의 개혁 조치가 반포되었다. 숭정제는 진정으로 대신들과 협력하여 국정 쇄신의 의욕을 불태웠다. 하지만 하늘은 이미 패망의 길로 접어든 명나라 황제의 간절한 소망을 외면했다. 숭정 연간에 끊이질 않고 발생한 자연 재해가 농민들을 죽음의 구렁텅이로 몰아넣었다. 그들은 선택의 여지가 없었다. 굶어죽지 않으려면 반란을 일으킬 수밖에 없었다.

3. 끊이질 않는 자연 재해와 농민 반란

숭정제는 망해가는 명나라를 다시 일으켜 세우려고 혼신의 노력을 다한 군주였다. 매일 전국 각지에서 올라오는 공문과 상소문을 빠짐없이 읽고 결재하느라 밤을 새우기 일쑤였다. 하루는 그가 자경궁에서 궁궐의 가장 큰 어른인 유태비(劉太妃)를 배알할 때 그만 앉은 채로 잠이 들었다. 유태비가 비단이불로 그를 덮어주게 했다. 잠시 후 잠에서 깨어난 숭정제가 곤혹스러운 표정을 지으며 말했다.

> "공문을 처리하고 신하들을 접견하느라 쉴 틈이 없었으며, 이틀 밤 동
> 안 잠을 제대로 자지 못했사옵니다."

숭정제의 할머니뻘인 유태비는 눈물을 흘리며 그의 노고를 위로했다. 그는 또 매일 조정에 나가 대신들과 국사를 의논했으며 아울러 일강(日講)과 경연(經筵)도 빠지지 않고 참석했다. 하루는 그가 일강에 참석했을 때 몸이 너무 피곤하여 두 다리를 탁자 위에 올려놓았다. 일강을 담당한 신하 문진맹(文震孟)이 마침 『상서(尙書)』의 "남의 상관이 된 자는 어찌하여 그렇게 불경스러운가."라는 문구에 대하여 강론하면서 그 모습을 흘겨보았다. 숭정제는 무안한 표정을 지으며 곤룡포로 다리를 감싸고 천천히 내려놓았다. 일강을 담당하는 신하에 대한 존경과 예의의 발로였다.

숭정제는 집권 초부터 모든 관리들에게 "벼슬에 기대어 금전을 탐하지 않는다."는 원칙을 강조했다. 부정부패를 원천적으로 차단하겠다는 의지의 표현이었다. 그 자신도 재위 17년 동안 근검절약했으며 황궁에서 어떤 대규모의 토목 공사도 시행하지 않았다. 가능하면 백성들의 부역을 덜어주고 재화 낭비를 막기 위해서였다.

이렇듯 성군의 자질이 엿보인 숭정제가 왜 끝내 명나라를 망친 최후의 황제가 되었을까? 명나라는 무종 정덕 연간(1506~1521)부터 희종 천계 연간(1621~1627)에 이르는 100여 년 동안 황제들은 하나같이 무능하고 주색잡기에 빠져 백성의 삶은 도탄에 빠지고 외우내란이 끊이질 않았다. 신종 만력 연간(1573~1620)에 이르러서는 사실상 국가의 기능을 상실한 상태였다. 숭정제가 선황제들이 망친 국가를 다시 일으키고자 안간힘을 쏟았지만 대세를 돌이키기에는 상황이 너무 심각했다. 더구나 해마다 반복되는 자연 재해가 명나라를 회복 불능의 상태로 만들었다. 『한남속군지(漢南續郡誌)』에 이런 기록이 있다.

"숭정 원년(1628) 섬서성(陝西省) 전 지역의 하늘은 핏빛처럼 붉었다. 5년(1632)에는 대기근, 6년(1633)에는 대홍수, 7년(1634)에는 황재(蝗災)와 대기근이 끊이질 않고 발생했다. 또 8년(1635) 9월 서향현(西鄕縣)에서는 가뭄이 발생하고, 약양현(略陽縣)에서는 홍수가 발생하여 민가가 모두 물에 잠겼다. 9년(1636)에는 가뭄과 황재가 또 발생했으며, 10년(1637) 가을에는 수확할 농작물이 거의 없었으며, 11년(1638) 여름에는 메뚜기떼가 하늘을 덮었다."

이처럼 숭정 연간에 이르러 섬서 지방에서 거의 해마다 발생한 자연재해가 백성의 삶을 완전히 파괴했다. 숭정 원년(1628) 숭정제는 섬서순안 마무재(馬懋才)를 현지로 보내 피해 상황을 보고하게 했다. 그가 숭정제에게 올린 「비진대기소(備陳大饑疏)」의 일부 내용은 이렇다.

"신의 고향 연안부(延安府)는 지난해부터 1년 동안 비가 거의 내리지 않아, 초목이 모두 말라 죽었습니다. 8~9월에는 백성들이 산에서 다투어 쑥을 캐서 먹었으며, 곡식껍질은 맛이 쓰고 떫지만 그것을 먹고 겨우 죽음을 면할 수 있었습니다. 10월 이후에는 쑥마저도 자취를 감추는 때인지라 나무껍질을 벗겨먹었습니다. 여러 나무들 가운데 느릅나무만이 그나마 먹을 만하며, 다른 나무들은 껍질을 벗겨 먹습니다. 백성들은 이렇게 나무껍질을 먹고 아사를 조금이라도 늦출 수 있었습니다. 한 해가 끝날 무렵에는 나무껍질마저도 남아있는 것이 없으면 산에서 돌을 캐어 먹었습니다. 그 돌을 청엽(靑葉)이라고 하는데 맛이 비리고 느끼합니다. 조금만 먹어도 배가 부르며, 며칠 후면 아랫배에 묵직한 증세가 나타나서 결국 죽고 맙니다. 마침내 돌을 먹고 죽기를 원치 않는 백성들이 하나둘씩 모여들어서 도적떼가 되기 시작했습니다. …… '굶어죽으나 도둑질하다가 죽으나 죽는 것은 마찬가지이며, 앉아서 굶어죽을 바에는 차라리 도둑질하다가 죽어서 배부른 귀신이 되는 게 낫지 않겠는가?'라고 말하는 자들도 있습니다."

급기야 하남 지방에서는 사람이 사람을 잡아먹는 극단적인 일까지 벌어졌다. 숭정 14년(1641)에는 화북 지방에 전염병이 창궐하여 시신이 들판을 메웠고, 살아남은 백성들은 모두 달아나서 성안이 텅 비는 공황 상태가 발생했다. 숭정 16년(1643)에 이르러서는 북경 인구의 4할이 사망했으며, 열 가구 가운데 아홉 가구가 비어있었다. 심지어는 시신을 수습할 장정마저도 대부분 죽었기 때문에 길거리에 널브러진 부패한 시신이 전염병을 더욱 창궐하게 했다.

전국 각지에서 기아와 전염병으로 죽어가는 농민들이 앞서 마무재가 지적한 것처럼 도적이 되어 약탈로 생계를 유지할 수밖에 없었다. 그런데 난세에는 반드시 영웅이 나오는 법이다. 장헌충(張獻忠 · 1606~1647)과 이자성(李自成 · 1606~1645)이 농민 반란군의 영수가 되었다.

장헌충은 만력 34년(1606)에 섬서성 정변현(定邊縣) 학탄향(郝灘鄉)의 한 빈농 가정에서 태어났다. 가난한 환경 속에서 성장했지만 천성이 영민하고 부지런했던 까닭에 남보다 쉽게 글을 깨우칠 수 있었다. 어렸을 때는 아버지와 함께 각지를 떠돌아다니며 대추장사를 하면서 지방 관리의 부패와 백성의 비참한 삶을 목도했다. 난세에 살아남기 위해서는 종군의 길밖에 없었다. 연수진(延綏鎭)으로 가서 군졸이 되었으나, 강직하고 불의를 참지 못하는 성격 탓에 병영에서 쫓겨나 섬서성 일대에서 유랑 생활을 시작했다.

　　천계 말기부터 숭정 초기에 이르는 동안 섬서성 일대에서 거의 해마다 반복되는 자연 재해는 농민들을 아사의 도가니로 몰아넣었다. 굶어죽지 않으려면 도적이 되어 약탈하지 않을 수 없는 절망적인 상황 속에서 크고 작은 반란이 곳곳에서 일어났다. 숭정 3년(1630) 농민 출신 왕가윤(王嘉胤)이 부곡현(府谷縣)에서 반란을 일으켜 세력을 떨치자, 장헌충도 고향에서 농민군을 조직하여 왕가윤의 수하로 들어갔다. 그는 "키가 크고 몸이 깡마르게 생겼으며 얼굴에 누런빛이 돌고 수염의 길이가 1척6촌이나 되었으며 아울러 행동이 민첩하고 과단성과 의협심이 있었다." 병사들은 그를 '황호(黃虎)'라고 불렀다.

　　숭정 4년(1631) 왕가윤이 관군에게 패배하여 살해당했다. 그의 부하 왕자용(王自用)이 농민군 36개 군영의 맹주로 추대되어 20여만 명을 거느리게 되었다. 이 36개 군영 가운데 장헌충이 이끄는 농민군이 가장 많은 전과를 올렸다. 그는 여느 농민군 수령과는 다르게 어느 정도 학식이 있고 지략이 뛰어났다. 숭정 6년(1633) 왕자용이 하남성 제원(濟源)에서 병으로 사망한 뒤에는, 장헌충이 농민군의 실질적인 지도자가 되었다.

　　숭정 8년(1635) 장헌충이 이끄는 농민군은 하남성, 안휘성 일대를 유린하며 명나라의 중도(中都) 봉양(鳳陽)으로 진격했다. 한나절 만에 봉양성을 지키고 있었던 관군 2만여 명을 섬멸했다. 수장 주국정(朱國正)은 격살당하고, 포로로 잡힌 봉양지부(鳳陽知府) 안용훤(顔容暄)은 백성들이 지켜보는 가운데 참수를 당했다. 봉양은 명태조 주원장의 고향이다. 명나라 건국의 초석이 된 성지가 아닌가? 장헌충은 백성들의 명나라 조정에 대한 분노를 달래주고 민심을 얻기 위하여 주씨(朱氏)와 호족들을 주살하고 노획한 재물과 양식을 전부 백성들에게 나누어주었다. 황실 건물들을 파괴하고 황릉 주변의 거목 수만 그루를 베어 목재로 활용하게 했다.

봉양이 농민군에게 유린되었다는 비보를 전해들은 숭정제는 상복을 입고 태묘로 달려가 통곡했다. 조정 관리들에게 모두 소복을 입고 소식(素食)을 하며 애도하게 했다. 그는 병부상서를 파면하고 봉양순무와 순안어사를 잡아들여 목을 쳤으며 또 이미 퇴직하여 은거하고 있던 5개 성(省)의 독사(督師)를 다시 불러들여 사형에 처했다.

숭정 10년(1637) 관군이 대규모로 토벌 작전을 벌이자, 농민군은 수세에 몰리기 시작했다. 장헌충은 하남성 남양(南陽)에서 좌량옥(左良玉)이 이끈 관군에게 패배하여 호북성 곡성(谷城)으로 후퇴했다. 숭정 11년(1638) 병부상서 웅문찬(熊文燦)이 장헌충에게 투항을 권유했다. 관군의 거센 공세를 감당할 수 없었던 장헌충은 조정의 '초무(招撫)'를 받아들였다. 하지만 그는 조정에서 수여한 관직을 받지 않고 여전히 독자적인 세력을 구축하며 권토중래를 노렸다.

숭정 12년(1639) 장헌충은 곡성에서 다시 군사를 일으켰다. 현령 완지전(阮之鈿)과 순안어사 임명구(林銘球)를 살해하고 곡성을 장악했다. 그가 군사를 이끌고 곡성을 떠날 때, 그에게 뇌물을 요구한 관리들의 이름을 낱낱이 기록한 명단을 성벽에 붙여놓았다. 백성들에게 관리들이 얼마나 부패했는지 보여주기 위한 조치였다.

숭정 16년(1643) 5월 장헌충은 압단주(鴨蛋洲)에서 장강을 건너 무창성(武

昌城)을 공략했다. 무창은 초왕(楚王) 주화규(朱華奎)의 왕부(王府)가 있는 곳이다. 농민군이 무창성 근교에 이르렀을 때 성을 지키고 있던 관리들이 모두 달아났다. 초왕이 징집한 병사들은 성문을 활짝 열고 농민군을 맞이했다. 장헌충은 초왕을 죽인 후 부하들과 초왕의 시신을 잘라 먹었다. 황실에 대한 극단적인 적개심의 표시였다. 초왕부에 쌓아놓은 재물을 수레로 나르게 했다. 수레 수백 대가 동원되었는데도 다 나를 수 없었을 정도로 엄청나게 많은 양이었다. 은자 6백만 냥을 방출하여 각지의 유랑민들에게 나누어주었다. 유랑민들은 분분히 장헌충의 군영으로 몰려왔다. 장헌충은 약탈한 재물은 그들에게 아낌없이 나누어주었다. 먼저 민심을 얻어야만이 천심에 따라 황제가 될 수 있었다.

장헌충은 무창에서 대서왕(大西王)이라 자칭하고 대서국(大西國)을 세웠다. 육부(六部)와 오군도독부(五軍都督府)를 설치하고 지방에 관리를 파견했다. 무창을 천수부(天授府)로, 강하(江夏)를 상강현(上江縣)으로 개칭했다. 아울러 과거를 실시하여 진사 30명, 늠생(廩生) 48명을 선발하여 관직을 수여했다.

숭정 17년(1644) 정월 장헌충은 대군을 이끌고 사천성으로 진군했다. 기주(夔州), 양산(梁山), 충주(忠州), 여주(瀘州) 등을 연이어 점령한 후, 같은 해 6월에 전략적 요충지 중경(重慶)으로 입성했다. 얼마 후 유정거(劉廷擧)에게 중경 수비를 맡기고 사천성의 수부(首府) 성도(成都)로 진격하여 촉왕부(蜀王府)를 함락시켰다. 촉왕 주지주(朱至澍)가 비빈 궁녀들과 함께 우물에 뛰어들어 자살했다. 사천순무 용문광(龍文光), 순안어사 유지발(劉之渤), 안찰부사 장계맹(張繼孟) 등 조정에서 파견한 사천성의 고위 관리들이 농민군에 투항을 거부하여 모두 살해되었다. 이로써 사천 지방은 대부분 장헌충의 손아귀에 들어왔다.

숭정 17년(1644) 11월 장헌충이 마침내 성도에서 황제를 칭하고 국명을 대서(大西)로, 연호를 대순(大順)으로 정했다. 좌승상, 우승상, 육부상서 등 관직을 설치하고 『통천력(通天曆)』을 반포했으며 대순통보(大順通寶)라는 화폐를 발행하였다. 과거를 실시하여 진사 30명을 뽑아 각 군현의 관리로 임용했다. 그에게는 생사고락을 함께 한 양아들 네 명이 있었다. 손가망(孫可望)은 평동왕(平東王)에, 유문수(劉文秀)는 무남왕(撫南王)에, 이정국(李定國)은 안서왕(安西王)에, 애능기(艾能奇)는 정북왕(定北王)에 책봉되었다. 어설프게나마 제국의 면모를 갖춘 것이다.

황제를 참칭한 장헌충이 서남 지방을 통치하고 있을 때, 이자성도 섬서성 일대에서 세력을 확장하고 있었다. 그는 섬서성 미지현(米脂縣) 이계천채(李繼遷寨)에서 태어났다. 어렸을 때에는 사찰에서 동자승 노릇을 하다가 지주의 머슴이 되었다. 당시 섬서 지방을 휩쓴 대기근은 그의 부모를 굶어죽게 했다. 졸지에 부모를 잃은 그는 영하부(寧夏府) 은천(銀川)으로 가서 역졸(驛卒)이 되었지만, 역졸 신분으로는 호구지책을 마련할 수 없었다. 하루는 토호 문거인(文擧人)에게 진 빚을 갚지 못한 죄로 감옥에 갇혀 혹독한 형벌을 받았다. 얼마 후 감옥에서 극적으로 탈출한 그는 문거인을 살해하고, 조카 이과(李過)와 함께 감숙(甘肅) 감주(甘州)로 달아나 변방 수비병이 되었다.

이자성은 싸움을 잘하고 담략이 뛰어나 참장(參將) 왕국(王國)의 눈에 들어 파총(把摠)으로 승진했다. 숭정 2년(1629) 겨울 후금의 군사가 대거 남하하여 북경을 위협했다. 명나라 조정은 변방의 관군을 급히 북경으로 불러들여 지키게 했다. 이자성이 이끄는 관군도 왕국을 따라 북경으로 이동했다. 금현(金縣: 지금의 감숙성 유중·榆中)을 지날 때, 군량이 부족하여 더 이상 행군할 수 없었다. 왕국에게 군량을 요구했으나 거절을 당했다. 이자성은 수하 병사들이 동요하자 왕국과 현지 현령을 살해하고 반란을 일으켰다. 반란군을 이끌고 한중(漢中) 지방을 전전하다가, 섬서성 낙천(洛川)에서 반란을 일으켜 농민군의 영수가 된 장존맹(張存盟)의 수하로 들어갔다. 숭정 4년(1631) 장존맹이 관군에 패하여 항복하자, 이자성은 잔여 병력을 이끌고 황하를 건너 산서 지방으로 들어갔다. 그곳에서 섬서성 안새(安塞)에서 반란을 일으킨 고영상(高迎祥)의 농민군에 투항했다.

고영상은 섬서 지방에서 반란을 일으킨 농민들이 결성한 36영(營) 중의 영수였다. 부하들은 그를 틈왕(闖王)이라고 칭했다. 이자성은 틈왕 수하에서 틈장(闖將)을 칭했다. 숭정 9년(1636) 고영상이 흑수욕(黑水峪)에서 관군에게 패배하여 섬서순무 손전정(孫傳庭)에게 살해당했다. 고영상의 잔존 세력이 이자성을 틈왕으로 추대했다.

숭정 13년(1640) 이자성은 명군의 주력이 사천 지방에서 장헌충의 농민군을 추격하는 틈을 타서 하남 지방으로 진격했다. 관군이 지키는 성읍을 함락시킬 때마다 관부의 창고를 열어 기아에 허덕이는 농민들을 구제했다. '먹는 것으로 하늘을 삼는' 농민들은 그를 '성인'으로 여기고 그에게 몰려들었다. 정렴(鄭廉 · 1628~1710)은 『예변기략(豫變記略)』에서 당시의 상황을 이렇게 묘사했다.

"먼 곳에 사는 농민, 가까운 곳에 사는 농민 할 것 없이 모두 호미를 들고 이자성에게 달려갔다. 농민들이 이자성에게 귀부하는 광경은 마치 거대한 물줄기가 밤낮을 가리지 않고 끊임없이 흐르는 모습과 같았다. 그 숫자는 순식간에 백만 명을 헤아렸으니 무섭게 타오르는 기세를 꺾을 수 없었다."

이자성은 또 "균전(均田)에는 세금을 매기지 않는다."는 구호를 제창했다. 백성들은 "틈왕을 맞이하면 양식을 세금으로 바칠 필요가 없다."고 노래하며 그를 찬양했다. 급기야 이자성을 추종하는 무리가 수십 만 명에 달했다.

숭정 14년(1640) 정월 이자성은 농민군을 이끌고 낙양을 공략하여 명나라 백성을 도탄에 빠트린 신종 황제의 아들, 복왕(福王) 주상순(朱常洵)을 살해했다. 명나라 황족에 대한 원한이 얼마나 사무쳤으면, 복왕부에서 기르는 사슴 몇 마리와 복왕의 시신을 함께 삶아 '복록연(福祿宴)'이라 명명하고 장수들과 함께 먹었다. 복왕부에 있는 많은 재물과 양식은 모두 굶주린 백성들의 차지가 되었다.

숭정 16년(1643) 정월 이자성은 승천부(承天府)를 손에 넣은 뒤 봉천창의문무대원수(奉天倡義文武大元帥)로 추대되었다. 같은 해 3월 양양(襄陽)을 양경(襄京)으로 개칭하고 자신을 신순왕(新順王)이라 칭했다. 명나라 말기에 반란을 일으킨 농민군 지도자 가운데 이자성만큼 많은 호응을 받은 자는 없었다. 그는 민심을 정확하게 읽는 탁월한 식견을 가지고 있었다. 관부의 창고를 열면 제일 먼저 굶주린 백성들에게 양식을 나누어주었다. "가난한 농민들에게 소와 곡식 종자를 나누어주고 굶주린 자를 구휼하며 서자를 보살피고 농업에 힘쓰게 했다."

마침내 민심을 얻은 이자성은 숭정 17년(1644) 1월에 서안(西安)에서 황제를 칭하고 국명을 대순(大順)으로 정했다. 이제 이자성의 목표는 북경의 황궁을 점령하여 명나라를 멸망시키는 일이었다.

4. 청태종(淸太宗)의 중원 침략

중원 지방이 농민들의 반란으로 대란이 일어났을 때, 요동 지방에서 건국한 청나라는 산해관(山海關) 이남으로 진출할 기회를 호시탐탐 노리고 있었다. 명나라 조정은 농민 반란은 쉽게 진압할 수 있다고 보고 명군의 주력을 산해관에 배치했다. 당시 요서 지방의 수비는 병부상서 원숭환(1584~1630)이 맡고 있었다.

누루하치의 후계자 청태종 황태극(皇太極)은 천총 원년(1627)에 명나라의 영주(寧州)와 금주(錦州)를 공격했으나 원숭환의 강력한 저항을 받고 퇴각했다. 원숭환은 병력과 무기를 재정비하여 영주와 금주를 중심으로 한 난공불락의 방어선을 구축했다. 청나라가 중원으로 진출하려면 반드시 요서 지방의 가장 중요한 전략적 요충지인 영주와 금주를 돌파해야 했다. 이두 곳을 점령하면 바로 산해관에 다다를 수 있고, 산해관을 넘으면 북경으로 진출할 수 있었다. 이런 이유로 원숭환도 두 곳의 방비를 철통같이 구축하여 만반의 태세를 갖추었다.

원숭환이 구축한 방어선을 돌파하기가 어렵다고 판단한 청태종은 우회전략을 쓰기로 했다. 산해관을 거치지 않고 몽골의 초원과 사막을 가로질러 북경으로 진격하여 명나라의 허를 찔렀다. 공황에 빠진 명나라 조정은 황급히 원숭환에게 구원을 요청했다. 원숭환은 군사를 이끌고 천리를 달려왔다. 북경 근교에 이르렀을 때, 북경성에 유언비어가 퍼졌다. 그가 비밀리에 청나라와 동맹을 맺고 명나라를 공격하려고 한다는 소문이었다. 숭정제는 그를 의심하기 시작했다.

청태종은 숭정제의 의심증을 이용하여 눈엣가시인 원숭환을 제거하기로 했다. 일단 청군을 북경 밖으로 철수시키면서 부장 고홍중(高鴻中)과 포승선(鮑承先)에게 포로로 잡은 명나라 환관을 이용하여 이간계를 쓰게 했다. 두 사람은 일부러 환관이 있는 곳에서 귀엣말로 이렇게 말했다.

"이번에 우리 군사가 철수하는 것은 황상의 계책이오. 얼마 전에 황상께서 말을 타고 원순무 진영 앞까지 가서 그가 보낸 밀사와 한참 동안 밀담을 나누는 것을 보았소. 원순무가 우리와 밀약을 했으니 일이 조만간

성사될 것이오."

양씨(楊氏) 성을 가진 환관이 그들의 대화 내용을 엿듣고 북경으로 달아났다. 숭정제는 양씨가 아뢴 얘기를 듣고 처음에는 반신반의했다. 마침 그때 왕영광(王永光), 고첩(高捷), 원홍훈(袁弘勛) 등 간신들이 "원숭환이 직접 적을 이끌고 북경성 아래까지 와서 황상을 협박하여 굴욕적인 강화를 맺으려고 한다."는 유언비어를 퍼뜨렸다. 그들은 위충현의 잔당이었다. 숭정 연간에 들어와 엄당이 몰락한 후 숨어 지내면서 원숭환을 모함했다. 의심이 많은 숭정제는 그 헛소문을 사실로 믿고 숭정 3년(1630) 8월에 원숭환을 체포하여 저자거리에서 능지처참했다. 훗날 『명사』에서는 그의 죽음을 이렇게 평가했다.

"원숭환이 누명을 쓰고 죽은 뒤로, 명나라에는 더 이상 변방의 일을 맡을 인재가 없었다. 이때부터 명나라는 사실상 패망의 길을 걷게 되었다."

명나라의 유일한 희망이었던 원숭환이 이간계에 걸려들어 죽은 뒤에, 청태종은 북경성 포위를 풀고 철수하면서 연도의 수많은 성을 공략했다. 숭덕 3년(1638)에는 하북성과 산동성을 유린하여 50여 곳의 성을 함락시키고 백성 46만여 명과 은자 100여만 냥을 약탈하고 돌아갔다. 청태종은 일찍부터 "산해관을 열어 청나라의 후방과 통하게 하여 중원의 내지로 천도한다."는 계획을 세우고 있었다. 이 계획이 실현되려면 반드시 영주와 금주의 방어선을 돌파해야 했다.

숭덕 5년(1640) 청군은 금주성을 공격했지만 함락시키지 못했다. 그 다음 해 다시 금주성을 포위하고 맹렬히 공격했다. 명나라 조정은 계요총독 홍승주(洪承疇·1593~1665)에게 병사 13만 명을 이끌고 금주성을 구원하게 했다. 그의 수하 장수로는 오삼계(吳三桂) 등 총병 8명이 있었다.

홍승주는 보급로를 확보하고 곳곳에 방어 진지를 구축하며 금주로 진격했다. 후방을 안정시키고 난 뒤 전진하며 싸우는 전략은 큰 효과가 있었다. 이제 명나라 최후의 희망은 홍승주에게 있다고 해도 과언이 아닐 정도로 청군을 효과적으로 제압하고 있었다.

하지만 숭정제는 조급했다. 홍승주가 한시라도 빨리 금주성의 포위망을 뚫기를 바랐다. 홍승주에게 비밀리에 조서를 내려 속전속결로 진격하게 했다. 병부에서도 지구전이 되면 군량 부족의 어려움이 있으므로 전투를 빨리 치르라고 다그쳤다. 홍승주는 조정의 빗발치는 압력을 견딜 수 없었다. 어쩔 수 없이 그 동안 비축해 놓았던 군량을 영원(寧遠), 행산(杏山), 필가강(筆架崗: 금주성 서남쪽) 등지에 쌓아두고 친히 6만여 명을 이끌고 전투 준비를 했다. 기병은 송산성(松山城)의 삼면을 에워싸고, 보병은 성 북쪽의 유봉산(乳峰山)에 진을 쳤다.

숭덕 6년(1641) 8월 청태종은 친히 군사를 거느리고 홍승주의 원병을 공격했다. 청군은 명군을 물리치고 필가강의 군량을 탈취했다. 행산과 송산의 통로에 큰 해자를 파서 군량의 수송 통로를 끊었다. 군량의 수송로가 끊기자 명군은 동요하기 시작했다. 홍승주는 유봉산에 주둔하고 있는 보병을 송산으로 철수시켜 배수의 진을 치게 했다. 며칠 후 식량이 바닥나자 오삼계가 포위망 돌파를 시도했다. 청태종은 명군의 계책을 미리 알아차렸다. 길 중간에 병사들을 매복시키고 후방에서 추격하는 전략을 세웠다. 명군은 일진일퇴를 거듭하다가 결국 패배하여 행산으로 달아났다.

청태종은 행산으로 달아난 명군이 다시 영원으로 후퇴할 것이라고 판단하고 병사들을 길 중간에 매복시켰다. 명군은 청군의 기습 공격을 받고 궤멸되었다. 송산성에는 아직도 홍승주와 패잔병 1만여 명이 주둔하고 있었는데 그들도 청군에 포위되었다. 그들은 포위망 돌파를 몇 차례 시도했지만 모두 실패했다. 숭덕 7년(1642) 반년 동안 포위된 송산성에 식량이 바닥났다. 부장(副將) 하승덕(夏承德)이 청군과 은밀히 협상했다. 자기 아들 하서(夏舒)를 청군 진영에 인질로 보내고 투항했다. 결국 송산성은 함락되고 홍승주는 포로로 잡혔다. 1년 동안 포위되었던 금주성도 더 이상 기댈 곳이 없었다. 식량이 완전히 고갈되어 사람이 사람을 잡아먹는 극단적인 상황이 반복되었다. 금주의 수장(守將) 조대수(祖大壽)도 성문을 열고 투항할 수밖에 없었다.

한편 홍승주는 청나라의 수도 성경(盛京)으로 끌려갔다. 청태종은 그의 재능을 아깝게 생각하여 그를 부하로 삼고 싶었다. 한족 관료 출신인 범문정(范文程)에게 홍승주를 설득하게 했다. 홍승주는 감옥으로 찾아온 범문정을 보자 욕을 하며 투항을 거부했다. 범문정은 그가 감옥에서 자기 옷에 묻은 먼지를 터는 모습을 우연히 보았다. 범문정이 청태종에게 아뢰었다.

"승주는 반드시 굴복할 것이옵니다. 지금 그는 처벌을 기다리는 죄인
의 신분인데도 옷에 묻은 먼지를 털어낼 정도로 옷을 소중하게 생각하고
있습니다. 하물며 자기 목숨이야 더 말할 나위가 있겠습니까?"

그 다음 날 청태종은 홍승주가 갇혀있는 옥으로 직접 찾아갔다. 당시 날씨가 아주 추웠다. 그는 입고 있던 털옷을 벗어 홍승주의 어깨에 걸쳐 주었다. 그리고는 부드러운 목소리로 말했다.

"홍선생, 날씨가 아주 춥지요?"

홍승주는 감격하여 눈물을 흘리고 탄식했다.

"아! 이 분이 진정으로 하늘의 명을 받은 천자이구나."

그는 엎드려 황제에게 예를 표하고 항복했다. 청태종은 너무 기쁜 나머지 그에게 진귀한 보물을 하사하고 연회를 열게 했다. 그 광경을 지켜 본 청나라 장수들은 모두 불만스럽게 말했다.

"홍승주는 포로에 불과한데도, 폐하께서는 어찌 이처럼 후하게 성은을 베푸십니까?"

청태종이 장수들에게 반문했다.

"지금 우리가 온갖 고생을 마다하지 않는 이유가 무엇이오?"

"중원을 취하기 위해서입니다."

청태종이 웃으면서 말했다.

"이것은 길을 걷는 것과 같은 이치이오. 짐이나 그대들 모두 눈먼 소경이니, 어디로 가야할 지 모르고 있소. 지금 길을 안내할 수 있는 사람을 얻었으니, 짐이 어찌 기쁘지 않겠는가?"

장수들은 모두 그의 말을 듣고 탄복했다. 금주와 송산을 빼앗긴 명나라 조정은 공포에 떨었다. 그런데 "불행은 쌍을 이루어 온다."고 했던가? 황제를 참칭한 이자성이 대군을 이끌고 북경으로 진격해오고 있다는 첩보를 들은 숭정제는 엄청난 충격에 빠졌다. 중원에서 일어난 농민 반란은 어렵지 않게 진압할 수 있다고 보고 명군의 주력을 산해관 지역에 배치하여 청군의 남하를 필사적으로 막았다. 하지만 이제 청군보다 이자성의 농민군이 명나라의 통치 기반을 뿌리째 뒤흔들었다.

당시 국력이 이미 쇠잔해질 대로 쇠잔해진 명나라는 동북 지방에서는 욱일승천하는 청나라와, 중원 지방에서는 농민군과 일전일퇴의 치열한 공방을 벌이고 있었다. 동시에 두 전선에서 벌어지는 대규모의 전쟁을 도저히 감당할 수 없었다. 숭정제는 청나라와 결탁하여 먼저 농민군을 진압하기로 결심했다. 비밀리에 병부상서 진신갑(陳新甲)을 청나라로 보내 강화를 맺게 했다. 나중에 비밀이 들통 나자, 일부 대신들은 남송(南宋)의 교훈을 들어 청나라와의 화의는 치욕이라고 주장했다. 숭정제는 책임을 모면하기 위하여 진신갑을 속죄양으로 삼아 죽였다.

청태종은 화의가 성사되지 않자, 숭덕 7년(1642) 10월에 군사를 파견하여 하북성, 산동성 등의 지방을 공격했다. 청군은 18개 주(州), 67개 현(縣), 88개 성(城)을 점령했고, 은자 수십만 냥, 가축 55만 두, 백성 36만 명을 약탈했다. 이보다 1년 전인 숭덕 6년(1641) 청태종이 사랑했던 신비(宸妃)가 병으로 죽자, 청태종은 침식을 잊고 괴로워했다. 누르하치의 뒤를 이어 중국 통일의 원대한 야망을 꿈꾸었던 그도 수많은 전쟁을 치르면서 쇠약해졌다. 숭덕 8년(1643) 9월 그는 성경(盛京: 지금의 요녕성 심양·瀋陽)의 황궁에서 재위 17년 만에 52세를 일기로 숨을 거두었다.

5. 숭정제(崇禎帝)의 자살: 대명제국 최후의 날

숭정 17년(1644) 1월 이자성은 대군을 이끌고 동정(東征)을 단행했다. 그의 목표는 명나라의 심장부인 북경의 황궁이었다. 이자성은 군사를 일으킨 지 두 달 만에 파죽지세로 북경성을 함락시켰다. 대순군이 창의문(彰儀門)을 지나 성난 파도처럼 밀려왔다. 다급해진 숭정제는 대신들을 찾았으나 아무도 나타나지 않았다. 제독태감 왕승은(王承恩)만이 그의 곁에 남아있을 뿐이었다. 이제 남은 것이라곤 스스로 목숨을 끊어 대명 황제가 포로로 붙잡히는 치욕을 면하는 것밖에 없었다. 태자와 아들들에게 몇 마디 당부를 하고 각자 피신하게 했다. 그리고 눈물을 흘리며 주황후(周皇后)에게 말했다.

"당신은 국모이니 마땅히 순절해야 하오."

"소첩은 폐하를 18년 동안 모셨습니다. 그 동안 폐하께서는 소첩의 말은 한 마디도 듣지 않았지요. 결국은 이런 날이 오고 말았군요. 지금 폐하께서 소첩에게 죽으라고 하시니, 소첩이 어찌 죽음을 마다하겠습니까?"

그녀는 원망에 찬 눈초리를 띠며 목을 매어 자살했다. 그는 옆에 있던 원귀비(袁貴妃)에게도 이렇게 말했다.

"당신도 황후를 따라가시오."

원귀비도 통곡을 하며 목을 매어 자살했다. 최후의 순간에 임박한 숭정제는 공주들이 능욕을 당할까 두려워했다. 차라리 자기 손으로 죽여 황족의 마지막 존엄을 지키고 싶었다. 열다섯 살 먹은 장평공주(長平公主)를 불러 "너는 어찌하여 제왕의 가문에서 태어났느냐?"라고 울부짖으며 칼로 찔러 죽였다. 겨우 여섯 살밖에 안된 소인공주(昭仁公主)도 부친이 휘두른 칼에 맞아죽었다. 숭정제는 또 비빈들을 죽이고 난 뒤 피로 유서를 썼다.

"짐은 천자로 등극한 지 17년 동안 박덕했으나 몸을 돌보지 않고 백성을 돌보았는데도 하늘을 노하게 했다. 이는 모두 신하들이 짐을 잘못 보필했기 때문에 역적들이 경사(京師)를 위협하는 지경까지 이른 것이다. 짐은 죽어서도 지하에 계신 조종(祖宗)을 뵐 면목이 없구나. 스스로 면류관을 벗어던지고 머리카락으로 얼굴을 가린다. 도적들이 내 시체를 갈기갈기 찢어도 좋으니, 내 백성은 한 사람도 다치지 않게 하라!"

숭정제는 죽는 순간까지도 신하들을 원망했다. 황궁을 함락한 대순군의 함성이 하늘을 찔렀다. 도처에서 황제를 찾는 소리가 들리자, 숭정제는 왕승은과 함께 황궁 뒤 매산(煤山: 지금 북경의 경산·景山)으로 피신했다. 회나무에 밧줄을 걸고 목을 매어 자살했다. 이때 그의 나이는 34세였다. 왕승은도 황제를 따라 자살했다. 이자성은 황궁에 입성하자마자 명령을 내렸다.

"황제를 생포하여 헌상하는 자는 황금 만 냥을 상으로 내리고 백작에 봉하겠다. 황제를 숨긴 자는 멸족하겠다."

숭정제가 자살한 지 3일 만에 시신이 발견되었다. 대순군은 숭정제와 주황후의 시신을 안장한 관을 동화문(東華門) 앞에 놓아두었다. 청나라 사람 계육기(計六奇)가 쓴 『명계북략(明季北略)』에 이런 기록이 있다.

> "황제의 시신을 보고 곡(哭)을 하고 절을 한 신하가 30명, 절은 했으나
> 곡을 하지 않은 사람이 60명이었다. 나머지 사람들은 모두 눈을 흘기며
> 지나갔다."

명나라가 망하는 순간 백성들 대부분은 망국의 황제, 숭정제를 증오했
다. 사실 숭정제는 좀 억울했다. 황제로 등극한 후 망해가는 명나라를 바
로세우기 위해 혼신의 노력을 아끼지 않았다. 하지만 혼자의 힘으로는
뼛속까지 파고든 망국의 병을 고칠 수 없었다. 그는 이자성이 대군을 이
끌고 북경으로 진군해오고 있다는 얘기를 듣고 대신들에게 이렇게 한탄
했다.

> "나는 망국의 군주가 아니지만, 너희들은 망국의 신하이구나. 내가 선
> 비들을 야박하게 대하지 않았는데도 오늘 같은 지경에 이르렀구나. 신하
> 들 가운데 어찌 믿고 따를만한 신하가 한 명도 없느냐?"

숭정제가 신하들을 우대한 것은 사실이다. 하지만 그는 "일단 임용을
했으면 의심하지 말고, 의심스럽다면 쓰지를 말라."는 인사 원칙을 지키
지 않았다. 그의 가장 큰 약점은 의심증이었다. 농민 반란을 진압할 때 국
방의 최고 책임자인 병부상서가 수시로 바뀌었고, 전장에 파견한 장수들
도 조금만 의심이 들면 당장 파면했다. 특히 청나라의 반간계에 걸려들어
원숭환을 살해한 것은 그의 가장 큰 실수였다.

숭정 17년(1644) 3월 19일 숭정제의 자살로, 한족이 세운 최후의 봉건 왕
조 명나라가 276년의 역사를 마감했다. 그런데 명나라가 망한 직후에 청

나라가 바로 중국을 통일한 것은 아니었다. 청태종 사후 숭덕(崇德) 8년 (1643)에 그의 아홉 번째 아들 복림(福臨·1638~1661)이 숙부 예친왕(睿親王·1612 ~1650) 다이곤(多爾袞)의 추대를 받고 황제로 등극했으며, 그 다음 해부터 연호를 순치(順治)로 정했다. 순치제가 어렸으므로 예친왕이 섭정했다.

순치 원년(1644) 4월 이자성은 20만 대군을 동원하여 다이곤과 결전을 벌였지만 대패했다. 이자성이 북경성을 비우고 자신의 세력 거점인 섬서 성으로 패주한 후, 같은 해 5월 1일 다이곤의 청군이 북경성에 입성했다. 누르하치가 여진족을 통일하고 후금(後金)을 건국한 지 28년 만에, 그의 후 손들이 드디어 중원의 심장부인 북경에 입성했다. 이 날부터 중원의 주인 은 한족이 아닌 만주족으로 바뀌기 시작했다.

순치 2년(1645) 5월 이자성은 섬서성 동관(潼關)에서 대패하여 호북성 무 창(武昌)으로 달아났다. 그 후 호북성 통산현(通山縣) 구성산(九宮山)에서 살해 되었다. 그는 농민 반란을 주도하여 대순 정권을 세운 후 명나라를 멸망 시켰지만, 누르하치 후손들의 적수가 되지 못하고 패망했다. 한편 숭정 17년(1644) 11월 사천성 성도에서 대서(大西) 정권을 세운 장헌충도 순치 3 년(1646)에 청군에 맞서 싸우다가 서충현(西充縣) 봉황산에서 죽었다.

훗날 청나라 제4대 황제 강희제(康熙帝·1654~1722)가 삼번(三藩)의 난을 평 정하고, 강희 20년(1681)에 명나라 장수 정성공(鄭成功·1624~1662)이 통치했던 대만을 무력으로 병합했다. 숭정제가 자살한 지 37년 만에 청나라는 명 나라의 잔존 세력을 완전히 소탕하고 거대한 통일 국가를 건설한 것이다.